我的广播年华

《我的广播年华》 编委会/编

人民出版社

序

100 个清晨里，8 点最闪亮！

包 云

我们，是朝夕相伴的时间标尺；

我们，是记录时代的声音档案；

今天，请听我们讲讲自己的故事，属于广播人的青春和绽放，忧思与担当。

从 2016 年 6 月 27 日到现在，《我的广播年华》已经在"CNR 团委"微信公众号推出整整 100 篇文字。100 个清晨的 8 点，我们都在听自己、听同事、听战友的广播年华，这些刻录在我们生命中的光荣与梦想，铺展开来，是如此生动鲜活的广播岁月，谁能不说它是最令人心动的广播史篇！

2016 年 4 月，团委书记葛平到我办公室聊天，告诉我他想做一个央广人的系列故事，起名"我的广播年华"。当时，他有些担心，这个美妙的想法能否完美的呈现。我们说起了 2015 年录制的《央广好故事》，讲到了许多人许多事。说着说着，我和他一起回到了年轻时激情燃烧的岁月，情绪中装满了许多冲动和渴望，心里头流淌出太多的感动与感慨。我开出了几个人的名单给他：先找这些人，我和你一起做。后来的一切告诉我，我的判断没有错，葛平非常努力去做了而且做得很好，大家非常用心去实现了而且实现得非常精彩！

幸运的是每一篇正式推出前，我成为了第一个读者。我相信在我的朋友和同事中，不仅这 100 天我们的话题变得充实，而且谈论也会有些情感蔓延。我也相信，对曾经过往一段时间的品味，无论轻松还是艰辛，此时的回味都是幸运和幸福；对过后一段时间的期许，无论冲击还是挑战，此时的祝福都是真实和真切。看这些文字，我总能很快被带进那灵动丰富、情感交织、多姿多彩的故事场景中，那场景恍然间可以重启一次生命，重迈一次脚步，重温一个梦想，重塑一次自我。我似乎能听见童年记忆中，用水壶烧开的水注入暖瓶中的声音，铭心的记忆中知道，声音可以讲述家的温馨、国的强大；我似乎能看到大楼东侧那片小树林，几代播音大家带着徒弟集体练声，阴阳上去、有说有唱，中国声音是这样炼成的，责任与幸福是这样共生的；我似乎能体味坐在办公室朝北的窗前拆听众来信的沉静，得趣得益，油然而生的自由中，生长着深厚的积淀；我似乎能尝到为了追随年少时的那个梦，漂在北京的彷徨疲惫和梦想成真后的喜形于色。一串串记忆链接的故事里，我听到了、触碰到了一辈子只做一件事的央广人，像战士一样冲锋的央广人，做一缕阳光的央广人……我似乎能感到一颗颗没有褪色的初心，仍在跟广播谈一场漫长的恋爱，而这场偏偏爱上你的恋爱，穿越了时空，横跨了东西，在西藏之巅、在东海之滨、在北国边陲、在南疆村寨、在世界各地。那些在声音里走过的青春，在话筒里嵌刻的岁月，在电波中律动的音响，谁能不说我们这个职业如一首长诗、像一首组歌！

前几天，人力资源管理中心的同志在我桌上放了一本书，书名是《银色光辉》，其中第一部分就是"我所熟悉的广播人广播事"，收录的是老一辈广播人亲历的经历。一个个光辉闪耀的名字，串成一串串美妙的珍珠，闪烁着炫目的美丽，我们渴望却难以触及。他们那种对广播对中央台深沉的爱和精心的呵护，给了我们央广文化的根脉。我在想，中央人民广播电台到底由什么构建？是一代一代的央广人！这里不缺薪火，起源于延安，转战于邯郸、西柏坡走进北平城，兴起于开国大典直播，燎原于大江南北；这里不缺传承，这里不缺人才，这里不缺情怀，这里不缺永远前行的力量！

眼下我们确实遇到太多的挑战，在新媒体浪潮冲刷下，有人观望、有人迷茫、有人离开，广播在今天的传媒生态中如何抢占更多的高地，成为引领话语的强者？我们需要揣着初心，抱持信心，全情投入地去爱一次，扎实地做一回自己，用真心扛起时代赋予我们的重任！套用一下自己在团委工作时的青春放歌——《抗日军政大学校歌》的歌词：（黄河之滨，集合着一群中华民族优秀的子孙……）中央电台，集合着一群中国广播的追梦人守望者，他们用忠诚和热爱，用智慧和汗水，接力着、传承着属于人民广播，属于广播人的光荣与梦想！

2016 年 11 月 24 日夜

目　录
Contents

我知道，声音可以！

前几天，有位年轻的同行问我：广播能挺过这一轮新媒体的冲击波么？我回答：你先别说广播，先问问你自己能不能挺过内心的浮躁，笃定做好自己？

记得刚上大学时，在一次写作课上，老师让每个人写一段文字来描述自己对"家"的感受。同学们都用了许多美好、温暖的词句，而我对家的感受是母亲用

作者简介：任捷，中央人民广播电台中国之声策划部副主任。

大烧水壶灌开水瓶的声音，那由粗闷到逐渐疏朗的从瓶胆里发出的回声，透着"家"才有的祥和宁静，和锅炉房里打开水的声响绝对不一样。我知道，声音可以让你天涯海角都忆念家的温馨……

记得刚刚从武汉大学毕业来到中央人民广播电台（以下简称"央广"或"中央台"），我第一次到贫困山区小学校采访。18岁的小老师慌乱中落了一个字儿：同学们，中央来看我们啦！这句话，让我这个初入广播的大学生，顿然明了我手中的这支笔、这只话筒承载着何等的荣耀、信任和应有的担当！这位山里的小老师给我的职业生涯上了最生动的第一课！我知道，声音可以让你每时每刻都感知党和政府的挂记……

记得 2008 年 5 月 12 日 14 点 28 分，印度板块向亚洲板块的一次撞击，将永恒的悲壮留在东经 103.4 度北纬 31 度的汶川。数万个生命刹

那间骤然陨灭，成为挂在天边遥看我们的星。

4个半小时后，中国之声迅速启动了特别直播《汶川紧急救援》，开始了广播史上空前的24小时不间断大直播。8.0级的浅源大地震，摧毁了城市和乡村的生命中枢，道路阻隔，通讯中断，无处不在的广播，成为震区上空最密集的信息中转站。无处不在的电波，在震区的上空飘荡、发散，调频、中波、短波交叉覆盖，那些停在路边的汽车，也敞开车门，让广播最大声音传出车外。中央军委还对前方救援部队专门配发了17万台收音机，保证挺进灾区纵深地的战士了解准确的信息。

电波刺破寂静的夜空，告诉震区的父老乡亲、兄弟姐妹，挺住！我们来了！我知道，声音可以在危急时刻成为一个国家应急体系的重要组成，让灾难中的你可以感受这个国家守护自己的子民温暖而强大的身躯！

在30年的广播生涯中，声音一直引领我感应着生命的律动、生活的脉搏，声音是我触碰生活的一种角度一种方式。

当互联网默默地改变着我们身处的世界，声音的个性只会因科学和技术的不断发展而更加充满独有的魅力，面对新媒体的咄咄逼人，忐忑、迷茫或许是我们必须走过的心路历程，但我知道，声音依然可以成为我表达认知的一种路径一种话语，声音的力量乘着互联网的翅膀辐射到更深邃的心灵和远方。

当《致我们正在消逝的文化印记》，用亲切的乡音触动你心头窖藏的乡愁，我们用致敬完成了对传统文化的一次寻根。网友说得好："不只有舌尖上的中国，还有耳朵里的故乡！"

当《温暖回家路》连续8年150场风雪无阻的火车站现场直播，回家路的最后一公里都有我们的温暖陪伴。听众说得好："潮涌的春运路因此不那么焦灼！"

当《一封家书》，把老岳父的惦记和叮咛传送给远在伊拉克油田钻井的女婿，家乡的饺子，亲人的牵挂，让战火中的异国他乡的年夜，有了直通心窝的暖流。

当《雅安紧急救援》持续播音 30 多天。"国家应急广播"的呼号首次响彻震区。双语提示（普通话和雅安方言）灾区群众自救、防疫、财产挂失。网友说得好："这样的人道关怀哪国的公共媒体有，美国吗？他们在感恩节可曾用印第安人的语言对印第安人说过哪怕只言片语表示感恩？中国之声，令人称赞！"

当《我们不会忘记》，精选抗战中的 32 个切面，寻找新的情感燃点，虔诚供奉和祭拜我们民族的血性！项英烈士的女儿项苏云在收音机前等着重温父亲的音容与壮烈。

有同事感慨，您经历了广播最好的年代！我说："那毛主席还给延安新华电台撰写评论呢！拥有这样强大的撰稿人，岂不是广播最好的年代？"当然这是笑谈。

一代又一代广播人都在用自己的青春、才华、忠诚成就着广播最好的年代，你也正在用你的汗水和智慧铸就着属于当下的最好的广播年代！

我们不用为广播的强与弱而纠结，就像我们用脚踢球不灵，但用手打起乒乓却出神入化。这世界，谁能将 70 亿人的强弱标尺统一了？将广播的细分数据拆解开来，或许我们更了然我们前行的方向。

再看看各大门户网站和音频集成客户端，每天，中国之声大量新闻报道占据显要位置，成为媒体话语的强者，被我们视为强者无敌的新媒体坚定地把我们这股活水引流进渠，从我们身上果断地汲取生存的营养。

面对新的传媒生态，我们需要不卑不亢，任何时代任何事物，优质都是受众的第一需求。

我常常告诫自己，世界上只有一个乔布斯，我们唯有更努力……

我与西藏半世纪

作者简介：旺堆，中央人民广播电台驻西藏记者站原站长。

1970年，我脱下了心爱的军装走进中央人民广播电台民族部藏语组。此后长达42年里，再没有离开过广播。这场将近半个世纪的结缘，使我拥有了更多探析社会发展变化的视角，经历和见证了西藏的发展变迁。

在西藏当记者有"三难"

20世纪80年代和90年代在西藏当记者，出门有三难：下乡乘车难，基层吃饭住宿难，稿件传送难。在暴风雪里站在公路边挡车并不是稀罕事，寒冬腊月被围困在雪堆里，一连好几天忍饥挨饿也不少见。

1981年12月份，我和我台资深记者张小平（后来曾担任央广副总编辑）到拉萨市当雄县纳木错区采访牧民过冬的情况。当时下着鹅毛大雪，县里派了一位叫洛曲的藏族小伙子陪同。早上7点钟，我们从县里骑马去纳木错区，一路上全是雪，看不到人心里非常寂寞。在攀登海拔5000多米的拉更多山时，我的马赖着一步都不走，我只好从雪山下面一直牵到山顶。同事张小平和向导洛曲的马不错，他俩一直骑到山顶。途中，他们好几次叫我骑他们的马，但我担心海拔高又缺氧怕他们出事，一直坚持。到了纳木错区时太阳早已落山，我们找了一间堆着干牛羊粪的简易房间住了下来。当时区里也没有食堂，只能到牧民家里吃饭。牧民群众非常高兴，寒冷的冬季几乎无人到访，更不用说记者。

几天后采访结束返回当雄县时，张拉（"拉"字是藏语里对人的尊称）骑的马跑得比较快，结果下坡时踩上石子，张拉像箭一样飞了出去。我赶紧下马，把他扶起来查看伤势。张拉说：肋骨有点疼痛，皮也破了。我当时非常着急，一是县里没有像样的大夫只能前往拉萨，二是那时过路的车子少之又少。无奈之下，我只好扶着张小平在青藏路边等着搭车。当时，天已经黑了，晚上八点左右来了一辆大卡车装满货物，副驾驶室里还有一位孕妇。我们求了半天，司机师傅才答应让我们上车，但我们两个只能钻到装满货物的夹缝中趴着。整整 5 个小时，才抵达拉萨西藏自治区人民医院。经医生诊断张拉的肋骨扭伤了，没有大毛病，我悬着的心才踏实下来。

42 年里，我跑遍了雪域高原的广大农牧区和工矿企业以及边防哨卡，这种经历数不胜数。

十世班禅圆寂之后

1989 年 1 月 22 日上午 9 时 30 分，来自云南，青海，甘肃，四川，内蒙古的活佛，高僧大德，各省代表，中央统战部，民宗委的领导及 5000 多名群众，云集日喀则扎什伦布寺，十世班禅大师身穿黄段藏袍，健步走上东陵前的平台，揭开了"班禅东陵扎什南捷"开光典礼的序幕。

这件事是我党对民族政策的一个转折点，中午 12 点整，中央人民广播电台就在午间新闻中播发了，成为第一家报道这条重大消息的新闻媒体。

5 天后，我们离开日喀则回到拉萨，没想到，这一走竟是我们与十世班禅大师的永别。1 月 28 日，十世班禅大师因操劳过度，心脏病复发，与世长辞。

当时社会上有许多猜测。为了赶时间，我来不及请示台里，连夜和记者索朗达杰赶赴日喀则，才让多杰留在站里接应稿件。400多公里的土路，车整整走了11个小时，途中翻越了海拔5000多米的冈巴拉山和念庆康萨山，直到夜里1点钟才到达日喀则饭店。

为了抢救十世班禅大师，中共中央、国务院委派温家宝（时任中办主任）率领国内最高级的医疗专家，坐专机赶到拉萨，再坐直升机到日喀则。这一情况我们当夜就传回台里，而后，我们与新华社西藏分社的同事合写了八十多篇消息和通讯。如"供灯前的祈祷""十世班禅大师在生命的最后日子里""功德无量撼人心"等，在国内外影响很大。包括路透社、美国之音、英国BBC等在内的国内外新闻媒体等都引用了我们的稿件。

当十世班禅大师圆寂的各种猜测得以澄清后，国内外广大藏族僧众又担心大师法体被火化或请回内地，对十世班禅大师的法体的处理成为国内外关注的又一焦点。我们又及时将国务院的三项决定，即：寻访转世灵童，保护法体，在扎什伦布寺修建灵塔等内容进行了报道，卸下了国内外藏族僧俗群众心中的石头。

布达拉宫已融入我的血液

布达拉宫闻名遐迩，是现存最完整的碉堡式建筑，也是塔殿和藏传佛教寺庙融为一体的建筑群，更是藏式建筑最杰出的代表。对布达拉宫的维修我们跟踪采访二十多年，采写稿件二百多篇。可以说，布达拉宫的每块石板、每面壁画和每尊佛像都融进了我的血液。

1989年8月，我第一次听到布达拉宫要维修的信息。当时，国务委员李铁映同志视察调研西藏干部队伍和布达拉宫维修的事。对于从小在布达拉宫下面长大的我来讲，这是一件非常令人高兴的事。更何况，我的家族，是布达拉宫的雕刻世家。

在往后的布达拉宫维修报道中，我们注意到大部分新闻媒体注重报道的是施工进程，而对其中文物保护的报道力度明显不强。为了弥补这个空白，当时我专门采访了布达拉宫管理处的负责人，他对我讲述了布达拉宫维修中一些鲜为人知的故事。从而"大规模地搬迁数以万计的陈设文物和仓库文物，做到没有丢失或损坏一件文物、做到边维修边开放，使国内外朝圣者人人满意……"这些信息走进了我的报道、走进了我的脑海，也才有了今天的话题。采写了："布达拉宫的微笑""布达拉宫的人们"等长篇通讯在央广播出后，受到了听众的好评，驳斥了国外敌对势力的诽谤。

在西藏，人人都知道布达拉宫，可真正了解它的人却寥寥无几。布达拉宫文物清点工作已花费了十多年的时间，从某种程度上讲，它的清点工作比维修工程还要浩大，还要艰巨复杂。布达拉宫的谜底不久的将来将会大白于天下，为国内外学者参观研究提供许多世人未知的文字和实物资料。

最近我又去了布达拉宫管理处，当年的老领导已退休了，新的班子正继续为布达拉宫谱写新篇章。在 2010 年至 2015 年 9 月布达拉宫共接待游客近 300 万人次。除此之外，他们创办了《布达拉宫》藏文刊物，出版了汉文版《布达拉宫藏品保护与研究》《布达拉宫珍宝馆图录》……他们承担国家项目《中华大典藏文卷》的《历代达赖喇嘛文集》和《第巴桑杰嘉措文集》共 88 卷的整理编撰出版工作。利用 4 年的时间，他们完成了对布达拉宫的壁画数据的全面采集并于明年开始陆续出版《布达拉宫壁画大系列》。

当我离开布达拉宫的时候，想到令人赞叹的是布达拉宫完整地保存了西藏这 1300 多年的历史，丝毫没有断层。如今我们只能从雅典残存的石柱中去感受古希腊建筑的美，从出土文物中去寻找古代文明……一个懂得尊重自己历史和文化的民族是令人尊重的民族，布达拉宫让我觉得藏族就是这样一个令人尊重的民族，这一切离不开历届党和国家领导无微不至的关怀。

科学界泰斗爱因斯坦计算过，人的一生，除去吃饭睡觉，实际工作时间平均大约有十三年，业余时间倒有十七年。一个人能否有成就，取决于他如何利用业余时间。我在雪域高原，手捧洁白的哈达，祝愿我的同事们以攀登珠峰的勇气，迈向新的征途，写出更好的新闻广播佳作，拍出更多的视频和图片。

责任与幸福共生

1971 年 5 月 13 日走进中央人民广播电台播音部的情景，似乎还在眼前，时光却已悄悄流过 46 年。与年轻同行们不同，我和广播结缘不是因为热爱，而是入行后才慢慢爱上的，属于先结婚后恋爱。

入台后的半年里，我们在夏青、刘炜两位老师的带领下，

作者简介：于芳，中央人民广播电台播音指导。

边学习播音业务，边播"记录新闻"。每天早晨 3 点半起床，4 点到班备稿，自己画好断句、老师逐个检查后，5 点分四个机房同时录音，6 点在二套播出。半年"记录新闻"播下来，训练了吐字发音、断句、重音表达等基本功。

学习班结束，分到班组参与值班，先从对华侨、对台湾广播的新闻，小喇叭、星星火炬等小专题播起，每人都配了一位老师，录音前要先给老师试播。一开始，要在夜里 12 点半录欧洲新闻，我常常看着字读不出来，因为大脑已进入睡眠状态，不反应了，停机比较多。后来，我适应了一段时间才调整过来。

那时候，年轻人的生活特简单，每天宿舍、食堂、大楼三点一线。清晨，大楼东侧的小树林中，播音部早班、中班的同事会集体练声。师傅带徒弟，绕口令、十三辙、闻香花、吹浮土、数葫芦、阴阳上去、有

说有唱，好不热闹。班中，老播音员录音时，只要我们没工作，时常去旁听观摩，我最佩服他们把控时间的本领。那时处在"文化大革命"时期，没有补充音乐。字数少了，他们可以放慢语速，把时间撑满；字数多了，他们又能加快语速，把时间赶出来。疏可跑马、密不透风，还让你感觉不出明显变化。我们戏称播音员的嘴真像"松紧带儿"。我最不解的是，老师们竟能听出播音者有没有认真备稿，人家也没结巴、停机呀？而我最怕的便是录音员的耳朵，一点点纸声、嘴声都逃不过，定会叫你重来。录音员的耳功，练就了我们翻纸、张嘴、换气的无声。

"文化大革命"开始后，央广所有的节目都改为录音播出。记得我第一次参加直播，是1972年9月2日到13日王欢老师带我参加本台和央视（当时还称"北京电视台"）的"第一届亚洲乒乓球锦标赛"实况转播。虽然入台不久，但因为有兵团广播站三年的直播锻炼，我在话筒前的心理素质好，任务顺利完成。

1973年8月25日到9月7日"亚非拉乒乓球友好邀请赛"转播，播音部就放我单飞了。开幕式有近一小时的文艺表演，时政部刘振英负责撰稿，每次夜里彩排，他都要求我一起到现场观摩，主要是为熟悉表演、揣摩稿件，还可满足点小小私心：晚11点后西苑饭店会提供免费夜宵，每份夜宵都有些甜食，老刘不食甜，有我在就可互利互惠做交换。现在的年轻人不会理解，在那低工资、物质短缺的年代，可以免费吃到较平时丰富的东西，心里有多美！

功夫从来不会白费。开幕式当天，周恩来总理等中央领导都到了现场，主席台就在我们转播间对面。在总理眼皮子底下转播，我既紧张又兴奋。后来才知道那天那么多中央领导前来，是因为中共十大刚在前一天开幕。

迎宾曲结束，主持人已站在话筒前，可我还有200多字的组委会委员名单没有播出，全场非常安静。老同志告诉过我，周总理曾要求播音员在转播现场要控制音量，不能太大声。不知是巧合，还是能听到我的声音，当我小音量一口气迅速报完十个"老外"的长名单，主持人发声了，没有预演的配合相当完美。我松了口气，这个名单不知读过多少遍，几乎能倒背如流。按当时的转播流程，播音员什么地方开口得听现场指挥（一般是副台级）的。进入文艺表演转播阶段，现场指挥可没我熟，于是我凭借前期的充分准备，自行完成。

这次经历，使我深刻感受到：成功的播音创作没有捷径，必定离不开前期认真、充分的案头工作。它也为我的播音生涯开了个好头：工作习惯养成。

26年后，国庆五十周年大型文艺晚会《祖国颂》的实况转播，又成为我的一个得意之作。转播席设在人民大会堂舞台北侧三楼本台的转播间，话筒就支在玻璃窗后调音台旁边，观察视野受限，半开放的环境也无法进行语言交流。在"天安门阅兵及群众游行"转播紧张准备的间隙，我随转播小组五次观摩整场晚会，又多次对着总谱录音试解说词、帮撰稿编辑增减润色。其中表现董存瑞舍身炸碉堡的舞蹈解说词"……董存瑞喊出时代最强音"要紧接现场实况"为了新中国前进"，时机非常难把握，屡次试下来，我舍弃眼看，改用耳听，记乐句、听主旋音型，最后实现了无缝对接，甚至整场解说词我几乎都可以不看舞台表演，仅凭耳听音乐就能准确插入，做了场"一次合成"的晚会实况录音。当时的文艺部主任何善昭感慨：实况转播还可以这样做！那些天，除了吃饭、睡觉，所有时间、全部精力都用在了两场相隔仅仅两天的转播准备上。因为我深知：成功离不开高水平"自我实现需求"以及脚踏实地的努力！

回顾话筒前几十年的工作历程，其中不乏艰辛，但更有其独特的幸福和欢欣。每当我在话筒前，面对一条条受众需要的新闻信息，一篇篇针砭时弊、启迪心灵的述评言论，一件件先进人物感人肺腑的通讯报道，一首首或慷慨激昂、或柔美抒情的诗词歌赋，想到那些爱我并为我所深爱的听众朋友，就不由得激情迸发，责任与幸福感共生。每当我坐在党和国家重要会议文件宣读席上，面对党和国家领导、中央委员、人大常委、人民和党代表，清晰、严谨、冷静、庄严地宣读各项议案、公报，报告各种选举结果时，使命与荣誉感齐来。

因为，这是一项我所钟爱并值得为之献身的崇高事业。

用"脚"跑新闻

小毛驴见老胡都笑

我是 20 世纪 70 年代，也就是 1975 年 7 月从企业宣传干事（兼职）岗位转入广播记者岗位的，一个记者行业两个单位（新疆人民广播电台 10 年、中央人民广播电台 32 年）到 2012 年掐指一算，嘿，干了 42 年了！

作者简介：胡志坚，中央人民广播电台驻新疆记者站原站长。

记者当的时间长了，跑的地方广了，采访的人也就多了，上至省级、地州、厅级、各大企业、部队、生产建设兵团领导，下至县乡干部，还有很大一片基层百姓，可以说在我们那个时代一上手，带我们的老记者首先教育我们：新闻是怎么来的？是脚跑出来的！用脚跑基层，身子扑下去，身在基层，与基层人们摸爬滚打，就有真实感受，就能捉到新鲜感人好新闻作品，就能开发自己脑筋，就能调查研究，就能使自己的新闻去轻浮，去假大空而变得有厚度、去片面而有思辨性、去枯燥而有趣味性。

那些年，我们采访条件的确很差，下基层坐的是敞篷大卡车，马车和驴车，行的是沙砾搓板路，走一天还到不了一个村落。至于挨饿，干渴更是常事。遇到风沙天，记者早就没了仪表尊颜，灰头灰脸都是沙土，从风沙里钻出来，就像一尊出土文物。有时肚子饿了啃块干馕，得先嗑出馕缝里的沙子，蘸着坎儿井水再嚼着吃。想吃个炒菜不到有人家的地方，那就甭想了。

就这样，几十年来，在基层我们用"脚"跑新闻，收获自然多多。各路朋友交往的也多了，他们到我这，我都会做上几个菜，来上几瓶伊力特痛痛快快喝上一顿，到了各地也照样遇到热情的基层干部和通讯员朋友叫到家里，搞上几个地方特色菜就像亲戚一样边说边唠，新闻线索也就聊出来了，想写的好新闻也像竹筒里的豆子，蹦了出来。

朋友多了自然也就惹上"祸"了。

有次，台里和内地的朋友到吐鲁番看看，我陪着。火焰山下毛驴是盛产，满大街的毛驴车来回穿梭，特别是好叫小毛驴扯着嗓子，叫得不绝于耳。

我们在街上走着看着，吐鲁番我去得最多，因为1975年组建吐鲁番地委，我是从那里走进广播记者岗位，人头是很熟的。没走几步就有熟人打招呼，有男有女，有老有少，自然少不了很漂亮的维吾尔族姑娘、小媳妇们。

结果路没走出几步，时间却让我与熟人寒暄掉了。客人们等急了，看到吐鲁番的毛驴，我的一位最要好的哥们诙谐地跟我开了句玩笑：老胡啊，你认识的人太多了，你看看，毛驴见你都笑着呢，随后就是一阵爽朗的笑声。就这样"小毛驴见老胡都笑"故事就传开了。

玩笑归玩笑，但这几十年来，我按着入门老师的教诲，深入基层，广交朋友，有了朋友有线索，潜入水底捉活鱼、扑大鱼，成为能出好新闻的"富"记者，值了！

细节是魔鬼

记者采访，各个层面都会接触，当然各种防不胜防的事也会在瞬间出现。俗话说"细节是魔鬼"。细节对记者来说，无论写稿中要把好关，遣好词，真实可靠外，与采访对象周围人和物的环境把控，也都有着至关重要的联系。

2000年6月25日，时任伊朗总统赛义德·穆罕默德·哈塔米来我国新疆访问，我获准随团采访。对于新疆来说，伊朗总统访问，是一次非常重要的外事活动，事前政府等单位提出很严格的要求，一切工作必须万无一失，特别要求随团记者必须在外围不得靠前，因我是新闻界老面孔，外事、警卫也都是老朋友，我提出给国际台发录音稿要保证音响质量，也就特批我一个贴身采访。

那天在喀什艾提尕尔清真寺，这位总统和新疆清真寺阿訇们，席地而坐，我带着盒式录音机紧坐他旁边，总统身后是一只方形长音箱，放着一只话筒，人们都坐定，我也挨着总统坐下。

哪想到我体态大，坐下瞬间脚碰到音箱，那只铸铁座的话筒来回晃了起来，我的心一下提到嗓子眼，我站不能站，喊不能喊，这话筒要是掉下来，刚好就砸在总统头顶，这砸下来不仅是国际问题，更是谋害他国总统的大问题。

一阵眩晕，脑袋冒汗，我盯着话筒不住祷告，好在话筒晃了几下，站立住了。事后我想起就怕，不停地责备自己：如果当初我不靠得那么近，脑细胞不就不会瞬间死亡那么多了么。

这就是细节！细节出问题，后悔来不及！

我经常和年轻记者聊天，细节是魔鬼，细节考虑不周，麻烦不断。现在是新媒体飞快发展的年代，已不是20世纪80年代——记者出门一支钢笔一个本的年代。现在年轻记者出门，是电脑笔记本、照相机、摄像机、话筒、充电机一应俱全，真可谓全媒体时代的全武行记者。出门采访该带的要带全，如果遇到重要采访，设备不全，关键时刻卡壳，那采访任务怎能完成。况且，现在全能记者还要自己开车，若驾驶出差错，细节就会导致车毁人亡。不是连脑袋出汗都没机会了吗？

　　说起老记者经历的故事，每个人都如拎起一串葡萄，一嘟噜一嘟噜的。但都是过去的事了。随着青年记者工作经历日积月累，你们会有更多互联网时代的新故事讲给世界听的，当然不是忽视细节，造成遗憾的故事喽！

漂在北京

"广播年华"，这个话题让我想到一首歌，郝云唱的《活着》。其中有这样一句："一年一年飞逝而去，还是那一点点小期许，我喜欢的好多东西，还是买不起。"

想起这首歌，是因为一个段子：有一个年轻人特别勤劳肯干、踏实付

作者简介：苏扬，中央人民广播电台中国之声主持人。

出，皇天不负，终于等到老家的房子拆迁，从此过上了有车有房、娇妻在怀的幸福生活。

而我自己，如果不是多年执拗地打拼，同时卖掉了以前买的房子，恐怕我也买不起现在住的房子。

我从北京广播学院（现中国传媒大学）毕业的时候，还有包分配的政策。当时的条件是，学校得出一个留京指标，单位同时出一个用人指标，两个指标相加，等于一个大学毕业生的北京生活。

当年我也曾是老师颇为器重的学生，是班里的团支部书记，因为对一些事情看不过眼，后来被"免职"了，不过现在想来，倒也不觉后悔。当时有同学为了留京，使出浑身解数，包括但不限于夜访班主任，给老师送东西等等诸如此类的。年轻气盛的我，有时班里开会忍不住说两

句，时间长了就得罪人，或者说得罪了风气。

临近毕业，班主任传话：既往不咎，年轻嘛，不懂事。只要认真地道一个歉，这个事就翻篇了。我去找他了。那天大雨，我没有带伞，在班主任楼门口站了两个多小时，就纠结一件事情：我是进去好好地承认错误，痛哭流涕表个态，以求得留京指标呢？还是就这样硬气下去？

后来我决定给自己心里留一口热乎气，就是要较那个劲儿，我把它称为一口"活气"。我最终没有推开班主任老师的门，随后，被分配回乡。

家乡的情况也并不好。广电局管人事的同志说，家乡的播音员、主持人学历普遍不高，你回来以后，反倒不好安排。一口"活气"顶着，我又折回北京。当时就琢磨，北京的大环境，自有它的缝隙，像我这样的人，只要肯卖力干活，终归能够挣到一点钱，能钻出自己的一点儿小缝隙。

揣着北京人民广播电台的临时出入证，我漂在北京台新闻广播。几年下来，在北京市还算是小有名气。毋庸讳言，户口的问题，是我来中央人民广播电台的一个直接动因。当然，业务上也有想法。来央广之前，因为经常参与一些广播广告、电视广告片，还有一些现场活动的策划和主持，包括一些婚礼的主持，自觉还行。但当我来央广第一次录音的时候，就绊了个"大马趴"：李辉老师带着我播一个五分钟的整点新闻。播的时候，就觉得录音间怎么这么小，可是我的气息、发音，说不上来什么地方就是不对味儿。暗忖着自己好歹也是"江湖"上有一号的人物了，怎么到了央广这个小小的录音间，就什么都没有了呀？当时李辉老师只提醒了我一句："你的稿子是怎么放的？"他说，你没有读的稿子应该放在什么地方，读过的稿子应该放在什么地方。后来我才知道，这些细节往往能够引导你，保持正确的录制状态。

类似的事情还有一例。有一年我在央广的广告棚里录一条广告，15秒而已。当时心浮气躁，就觉得这个词儿怎么这么多，龙珍老师按着对讲机在外面跟我说："小伙子，你别着急，这个词完全放得下。"他这么一说，果然就放下了。我觉得老一辈央广人对年轻人的教育，总有醍醐灌顶的作用。只不过，我受益了，当时没有体会到罢了。

还有一次，高岩（现任中国之声副总监）让我录一篇稿子，供当晚的全国新闻联播和次日一早的新闻和报纸摘要。当时怎么录都不顺，每一句都没问题，但连在一起就是散的。后来她跟我讲，据她观察，联播和报摘的老一辈播音员，都是一口气把稿子贯穿下来的，这其中不管有多少个逻辑方面的起承转合，都是一气儿完成。我瞬间明白了，按照她教给我的方法，很顺利地就录完了。这件事让我至今获益。

来到央广，我名正言顺地解决了户口，同时，还有专业问题。我总以为，如果不是来到这个平台，我可能一直处于一种"混""漂"，或者总以为"江湖上有这么一号"的状态。情怀、积淀、厚积薄发什么的，统统无从谈起。我想，人年轻的时候，努力做的很多事情，哪怕是暂时没有结果和回报，但未必都是徒劳。只要不违法乱纪，不坑蒙拐骗，任何一点付出与努力，都不会白费。它会在你人生一个不经意的瞬间，把之前的汗水、泪水，统统地、甚至加倍地回馈给你，零存整取，这就叫作积累。

现在的我，至少学会了一件事情：与其琢磨那些没有用的名利，不如想一想在每一件事情上自己有没有尽力。对于这个问题，如果答案是肯定的，我就很踏实，很有安全感；否则，就会觉得亏欠。

起初，我想给这篇小文取名叫"漂在北京，我的青春梦"，但是此刻码下这些字的时候，我度过了自己45周岁的生日，已经是一个面黄鬓秋的中年人了。现在的我，也是上有老下有小、一根蜡烛两头燃的年岁。年轻的时候为了那口"活气"，放弃了一些或许原本就不属于我的生活；如今，活到这个时候，我更不必去粉饰，或者违心地说些什么。我只是真诚地感谢在央广这十几年的岁月，它是我人生最黄金的时光，我把这些时光刻在直播间的话筒前，没有什么后悔的。"安能摧眉折腰事权贵，使我不得开心颜"，央广包容着我的个性，由着我在这个平台上"撒欢"，从这个意义上来讲，我的青春梦还是实现了的。虽然写下这些文字的时候，我的青春已经不再，但我广播里的青春，依然在。

英格兰调情

红玫瑰与白玫瑰

红玫瑰与白玫瑰，一直以来因为张爱玲一段关于爱情的表述在我们心中留下了一段未了的暧昧与温情。

然而在英国的历史上，这是在1453年百年英法战争终于画上句号后紧接着发生的一场关于王位大统的残酷内战，时间跨度长达三十年。同属金雀花王朝的兰开斯特家族和约克家族因为王位继承发生火拼，略为类似明成祖朱棣发动的靖难之役。

当然战争的结果很能体现英国政治的妥协精髓，以两大家族联姻而结束。此战对英国历史带来极其深远的影响，贵族武装消耗殆尽，庄园骑士在

作者简介：王冠，中央人民广播电台经济之声主持人。

英国基本退出历史舞台，为英王强权执政腾退了空间。因为两大家族的徽章分别是红玫瑰和白玫瑰，所以也被莎士比亚称为"玫瑰之战"。

说这些历史背景，是想说在六百年之后当年的爱恨情仇和刀光剑影都已远去，历史的脚印和脉络清晰可见。而当年舞台上的各色人物却浑然不知自己的一举一动都汇聚着历史的内在张力，冥冥之中自有一种力量把你往注定的方向抛去。

今天的中央人民广播电台正处在我们已经看见或者尚未察觉的时代浪潮中，时代会往何处迈进？央广精神的变与不变的支撑点和维度又是什么？几个时空坐标和关键词，来分享我的思考。

2016 伦敦 BBC 总部压力

当我们沿着伦敦摄政王街向北走到尽头，就会看到 BBC 的总部。各种留影摆拍之后和 BBC 中文部的朋友吃晚餐，言谈之中深感媒体转型的时代压力在相距 8000 公里的伦敦和北京都是一样的。

作为欧洲第一媒体，BBC 面对来势汹汹的商业传媒和信息传播的社交化趋势，依然疲于招架。传统的电视牌照费是否还能支撑未来的开支营收？为了保证品牌公信力该如何把握对于商业资本的有限开放？面对飞速发展的传播技术和扩张的渠道，该在多大程度上改造组织结构和生产流程？这些问题目前为止没有清晰的答案。

就像"玫瑰之战"，在开始的时候没有人知道要打多久，是输是赢，是死是活。唯一能够确定的是，战争开始了，悠闲时光结束了。我们准备好了吗？

1997 爱丁堡　苏格兰议会大厦过程

1997 年，英国不仅把香港交还给了中国，还加大放权，允许苏格兰成立了议会。在爱丁堡的苏格兰议会大厦，你很难不被它的建筑风格所吸引。这是一幢足够现代感的建筑，很像是一所当代艺术博物馆。然而建筑所承载的确实是英国政治的精髓——议会协商与妥协。

不同的代表，不同的声音在这里汇聚，之后交锋碰撞，讨价还价，最终形成共识和决议。这种方式展现了激烈甚至混乱的言论集中与交锋，却在最大程度上避免了"玫瑰之战"这样的兵戎相见。而且给了各种声音和思潮一个充分展现的空间。

在不涉及国家机密的议题辩论中，在指定时间，议会是对公众开放的，可以参观的。为什么要展现这个过程？过程和结果的关系是什么？而今天的信息爆炸和过剩的时代，央广又该生产什么？我认为和苏格兰议会是一样的，在很多时候我们需要生产的是一个思辨的过程。这就是台领导要求做精做强评论的价值所在。

当新闻不能第一时间抵达，广播的空间和价值更多的就是展现议题和结果之间思辨的过程。展现不同，强调共识。这是国家电台的使命，也是今天广播和电视相对于移动端的比较优势。而究竟如何才能更好地展现过程，我们还没有形成定论。

1985 伦敦西区女王剧场经典

此次英国之行，最大的满足之一就是现场欣赏了慕名已久的音乐剧《悲惨世界》。请注意女王剧场海报下面的一行小字："而立之年，生日快乐。从 1985 年诞生至今，历时三十周年。"

这部名剧在全球各处巡演，经久不衰。为什么？是什么成就了经典？现场观剧感受，精致的舞台装潢和感人至深的唱段自不必说。还有各种声光电的现代技术手段。舞台在不断的逆时针旋转，给人一种目不暇接的节奏感。

当代的受众心理节奏和过去截然不同，应该靠什么抓住受众的注意力而不被移动端分散？这要求产品本身的振幅和鲜活感都大大增强。而这都是手段，不是灵魂。

这部伟大的音乐剧的灵魂依然是雨果在《悲惨世界》这部伟大名著中所描绘的波澜壮阔的历史画卷和那一个个不朽的文学形象。时代不断变幻，而人性依然永恒。

今天的央广人能不能从喧嚣翻滚的时代碎片中去发掘背后的人性价值并加以放大？我们的声音是否还拥有穿透人心的力量？这样的扪心自问当然应该是央广未曾改变的时代命题。

1883 伦敦北郊联合

在伦敦北郊的卡登镇，上午逛了周六的水闸大集。午饭后查好了公交线路图，去高门公墓拜谒马克思之墓。这是我此次伦敦之行的一项重要安排。

没想到公交车不收硬币，只能刷公交卡。无奈之余只好用 Uber 叫了辆车，和司机说我要去见马克思……司机看见我的东方面孔，会心一笑。二十分钟之后我到了马克思墓碑前。1883 年，马克思与世长辞，长眠于此。

马克思从未到过东方，他估计也未曾想到自己的思想会给古老的中国带来如此深远的影响。马克思的墓碑上写着：世界各地的工人们联合起来！这是他未尽的夙愿。

而今天的央广或者说今天的广播需要和什么样的资源，以何种姿态进行联合？时代飞速发展，从我 2003 年参加工作以来，央广的生产模式到传输模式并未有根本性变化。在这个飞速变革的时代，这是一个让人十分焦虑的现实。而关门办广播，就广播论广播的时代已经永远地过去了。

在我抵达英国的第二天（2016 年 5 月 30 日），在北京人民大会堂召开了全国科技创新大会、两院院士大会、中国科协第九次全国代表大会。习近平总书记特别强调："如果我们不识变、不应变、不求变，就可能陷入战略被动，错失发展机遇，甚至错过整整一个时代"。这样的时代号角能否激励央广奏响属于自己的时代强音？

1297 斯特灵勇气

斯特灵是苏格兰首府爱丁堡西北方向的一个小镇。小镇一派平和，风景如画，却是整个苏格兰的精神地标。公元 1297 年 9 月 11 日，苏格兰的大英雄威廉·华莱士率领一帮不甘屈服的苏格兰农夫，在斯特灵的石拱桥旁击败了英格兰的重骑兵，书写了苏格兰历史上最为荡气回肠的爱国主义诗篇。

1995 年出品的好莱坞大片《勇敢的心》更是把这个关于自由与尊严的故事演绎得淋漓尽致。正是出于对这部电影的难以忘怀，让我专程来到这座桥边凭吊勇士，缅怀历史。

面对时代浪潮滔滔，人人都会茫然而畏惧。但我们是止步不前视而不见，还是迎难而上放手一搏？借用这部电影中我最喜欢的一句台词来作为这篇小文的结尾："Many man dies，but not every man realy lives"。七百年过去了，华莱士的声音仿佛还在桥边回响。每个人都将死去，但你又是否真正的活过？我们是否为了自己心中所期待的更美好的央广而奋斗过？时光飞逝，与君共勉。

哥们儿心态好极了

一

2016年，入广播行十八年。

盯着上面的这行字，像在做梦。十八年，回身望去好似昨天。

这十八年如果是一个人生的话，我想这段人生的版本应该是一部纪录片，而非高潮迭起的电影。若忠实于原著，我所演绎的只是我自己。生活里真实的我与话筒前的我是绝对重合的，只是生活中可能多了些轻言笑里暗自悲。

作者简介：海阳（华树凯），中央人民广播电台经济之声、文艺之声主持人。

这十八年，让我从少年走到了青年；十八年，有些记忆渐渐褪去，而有些美好却越发深刻；就这样和自己在声音的世界里取暖。

十八年，感激广播内外，那些爱我与我爱的人让我的生活繁花似锦，四季分明。

二

1998年的夏天，我成了中学的中考状元，同年，老爸破产，家徒四壁。我背着爸妈撕了高中通知书，去了一个中专，学习一个我根本不知是什么的专业——园林。东北人剽悍的民风以及中专学校特有的传统风格赋予了该校异于普通高中的作风，我在此顺利完成了我的第二性征的成长。

考入校广播站完全是个意外，起初的想法只是为了方便听音乐（学校会定期购买一批流行音乐的磁带），每天就着两个大喇叭做广播节目，介绍些学生能听的、不太过火的音乐，每天早上6点去广播室放出早操的运动员进行曲。冬天太冷了，我便索性将喇叭的电线弄断，让全校同学睡个好觉。

后来，吉林人民广播电台举办业余主持人比赛，颇有点现在选秀节目的意思。凭借着打群架培养出来的大无畏情操，我报名参加了。但就当时的我而言，并不怎么了解专业播音主持，也不清楚所谓的播音员、主持人具体该干些什么事。倒是夜晚宿舍熄灯后跟着同寝室的人听过几晚的两性科普节目，对电台主持的认识也仅仅停留在如何治疗不孕不育以及各类妇科疾病上。

比赛如果是考吐字发音，估计我立马死无葬身之地。好在比赛不拘一格，允许百花齐放。后来我彻底玩开了，如同耍一把得心应手的牌局，一口气连拿了几个冠军。

比赛有赞助商，赞助商的产品也是比赛冠军唯一指定奖品，所以我拿了一堆的《中学生优秀作文选》、男士内裤、运动袜、网吧通宵卡、餐馆情侣套餐……这样我在寝室里特有面子。正准备进军五连冠时，比赛评委会老师们心急火燎找我谈话，要收我为电台兼职主持人。于是，挥挥手加入了吉林东北亚音乐台。

从此城市的夜空就多了一个电台的"小童工"，那一年我15岁。

三

1998年中专一年级到2006年大学毕业，为了赚学费，我一直游走在学校和电台之间。

而央广，我想都没想过，因为觉得那里太"高"，那里的主持人说话应该是"那样"的。

2009年的春天，正值倒春寒，天地一片静穆肃杀之气，枯叶还未逢春，阳光也没能冲破隆冬消逝后的最后一波寒流。

我独坐在北纬44°04′的某个屋内窗台，头脑呆滞眼神空泛，仿若一头挨过锤的牛一般失魂落魄。我抽着烟，烟灰缸里堆满了如同蟑螂一般碾死的烟头，我手里拿着的是同事给我的央广招聘启事。

我想试试，但我在害怕，尽管我并不想承认这一点。

"人在面临巨大的幸福时，会突然变得十分胆怯，抓住幸福其实比忍耐痛苦更需要勇气。"这是哪部电影里的台词来着？

我在窗边站了一个下午。决定了，去。

投了简历之后，我接到了一个中年男子的电话，声音充满磁性，他应该是在鼓励我，又好像在考查我。这个人给了我莫大的信心，那时我觉得央广不是神，而更像是一个身边的兄弟，让人心安。那个人叫魏胜利，尽管他不承认，但不管何时我都跟别人说，如果我能算是一匹千里马的话，那他一定是我的伯乐、恩师。

从哈尔滨到北京，关山度若飞，我万里赴戎机。初试、笔试、面试，场场比试我都全力以赴，违反科学精神地发挥出了百分之二百的实力水平。

最后，我像古代科举秀才一般，连过乡试、会试、殿试三关，被录取了——老年之声主持人。于是我脑海中浮现出一幅画面，中央人民广播电台台长像唐太宗一样揽腹叉腰哈哈大笑："天下英雄入吾彀中矣！"

四

电影以及音乐逐渐从我的工作状态中剥落出来演变为我生活的一

部分。

我热衷于逛唱片店，收集各类冷僻的音乐，或者拿着拥有录音功能的手机捕捉各种意料之外的声音。将单田芳的评书存入 MP3 中，《隋唐演义》《水浒传》《新英雄儿女》，我喜欢这位老先生的腔调。从 2002 年开始，我便尝试着脱口秀的风格，在节目里模仿他的声音，自问拿捏得不错，却依旧差点儿老先生的风骨。

我爱看报纸杂志这些有字的东西，如果上厕所忘带书了，我能读洗发水说明书二十遍。在餐厅吃饭，会偷听别桌人的讲话，听他们说些生活八卦跟时事讨论。这是件很有意思的事情，你可以听到一些令人意外的角度与观点，并且非常具有画面感。在主持节目时，我开始将一些生活化的新闻融入进去，加入一些情景演绎，互动交流，收到不错的效果。

台里的风水养贤良，我接到的不同类型的广播节目也越来越多，从音乐、新闻、娱乐到策划各种栏目及活动，几乎都放开手让我干。

在冻得骨头咔咔作响的隆冬里，最爽快的事便是伙同台里的一帮哥们去撸串儿。三到六个不等的同事，没有车，各自骑着一辆破旧的自行车，浩浩荡荡地冲向烤串儿店。

围在有暖气的店里，看着外面的冰凉雪色，就着撒满辣椒孜然的肉串儿，喝下一大桶冰啤，再扯上一个晚上的犊子，最后搭着肩膀，推着自行车，在深夜路灯的指引下，吹着牛逼，谈着央广的未来，朝家的方向走去。

生活逐渐轻松，一切步入普通的日常轨道。我偶尔会想起从前那些时光，披星戴月地起床小解，兜里永远一把捏皱了的小票……那段岁月，如同"刻舟求剑"的成语一般，你做好了记号，但却永远无法回到当初的状态，这一切，仿佛是发生在别人身上的事。过尽千帆，望望回头的路，却发现"轻舟已过万重山"。

五

小艾，我的搭档。

传媒大学的高材生，广东妹子，有点黑。爱看书，爱天马行空，也爱和狐朋狗友吃遍京城无敌手。在《海阳现场秀》中，时而卖萌清新，时而使出吃奶的劲儿骂负心汉浑蛋。

这个姑娘读书破万卷。

如果这个节目没了这个俯首甘为孺子牛的丫头，也就没有这个节目的今天。她被我逼得每天饱读诗书，电台西门报摊儿的大妈已经成了她的忘年交，曾多次提出让小艾给她当儿媳妇，但，未果。看来小艾面对大妈的北京户口、有车有房不为所动，究其本质应该是海阳工作室多年来教育的结果吧。

小艾是我们的"小二儿"。

海阳工作室算我仅有 5 个人，这 5 个人要负责服务听友、节目生产、组织活动、对外沟通、品牌打造等一系列工作。而小艾同志任劳任怨、像人民公仆一样始终奋战在革命第一线。所以，小艾是我们队伍中最辛苦的一位，如果说军功章有你的一半的话，那么另一半就够我们四个分了。

所有的活儿都让小艾、胡晓、阿布、小赵他们干了，但得"十佳主持人""金话筒"奖的荣誉都让我这个傻小子拿了。所以在这儿也给四位战友 90 度鞠躬，谢谢你们宽容了我的臭脾气，容忍我的神经病，视而不见我的二手烟（北京室内禁烟之前，现在坚决遵守台内规定，不在楼内吸烟）。

六

一定是我的祖上积德，2012 年我居然得了"金话筒"奖。

念到我的名字的时候，我心里很严肃地想：评委们太善良了，让我这个类型的主持人获奖，一定是为了保持主持人这个物种的多样性。对评委给予我的肯定，我也表示充分的肯定。

2011 年，文艺之声黄金段收听低迷，在领导和同事们的"盲目"鼓励下，小钊、炜填、贺超，我们开始策划脱口秀节目《海阳现场秀》（原名《给力 17 点》）。第一次上直播前紧张不安，我跟搭档小钊说："快！表扬我，跟我说'你是最棒的'"，她想都没想："对，海阳，你是最胖的！"

我们怀揣一颗拔凉的心忐忑地开播，后来又不断受教于良师益友，摸索前进。把书店里关于脱口秀节目的书搜刮殆尽，用蚂蚁啃骨头和盲人摸象式的方法似懂非懂地通读一遍。认真观摩了大量外国原版脱口秀节目，通过这般操练，我发现，脱口秀能力提高有限，但英语水平得到了提高。

后来我们发现了：信息量和娱乐元素必须兼备，缺一不可，即"信息娱乐"，而讽刺＋幽默是脱口秀节目的不竭动力。有人问我，你的幽默是怎么练的？其实我想说，这个世界本身就够幽默了，我不想刻意制造笑料，只是试图多捅破几层窗户纸，看看背后的故事，并把这些故事用尽量生动的语言传递给大家。

在这战斗的一年里，我感觉自己像一条毛巾，正在被一点一点地拧干，所有的积累都倾泻在这个新兴的脱口秀节目里，所有的紧张和忧虑也都因它而起。后来，我突然释然了，对自己说"知足吧，哥们儿，耕耘本身便是收获"。

每天我们都在讨论如何幽默讽刺地评论。我很欣赏王蒙对幽默的理解，他说好的幽默并不只是让你笑，还让你哭呢！哭多了眼泪就会跌价，于是乎泪尽则喜，嬉笑之中仍然可以看到作者那庄严赤诚的灵魂。也许幽默的痛苦并不比痛苦的痛苦弱。

我会因为想到一个好点子或一首合适相称的歌曲而在节目组里公然载歌载舞，虽然时常引来同事侧目，但我不会隐藏自己的这份快乐。我也会因为用语不精、意味不永而挠墙叹息，一支接一支地抽烟，这些时候，我总希望躲回自己的世界静一静，清醒地思考，回来之后就像什么事也没发生一样，继续寻找"癫狂"。

自从做脱口秀节目开始，每天都会陷入无尽的思考当中。每当夜晚来临，我便会同失眠搏斗良久，最终溃败。白天的紧张、亢奋延续到夜晚，直至凌晨无眠，第二天精力不足，却依然亢奋，于是开始焦虑，最后不得不去医院，中医老先生说，你这是虚火上冲，皆因思虑过甚而起。当时我顿觉惋惜：领导为什么不在身边，看看如此为广播事业奋斗的我。

七

十八年了，很多人成了英雄好汉，问问自己，心没变。

我叫华树凯，播音名海阳，大海的海，阳光的阳。

一直把自己当成一个孩子，一个单纯善良的孩子，害怕长大、害怕复杂。

后来有一天，我找到了广播这种特别的表达方式。

它可以让你坐在一间小屋里和那么多人一起谈天说地，分享心情。

它让你变得简单，让你感到心安。

有人问我：为什么会在广播里待那么长时间？

其实答案很简单：只有在这儿，才会有一种诉说的安全感。

外面的世界很纷乱，而在广播里，你可以肆意地放松，拥有最真实的心情，把自己变得简单，再简单一点。

就这样，在用声音构筑的这个房间中。

我想永远都能像现在这样——

通过绵延的电波，一起用声音取暖，一年又一年。

偏偏爱上你

作者简介：郭静，中央人民广播电台中国之声编辑部副主任。

很久以前就想写下这段文字，记录我和广播是如何结下的缘分。从大学毕业进入电台，在这个行当已工作25年，在很多人眼里，我算得上是一个资深的"广播人"吧！但在我的内心，相对"广播人"这个职业身份，更愿把自己归为资深的"广播迷"——因为"迷"意味着如醉如痴的挚爱、执迷不悔的坚持、不计得失的付出，还有稍得"宠幸"就幸福无比的知足。这种"粉丝心态"，其实更容易让人感到幸福！

我生于70年代初，人生记忆逐渐清晰、人生观日渐形成的童年、少年、青年，恰好是广播独步天下、最为辉煌的时期。

记得童年时的最爱是《小喇叭》和《星星火炬》。"小朋友，小喇叭开始广播啦！"——这稚嫩的童声一响起，我就喜笑颜开，如同今天追某部韩剧，苦熬几天终于等来新的一集开场。孙敬修爷爷、曹灿叔叔、康瑛阿姨……在那个文化生活匮乏的年代，他们讲的故事是孩子心中最难得的"珍馐美味"。即便有些故事在节目里被反复播放，我也从不厌烦，反而成了一遍遍回味、一次次学习模仿的契机。

刘兰芳的《岳飞传》播出时，我刚上小学一年级。那些天里，听评书被当作天大的事，每天节目播出的那半小时，任何人不准和我说话，那种痴迷、那份任性，真是多亏爸妈也和我一样，沉迷其中。

小学三年级，家里添了电视，但那不过是周日的娱乐，平日里陪伴更多的还是收音机。那时的我，好像什么节目都爱听，什么节目都听得进去。至今还记得，那时有种对话体广播稿，讲的内容大多和农业生产有关，总是"老张""老李"啥的。照理说和我这个城市孩子的生活相隔甚远，但播音员绘声绘色的演播，总能深深吸引我，我常常像听故事一样饶有兴致地听那些节目。

上了初中，广播里的好节目更多了，似乎从早到晚都有我爱听的。早上《每周一歌》；中午《午间半小时》和《长篇联播》；晚上《今晚八点半》……周末上午边写作业边听《空中大舞台》；午饭后午睡，躺在床上听《电影录音剪辑》……现在回想起来，80年代的我，课余生活除了阅读各种文学刊物，剩下的已全部被广播占满。

还记得每天中午放学，拼命往家里飞奔，就为了赶上12点开播的《午间半小时》。不知是年轻人记忆力格外好，还是当年那些节目已深入我心，我到今天还记得当年很多期节目的内容。

很多年后，当我和方舟做了同事，和傅成励老师在演出后台相见，我还能跟他们讲起，方舟从广播学院分到电台、第一次主持《午间半小时》的那天中午，虹云、傅成励老师如何介绍她；还能和傅老师回忆起，某天他给大家介绍鲁迅的文章《我们怎样做父亲》；甚至，虹云老师的爱人遭遇车祸，她稍稍平复回到节目，傅成励老师如何告诉我们这些听众，过去这些天她经历了什么……

对一个中学生来说，中午是听广播的黄金时间。每天我从《午间半小时》听起，然后是《长篇联播》，再然后是《青年之友》……我很小就有收听《长篇联播》的习惯，周克芹的《许茂和他的女儿们》、魏巍的《东方》、姚雪垠的《李自成》、李准的《黄河东流去》、周而复的《上海的早晨》、苏叔阳的《故土》、柯云路的《新星》、路遥的《平凡的世界》，我都是通过广播最早接触到的，以至于后来上了大学中文系，拿到这些纸质的小说，眼里看的是文字，脑海里盘旋的却是当年那些演播者的声音。

《长篇联播》的编辑叶咏梅老师是我熟悉的"陌生人"，我们并不认识，但经她手推出的小说联播，不仅给了我最好的文学熏陶，也给了我最初文学演播的启蒙。后来我有幸在叶老师退休前，和她有过几次有限的合作，对我而言，那种感觉美妙得极不真实。

那时的电台播音员、主持人、编辑、记者，在我这样一个粉丝心中，都是"神"一样的人物。和很多广播听友一样，我也曾给电台写过信。那会儿我正上高三，某天晚上听体育节目，听到记者梁悦介绍篮球国手王立彬，心中一激动，就给梁悦写了封信——那时，王立彬正遭遇篮球生涯最大的一次挫折，面临退役，我当时那封信的大意，大约是请梁悦转达一个球迷对王立彬的敬意和鼓励。

若干年后，当我和梁悦老师成为一个部门的同事，甚至作为搭档共同举起金话筒的奖杯，忆起当年那封信，真是很有趣、很穿越的一件事！

当然，更让我一直觉得十分得意的是10岁那年我就上过葛兰老师的课！那是小学四年级一个周日的下午，大队辅导员通知我这个校广播台的"小播音员"到北京市少年宫参加培训。到了少年宫我才发现，给我们授课的竟然是大名鼎鼎的葛兰老师！三十多年后，我还清楚地记得那天下午的场景：葛兰老师坐在高高的主席台上，面前桌上摆着一台录音机。她边播放录音边告诉我们，如何克服"尖音"——那是我第一次听到这个名词，也是我这个后来的主持人平生上的第一堂播音业务课。现在想起来，何其幸运！

2011年，作为中央台新生代主持人的代表，相隔30年，我终于与葛兰老师在央视《艺术人生》的舞台相逢，那是为纪念人民广播诞生70周年做的一期特别节目，我特意在后台和葛兰老师拍了合影。葛兰老师当然不记得我这个 30 年前坐在台下、认真听讲的小姑娘，但是，我记得她，从没忘记 10 岁懵懵懂懂的我亲耳听她授课时从心底萌生的对这个行业的敬意。

虽然痴迷广播，但说实话，大学毕业前我没想过能进电台。我从小执着的理想是当老师。大学毕业那年，本已准备回母校当一名语文老师，结果却在父亲的鼓励下，抱着试试看的心态报考了电台，就这样阴差阳错走上这条路，直到今天。

在电台工作的这二十多年，恰好碰上电台影响力衰退，先后受到电视和新媒体的挤压。我也有过离开广播、转战电视或新媒体的机会，但不知怎的，最终还是下不了决心，思来想去，还是对声音格外痴迷。

2004 年，我调入中央人民广播电台，非常奇怪，在很长时间里，那种站上更大舞台的恐惧远远超过迈上新台阶的狂喜。和那么多心中的偶像成为同事，既让我感到幸运，又让我担心，我生怕自己的某一个闪失影响了它一直以来在人们心中的形象，生怕因为我的疏忽不慎，让千万个和我当年一样守候在收音机前的听众失望。

我如履薄冰、战战兢兢，担任中国之声总主持人时，即便只是一两分钟的串词，我也要挖空心思、反复推敲；在《新闻纵横》当调查记者时，碰到困难也不愿轻言放弃，总想再试一试，尽我所能。每一次在话筒前的机会都倍加珍惜，因为这是广播的国家队，那么多前辈让我拥有过那么美好、难忘的记忆，我怎能辜负今天人们的期许？

在很多人眼里，广播是"弱势媒体"，不止一次听人直言不讳地说："现在谁还听广播？"的确，今天广播的影响力已无法和我童年、少年时相比，但身处其中我知道，很多时候，真诚的声音依然充满力量！

2008 年汶川地震发生后 4 个半小时，我和梁悦老师走进直播间，开启了此后延续 30 多天的不间断直播《汶川紧急救援》，开始以最快的速度向灾区，也向世界传播地震救援的信息。

我现在还记得每天在节目里念的那一张张平安纸条、寻亲纸条，它们来自灾区，不同颜色、不同字体、大大小小，写在香烟盒的锡纸背面，写在残缺的作业纸上，写在不知哪张报纸上撕下的边边角角……这就是人们对广播的信任啊！是一种和生命相关的托付！谁还能说，广播没有力量？

我是广播"最好时代"的受益者，但到我这一代，我们是否还能打造这个时代更好的广播？我无法预测未来，我只知道，我们从没放弃过。

我们收入不高，付出不少。从 2008 年到 2016 年，我已经 8 年没有正儿八经休过一个完整的春节了，更别说其他节假日。不能说对家人没有亏欠，但说真的，我自己常常还是感到幸福的。

儿子出生时，一个至今不曾谋面的新疆听众竟然给孩子织了一套毛衣毛裤，那一针一线，缠绕的是亲人间才有的深情啊！ 2010 年底，我主持完温家宝总理首次广播直播访谈，一位我至今不知姓名的听众，竟然依照当时现场记者拍的我和总理在直播间的照片，绣了一幅硕大的十字绣寄到北京！

这几年我已很少主持节目，但依然常常收到老听友的来信，甚至接到他们的电话，询问为啥听不到我的声音，是不是病了？……

我是被广播深深影响的一代人。回想广播伴我成长的岁月，套用一个今天常用的词，我觉得它是我"素质教育"的老师！音乐、文学、社会、体育……潜移默化中，成就今天的我。你是否看过网上流传的一个科普帖，解释为什么声音会让人产生强烈的化学反应？比如一段音乐会让你流泪，恐怖片的音效会让你恐惧。科学家说，人的大脑中有个杏仁体，它负责控制人的情绪。和文字、绘画等艺术形式不同，声音，可以直接传递到杏仁体，也就是说，声音最能调动人的情绪，最能"触动灵魂"——这下你明白了吧，声音可是有"魔力"的！难怪我从小就为它着魔。

我从不后悔选择了广播，也不犹豫今天的坚持。谁让我偏偏爱上你呢！在广播面前，我永远是当年的那个小粉丝，掏心掏肺、毕恭毕敬。能始终守护心中所爱，爱所做，做所爱，这就是幸福啊！

　　人生最幸运的，不是你最终拥有什么，而是你最终拥有的，恰巧是你曾经的梦。

没被偷走的初心

作者简介：王健，中央人民广播电台央广新媒体副总编辑。

和广播结缘，始于一段心碎的经历。

我三岁的一天，父母上班我上幼儿园，晚上回家才发现家门被撬，家里进了小偷。那个年代，每个家庭都不富裕。家里最值钱的三样东西不翼而飞：一把不锈钢刀、一桶豆油、一台收音机。这其中，收音机的离去让我颇为心碎，因为天天给我讲故事的话匣子没了。当然，这个故事的另一个结论是，父母当时真的很穷。

许多年后我曾向美国同学讲起这个真实的故事。它可以最生动地告诉西方人，几十年间普普通通中国家庭的财产构成发生了怎样的变化。中国的发展真的很快！

1998年，我机缘巧合地成为了央广的一员，恰逢广播处于最低潮。那是一个电视的黄金时代，见到陌生人时无论我怎样吐字清晰、一字一顿地告诉对方我来自"中央人民广播电台"，对方总会口误并说出"你们中央电视台……"。时间长了，我也懒得给每一个人纠正错误。

回顾那几年，生活的窘迫和事业的徘徊常常压得我透不过气来。毕业拿到第一笔工资的那一刻，我曾经信誓旦旦地打电话给母亲，并发表了自己的"独立宣言"，但到了月末却只能红着脸打电话希望父母贴补我一点。后来的每个月，发工资时都开心不已，月末时总免不了数手指头度日。

试用期工资减半的压力，伴随着转正得到了缓解，但当我进入新闻中心后，业务上的压力随之而来。记忆中，老编辑给我改过的稿子，到处都飘满了"气球"。印象最深的一次，我的稿件被老编辑改过后，只留下了"各位听众"四个字，其他部分全被删改。面对着面目全非的稿件，我深深质疑自己的能力和职业方向。现在想起来很幸运，内心徘徊之际我选择了咬牙坚持，而非放弃。

专题部、地方部、编辑部、夜间部、采访部、午间部……我在中国之声（新闻中心）战斗过的部门越来越多；记者、编辑、主持人、评论员、主任……我所尝试过的角色越来越丰富，经验也在一点一滴中得到积累。都说"不忘初心方得始终"，我的"初心"很简单——少让老编辑批评稿子差，多让主持人夸赞稿子好。

当然，新闻业务的学习是一辈子的事情，且行且珍惜。稿件不好被人骂的"噩梦"，后来也常常发生。在中国之声采访部工作的日子里，因为人员有限，一些采访任务派不出人来常常自己拎着采访机上阵。一次去国家体育总局"全运会倒计时一百天发布会"采访，主席台上的两位官员拿着讲话稿做了一通官样文章，我所采访到的声音素材少得可怜。想尽各种办法，我对稿件做了"拯救性"处理后发给《新闻和报纸摘要》（以下简称《报摘》）带班主任"铁帽子王"审定。后来的剧情可想而知——"铁帽子王"并不知道稿件是笔者写的，在电话中痛斥该稿件声音元素单薄，并希望我管理好记者队伍。羞愧万分之际，我在电话中表示该稿件理应做"枪毙"处理。

故事并未到此截止，后续的两件事让我的自责稍有放缓：一是"铁帽子王"当晚觉察出笔者情绪的异样，打过电话来再度商讨稿件，安慰了笔者失落的心情；二是多年之后，当天主席台上的两位官员，国家体育总局原副局长肖天和山东省原副省长黄胜，先后接受组织调查。

当然，在央广的日子并不总是"伤心太平洋"，许多记忆都很美好，其中就包括"评论员"的经历。伴随着央广改革的深入，以评论引领舆论渐成趋势。2008年中国之声改革后出现了"评论员"的角色，这三个字在我心中有千金的分量。1994年高考时，我的总分在全省排在第三名，几乎可以选择任何专业作为职业方向。然而那一年，就是因为《东方时空》《焦点访谈》《冰点》等一系列新闻调查和评论类栏目的感召，我果断选择了新闻作为自己毕生追求的梦想。

第一次以评论员身份坐在直播间是2008年。美国留学回来恰逢美国总统大选，台领导果断拍板，让我和另一位同事进入直播间，实时介绍CNN直播美国总统、副总统候选人竞选辩论的情况。尽管在美留学期间，我对美国的竞选政治很感兴趣也仔细研究过，但坐在直播间中一边听、一边记、一边向听众介绍，依然是前所未有的尝试，起初的紧张可想而知。但伴随着辩论逐步深入，紧张感渐渐被兴奋感所代替。那种夹叙夹议的表达，让我面对话筒时第一次有了"释放思考"的感觉，我甘之如饴。

2009年，我作为中国之声改革后第一位本台评论员走入直播间；2011年、2012年，我作为评论员在后方参与全国"两会"直播评论；2013年，习近平首次出访并发表重要演讲，我的角色同样是直播评论员；2013年、2014年，我建议改革直播评论模式，由评论员在前方通过自己的观察实时点评，获总编室和领导批准，我也以"前方评论员"身份参与18场重要直播；2013年、2014年，《新闻纵横》连续两年开设评论专栏《王健两会观察》；2013年辽宁全运会，我参与了开闭幕式的两场重要直播；2014年，和平共处五项原则纪念大会，我在人民大会堂做直播评论；2014年，APEC峰会在北京举行，我参与了三场重要直播的评论工作……

时光荏苒，我对新闻业务的热爱和对央广的热情与日俱增。时至今日我已经在新媒体的舞台上做着与传统广播完全不同的工作，但这同样是在另一条战线上拓展着广播的广度和深度，它所眺望的是广播的明天。

留学期间，我曾向美国同学发问："你们最信任的新闻媒体是哪一家?"他们的答案中没有 CNN，没有美国三大电视网，也没有老牌纸媒《纽约时报》或《华尔街日报》，只有一家：NPR（美国公共广播）。作为广播人，我感到惊喜，也为广播的生命力而感动。

很庆幸，在我三岁时小偷窃取了我的收音机，却没能偷走我的梦想!

"食代"记忆

作者简介：张东，中央人民广播电台工会联合会主席、主持人。

某日搬家收拾东西，无意中发现了几件古董。所谓"古董"是我毕业、就业阶段的一些证件，最难得的是我实习期间的临时出入证，有央广的、央视的，还有参与主持、报道的各种大型活动的证件。1996年的北京市交通月票，记忆尤深，因为这是我用过的最后一张学生月票。20年前，学生月票10元钱，通用职工月票25元，从10元到25元，这是一个身份的分水岭，我告别了学生时代，正式成为中央人民广播电台的一名播音员、主持人。

2016年的春天，和葛平聊起了"广播年华"，思绪飞到了20年前——"衣、食、住、行"是生活的重要组成，我的记忆里除了这张月票代表的"行"，还有更多难忘的"食"。

难忘宫保鸡丁

1993年，我大学二年级，机缘巧合地被北京广播学院的老师带到中央人民广播电台立体声组实习，每周两天利用下课后的时间到当时的文艺调频（今天的FM90.0音乐之声）主持《都市闲情》和《歌声传情》

等直播节目，既是业务实践，也算勤工俭学，稿费虽然不多，但是对于那个时期的学生来说，足够给自己打打牙祭改善伙食了。职业生涯中第一次在"实战"中接触到开盘带和听众来信。

学校的食堂，伙食又贵又差，口味就更甭提了，正好每周有两次来电台改善伙食的机会，所以我的书包里一定会随身携带着学校打饭的饭盆。刘子慧、孙笑飞、丁倩、王娟几位实习老师强力推荐国际台食堂，口味好、距离近，我这个"小吃货"自然不会放过。到了"第一现场"我才傻了眼，这哪里是食堂啊，明明就是车库旁边的临时建筑，最多算个大排档！连菜单儿都没有，门口立个小黑板儿，上面都是菜名，一溜儿绿色的，一溜儿红色的，绿色的是2元以内的素菜，红色的是2元到5元的荤菜，选菜颇有些浏览股市行情的感觉。那才是真正的小炒啊，大师傅当着你的面儿现炒现卖，绝对私人定制！

嫩滑的鸡丁，微酸微甜微辣的口感，薄厚均匀的芡汁，粗细合适的葱粒，勾人食欲的红油……是的，从第一次见它，我就深深地爱上它，那个4块5一份的宫保鸡丁！等菜期间，我是做过科学分析和性价比核算的，宫保鸡丁就应该是我这个穷学生不二的首选：第一，这个菜里面肉多，比起小丸子、炒肝尖之类的热炒，肉多，至少是其他菜的两倍；其次，糊辣香型的甜酸口味特别下饭，我的饭量大，什么苦瓜炒鸡蛋之类口味太薄的菜搭配我半斤到六两的米饭来说根本不够（和上菜汤儿都不够）；最主要的还是很多女同事最讨厌的大葱，他们都说大葱放得太多了，而对于缺"油水儿"的穷学生来说，那裹着芡汁儿的大葱，拌饭的味道和鸡丁除了口感没什么两样……总之，就是一句话：下饭、下饭、下饭！是的，非常"专一"的我，从实习直到分配到央广，在这个食堂，在同事的记忆里，我就没吃过别的菜。以至于后来工作繁忙，同事帮忙带饭，都会在偌大的办公室问："王三，你吃什么？李四，你要啥？张东，哦，宫保鸡丁，对吧……"

后来做了美食节目主持人，尝过众多大师、名厨的手艺，正宗川菜宫保鸡丁的模样和那食堂里的记忆大相径庭，回想大师傅的手艺也没什么过人之处，可能我喜欢的，就是那种习惯的味道吧。

这道宫保鸡丁，我一直吃到国际台食堂搬家关张为止。国际台食堂的位置大概是今天总局印厂附近。偶尔在总局食堂午饭后，大院里遛弯儿路过印厂的时候，仿佛还能闻到宫保鸡丁的味道，还会想起当年那个捧着饭盆儿等宫保鸡丁的实习生……

到今天，我再也没有吃过那么好吃的宫保鸡丁……

二条知味

曾经有一支很有影响力的乐队，叫"鲍家街 43 号"。对北京不熟悉，确切地说，对西城区不熟悉，甚至对西便门地区不熟悉的人，都不知道"鲍家街 43 号"其实就是中央音乐学院的所在街道的名称。但是，这个乐队的确造就了一个几乎家喻户晓的摇滚歌手——汪峰。因为这个乐队所有的成员都是"中央院儿"的毕业生。

记得当年他们刚刚出道，《中国歌曲榜》直播采访的时候，他们都说"鲍家街 43 号"其实就是他们中央音乐学院的代名词。按照这个思维方式，那么我们中央人民广播电台就应该起一个类似"真武庙二条"的名字，有些调皮的同事会戏称我们是"真武庙广播电台"的。是的，我们电台对面的小街就叫真武庙二条。1993 年，北京没有东直门簋街，在我的记忆里，那个年代的簋街就是我们门口伟大的真武庙二条！

那是一条美食街，一条热闹得机动车很难穿过只有 500 米的小巷，当时我们开玩笑，考本儿的驾校学员，能把车子从东头开到西头不蹭到人，绝对立刻发驾照！虽然没有今天簋街般的规模，但是那时的小马路两侧林林总总至少有几十家平民化的餐厅和几家昏暗的小发廊。广电部的、央广的、央视的、国际台的、铁道部的、中央院儿的、艺术团的……一到饭点儿，大家好像商量好了一样，慢悠悠地会合到这条小街，空气中弥漫着那种人均消费性价比超高的幸福味道。

北方人爱吃面食，走进路口就看到了"上海大排面"。上海老板的小店面积不大，六七张小桌子，深深的酱油面汤上盖着一块大大的排骨，肥瘦相间，诱人且解馋。几块钱的价格不贵，无论早点还是正餐都很实惠。如果想解解馋多吃一块大排骨，多加 2 块钱就 OK 啦，所以我们几个单身小青年经常结伴去换口味。无论您是否是播音名家、知名演员还是什么级别的领导，饭点儿的时候，统统挤在一张张小饭桌上大快朵颐，啃排骨吃面条的吸溜声儿，组成了颇具规模的"食堂交响曲"。

想吃炒菜，隔壁不远的龙光和乐乐两家四川口味餐厅就是最好的选择，那水煮牛肉、那酸菜鱼、那鱼香肉丝、那担担面……真是地道。吃西北风味，有陕西的贾三灌汤包子；吃西南口味，有贵州花溪狗肉馆；吃麻辣火锅，有金碧和七星椒；吃烤肉，有新疆喀什饭店……应有尽有的，简直就是当年美食的"淘宝"和"天猫"。一不小心你会发现，撸串儿的对面是"夜幕下的哈尔滨"的王刚，啤酒瓶的后面是"小花儿"的刘晓庆，火锅的侧影不是"想死你了"的冯巩吗？那边聊着的不是"名嘴"白岩松老师吗？无论年龄大小、官职高低、才华差异，那些广播节目的全新创意，播音主持风格的争议讨论，稿件编排的奇思妙想，五花八门的片花广告，绝大多数就诞生在这条小街的不同角落。

后来因为扰民、街道整改，"二条"彻底消失了，所有饭馆、小摊儿不见踪影烟消云散。拆迁过后的残垣断壁和黑黢黢、脏乎乎的后厨锅灶，看得俺们那些吃货目瞪口呆，信誓旦旦不再胡吃海塞！

不过，再后来，我在白云路找到了贾三灌汤包子、喀什烤肉和金碧火锅，在月坛南街找到了七星椒火锅……那天走在真武庙三条，见到了当年龙光餐厅的那个老太太老板，思绪万千：四十不惑，人生知味，当年豪言壮语的人生理想，今天是否还涛声依旧……

吃的教训

对于 60、70 年代的人来说，单位的纪律如同军训般严格，丝毫不敢大意，守规矩，严要求，不敢越雷池半步。那个时候文艺调频改版不久，除了白天 17∶00 录播的《中国歌曲榜》，我们几个年轻主持人轮流主持晚间的点播、谈话类文艺节目，22∶05 下播，由于个别直播节目次日上午要重播，所以要把直播中一些明显的错误剪辑掉，等拿着剪刀胶条像上手工课一样把节目"剪"好以后，下班的时间通常就到了 22∶20 左右。在 90 年代，这个时间对我来说意味着两点，一、如果打车回宿舍，黄色的面的开始执行夜间价格了，好贵；二、单位门口真武庙二条的羊肉串即将收摊儿啦……

鉴于我们几个单身狗几乎每天下班都凑在一起撸串儿，久了，就和烤串儿的伙计混熟了，当年的烤串儿没有今天这样的产业链，一般的摊儿就是肉串、肉筋，大腰子和板筋之类的属于紧俏货，一般稍微晚到一会儿，肉筋、腰子就没货了。甭说晚上 10 点多了，正常情况下晚上 8∶30 以后"紧俏货"早就光光如也啦。因与伙计谙熟，立下口头协议，每天晚上给俺们预留 10 个肉筋、10 个板筋、几个腰子，协议时间为 22∶20—22∶30，我们不来就卖给别人，谁让我们是 VIP 呢！您别问我为什么不发微信，那个年代 BP 机和家庭电话都是稀罕物，烤串儿的伙计根本买不起，但真别说，在传消息基本靠吼的年代，人们说话是基本靠谱儿的，约个时间、约个地点基本不用提醒（哪像现在啊，手机微信一大堆，人们忙叨得都像得了健忘症）。所以，每次和几个搭档下了晚班，大半夜地喝着 8 毛、1 块钱的啤酒，大快朵颐，身边的人总是投来羡慕、妒忌恨的目光，甚至有人怒气冲冲地质问伙计："凭什么他们来得晚有肉筋和腰子，我们来得早的没有？"每每伙计懒洋洋地以"这是人家提前预订"敷衍他人之际，刚上班的我们顿时有一种"当家作主"的感觉，倍儿有面子！情绪好抑或微醺之时，还会递几串"紧俏货"给陌生的"串儿友","得嘞，哥们儿，一块儿吃哈，来，走一个"，酒瓶子一碰，仰脖一扬，那感觉，绝对诚信、友善——太棒了！

终于有一天，我们差点儿吃出了"播出事故"……

每次晚上下班，为了赶去吃烤串，我们都是撒丫子跑回办公室，把上节目的"菜篮子"扔下，向幸福的二条奔去！"菜篮子"里面是我们直播节目的开始曲、片头、垫乐、广告、剪刀胶条、卡带CD、钥匙包，总之，除了直播的人，那篮子里面装啥的都有。在搬到中央人民广播电台新大楼之前，直播都在长安街边的老大楼，当年苏联专家设计的大楼，特别雄伟，也特别复杂，直播间和办公室距离不仅特别远，路程七拐八绕的，特像西直门立交桥，而且楼道的灯光异常昏暗（估计为了省电吧），正常情况都要走个六七分钟，更甭说大晚上黑灯瞎火的。话说某天，剪直播节目的开盘带耽搁了时间，完事儿都已经22：20了，要是把"菜篮子"放回办公室再到真武庙二条的串摊儿，肯定就过了伙计的协议时间啦！"菜篮子"那么沉，又不能带过去……

走到一楼，突然瞧见昏暗的灯光映照在大楼深色的绒布窗帘上。对啊，咱把篮子藏到窗帘后面，等吃了串儿回来取，两不耽误！这大半夜的，肯定丢不了！五分钟后，我们如约准点出现在串摊儿，觥筹交错间愉快地笑谈刚刚灵光闪现的"爆棚智商"……

酒足饭饱，去一楼取篮子。天啊，厚厚的窗帘后面，空空如也！哥们儿嗔怪，是不是你记错窗帘了？不能啊，整个一楼大厅的窗帘都掀了好几遍了，咱眼神儿没毛病啊。对了，是不是哪个好心的同事，给咱捎回办公室啦？抱着侥幸的心理回到办公室，地毯式搜索，未果，惴惴不安中写完次日录播的稿件，蜷在沙发床上睡去。当时我们年轻人的集体宿舍在荒凉的大兴县城，二十年后的房价已经涨到5万1平方米了，而那个年代用"鸟不拉屎"的地方来形容实在不为过，出租司机加钱都不去，所以我们经常是下了晚班就打开办公室的沙发床凑合一晚。这一宿，被噩梦惊醒好几回，梦中，我们因为丢了开始曲，被开除了……

第二天，阳光明媚，早上 7 点多钟就听见办公室老苏联式的大木门吱呀一声被轻轻推开，传来了清脆的国家级的声音"有人吗"？哎哟，这不是雅坤老师的声音吗？骨碌爬起身，赶紧问候雅坤老师好，这大清早儿的，怎么到我们立体声组来串门儿啊？

雅坤老师字正腔圆地发出《今晚八点半》的韵味："你们，谁把开始曲给丢了啊？"

"哎哟喂，雅老师，原来我们的开始曲被您捡到了啊！"

那一刻，我们的心情好比翻身农奴把歌唱，高兴得眼珠子都快掉地上了，太好了，开始曲没丢！

雅坤老师用那娴熟的播音主持技巧微微顿了顿，缓缓地笑着说："是你们的开始曲啊，我——没捡到，人家保卫夜查的工作人员捡到的……"

哎哟，雅坤奶奶诶，您这个大喘气儿，一下子把我们给打到解放前啦，我们丢的是直播播出的重要节目资料呐，这一竿子整到保卫部门，干脆卷铺盖卷儿回老家吧。

谢过雅坤老师，立刻分工行动——不能耽误工作，我去复制间做录播节目，同事同时写检查，深刻检讨，念在我们初犯，请高抬贵手……过了好一会儿，同事沮丧地带着检讨书找到正在合成节目的我："哥们儿，这下惨了，人家说光检讨不行！"

"莫不是怪我们检讨不够深刻？"我寻思，虽然同事不是中文系毕业，但文笔从来不俗啊，几千字的检讨都过不了关？

"人家压根儿就没问什么原因丢的篮子！"同事咽了口水，像说评书一样描述了和保卫同志谈话的过程："小同志，这不是个小事情，丢了开始曲就是事故，会造成重大播出隐患，必须由你们相关负责同志写说明情况或者主管领导签字，表明知道你丢节目资料的事情，年轻同志，要长记性，要对工作负责……"

拿回开始曲的过程不再赘述，结局是检讨书加上表扬信，一波三折，总算是在晚上节目开播前取回了"丢失"的开始曲。

吃一堑长一智。20 年来，我养成了习惯：制作节目、直播节目必须按照流程和规章制度执行，绝对不可偷工减料；节目资料，必须固定摆放，以至于后来规定音乐之声的主持人，播出和备播稿件都必须放在统一的位置；节目开始曲等重要资料，工作人员人手复制一份；直播前 15 分钟必须到岗，直播结束后全面检查机房再离岗……当然，也不会再贪口福而误事儿了。

谈起这个事情，我一直琢磨，二十年前的那个夜晚，那么黑的一楼大厅，那么厚的窗帘，保卫夜查的同志到底是怎么发现我们藏起来的篮子呢……

转眼间，二十年过去了，忘不了在文艺调频第一次直播时候的忙乱，忘不了在老办公楼第一次收到听众来信的兴奋，忘不了用老办公椅第一次搭床睡觉的害羞，忘不了颁奖舞台上第一次获奖的惊喜，忘不了音乐之声听众聊天室第一次与听友的"零距离"互动，忘不了文艺晚会上第一次西装革履的局促，忘不了与各路明星第一次朋友般互动，忘不了第一次使用电脑软件制作节目的骄傲，更忘不了在天安门城楼上代表国家电台发出声音的激动……

难忘，二十年的广播年华！

央广一梦二十年

作者简介：李峙，中央人民广播电台文艺之声主持人

经常做同一个梦。梦到做了超市播音员，白天播促销信息寻人启事，晚上卸货搬砖。

这也是小时候的一个梦。

生长在成都，一个完全不讲普通话的地方。随便甩出一个词，比如"10：44"，基本就能撂倒大半个城市。想做电台主持人，但又自知不现实。仔细观察之后，发现除了主持人还有两个行当是可以讲普通话的：一个是公交车售票员，一个是超市播音员。

公交车售票员只能报站，最多加两句"上车后请往里走，里面人少车空"。超市播音员就不一样了：白菜降价、鸡蛋打折、张大妈和孙子走散了、王大姐在收银台等李大哥，全都是说话的机会。搞不好还可以夹带几首自己喜欢的歌，播给几千人听。

这简直是四川盆地里最好的差事。

后来跟着大人听广播，听的是中央人民广播电台。节目是什么内容记不清了，就记得被"中-央-人-民-广-播-电-台"这八个铿锵有力的大字镇呆了。捂面跟妈妈说我想去这个地方做主持人,妈妈特认真地说她儿子一定可以。

白日梦归白日梦,还是做超市播音员更靠谱。为了这个目标,开始成天听中央台学普通话。其实,小小年纪,哪里听得懂那些国家大事,就是简单粗暴地学说话。经常趁月黑风高四下无人时,把书卷成话筒状,提着嗓门说"中央人民广播电台",连呼二十遍都觉得不过瘾。

上中学,广播站招新,这简直就是通向超市播音员之梦的康庄大道!报名,考试,进了。每周一天,抱着一堆磁带去广播站。为了省电池,磁带都是用笔转到差不多的地方,然后再用随身听掐好点。广播站位于政教处办公室用木板隔出的一个小角落里,经常正深情吟诵着,背景里就出现了"你怎么又翻墙出去买麻辣烫"之类的声音。

电台里的节目都有片花,我也想整一个。一只铁丝张牙舞爪还经常漏电的话筒,两台主业是播英语听力的收录机。话筒对着这台录一段音乐,然后迅速插两句话,再对着那台录一段音乐。与此同时,再给第一台换磁带。循环几个回合,虽然忙得披头散发,但片花总算是成了。

片花第一次播出,装神弄鬼地让小伙伴们去阳台"透透气"。可能因为喇叭音质实在太差,也可能是变声期的声音有点拧巴。他们中的大多数完全无动于衷,继续讨论着今天放学去吃哪家的冒菜。最走心的一个评价就是:这个女生的声音还可以。

高中,知道了播音主持这个专业,战战兢兢地向大人们表达了想学这个的愿望。但在大人们眼中,一个男孩子,花四年时间,就学说话,完全是花拳绣腿不务正业。印象最深的是一位三姑或者六婆,说:"你咋不去学织毛衣嘛?"

我没好意思去学织毛衣,也没够胆量去学播音。高考,第一志愿填了大人们一致五星好评的法学专业。结果,没学成我想学的播音,也没学成大人们想让我学的法学。四年时间,还是用来学说话了,学说外国话。

进大学，还是贼心不死。广播站招新，报名，考试。然后，第一轮就被刷了。学校不是传媒方面的院校，专业是英语，现在又连广播站都没进，有点慌了：难道做广播这事儿真是此生无缘只能来世再续？

我妈一直自责，觉得如果当时她再坚定一点，不管三姑六婆七大姑八大姨的声音，就让我学播音主持，也许现在就是另一番天地了。其实根本不怪她，是我自己太闷骚，把喜欢藏得太深。又太听话，大人们说往东我绝对不会往东南。可能也是经过长时间的挠墙思考，我妈给我一个建议：给广播站主管老师写一封信，告诉他自己有多爱广播，并且也具备一定做广播的能力，只是考试中由于种种原因失误了。

这一次，我没听话。血气方刚的年纪，认为这是走后门，不磊落。我妈连续几天给我打电话，说服我这不是走后门，只是努力一试。最后，试了，又没成功。整整一年，没有任何消息。

大二，从市区回学校的公交车上，被挤得像照片一样，手机响。是广播站的那位老师，他邀请我加入广播站！我完全不知道自己在电话里说了些什么，就记得马上从下一站滚下车，给爸妈打了个锣鼓喧天的电话。

很多年以后才知道，那天妈一整晚没睡着，反复跟爸确认"儿子真的进广播站了？"也是从那以后，在大部分事情上爸妈都尊重我的选择，并且努力改变我隐忍的性格：喜欢的就要表达要争取，要尽量让自己快乐。

广播站是大学校园里快乐最多的地点。主管老师叫"头儿"，号"阳光老男人"，一位特别"不像老师"的老师。他在制定规则之后就任由我们"野蛮生长"：爱播新闻的播新闻，想做音乐的做音乐。虽然我已在中央人民广播电台的声音里潜心修炼十余年，但身处北方，我的普通话还是完全没有优势。当我试图让自己更"字正腔圆"时，头儿第一时间赶来泼冷水："你这声音不适合播新闻。你就放松点，好好说话，做你自己！"

做自己果然有用。大约一年之后，据说就总有人在我的节目时间守在路灯柱底下听广播，还经常有姑娘用播寻物启事等借口跑来广播站看这个男的长什么样。现在说的话放的歌，理论上能被好几万人听到，已经远远超越了超市播音员的辐射能力。骑着车从广播站回宿舍的路上，经常一个人傻笑。

临近毕业，最高理想是进市台或者省台。又是那个神奇的阳光老男人，居然给我说有机会去中国国际广播电台。第一反应是"你逗我玩儿吧"，然后开始写简历做样带。去著名的八宝山面试时，我那身比自己大两个号的西装完全就是搞笑买家秀。在门口拍了一大堆游客照，准备拿回去跟班上同学嘚瑟：看！这就是我们成天听的CRI！

后来，CRI不仅收留了我，还满足了我当时所有的职业幻想：双语主持人。梦想实现，专业没丢，这简直是全宇宙最好的差事。

北京，懵懵懂懂地就来了。那时有用不完的力气，每天四小时直播，还觉得可以再来点儿。那时身边有一群可爱的大哥大姐，用最温柔的方式，包容着我的所有不专业和不职业。

四年之后，中央人民广播电台招聘，我愣头愣脑地跑去跟领导商量要不要试试。领导居然给了我肯定的答复，还说了句完全不符合剧情的话："那儿是你的终极梦想。但如果想回来，这儿的门随时敞开。"

真武庙，来过两次。

第一次我到了，但缘分未到。那些日子和自己想象了几万次的场景完全不同。经常坐末班地铁，从复兴门下车，在复兴门桥上看着这栋辉煌的大楼，像个肃穆的宫殿。所有的梦想就是：在这栋楼里，能让我说话。

做完梦，回到台里，在地下室的小隔间找到自己的床。其实更像是几块蒙着布的木板，好几次睡到中场床垮了，爬起来拼好接着睡。睡到大约四点，上楼值开播班。那时经常一晚上就睡两三个小时，却总感觉夜特别长。一觉中间会醒很多次，生怕睡过误事。

第二次来，是 2014 年的事了。

在这之前，用癫狂般的热情对待广播。像害怕再次失去的恋人，紧紧抱住，不肯松开。经常有人说，这年头谁还听广播啊，干吗那么拼？我不管，"行业"很大，"我"很小。

运气好，又赶上互联网音频的开山之年，作为第一批拓荒主播入驻了国内所有音频和音乐平台。那几年，经常有大学同学出差到某个城市，打车，师傅在听我；小学老师下载了一个软件，打开，首页又是我。用听友们的话说，《李峙的不老歌》就是广播里的成都小吃。

其实我还是想进"俏江南"，这是个执念。

2014 年 5 月，第一次在文艺之声直播。我说我紧张，同事们说别装，都半老司机了。我是真紧张，呼出"中央人民广播电台"这八个铿锵有力的大字时，特想哭。这一次，我用的不是卷成圆柱状的书，而是中央台直播间的话筒。

这一次，在这栋楼里，不仅可以说话，还可以放松地做自己。

文艺之声办公室可能是真武庙地区人口密度最大的区域，但它却有着最能让人快乐的空气。"领队"是资深文青。在我长痘的年纪，经常听着她的声音睡过去。而在我长肉的年纪，居然可以面对面地跟她聊科恩新专辑或者郁冬去了哪里。同事们都是各个文艺领域的大拿，但这丝毫不影响大家"没大没小"地快乐玩耍。每天下午六点之后，晚班的，加班的，一个比一个蛇精病（网络语言，意思为"神经病"）。我的幽默潜质也在这里被充分开发，同事们都说以前完全想象不出节目里人模人样的音乐 DJ，生活中居然是这样的疯子。

和我一样"疯"的，还有听我节目的他们。

我曾以为自己做的只是一档音乐节目。后来才发现，我已通过声音的方式，陪伴甚至参与了他们的人生：以前只听夜店舞曲的潮男潮女，因为上了我这艘老船，竟然爱上了许美静和胡德夫；在毕业季举棋不定的同学，在我不经意的几句话里找到了答案。再来听节目时，已是神采飞扬的老师；相隔几千里的男女，通过节目结识，从陌生人变成网友，从网友变成夫妻。

与此同时，这帮可爱的家伙也在用"疯狂"又温暖的方式回应着这个声音：我咽炎犯了，节目里的声音有些奇怪，下节目出台，门口就有人拿着大包小包的护嗓药；我生日，他们提前很久就开始策划，让一个本子漂过全国几十个城市，上面写满和节目的故事；做落地活动，问大家是从哪儿过来的，本以为是三里屯五棵松八王坟，结果是浙江广东甚至海南。

在文艺之声主持了两年之后，对广播，又有了新的念想：《千里共良宵》，那串声音里有我对北京最初的想象。

2016 年 6 月，第一次在中国之声直播。已经做了快十年的广播，还是紧张，是真紧张。我爸第一次在成都用收音机听到了我的声音，我妈，已经住在天上快九年了。

我与四任女搭档不得不说的故事

作者简介：大铭，中央人民广播电台文艺之声主持人。

最近忙于为节目寻找新的女搭档。是的，我又被搭档抛弃了。

我记得听众曾经说过一句话形容《快乐早点到》。他说："铁打的大铭，流水的女主持。"当时看起来只是一句玩笑，没想到一语成谶。在这期间，我的第一任搭档伍珂、第二任搭档乔乔、第三任搭档黄欢、第四任搭档蕊希，纷纷弃我而去。

记得 2013 年初来到央广，看见我的搭档伍珂，陕西妹子，自带书卷气息，亭亭玉立。第一次见面的时候，我拿出早就准备好的礼物，我要给她一个惊喜，就是一盒含片。

当时，我先含情脉脉地对着她说出了那个含片著名的广告词，"想知道清嘴的味道吗？"结果可悲的是，我忘了把含片放哪儿了……于是伍珂一度认为我的人品是存在问题的。

后来她仍然不嫌弃地成为了我在央广的启蒙老师，让我熟悉了各种环境。尤其跟一个新人搭档，她也承担着很大的风险，因为台里有个规矩：新人出错，老人罚钱。

这可能就是后来她不干了的原因吧……

我记得她离开我的时候，跟我说，大铭，其实你挺好的，但是我更喜欢一个人主持节目的感觉，那样更自由。我含着眼泪，点头理解。

后来她开心地跟刘乐在一起主持起了《快乐晚高峰》。

我的第二任搭档是乔乔，一个英姿飒爽威武雄壮的东北女孩儿，在她的身边总会有一种难得的安全感。大家对乔乔记忆最深刻的就是那一串杠铃般的笑声："哈哈哈哈哈哈哈哈！"

这让我一度觉得我俩的节目，我负责说话，她是负责配音效的。

"欢迎各位来到今天的《快乐早点到》，我是大铭。"

"哈哈哈哈哈哈哈我是乔乔！"

"我们来关注一下路况，长安街又堵了。"

"哈哈哈哈哈哈哈是啊！"

其实跟乔乔在一起主持是很开心的，因为她的爽朗会让你觉得特别没有压力，时间相处久了，她竟然看起来也有了一种眉清目秀的感觉。直到有一天，她跟我说她不做早间节目了，我问为什么？

她说："因为我找到老公了哈哈哈哈哈哈哈哈哈。"

"……"

接下来您就知道，黄欢登场了，作为年纪比较大……呃……应该是经验丰富的女主持，见多识广、大方得体，不算外形条件的话，其实她还算是个美女。最重要，她懂我。红颜知己，她起码够得上后面俩字。

我记得我和黄欢第一次说话，当时我们的办公室还在地下一层，她每天都要录一些娱乐新闻，而我没有固定的办公桌打着游击。那天晚上，她未走，我未归，办公室里我开了一瓶红酒，问谁要，而她自然地举起了杯。于是，不羁的我和嫣然的她就这么相遇了。这为后来的合作奠定了一个感情的基础。所以，注定她就是跟我合拍的那个人。

但，这个世界令人唏嘘感慨的就是，所有美好的东西，看起来都很短暂，后来欢欢还是离开了节目组。

再后来，就是小妹妹蕊希。年龄青春无敌，颜值也是四个女人当中最高的，我很欣慰，领导终于派了一个看起来跟我更搭的女主持了。

任何人接手别人的工作难免会被拿来跟前任比较，于是初出茅庐的蕊希就会经常被拿来和她的前任比较。（那能比么，一个是青苹果，一个是老油条。）但是蕊希同学还是顶住了压力，而且让自己越来越好！

而就在这个青苹果马上就要成熟变成红苹果的时候，她告诉我，世界那么大，她想去看看。这种悲哀的感觉只有建筑工地盖房子的兄弟们才能理解，是我们好不容易盖起一个房子，结果还不让我们住。

那也没办法，蕊希同学还小，属于她的未来还很多，她可以任意追求，让我们祝福她一切顺利，越飞越高。

所以，现在，我仍然寻找属于我（们节目）的那个她。同时，感谢央广，让我能有机会和这么多优秀的主持人合作、学习。我依然相信，那会很美好。

时间转变，一年一年。我们留不住时间，也留不住身边的人，即使那些你以为会永远的美好，一辈子幸福，甚至都会转瞬过去。但是那又怎样，她已经给了我最难忘的记忆，光阴记录着曾经，随时回头，她一直都在，从未离开。

忽然后记：

和每个人一样，央广曾经是我少年时最终极的梦。能来到这里跟一群能人甚至是曾经的榜样工作很梦幻。我也以此为骄傲。但是这种骄傲有的时候并不现实。

比方说我回爷爷奶奶家，很多老人问我在哪儿工作，我骄傲地说："中央人民广播电台！"他们特别兴奋："哦！你就是那个说评书的啊！"我多想告诉他们央广也有其他的节目！

比方我回老家，很多同辈人问我在哪儿工作，我骄傲地说："中央人民广播电台！"他们好奇地问："几点的节目我也听听？"我多想告诉他们，不是每个频率都是中国之声。

比方我跟后进晚辈分享经验，学生们问我在哪儿工作，我骄傲地说："中央人民广播电台！"学生们说："哦，电台啊……"注意后面两字的语调已经低到砸到了我的脚面。

没错，央广是一个梦想的殿堂，是无数前辈用努力和汗水换来的辉煌。而这份辉煌如今也给了我们这些后辈巨大的压力，也许像我这么年轻的人儿哟，要放下过去的成绩，在新的时代，在这样一个声音混杂，互博眼球的今天，用自己的努力，续写篇章。告诉所有的人，央广还是央广！ Your uncle always your uncle ！

忽然又多出个后记：

上面那段文字是英明神武的约稿人在三个月前跟我约的稿。因为我本人非常年轻，所以三个月后才被排到。事情最新的进展是，我已经找到了我的女搭档。大迪，辽宁人，来自四川台。一个高挑清秀的，能歌善舞的，参加过中国好声音的，开朗直爽的妹子，最吸引人的是她的声音，听起来可靠、踏实，浓浓的父爱。

每天早上 7 点到 9 点，调频 FM106.6 文艺之声，让我们陪你一起，快乐早点到。

新生第一年

作者简介：胡凡，中央人民广播电台中国之声主持人。

这是一篇迟到了大半年的约稿。那么多让人尊敬的前辈和优秀的同事们在这里讲述他们的故事，看得越多，越觉得自己实在不值一提。即便此刻落笔，依然坚持这样的判断。

这段时间，台里又开始新一年的大学生招聘。转眼，我已经入台八年。每每这样的时候，我都特别感慨，后生可畏，赶上跟他们一拨，我还真不一定能踏进央广的大门。

我是 2008 年毕业进台的，而跟广播的缘分，得从 2005 年算起，那年，上大三的我按照学校的安排，来台里实习。

2 月 17 日，雪后的北京天阴沉沉的，我和一位女同学第一次来到央广的西门，接待我们的是社会新闻部的主任魏漫伦老师。魏老师扎着一个大大的马尾，话不多，但没有一点儿领导的架子。尽管是头次见面，她给我的感觉，比学校里好多认识很久的老师还要亲切。魏老师请我们坐在沙发上，问我们都听过什么节目。说实话，在那之前，我没有太多媒体实习的经历，对广播的了解也几乎为零。裹着羽绒服、戴着毛线帽子的我开始冒汗，但越怕露怯就越会露怯，憋了半天，我回答："新闻与报纸摘要"。魏老师略带东北口音，笑着轻声说："嗯，我们叫报摘，新闻和报纸摘要。"就这样，这个连报摘名字都说错的实习生，被魏老师留了下来，因为是男生的缘故，我被分到了当时刚刚创办的新闻夜话栏目《神舟夜航》实习。临出门，魏老师还叮嘱："我是你们的大姐，有事儿就跟我说。"

我到组里报到的那天，正好赶上辜三找向菲姐向公安自首。在那之前，他因为过失杀人在外逃亡十二年，正是听了《神州夜航》的节目，辜三决定来北京找向菲。就这样，从实习的第一天开始，对一切都还蒙圈的我，就跟着向菲姐，几乎见证了她劝服第一个逃犯自首的全过程。看向菲姐跟辜三用四川话聊天，黑瘦的辜三笑了，他说终于松了一口气；跟着向菲姐坐警车送辜三去看守所，一路叮嘱，辜三只是点头；听他们话别，被刺骨的寒风包裹，辜三在哭，向菲姐也在哭。直到最后看着向菲姐抱着开盘带走进直播间，把这些天的经历变成一期新的节目。我纳闷，这些如在眼前的特写都是什么时候做的，我这一直跟着没觉得她在采访啊？向菲姐告诉我，胡小凡，咱们手里的采访机可是最忠实的记录者，声音稍纵即逝，等你意识到这段有用的时候，再开机就来不及了。而那些看似不经意的闲聊，或许就有丰富的信息，就有最真的情感。

那段时间，除了向菲姐，我还跟大魏老师实习。一开始做稿子，Word 文档都没整明白的我，稿子能完成多好是个笑话。硬着头皮写稿，大多都是闭门造车。也不知怎么还特想显摆，总觉得，给全国听众写稿，那还不得引经据典、文采飞扬啊！于是，论点、论据，"旁征博引"外加复制粘贴，一期节目攒得跟论文似的。等节目开始，坐在导播间的我越听越觉得不对劲，怎么大魏老师说的都不是我的话，即便同样的意思，也是更加平实贴切的表达。节目之后，大魏老师还是鼓励了我，他说："能感觉你有想法。你还善于学习，懂得借鉴。"半夜回家，我睡不着，爬起来再看稿子，我的妈呀，整个人都不好了。自己写的那些就不是人话，完全说不出口！更不能忍的，稿子里一段纪伯伦的话，也不知从哪儿复制粘贴的，连网页的格式都没改，还嘚瑟呢！再想想大魏老师那番话，如芒在背。

"无知者无畏"这句话用在当时的我身上，真是一点儿不差。我竟然当面顶撞过任捷老师。具体是因为哪篇稿子已经记不太清，只记得任老师看完稿子，也反馈了修改意见。看完后对于一些措辞她不放心，又专门给我打过来电话。我从702跑去她的办公室，任老师指着稿子说："就像你写的这个词'纠结'一样，我看完这期稿子，也觉得很纠结啊！"原本亲切的武汉普通话，可在当时的我听来，却觉得刺耳，实习以来顺风顺水的我，有点飘飘然，"怎么纠结了？我觉得挺好！"任老师愣了一下，她看着我，认真地说："不是我对你的要求，是你要对听众负责，要对自己写的、说的每一个字负责，方方面面都得考虑。"那个下午我特别郁闷，直到夜里上节目，说到经任老师之手改过的文字、调整的段落，才让我体会到那些隐藏在字里行间的分量，感受到一个老广播对后生晚辈无私的包容和入微的保护。

……

因为这篇文字，我才有机会回望十一年前那个愣头愣脑的胡凡。谢谢魏漫伦老师，无数个夜晚，是她陪我一起上节目直到凌晨一点半。她说，年轻人渴望成长，但缺乏机会，只要能伸把手，就会伸把手。谢谢向菲姐，原谅粗心的我弄丢了话筒的防风罩。这些年我的几乎每一点成绩，最早发来祝贺信息的总有她。谢谢大魏老师，2005年3月16日凌晨，我第一次坐在了央广的话筒前，如果不是他为我保驾护航，除了"欢迎收听中央电视台"，我不知还会闹出多少"说都不会话"的洋相。谢谢任捷老师，直到今天我也没有为当年的鲁莽跟她说声抱歉，但她却经常拿出压箱底的手艺，毫无保留地鼓励提携着我。还有最早一起奋斗的鲁西西、河马同学，忘不了那些年你们不计得失地为我刻CD，教我上开盘，帮我找音乐、做导播，兜兜转转，如今我们还在一个屋檐下，真好。要说的感谢太多太多，挂一漏万，我都记在心里！

2008 年 7 月，我正式成为央广的一员。至今我还记得当实习的"狗牌儿"变成正式工作证的那份喜悦，走进业务楼第一次听到门禁"嘀"声之后的那种满足。那时，魏漫伦老师曾语重心长地对我说："作为老大姐，还要多句嘴，无论什么时候，都不要忘了现在的这份单纯，如果五年后，你还能有今天的这种劲头，那才了不得！"这么多年过去，老师的话不曾忘，也不敢忘！知道自己还差得远，所以更得少说多做，继续低调，继续踏实，继续无愧我心。

光

接到这个题目，我是惶恐的，写完这篇文章，我是惊喜的。惶恐在，央广卧虎藏龙，各位同事前辈的职业生涯不论是长度还是广度都远超于我；惊喜在，七年广播生涯，只道闷头赶路，哪料回味起来，路边风景无数。

作者简介：林溪，中央人民广播电台中国之声主持人。

晨光微露

其实我从小就是一个意志薄弱的孩子，主要是在睡懒觉这个问题上，从小学一年级开始，母亲最头疼每天叫我起床，干脆使出撒手锏《新闻和报纸摘要》，一用就是十年。用母亲的话说，虽然听不懂，磨磨耳朵也好。小时候听《报摘》，脑袋里塞满了起床气，没想到在十年之后，居然成了叫人起床的人，在早起这条路上，坚持了这么久。

还记得网上流行的一个段子："一定要小心那些在冬天能'唰'的一下起床的人，他们可什么事都干得出来。"说的就是中国之声早间部这群人。

2009 年 12 月，我正式成为"黄埔军校"的新兵。早间部之所以被称为中国之声"黄埔军校"，新来的大学生都要来锻炼，不仅因为这里有中国之声最权威的节目，更因为这里有被誉为"新闻界最苦"的夜班，跨度长、任务重，动不动就"小夜上成大夜"，再动不动就"今夜无眠"了。不过也正因如此，才能结交一群一起刷夜、一起等天亮、三观极正的好战友。

早间主持人是早班夜班齐上阵，早班连着夜班上，六年下来，练就了我晚上不睡、早上能起的功夫。早间"铁帽子王"保红老师形容："白天睡得香，天黑两眼放光；午饭从来不吃，夜宵一扫而光。"因为早夜班的关系，我的身材稳定在微胖，眼圈固定在黑色，闹钟一定有五个，每天第一个和最后一个聊天的男人肯定是出租车司机，但对于这份工作确实非常热爱。

是的，能驱使一个成年人，在每天清晨，全然不顾外面寒风凛冽、白露为霜，准时挥别温暖的被窝，离开家门的，不是贫穷，或许真的就是热爱了。一个人站在凌晨的大马路上打车，看见出租车像看见亲人一样；上车以后不是睡回笼觉，而是大声唱歌提神开嗓（估计已经有上千位司机师傅成为受害者）；早班路上写下早安微博，想着多多宣传节目，哪怕能多一位听众也好。这是我每天早班路上朝圣的固定程序，也成就了我朝气十足的直播状态。

是的，当家人安睡、万籁俱寂，我已经奔走在上班的路上；当旁人睡眼惺忪，我已经坐在主播台前；当熟悉的中国之声开始曲响起，我仿若听见召唤，从容、自信、热切地说出"新闻纵横，追问新闻"，我想让大家听到这个声音过耳不忘，开启全新一天，更想拼尽全力，用主创辛苦一夜的丰盛大餐，以飨听众。

然而做新闻，靠热情是远远不够的。

《报摘》《新闻纵横》都是中国广播的龙头节目，《报摘》权威发布、引导舆论；《新闻纵横》针砭时弊，汇揽热点。面对两种差别较大的语态，初上《报摘》的我们最期待的就是前辈给我们吃的"小灶"。

那是 2014 年 9 月 30 日早晨，下了《报摘》直播，针对"十一起再次提高优抚对象等人员抚恤和生活补助标准"这条新闻，于芳老师把我留下。虽然我自觉播得流畅动听，但优抚对象中有不同人群，重音怎么处理？前是城镇后是农村，句子和句子的关系播出来了吗？一条新闻背后的故事大有千秋，哪是动动嘴皮子那么简单。

于芳老师一词一句的分析，我才弄清原委，回家踏踏实实写稿件分析。报摘政策性强、口播量大，可谓字字珠玑。没有强大的积淀，哪能理解到位，哪能斟酌出重音、停连在句子中的分配，更别提处理大文章。

有人会问，是不是"咬文嚼字"了些？正如前辈提点，尽管当今媒体渠道丰富，但报摘可能是部分听众获得信息的唯一渠道，上涨的这些生活费对他们可能非常重要，意思不清楚就会影响到关心这件事的听众生活，"要让播音像水一样流进听众的耳朵"。准确清晰是播新闻的基本要求，这是技巧问题，更是态度问题，做好这点，再谈其他。

这件小事让我印象极深刻，央广有"传帮带"的优良传统，很多前辈都曾经帮助过我。在这样的集体是幸福的，更让人深思广播的力量。主持人不像记者能经常在一线锻炼，那就更要把自己从直播间拽出来，拽到地上，赤脚脚踏实地，才能时刻提醒自己：身在直播间，心有大世界，因为，一字一句总关情。

黑夜给了我们黑色的眼睛，我们用它来追问新闻，黑夜过后的无数个这样的早晨，晨光微露，神清气爽。

聚光灯下

做主持人，就会生活在聚光灯下，正如你用嘴来活，也活在别人的嘴里。从幕后到台前，哪一次都少不了鲜花掌声背后的付出。

2012年春节，接到台里电话，今年的"两会"特别节目《做客中央台》由我主持。初出茅庐的我相当焦虑，焦虑在这已经是"做客"的第十一个年头，嘉宾有分量，议题有分量，"做客"无论从面子到里子，都不允许出错，更必须要出彩。

对话的"对手"是各省市自治区和质检、金融、法律等部委的官员，他们都是各自领域的高手，每一次亮相都引人注目。主持人要把控又不能强势，要切中要害又要注意尺度，要把握节奏，这才敢在对方领域发声。正如郭静老师所说：交浅而言深。

焦虑不能解决问题，但努力能。疯狂浏览嘉宾资料，不放过每一个背景资料，要和嘉宾成为素未谋面的"老熟人"，才能"宾主尽欢"。专访科技部党组书记王志刚，因为他几乎没有接受过媒体专访，在网上搜不到太多可用的信息。我就从科技部官微下手，发现他刚刚参加过科技部读书会，用希格斯玻色子来比喻读书趣味。而节目中恰有一个关于读书的问题，王书记听了问题眼前一亮，说这个都让你们挖出来了，兴致盎然地开始讲故事。

不能光靠努力解决问题，有时还需机智。专访最高人民法院新闻发言人孙军工，在问道："最高人民法院要求新闻发言人要积极回应百姓关切，您看到陌生的电话号码，会接吗？"孙局长回应，会的，这是基本要求。我看直播时间还充裕，马上又追问："平时会接到很多电话吗？会不会对生活有干扰？"这个问题竟触动了他，讲到自己要接很多电话，甚至还讲了一个凌晨接电话的故事，让节目达到情理之中、意料之外的鲜活。

做客故事多，我曾和记者棉棉从各大媒体的包围圈中抢到单独采访工信部部长苗圩半小时的机会；也曾被记者丁飞讲述的故宫博物院院长单霁翔的几个工作细节打动；更曾在2013年"两会"期间独立主持12期专访，有一次甚至应付早中晚一天3场，整个人转成陀螺。

直播就是战场，有很多这样的时刻，你惊心动魄，一不留神就会牺牲，而世界一无所知。从最初焦虑到掉头发、做噩梦的地步，到后来越来越有主场的感觉，即便多了些许从容镇定，但依旧有烦琐复杂的接待流程、意外百出的直播录播、风格各异的嘉宾等很多未知的变数在等待。当我面对嘉宾说出那句"期待您明年继续做客中央人民广播电台"，总是长舒一口气，直播终于结束，却又真心希望来中央人民广播电台做客能成为越来越多嘉宾每年"两会"的一个习惯、一种情怀。

6年时间，舞台一个一个站，或发布会，或夏青杯，或颁奖典礼，或话剧，甚至站在椅子上直播神九航天员出征，站在天安门城楼直播"九三大阅兵"，每一场都有鲜活的事、有趣的人、不为人道的苦，每一场都在打破声音的边界，告诉世人，广播还可以这样做，这个声音的世界，光芒万丈。

追光逐梦

还记得自己在十佳主持人小片中说的一段话："新闻教会我真诚、责任、尊重、脚踏实地，也教会我仰望星空，重新安放理想。要想做一个更好的报道者，首先要学会做一个更好的人。"

我爱脚踏实地，所以即便窗外四季轮回、白露为霜，5点起床的早班也坚持了6年，即便早起晚睡、昼夜颠倒，也不怨天尤人，因为新闻就是7加24的循环；也爱仰望星空，发自本心逐梦，不放弃自己的每一面，充分享受这个鲜活的世界。

对于很多央广前辈而言，我的这些年不过是他们的零头，所以一路奔跑不敢懈怠，因为沿途的掌声都不意味着未来。我更想问问自己"和这个世界交手许多年，你是否光彩依旧、兴趣盎然。"

内心丰盛安宁，性格澄澈豁达，舒展眉头过日子，也舒展眉头播新闻，期望呈现更有温度的新闻和更加向上的生活态度。

有木才有林，有溪才有海，我是林溪，我永远在追问新闻的路上。

那些人

每一种工作都会给人独特的成就感。之前在特别报道部做记者时，有同事喜欢在中国地图上给采访过的地方涂色，覆盖大多数之后说"就差一个省了！找个选题！"现在，夜间节目部的邮箱里，节目文案以一种整齐划一的方式排列，秩序感扑面而来。

刚刚工作的2009年，我把那时还流行的MSN签名档改成了"每个人都是一座宝库"，谁知七年之后，被要求写这样一篇文章时，我先想到的，果然是人。

作者简介：王娴，中央人民广播电台中国之声主持人、记者。

2010年，和同事们一起做了"节能减排倒计时调查"。"十二五"收官将近，之前已经得到一些地方"拉闸限电"乱作为的线索，第一年当记者的我还带着一个所谓"徒弟"去了"一定有情况"的能源大省山西。

山西记者站的老师说帮我联系好了省环保厅管减排的处长，兴冲冲去，在楼道得到工作人员答复，"处长很忙"。隔天再去，递上了言辞恳切的采访提纲，十几"问"，处长终于开了门，让我看了他桌上堆成山的文件，说他真的很忙，"如果你下星期还在太原，我们聊聊。"

空了两天时间，去调查，去"找料"。古交市满面的煤灰，运煤大车碾压成的支离破碎的省道路面，五六个小时的堵车，阳泉厂区拿到"对居民限电"的证据，我心想"是啊，处长你怎么可能不忙，污染这么严重"。

第三次站在山西省环保厅污染总量控制处的门口，得到落座的邀请，我没给这位处长太多说话机会，先一连串说了"我调查的情况是，节能减排，老百姓用不上电不能在家里洗澡！企业被迫关停了万吨生产线！"语速快，声调高。处长示意我继续说，我尴尬看了一眼采访提纲，空气凝固了也许有半分钟。他笑了一下，兑现了承诺，和我"聊聊"。

"这是政府过去欠下的账，迟早要还。现在感觉疼了，晚了。好多工程是政府应该解决的，但没解决好，技术落后的企业代劳了，可是这些企业又淘汰不了……这个过程本应该政府早点做准备。其实是政府早应该做好的工作。"坦诚得让我意外。

侯正伟，这位处长临走前撕下一张小纸条，给我写了他的名字和电话，让我有问题再给他打电话。他以极大的善意面对一个莫名其妙气势汹汹的年轻记者。是啊，作为记者，不要对任何人有"棒打"的念头。听听那个你以为的"恶人"怎么说。这话该掏出小本子记下来，我跟自己说。

2011年的盛夏，在沈阳药科大学一间没有空调的实验室，我面对三位耄耋老人。他们是中国"人工熊胆"的研究者。人工熊胆的研究成果一直没有获批上市，活熊取胆这样一个违背基本伦理的制药方式一直存在。

在那之前，我见了动物保护组织的人，去成都青龙桥看了黑熊，想着这"动物保护"的冗长采访在沈阳收官。

退休教授王永金带来了若干个小塑料袋，层层包裹的塑料纸，小塑料盒，是王老师和同事们收集了几十年的试验素材。"我为什么坚持？

因为我是正义的。人工熊胆合理、合法、合道义。"

实验室向阳的窗户大开，头顶的吊扇吱吱呀呀，我对着老人拿来的小塑料瓶拍照，发黄的胶布标签总是拍不好。

很多人在用很多年的坚持做他们认为值得的事，记者的介入只是短短一篇，别轻易对自己说"采够了"草草收工。这话也该掏出小本子记下来。

2014年，已经是我在夜间部做主持人的第二年，临时决定一个选题，《农村老人自杀现状的调查报告》发布。辗转打通了研究团队的核心成员——武汉大学社会学系刘燕舞老师的电话。"您晚上9点多的时候有没有时间？想和您做个电话连线。"提这个问题，我只是等答案"可以。"

"你告诉我你可能需要哪些数字，这个不能说错，报告太长，我要查一查。"

的确，那段时间，我把更多注意力放在了直播间呈现上，恍惚把"节目中访谈"和"节目外采访"做了区分。话题悲情？节目时间有限？要渲染什么？突出什么？学者告诉我，有一说一。这话，也记在了小本子上。

想起采访路上的人来人往。

谢谢你，孙吉英。在泥石流之后第二天的甘肃舟曲县城给我带路，腥臭的软泥下面到底是什么，我不敢想，你说你走前面，让我踩着你的脚印，就不怕。后来才知道，你读高二，那晚你拿了暑假打工的工资请好朋友们吃饭，他们是在来找你的路上全部失踪的。

谢谢你，孙菲。在除夕夜的采访，本来是我跟着你的团队去记录"清扫鞭炮皮"，因为我穿得太多，骑环卫电瓶车已经非常不灵便，更没法举着话筒。你说，"我单手扶车没问题"，一边布置清扫点，一边给我举了一夜话筒。

谢谢你开门。

谢谢你熬夜。

谢谢你说那么多。

七年，不再是新人。七年，仍爱刷新自己。从夜班编辑的岗位到特别报道部做记者时，我在工作电脑里给所有采访选题命名了一个文件夹，"零"。告别特别报道部到夜间节目部做主持人时，我的电脑里又多了一个文件夹，"Another 零"（另一个"零"）。

路上许多风景难忘。到中亚去采访"一带一路"，也见到阿姆河谷浩荡；到西北去采访河套农民，也见到沙暴漫天苍茫；到闽南去采访死鱼事件，也见到山河江流野趣……

更多本是陌生的人，让每一程鲜活。

2014 年，在巴西，世界杯的采访给了我莫大的见识和挑战。衣食住行的费力摸索，各地辗转的颠沛，报道的密集，安全的无着，赛程近半，我和同事每天的状态只剩下狼狈不堪。在东北小城纳塔尔的一家宾馆餐厅，我们和从亚特兰大来看球的老人韦伯坐在一桌。看到"CNR"的话筒之后，他认真问我，"昨天球赛进行中、之后你要做些什么工作呢？怎么告诉你的听众这一切呢？"用蹩脚的表达把工作说了大概，他的眼睛亮起来，用极其夸张的语调说"Sweet job."

他用一张桌上的餐巾纸给我写了家里的地址电话，让我到亚特兰大去务必和他联络。"Love your sweet job！"那一刻，所有的工作，的确甜蜜起来。

岁月如歌

岁月如歌，回首往事，总有些旋律，在时光隧道，悠然荡漾。

"秒针分针嘀嗒嘀嗒在心中，我的心跳扑通扑通地阵阵悸动。"

对于一个广播主持人来说，"扑通扑通"的悸动，是常有的事儿。主持人和编辑记者对接，在电波之外的程序往往是这样的：编辑将记者发来的录音下载、剪辑、审听、入库、排单，到连线时，记者会在相应的位置说"来听一下录音"，提示主持人播放。那一

作者简介：陈亮，中央人民广播电台中国之声主持人。

次，记者白杰戈报道一个突发新闻，马上到这条新闻的连线时间，可是连线中要播出的采访录音片段才刚刚发来。如果因为来不及入库，只连线不要录音，就丢了现场感；如果推迟连线，那个时段必出的定点广告、定弹片花，又会让时效性大打折扣。我和导播当即商量：马上连线，编辑同时入库。至于具体怎么操作，再说吧。

电话切进直播间，白杰戈在现场开始讲述，但他始终没有贸然说

"来听一下录音"。我一边和白杰戈交流，一边不停刷新JINGLE，终于，编辑在机房挂单了！我找了个气口，用一句话小结前面的内容，然后稍稍顿了一下，问道："关于此事的原因，你有没有采访到当事人×××呢？"他会意地接过话茬："嗯，我刚刚采访到他，来听一下录音。"完美的无缝衔接！那天，中国之声在其他媒体之前抢先、安全播出了这一突发新闻。事后，同事说这真是新闻生命的心跳。

都说广播主持人得有八爪鱼的本事。九年前，我第一次坐在央广直播间的操作台前，就觉得手指头不够用：JINGLE单，广告播出单，定弹、手动、六响、口报、主站、备站、话筒推子、电话连线、国际声、建立、取消延时等等，同事开玩笑说得把这些标记文在身上。

但其实，当初，我大可不必这样。2008年，我还在长江之滨的黄石电视台做着电视主播。央广的社会招聘启事，打乱了原本平静的生活节奏。很多人觉得我疯了：33岁、已婚七年，政协委员、劳模荣誉，就此归零？从镜头前退到"幕后"？都说人过三十不学艺，而我担心的是，非科班出身的我，都三十多了，再不改变，可能这辈子也就这样了。

一试二试面试接踵而至。就在中国之声通知我报到的前一天，我还在黄石主持"2008黄石奥运冠军庆功晚会"。晚会中下起大雨，刘欢正在演唱《我和你》，我帮他撑起伞，在台上完成了采访。雨点折射着灯光，如梦如幻。晚会结束，意味着将离开电视，未来能习惯吗？在高手如林的央广，我能做什么？告别黄石的家人和安逸，我能住到北京的几环？……

"年轻的心迎着太阳，一同把那希望去追。让光阴见证让岁月体会，我们是否无怨无悔。"

迷茫，甚至略有些恐惧，是因为前途未知。可是，已知的前路，又有什么意思呢？2008年，我踏进了中央人民广播电台的大门，坐在了中国之声的直播间。回想在中国之声日日夜夜，无数个第一次，终生难忘。

第一次走进直播间。看见 CNR 的标识熠熠生辉，这里就是奏响庄严壮阔的《中国之声开始曲》的"心脏"！直到现在，只要听到"大开"，我的心就会进入稳定、积极的直播状态。每天的直播都可能遇到突发状况，主持人一边按稿件走流程，一边留神导播可能随时在耳机里发出的指令、提示，一边看定弹算时间，一边补片花掐音响，一边还不能让听众察觉直播中的这些"平行空间"。有这么多的"一边"，主持人操台必须熟练到近乎本能。

第一次播《报摘》。2012 年，中央人民广播电台为《新闻和报纸摘要》选拔年轻主播，我有幸入选。对于《报摘》，从试播到入选，我始终心怀敬畏和感激。但习惯了纵横相对"轻松"的风格，到了《报摘》，竟出现意外："听不到"自己的声音了。这是过于紧张和不适应《报摘》语态的过激反应，实际上就是对自己失去判断：轻了怕不够庄重、没有分量，重了又怕显得做作、不像"人话"。纠结、痛苦、焦虑。经过前辈老师的耐心帮助、指导，我渐渐领悟到，备稿时对新闻稿件的分析理解程度，以及在表达时对分寸火候的把握拿捏是决定最终表达效果的关键！我的播音状态，也从初期紧张不得法逐渐变得内紧外松。

第一次获得"中央人民广播电台十佳播音员主持人"称号。参评过的同事可能会有同感：这是一个痛并快乐着的过程。参评中的磨砺与成长、欢笑和泪水、学习与收获，不断地拓展着"好主持人"的定义，让人受用。在颁奖晚会上，评委会安排新晋十佳主持人演唱歌曲《二十年后再相会》。平时大家可能不太会想起这首歌，但是那天当昂扬的旋律响起时，在场的所有人都被感染了，歌词那么的直抒胸臆，曲调那么的催人奋进，它的旋律在心中久久回荡。

> 夜蒙蒙　望星空
> 我在寻找一颗星　一颗星
> 它是那么明亮
> 它是那么深情

那是我早已熟悉的眼睛

我望见了你呀

你可望见了我

天遥地远　息息相通

这首年代久远的"古诗"是 1985 年的《望星空》，和当年那首著名的《十五的月亮》是姊妹篇。没想到，二十多年后，我竟会"成为"歌中人，当真会在宁静的夜晚，仰望星空。

我和妻子结婚十五年，而"双城记"上演了整整九年。九年前，没有她的支持，我不可能辞职来京；没有她的鼓励，我也许没有勇气参加央广全国招考。聚少离多，"相望不相闻"是我们九年来的常态。相恋时，我们领略到爱情的甘甜；步入中年，我们逐渐咀嚼出人生的醇厚。这醇厚，是家与爱的馈赠，它来自守望和深情，来自彼此心中的那份信赖。

年少时的情窦初开，青年时的一往情深，再到今天的难舍难分。对妻子，如此；对广播，也是如此。因为珍贵，所以珍惜；因为热爱，所以执着。能从事和自己的爱好相符的工作，是一种幸福。我珍惜这一幸福。

后记

到《我的广播年华》结集出版时，我们已经有了一个可爱的女儿，双城故事正在奏响全新的生命乐章。

只有改变，才能看见未来

被催稿有段时间了，一直未动笔，不是不想写，而是不敢写。

忆往事，谈情怀，"遥想当年"的激情也好，"何必当初"的遗憾也罢，以我辈的年纪和资历，总感觉还不是时候，也有点奢侈。那就说说现在，想想未来，在这个速朽的时代，

作者简介：王亮，中央人民广播电台军事宣传中心新媒体部主任。

思考的速度总赶不上实践的变化，你会时常发现，刚刚说过的话、写下的字，过几天再看已经过时，你不得不更新知识、头脑风暴，甚至要推倒重来、另起炉灶。这个时代已经快到你不能有任何的思维定式。

没必要总是感慨时代的恩宠，也没时间一味吐槽生不逢时，一代人有一代人的苦难辉煌，一代人有一代人的使命担当。在互联网驱动的这场革命中，我们能做的只有改变，在战争中学习战争，改变思维方式，改变生产流程，这很痛苦，也未必一定就能成功，但除此我们别无选择。

只有改变，才能看见未来。

直播：从"未知美学"到"社交入口"

2004年，我来央广实习，那一年"中央一套"华美转身"中国之

声"，我耳朵里听到最多的是"新闻立台"和"直播连线"。广播直播，因其轻型、便捷的特点，成为新世纪第一轮中国广播新闻改革的抓手和触点！

2005 年，我正式分配入台，着实过了一把直播瘾。"神舟"六号载人飞船返回，中国载人航天历史上的第一次现场直播，我有幸成为第一个在直升机上目视返回舱并报道返回舱着陆消息的记者，并开创中国广播空中直播报道新模式。央广来自着陆点第一现场的直播信号比央视足足早了 40 多分钟，我也因记录下"神舟与星月同辉"的永恒经典拿到了记者生涯的第一个中国新闻奖一等奖。

在事后的采访札记中，我曾这样总结："'下一秒钟的不可预知'，是直播存在的逻辑前提和美学追求。""记者，应该'闻变则喜'。""直播，是一种进行时的伴随状态和未知状态，这种状态很美妙，这种状态本身就是新闻'场'，就是信息'流'，就是价值所在。"

再往后，汶川地震、玉树地震、舟曲泥石流……一系列突发事件的报道中，直播成为常态。

十年之后，"直播"这个词儿又变得炙手可热起来。没错，这回是从去年开始火起来的网络视频直播。随着 4G 网络的普及和上网资费的下调，移动视频，尤其是视频直播，站在了互联网的风口之上。不过，这次最吸引眼球的不是新闻直播，而是网红直播。各个平台，几多房间，一水的"锥子脸"美女，不细看还以为是孪生姊妹，秀颜值，展才艺，有的甚至只是直播吃饭喝水，但却都少不了和网友的互动交流。一夜之间，直播进入了零门槛的"全民直播"时代。有人大呼："看不懂"，"又不生产高质稀缺的内容，凭什么火啊？"别急，我们暂且耐住性子往后看。

小扎也看中直播的未来，于是 Facebook 开通了直播功能，其中最火的一条是西瓜爆炸的直播——两人一根一根地把皮筋儿箍到西瓜的中央，直到西瓜爆炸为止，整个过程持续了 40 多分钟，直播也持续了 40

多分钟，在线观看直播的人数创了纪录。也许有人会说，今天的人们怎么会如此无聊？被围观的内容竟会如此之"low"！

Low，还是不 low？我们先不急着下结论，存在即合理，如果直播中的内容真的很 low，还居然能吸引来如此多的流量，那这反而会成为促使我们去探究一番的动力。

咱不妨先去看一看今天直播背后的逻辑，都有哪些"变"与"不变"。首先，"未知美学"我想没有变，"下一秒的不可预知"，西瓜爆炸就是最好的例子，玩的就是心跳，追的就是悬念，"期待""好奇"仍然是人性共同的底层密码和直播入口的巨大磁场。那"变"的又是什么呢？网红也罢，西瓜也好，除了对未知的期待之外，直播又多了一个流量的入口——"围观""起哄"，呼朋唤友，人以群分，交头接耳，品头论足，起哄架秧子，看热闹的不嫌事大……好不热闹，好不过瘾！没错，直播成为了一个重要的社交入口，所谓"无社交，不直播"社交的入口就是流量入口，自然也是内容入口、商业入口。难怪直播成了资本的宠儿。

当然，网络视频直播本身也在完善发展，题材样态更加丰富，向新闻资讯领域拓展，内容质量和策划水平不断提升，比如腾讯视频2016年3月25日策划的直播《撒哟娜拉，车站酱》——日本"一个女孩的车站"今日停运，以拍客的形式从现场传回视频，并鼓励实时观看的用户通过评论发言来补充新闻细节，在直播过程中实现了对社交网络（特别是微信朋友圈）的高频占据，"这场被记录在镜头里的告别，可能是这个春天最让人心动的故事"。

再回到咱们的广播直播，新闻也好，社交也好，有一点是共通的，那就是直播的黏性归根结底是通过"临场感""共在感"的营造来实现的。互联网思维下，我们比以往任何时候都看重用户体验，都强调互动参与。什么是直播中的"用户体验"呢？麦克卢汉讲的"人的延伸"就是最好的用户体验——受制于空间的限制，我对美的东西、有意思的东西、叫人好奇的东西……总之是稀缺的东西，看不见摸不着，抓肝挠肺，干着急，傻瞪眼，这时有你带着我去看、去听、去摸、去闻、去问，让我过瘾，让我舒服，让我爽，"爽"就是"用户体验"，这就是直播中的"临场感"。那什么是直播中的"互动参与"呢？视频直播的弹幕、打赏、争风吃醋？音频直播的微博、微信、热线电话？这些浅层次的互动，可能叫它"撩骚"更为恰当。深刻的、沉在底层的、触动灵魂的互动，一定是"共在感"的营造与体验。

那什么是"共在感"呢？广播是时间的媒介，直播是时间的流动。当人们在收听广播直播时，会通过媒介的参照，体会到时间的流动。在收听过程中，听众会感觉到，在声音的背后，在同样的时间流里，正有很多的听众在默默地和自己一起分享，每个人都有自己的故事，也有着相似的心境。所谓"同在星空下"，这种建立在分享基础上的感受，就是"共在感"。这种共在感增加了听众之间的黏性——收听广播的行为因此具备了社交的功能——听众的参与感和确认感也由此得以实现。

广播的核心竞争力，"共在临场"此其一。

平台：当"内容为王"遭遇"渠道失灵"

2008 年发生的一连串大事，使这一年成为中国人情感起伏最剧烈的一年，也成为广播媒体的成长之年："年初突如其来的雨雪冰冻打破了旧有的节目框架，奥运火炬传递中国叙事与国际话语的抵牾让我们检讨国际传播能力，汶川地震的全力投入开启了重塑国家广播新闻平台的思考与实践……"

"江山不幸诗家幸"，"江山不幸新闻幸"，几乎与中国每一次新闻改革实践一样，新世纪中国广播新闻的第二轮改革再一次在大事件的推动下大幕开启。重新认识和深耕广播频率的时间版面，节目编排理念从 block 向 clock 转变，"轮盘＋板块"，观察员坐台制、做有思想的广播……"中国之声"由新闻综合频率成长为 24 小时全（准）新闻台。

　　我的理解，这一轮新闻改革的核心要义，就是要再造一个符合资讯音频传播规律的广播新闻平台。这个平台，有"新闻的自来水"，随时打开，随时进入，随时有快捷的资讯、权威的发布和专业的解读。这个平台，是公共事件信息披露、意见凝聚、议题形成的集散地和舆论场。这个平台，有一群广播人和时间赛跑，和真想较劲儿，还时不时地和你的耳朵调调情。在这个平台上，"中国之声，不尽新闻滚滚来。"

　　这次改革的效果是明显的，堪称中国广播改革的经典："中国之声"新闻占比从不足全天节目的 40%，迅速升到 85% 以上，新闻首发率和原创率明显提升。中国广播新闻进入全时段时代。"中国之声"成为全国首个拥有上亿听众的广播频率。

　　五年之后，"平台"再一次成为广播业界关注的焦点，不过这一次是移动音频平台，蜻蜓、喜马拉雅、荔枝、考拉……的确，音频的大规模互联网化来得稍晚了一些，但该来的总归要来。世纪之交，文字的互联网化率先完成。2008 年前后，3G 时代到来，视频也完成了 PC 端的互联网化。2014 年，随着互联网进入移动时代（移动互联契合了音频传播伴随收听的特点），音频趁势完成了自己的互联网化。其标志就是移动音频平台的出现。在这个平台上，内容是高度垂直细分的，用户需求是充分差异的，平台的价值不是来自传统的渠道，而是来自内容的黏性。在这个平台上，借助大数据和云计算，音频传播第一次真正实现了精确的听众反馈和清晰的用户画像。在这个平台上，生长起一个生机盎然的生态系统，内容、用户和商业模式在这里找到平衡，三者之间转换的效率体现出的正是平台的价值。在这个平台上，商业模式一定是多样化的，流量广告、用户付费、电商入口、粉丝经济……

　　移动音频的蓝海到底有多大？移动音频是否代表传统广播的未来？面对移动音频平台的迅速崛起，传统广播怎么办？就像每一次谈及新媒体的挑战时一样，总有人会条件反射般地开出了"内容为王"的药方。这味"万能药"这次还会灵验吗？

内容为王本身没有错，错在不该拿"内容为王"当作传统媒体自我感觉良好、不思转型进取的"遮羞布"和"挡箭牌"。首先，内容为王有两个前提条件，一是好的内容的稀缺性，二是获得好内容的高成本与不便捷。对不起，这两个前提在移动互联和自媒体的时代都已经被大大稀释。其次，我们自以为"为王"的内容真的就牛到了"王者无敌"的地步吗？恐怕未必，起码有相当一部分"内容为王"的自我感觉是因为渠道垄断所产生的幻觉与假象。白岩松不是说过"让一只狗在央视的主播台上连播三天新闻也会成为'中华名犬'"吗？再说了，网生内容早已超越了"出大事了""删前速看"的标题党、搬运工阶段，现如今"10万＋"的爆款内容并不少见。

两天前新鲜出炉的《中国互联网发展状况统计报告》说，我国网民突破7.1亿，其中移动端占比92.5%。手机已经是当之无愧的"第一媒体"，通过手机所凝聚起来的新的信息传播渠道，其本质是人与人之间的关系渠道。

没错，传统媒体的"内容为王"正面临着"渠道失灵"的窘境。过去，谁掌握了行政赋权组织架构下的传统渠道（报纸、广播、电视等大众传媒），谁就掌握了话语权、影响力，也就拥有了内容变现的能力；今天，谁能更好地洞悉人心、尊重个性，谁能利用好互联网聚合起的社会关系这个新渠道，谁就能在传播舞台上长袖善舞、游刃有余。简单说，过去，没有渠道就无法播出内容；现在，没有内容就无法形成渠道。

移动音频平台未必是传统广播发展的最终形态和唯一形态，调频电台、门户网站、两微一端、移动平台，这些都是广播现有的战场和渠道，说不定哪一天又会有全新形式的音频产品出现，这都不重要，关键是在这个转型的过程中，广播人应该拥有开放包容的心态和移动互联的思维。比如"用户核心"的思维，重视基于大数据的用户画像，深耕基于用户需求的垂直内容，优化用户体验，让用户能轻松获取所需内容；比如"内容即产品""产品极致化"的思维，我们期待着更个性化、更智能化的移动音频产品的出现——"它了解我的偏好，也了解我想探寻的未知。它对信源有判断，对群体有体察。它不自作聪明地收窄我的信息获取广度，也不让我陷入无尽地信息咀嚼和重复。"（腾讯公司副总裁陈菊红语）

最后啰唆一句：不要忘记在智能车联网领域的战略布局——声音是解放眼和手的，广播的伴随属性天然适合各种移动互联的平台，广播媒体在移动车载市场的数据覆盖能力、内容关联度、用户黏性方面，具有先天优势。嘴边的"香饽饽"别拱手让人家叼了去。

广播的核心竞争力，"移动伴随"此其二。

人心：打通声音到达人心的最后一公里

2010年，被称为中国的"微博元年"：微博打拐、宜黄拆迁、胶州路大火、钱云会事件、拯救南京梧桐树……"关注就是力量，围观改变中国"，微博成为公共事件信息披露的源头和凝聚意见、形成议题最主要的舆论场。互联网改变了传统的基于组织框架的纵向传播占绝对优势的局面，带来了基于价值观的横向传播的空前便利和繁荣，社会成员之间的关系变得有黏性有温度了，作为个体的"人"被彻底激活了。

这是广播作为传统媒体第一次如此真实地感受到来自网络舆论场的挑战，议程设置、舆论引导的能力如何不被削弱？我们尝试改变传统的新闻语态和报道视角，我们的报道有了直抵"世道""人心"的自觉。

2010年4月16日，玉树地震，72小时黄金救援期到来前的最后一天，结古镇的一处救援现场，一栋四层建筑，中间坍塌，两边的楼体没有倒，但向中间倾斜，被困的四个幸存者就埋在中间坍塌的位置。指挥员临机决定：为了避免"一锅烩"，救援队员一老带一小，外加一名记者，分组轮流进入作业面实施救援。我有幸成为进入现场唯一的记者。

三个小时过去了，接近被困者的通道终于打通了，救援队员的大半个身子都钻了进去，就在这时，一次强余震发生了，两边危楼上的砖头直往下砸，警戒员大喊一声"快撤!"求生的本能让我和那名年轻的队员迅速跑了出来，回头一看，那名老队员依然留在了洞中，后半截身子露在外头，一动未动。

3分钟后，老队员把第一位被困者拉了出来。5分钟之内，4位被困者全部获救。这名老队员叫刘文超。我在敬佩刘文超的勇敢和敬业的同时，心中也生出一个疑问：余震发生时，他为何不先撤出？因为即使余震，楼板下面的四个幸存者也是相对安全的，可刘文超选择留在洞中，一旦被砸中，轻则受伤，重则有生命危险。

带着这个疑问，我采访了刚从废墟上走下来的刘文超，他回答："你们在外面看不到，余震发生的时候，我已经抓住最靠外的那个兄弟的手了，他已经被埋了一天一夜了，换谁也不能撒手就跑啊! 我要松手，他会绝望的。"

在采访札记中我写下了这样的思考，"美国历史学家史景迁曾说过，写历史，写几百年、几千年前的人，最重要的是要'像他一样活一遭'。历史如此，作家如此，其实做记者的，又何尝不是这样呢?""广播是尊重人的主体性、尊重深度思考的媒介，广播是通往心灵的媒介，要记录大历史、大事件之下个体的命运轨迹和心路历程，做有温度的广播。"

说来也蛮有意思，干广播十多年，我对广播的认识与理解，是伴随着对互联网的认识与理解同步深入的。

广播的本质到底是什么? 这是我十年间不断问自己的一个问题，当然答案也在变化。放在今天，我的回答是：广播的本质是"人际传播的大众化"。传播，是一种建立在人际性之上的社会性活动。广播具有大众传播和人际传播的双重特点，在体现传播社会性的同时还体现出比其他大众传播媒介更强的人际性。广播的"壳"是大众传播，从点到面，由一对多。而广播的"核"是人际传播，声音的本质和魅力正在于它的"人际性"，我说你听，口传耳受，耳鬓厮磨，卿卿我我，如切如磋，如琢如磨，晓之以理，动之以情，入心入脑，润物无声。

互联网的本质又是什么呢？是"连接"，连接一切。人和信息的连接、人与人的连接、人与物的连接、物与物的连接……我坚定地认为，互联网时代的一切技术的最终指向，一定也是对人的主体性的尊重和对人的潜能的激活；互联网最终要连接的一定是人与人的精神世界。这是互联网与广播互联互通的底层逻辑。某种意义上可以说，广播是最具互联网属性的传统媒体。

"连接"是互联网的本质，"人际"是广播的精髓。有了这样的基本认识，在传统广播的融合转型过程中，我们就多了一份从容，一份定力。从容的是，转型路上不必谈"网"色变，因为我们从来没有一个敌人叫互联网。定力是指，融合转型不是"丢掉自我"，不管内容、渠道、流程怎么变，广播人际传播的核心竞争力不能丢。

互联网引领变革，互联网本身也在不断进阶。互联网的发展已经由最初的网络化（连接一切）、数字化（大数据），演进到今天的智能化发展阶段。由智能化带来的社会生产方式和"游戏规则"的深刻改变已经初露端倪。人机大战，"阿法狗"战胜李世石。美联社"机器人写作"的成功尝试，不禁叫人担心"记者会不会失业"。

有人说，人工智能在新闻写作上的优势在于"对海量资讯在规格化、模式化处理方面表现出的效率和精准"，但是人工智能也有它的短板，即人格的魅力、创意的能力、决策的能力、跨界的能力，这正是未来媒体人的价值和核心竞争力之所在。

我很欣赏李伦的一句话："消亡的不是编辑，消亡的是一切机械化，救你的不是改行，救你的是应该把你变得去创造。"

"互联网＋广播"，未来在何方？

声音直抵人心，网络连接你我。无论互联网还是广播，无论技术还是内容，本质上都是在为人与人的连接、人与人的理解服务。"互联网＋广播"的核心逻辑就是通过打造个性化的产品、提供有温度的服务、展示人格化的魅力，激活声音，激活声音背后的"人"，从而连接人与人的精神世界，打通声音到达人心的最后一公里。

广播的核心竞争力，"人际传播"此其三。

人类一思考，上帝就发笑。估计这造出互联网的神奇的上帝早已笑破肚皮了吧？以上的啰里啰唆絮絮叨叨，您权当一乐儿。

人民的子弟，人民的兵！

时值八一，这篇小文，献给当代最可爱的人，人民子弟兵。

从 2004 年军校毕业当上一名军事记者，十多年来我在采访他们、报道他们的同时，更是他们在感动我、教育我。虽然，我也是他们中的一员。但是，从象牙塔迈进中央台军事宣传中心，身上一直偏多一丝书生气，少了几分军人味。所

作者简介：陈欣，中央人民广播电台军事宣传中心采访部副主任。

幸，军事记者的生涯，让我能够频频走进重大演习的沙场，甚至一睹我军官兵和外军精锐一较高低；报道了数十位全国、全军的重大典型，红色基因沁入骨髓；也多次跟随参与抢险救灾的部队，逆着人流、迎着危险，向着灾区，挺进！

这不，写下这些文字的时刻，我又是刚刚从东北抗洪一线返回北京……

话题回到官兵身上。

今天，只写写中国军人众多侧面中的一个（世界军队中独一无二）：人民的子弟，人民的兵。

在中国，军队有两种叫法，正式些的称为中国人民解放军，亲切点

的叫作人民子弟兵。子弟兵，是人民母亲在轻声唤着这支队伍的乳名，让人想起血浓于水，让人感受到母子情深……

写下这篇小文，源于我刚刚在抗洪一线的一段采访。而这段并没有体现在报道中的采访，又串联起了我在历次抗灾采访中的一幕幕回忆……

2016年入夏，先是南方，随后西部、东北，频遭水患。7月24日，我赶赴辽宁，报道驻地官兵参与抗洪。鸭绿江畔的丹东，山区倾泻而下的雨水和涨潮渐高的海水迎面相撞，漫堤险情随时可能发生。丹东下属的宽甸县，数百条河流在群山中蜿蜒，山洪和泥石流的爆发往往就在瞬间。整个丹东，近万群众紧急转移，全市军民备战洪魔。

抗洪的报道，在我们的《新闻和报纸摘要》《国防时空》节目中，已有体现。在中央台的互联网和"两微一端"的平台上，更是图文并茂。而有一段无意中、闲聊式的采访，让我印象深刻。

我问丹东武警某部的政委：河北因为洪水发生的伤亡，太过沉重，疏散群众，太重要，也太关键了。

政委：除了预警要有足够的时间，转移群众也一定要克服困难，难度再大也要做。这一次，丹东做得很及时，也很坚决。

我：最难的是什么？

政委：最难的群众坚决不走。

我：哦？

政委：和你说个真事。上一次防汛转移，村里一名80多岁老人坚决不离开自己的家。民警上去反复劝说，得到的是一个巴掌。

我：巴掌？

政委：不错。扇在脸上的巴掌！老人撂下一句话，谁也不能让我丢了自己的家。

我：这咋办？

政委：政府和派出所也没有办法，找到了我们。我带着几个小战

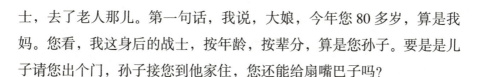

士，去了老人那儿。第一句话，我说，大娘，今年您 80 多岁，算是我妈。您看，我这身后的战士，按年龄，按辈分，算是您孙子。要是是儿子请您出个门，孙子接您到他家住，您还能给扇嘴巴子吗？

我：老人啥反应？

政委：老人看我身后小战士的眼神，就是奶奶看孙子的眼神。我顺势招手，来，来，你们两个孙子，好好扶着奶奶，走！我来给家里再上个锁，双保险。

我：搞定？

政委：对。和对自己的妈，自己的奶奶一样，有啥搞不定。村里的干部和民警，也是看得一愣一愣的，哈哈哈哈。

听了政委的描述，我和所有人都是哈哈一笑。

是笑话吗？肯定不是。就是这段对话，不知道勾起了我的多少回忆……

2010 年，江西抚州抗洪。6 月 21 日，唱凯大堤发生决口。6 月 24 日，抚州唱凯镇古港村已经被决口的洪水浸泡了 3 天。然而，100 岁的老人姜晚女依然滞守在她那栋两层老楼里。

瓢泼大雨中，镇上的工会主席找到了抗洪的官兵。当我们驾舟、涉水来到老人家时，看到了老人和她的儿子、媳妇。

儿子：妈，出去吧，家里真的危险。

老人：不，我要守着我的老屋，人走了有偷儿咋办？

媳妇：妈，雨还要下，再待下去会生病。

老人：不，到外面住我不习惯！

工会主席看着我们，两手一摊，摇头低语：已经三天了，谁劝都不听。

谁劝都不听！连儿子、媳妇都劝不了，谁去劝，老太太还会听呢？

小战士胡建走上去了，帽檐滴着水，裤腿沾满泥，一双手握住了老人的手：奶奶，我们是子弟兵。我们接您来了！

老人的语气竟然温和起来：伢子，人走了有偷儿。

胡建：奶奶您放心，我们有战友会留下巡逻，会给您看好家。

老人：伢子，出去了我不习惯。

胡建：奶奶，政府已经给您安排好了，出去了我们也会来看您。

这时，老人握着小战士的手，竟然点下了头，说了一声，走！

后来，我看着小战士胡建为老人收拾换洗的衣物，看着他蹚着泥水把老人背到冲锋舟边，看着战士们用雨衣包着救生衣给老人设了冲锋舟上唯一的软座，一直看到官兵们把老人送到安置点。

这一路，老人的儿子、媳妇不停地说感谢，工会主席连连地感叹不可思议。而被深深震撼的我，一直沉浸在思索中。

为什么？为什么一位经历过多少世事变幻、人间沧桑的百岁老人，一位连至爱亲人都劝不动的倔强老人，会如此地听从一位18岁小战士的话呢？他们一共才有两句对话啊！

信任，只有绝对的信任才能有这样的情节发生。老人也许不会信任一个和她孙子一般大小的年轻孩子，但是，她信任这个孩子身上穿着的这身绿军装。

江西是老区，小战士胡建的那一声我们是子弟兵，一定唤起了老人对红色队伍的深刻记忆。她信任这支队伍，所以她信任这支队伍里的每一个人，信任子弟兵给她说的每一句话。

思绪里凝聚的镜头，远远不止这一个。

2008年年初，抗击雨雪冰冻灾害，某红军师的官兵们冒着路滑坠崖的危险把发电机送到贵州铜仁灾区的中学里。高三学生的家长们满面泪痕，他们的孩子终于不用点着蜡烛复习了。一名学生对我说：我爱解放军，毕业了要当兵。

"5·12"汶川抗震，我们在武文斌烈士灵堂前采访群众。大嫂、大婶哭声一片，一位老伯捶着心窝说，丧子之痛，丧子之痛。那一刻，我感觉在场的所有人都是武文斌的兄弟姐妹，父母双亲！

2013年云南抗旱，战士们背着50斤的水桶为楚雄偏远山区的群众送去救命水。几位70多岁的老大娘竟然扑通几声跪在了官兵们的面前。大娘们摸着官兵们发紫的肩膀说，儿子们在外打工，孙子们在外读书，记得她们这些老人的，还是当年的恩人解放军，还是现在这些亲人子弟兵。

再想想我在福建报道抗洪。当驰援的官兵完成抢险，准备撤离灾区时，老乡们知道了消息。一时间，男人们准备宰牛杀猪，女人们张罗着煮蛋熬汤，拿出家底要为子弟兵们送行、谢恩。最后，部队把启程的时间定在了凌晨四点，悄悄地离开了营地。

人民的子弟兵人民爱，人民的子弟兵爱人民。放眼世界，中国军队也许还不是世界军队中的NO.1，但是他们是ONLY ONE，因为他们是人民的子弟，人民的兵。

我想，我的广播年华，应该就是军人那身戎装的颜色吧：鲜红的帽徽展示着战士的血性担当、金色的纽扣刻画着军人无上的忠诚，他们用一个个绿色的身躯，为祖国和人民筑起一道坚不可摧的钢铁长城。

一辈子只做一件事

前不久，有一次在电梯里，我听到有人交谈："你来台几年了？""六年了。""哟，真快啊，老人儿了哈！"我心里暗笑——我光上"两会"就已经十八年了！

作者简介：杨波（右），中央人民广播电台中国之声主持人。

大会堂的播音员

从 1998 年起，我便多了一项"特别任务"：每年三月的那十几天，必须西装笔挺地出现在人民大会堂万人大礼堂主席台左侧的小阁子里，为党和国家领导人及代表委员宣读文件。

这活儿真心不好干！不得错一字，不得增一字，更不得减一字，要庄重大气、朴实无华。

但人非机器，万一念错了怎么办？

答案很简单——下届，换人！

你别说，还真的出过状况：有一年政协闭幕会，像往常一样，我用笔仔细划过每一个字，按顺序摆好，深呼吸，等待会议开始。军乐团奏迎宾曲，时任政协主席贾庆林主持会议："各位委员，今天的闭幕会有表决事项，下面请工作人员宣读电子表决器的使用方法。"糟糕，没给我啊！冷汗一下就冒了出来。迅速思索，怎么办？随口编一个吧，不行！语言肯定不规范！说声对不起没给我？也不行！如此庄严的会议，这也太随便了！……几秒钟后，领导向我投来异样的目光，又过了几秒，全场哗然。最终，我选择了面带微笑，直视前方，缄口不言，等着！这时，政协秘书长快步奔到主席台侧面的值班室，从他的衣兜里拽出一份，再跑回来递给我，准确无误播出。事后，政协委员之一的老记者刘振英碰到我，连竖大拇指，他说，那种情况下，只能那么处理，别无他法。

后来《泉灵看两会》采访我，问：这么多年不出错，怎么做到的？答：责任心，使命感，直播经验……呃，回答得确实有些冠冕堂皇。其实我心里想：谈何容易！哪一次不是靠意志支撑下来的！尤其赶上换届的时候，上千名政协委员的票数必须一一读出，没个好脑子，没个好身板，行吗？

一次盛典与一吊鱼汤

2009年并不平凡，整个央广都在为一件事忙活，那就是新中国成立60周年庆典。想来，那也是我职业生涯的巅峰时刻吧：在天安门城楼现场直播庆典实况，一生能有几回？

四次演练，全部在夜间进行。9月的北京，夜晚寒气逼人，在城楼上站立几个小时，军大衣捂在身上都不嫌夸张。于芳老师和我捧着100多页的直播稿，仔细核对阅兵方阵和游行队伍通过广场的时间长度，从起始线东华表，到终止线西华表，96米，128步，必须做到严丝合缝，我们的解说同样要精准切换，或者，用学到的一个新词形容：米秒不差。

第四次演练结束回台，指针指向凌晨5点。发现妻早已等在门口，见到我，马上哭成了泪人。一问才知，她知我熬了一夜，又冷又饿，为了给我暖身，很早就起来煨好了一吊鱼汤（妻是湖北人，当地将煨汤的瓦罐称作"吊子"）。不想，开车过一个路口时，信号灯突然变红，一个急刹车，汤洒了大半。我赶忙安慰她，内心早已不觉寒冷，暖意融融。

2009 年 10 月 1 日清晨 6 点，我们前方报道组一行乘坐大会指定用车由世纪坛向天安门进发。前一天的人工驱雨作业，让天空显得分外澄澈。坐在后排的记者李谦与台里连线，只记得最后一句"国旗与朝阳一同升起！"激情四溢。霎时，我心里顿时增添了庄重感和仪式感。

四个小时的直播刚一结束，后方传来消息："直播与庆典同样精彩！"

"放下来，说意思，说人话"

我与广播结缘，是极偶然的。山西出生，新疆长大，从重方言区到民族地区，如何练就了一口标准的普通话？我自己都不明就里。旁人问起，只笑说是部队大院成长的孩子，错不了！虽然勉强了些，可文艺细胞还是有的，学校的合唱队、主持团，讲评书、说相声，样样拿得起来。直到有一天，父亲拿回一台"熊猫"牌收音机，南京无线电厂专为部队定制的那种，在那个年代可是个稀罕物，我立时被里面传出的声音吸引了，也第一次对广播有了最初的认识。

高中毕业，在班主任的引导鼓励下，我报考了北京广播学院。初试，复试，三试，最后关头折戟沉沙。沉淀两年，再考，得偿所愿。

四年大学生活，我收获了两个绰号：一个是"小白杨"，那是因为初次站上广院之春的舞台，没有被嘘，一曲《小白杨》技惊四座；另一个是"小中央"，这是源于专业始终排名前列，同学们半开玩笑说，你就是为央广而生的。

后来，顶着无数光环，我被铁城老师选中，进入中央人民广播电台播音部。从五分钟的《简明新闻》紧张到念不成句，到抛却光环，利用一切机会向前辈请教，一场场、一年年直播的历练，让我脚下有根了，心里有底了。

当业务进入又一个瓶颈期，"及时雨"铁老平心静气地帮我分析，要我"放下来，说意思，说人话。"就是这九个字，让我受益终身，也为我日后被听众称为"行云流水"的播音风格的形成奠定了基础。如今，在向年轻播音员传经送宝时，我依然会将这"九字箴言"分享给他们。

你相信吗？一个人置身一个合适的平台，可能星光熠熠，一旦离开，则会碌碌无为。我，就是这样一个人。一辈子只做一件事情，并把它当作生命中最重要的一部分，你会感觉太阳每天都是新的。

又是一个再普通不过的日子。直播间，话筒前，开始曲响起，"中国之声，央广新闻，我是杨波……"

声音的力量永远不会过时

作者简介：雨亭，中央人民广播电台中国之声主持人。

看到征文题目是《我的广播年华 | 致永不褪色的青春》，感觉自己像被什么东西瞬间击中，有种让人不敢面对的敬畏，又有着令人热血沸腾的久违。稍稍想了想，大概是因为"广播"和"青春"这两个词吧。

在我脑海里，广播应该是青春的，虽然这是个有着悠久历史的行业。电波中的声音不仅为人们传播信息，更时刻传递着人性中的力量以及对美好事物的向往与追求。在声音构筑的世界里，让人体会动力与活力，感悟善良和美丽，品味质朴与纯粹，收获希望和期许。

和广播有关的记忆里，好像每一个"第一次"我都记得清楚：

第一次知道"电波"这两个字，是因为电影《永不消逝的电波》；

第一次认识电波里的声音，是通过家里的那只小小半导体，收听到"中央人民广播电台"的名字；

第一次感受到空间的距离和电波的魅力，是上中学时痴迷的太多太多源自这个电台中的好声音；

第一次坐在话筒前、让自己的声音通过挂在灯杆上的大喇叭传出去，是在大学时报名加入了学校的广播台；

第一次真的能够走进复兴门外大街二号，是在广播学院学习时鼓足

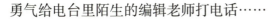

勇气给电台里陌生的编辑老师打电话……

那是二十多年前，我第一次有机会来到复兴门外大街二号、长安街畔的这座苏式建筑风格的广播大楼，那时候的播出和录制机房大部分在四楼，走在悠长而又曲折的楼道里，印象最深的是高高的弧形穹顶，因为其折射出来的或快或慢、或远或近的脚步声，如同录制机房里那只巨大音箱发出的回响，初始听到会给人以紧张和敬畏感。不过时间长了你就会发现，只要你一听到那声音，就会意识到大楼里广播前辈们的忙碌与坚守，职业与敬业，那种日复一日、年复一年的自然而然。

那时我还是个刚刚告别了四年工科学习生活，再迈入广播学院校门的学生。当时央广刚刚开通了调频立体声节目，对于习惯了只用中波收听广播的听众来说，立体声带给人的感觉是一种全新的美好收听体验。记得当时央广第二套节目正准备开始尝试直播，在那个习惯于广播电台节目被录制好再播出的时代，这样的尝试富于挑战性且带有新鲜和刺激。

刘子慧老师是在调频立体声节目组里第一个带我认识广播的老师，也是我最初在电台工作时的前辈与节目主持搭档。那时候，我每周从广院赶到广播大楼的直播间，与子慧老师一起主持一档社会类谈话节目《都市闲情》，随后偶尔还会自己主持音乐类节目《精品唱片欣赏》。节目直播总计三到四小时，从节目内容准备到直播完成后立刻要开始的为重播而进行的剪辑归档工作，都是子慧老师一人完成。

令我佩服的是，子慧老师一边直播，一边淡定地把控着身边不同的卡带机与CD机的操控，从文章到音乐的有机衔接，从歌曲作品的介绍再到某个音响位置的准确寻找。

最令我震撼的则是节目一边直播同时，一边还被身旁开盘机上转动的开盘带同步录制，为后续的重播与留存资料备用。下直播后，子慧老师剪辑音响，一只手几个手指灵活地把控住开盘机器上的播放停止以及快进快退键，像驾驭声音的精灵一般，准确迅速地找到需要剪辑的位置，再用另一只手中的红蓝铅笔，在褐色的磁带条上划道四十五度的斜杠，随后扯出一小截磁带，用大剪刀咔嚓两声，又拿出透明胶条将磁带粘接起来。哪怕是半个字、一个音节，都能被抹平或粘接得完美无缺。

现在想来，那时候看到眼前这个画面，就像一个热爱声音许久的孩子，发现了声音背后的魔法师，让你第一次感受到平常背后，蕴藏着的力量。

直到今天，我依旧清楚地记得十三年前的那个午后，听到台里的楼内广播播送中国之声即将开播并向全台和全国招聘总主持人消息的那个声音。更是不会忘记 2004 年的第一天，与新组合起的众多中国之声同仁们一起，在直播间的话筒前，接力开播中国之声一档又一档崭新节目的日子。

频率刚开播的那几年，中国之声总主持人的队伍是一个"非部门组织"，大家来自不同的部门和岗位，要为每一期担负的直播任务尽心尽力，也会在直播间外、节目之余的业务与工作交流中不断提高，还会在生活里相互帮助、共同欢笑。

记得每一次走进直播间，我们面对的是一个个不同风格的节目、栏目和搭档、对手，甚至是随时可能到来的突发事件或打破原有节目计划的直播任务。我们的手中总会抱着重重的一大堆"宝贝"——承载不同节目或素材的几盒开盘带和几盘盒式磁带，需要的各种音乐与音响的CD，刻录有多个栏目曲或广告的 MD……再加上直播时候手中不断被更迭的厚厚稿件，当然还有少不了的耳机和笔。每次直播前准备好这套行头，感觉自己似乎不亚于准备去上战场的一个战士。

直播前精心准备，认真去了解每一档需要串联的节目，准备好每一段哪怕十几秒的过渡垫乐。直播时聚精会神，面对眼前的话筒和电脑，手下调音台上多路推子和一排排开关按钮，身旁的两台卡座机、两台 MD 播放机、两台 CD 播放机，以及在身后那四台有时候是五台巨大的开盘机，当然还有不同节目随时更新的稿件以及耳机中听到的各种指令……都需要我们认真精准操作，并且随机应变、把控时间、处置完善、完成直播。下节目后，大家交流起每一次几个小时直播背后的一心百用，都会有种压力和挑战背后的会意和会心。不过更多的，则是守候并期待下一场直播时的盼望与兴奋。想来这一切，或许真是一个时代的广播记忆。

其实，任何一个时代的广播，都是在解读和引领着媒介传播中的人性力量，给人润物无声般的想象、收获和鼓励。看看今天我们身边已有并还会再有的广播新样态新节目，或许你会发现，声音的力量永远都不会过时。

今天的广播，如同一个青年人，依旧被这个世界需要和喜爱着。今天在广播这片土地上耕耘的广播人们，也一直都在自如与自若中坚守着声音空间构筑者的角色。因此，正青春的广播，或许从来都值得回味与期许，坚守和耕耘，无论是过往还是未来。

美好的相遇

作者简介：王纪春，中央人民广播电台经济之声证券节目部副主任。

有人说，人生就是一场又一场的相遇，若你懂得，就请珍惜。

记得当年第一次走进央广大楼，我还未大学毕业，书包里藏着个小本子，心想，要是遇见自己的偶像，比如方明老师、铁城老师，我就请他给我签名留念。可小本子放了很久，也没遇到，其实当时对这些播音前辈是"只闻其声，不识其貌"，就算遇到，也可能擦肩而过了。

1998年冬天，与我相遇的第一档节目是国际新闻类节目《全球瞭望》。算上我，栏目组里就三个人，于是我这个实习生也成了"业务骨干"。当时的栏目主管尤斌老师手把手教我广播业务，上午学完，下午就用。节目主持人兼编辑蔡军老师是我本科的老校友，学长对学妹自是关爱有加。在这样一个充满关爱的小集体里，我这株幸运的小苗快速成长。

直播时我叫"不紧张"

2000年，《证券广播网》节目"大扩容"，由原先的短时段录播，变成了早中晚三档大时段直播，节目主持人要实时报盘、与嘉宾对话实时解盘，这是极富挑战的创新之举。我作为部门里唯一的女主持人，躲是躲不掉了，只能硬着头皮坐到话筒前，嘴上说"不紧张"，其实是"汗湿衣襟，若小鹿之触吾心头"。怎么从"故作镇定"转为"镇定自若"？我采取的策略是，报名证券从业人员资格考试。我拿出冲刺高考的劲头，终于顺利过关。果然，"手里有证，心中不慌"，主持节目时竟也能侃侃而谈，甚至还敢杀入股市"小试牛刀"。

"低头做事"和"抬头看路"

2002 年，央广第二套节目改呼号为"经济之声"，增加了不少财经味十足的新栏目。这一年，财经人物访谈节目《财富人生》创办。各行各业的成功创业者先后走进直播间，走入我的视野。

2007 年，我们精选了 40 期节目集结成书，用文字记录下那些精彩的创富故事、独到的人生感悟，一来是回馈深爱《财富人生》栏目的广大听众，二来也希望更多的人看过后被打动、被鼓舞。

2010 年，经济之声迎来全面改革，创办了一批起点高、创意新的栏目。纵有万般不舍，也要挥别过去，此时的我，不但要主持节目，还要负责部门事务，压力不小。那时，我常常想起创业者原永民，他原本从事连锁餐饮行业，已经积累了数百万身家，却偏要一头扎进飞机制造业。他说，21 世纪中国人要玩什么，玩的是"上天"，而现在这个领域还是空白，未来前景广阔。他的故事告诉我，不仅要"低头做事"，更要"抬头看路"，要有开拓的精神，要有发现的眼光，"创造性"地开展工作尤为重要。

"维权女侠"也吃"闭门羹"

在我的职业生涯里，不得不提《天天 315》。这个栏目创立于 2010

年 12 月，成员大都是女性。消费维权类的舆论监督节目天天办，难度可想而知。我们每天都在报道、处理各类消费纠纷，用柔弱的肩膀撑起保护消费者合法权益的一片蓝天。

在和企业协商解决问题过程中，我们常常会吃"闭门羹"，遇到各种困难。在证据确凿的情况下，有的企业也死不认账，个别企业负责人甚至跑到电台门口威胁记者，阻止记者对相关事件进行跟踪报道；还有的企业在播出节目后捏造虚假信息，无中生有地向台里反映，指责记者每天打 20 个电话骚扰其企业董事长，或说记者报道中存在虚假事实。记者在详细报告相关情况后才自证清白，大大增加了工作量，也感受到很大的精神压力。

"女侠"们从来没说过一个"怕"字，我也常常提醒大家，在为消费者维权的同时，还要眼尖腿快，保护好自己。有一段时间，栏目组不断接到消费者在北京中关村遭遇强买强卖，甚至遭到恐吓威胁的爆料。记者介入调查取证后发现，中关村电子卖场有部分商户长期靠卖假冒伪劣产品、强拉强卖牟利，监管方面存在"失之于宽、失之于软"的问题。于是，节目组做了一组系列调查报道《中关村向何处去》，探究到底是什么原因导致中关村电子卖场骗子横行、中关村电子卖场衰落的原因以及中关村未来的转型发展方向。

一进中关村电子卖场大厅，记者身边就突然围上来十几个导购，拦住去路后，强拉记者去八层的展厅里挑选产品。到了八楼，记者发现所谓的展厅，也就是很多 30 平方米左右的小房间。房间内面烟雾缭绕，仔细观察可以发现，虽然坐了不少人，但大多是导购人员，有的身上还有刺青。记者离开时，还有导购人员紧随身后。节目制作播出后，政府有关部门非常重视，主动约谈栏目记者了解情况，并着手整治这些乱象。

从初出茅庐的主持人到淡定从容的广播人，从害羞内敛的小女生到孩子的母亲，一路走来，开心有人分享，悲伤有人分担，疲累了有人依靠，跌倒了有人扶起。青春是一首歌，回荡着欢快美妙的旋律；青春是一幅画，镌刻着瑰丽浪漫的色彩。在最美好的年华，我遇到央广，我也将自己人生中"最美妙的旋律、最瑰丽的画卷"留在了这里。

跟广播谈一场漫长的恋爱

作者简介：但茹，中央人民广播电台音乐节目中心音乐节目部副主任。

小时候非常喜欢卡朋特兄妹的《Yesterday once more》，歌里面唱："When I was young I'd listen to the radio，waiting for my favorite songs（当我年轻时，听着收音机，等待着我最喜欢的歌）……"确实，这就是我青春期每天都在做的事情。中午放学回家，第一件事就是打开收音机，听排行榜；下午放学回家，也是打开收音机，听点歌节目；晚上睡觉前，还是收音机陪着我。我喜欢电波中传出的那些声音，有魅力、有磁性、带着些许神秘。我喜欢不经意的时候在收音机中听到一首歌，恰好暗合了自己当时的心情；我也喜欢那种打开按钮就能随时陪伴的温暖。

我大学学的专业是广播电视新闻，也当过学校广播站的主持人。毕业前我来到北京，在央视实习，每天都会在一个地方转车回宿舍，这个地方就叫"真武庙"。有意无意，我每天都会看一看中央人民广播电台的那栋大楼，隐隐地会想起自己对广播的热爱，还有小时候做过的，播音员的梦。

命运之神是很奇妙的，他总会在你意想不到的地方安插一些小彩蛋。比如当我真的到中央人民广播电台工作后，常会想起实习时每天在这儿转车的日子；比如我后来从爸爸的日记里发现，我小时候抓周抓的东西，竟然是一个收音机！难道真的有冥冥之中的安排吗？

说到进入央广的过程，似乎充满了"偶然"。

某天去机场的大巴上，我随手拿了一份报纸，报纸的一角有一则招聘启事：中央人民广播电台音乐之声对外招聘主持人——"鲜声夺人"比赛。当时，心底好像有什么东西被点燃了。可是，我并没有学过播音主持啊！那一点点校园广播站的经验有用吗？

从外地回来那天，我还是决定去报名现场看看，反正看看也没什么损失。我记得那天早上我被排得长长的队伍吓跑了两次，思量半天又接着回去排队，直到下午才轮到我去面试。过程不用赘述了，总之用最俗气的话说就是"过五关斩六将"。几轮比赛、竞争、培训、试用，将近一年的时间，我终于留在了音乐之声。其间有过好几次纠结和挣扎，我的成绩不是选手当中很好的，我当时的资质也真的不能够确保我能成为一名合格的主持人。我是不是要开启一个全新的职业，去拼一个未知的未来？不管梦想最终能不能实现，不服输的我都想尽我最大的努力试一试。

我的主持人生涯，就此开始了。我没有什么过人的长处，我想我只是愿意学习，富有勇气和足够认真。

人生的成长其实不是以年龄为标志，而是以生命中发生的一件件大事为标志。回顾这些年成长的足迹，那些欢笑和汗水都历历在目。我和广播这个"恋人"之间发生的故事也实在太多了。

你要是跟广播人提到"早班"两个字，TA 一定会对你投来复杂的微笑。三年的早班，让我几乎了解了北京每天的天亮时间。印象最深的，是某年冬天一场突如其来的大风雪，四点多出门根本叫不到出租车，我在路边焦急等待的时候，一辆似乎从天而降天使般的三蹦子停在我面前，一路突突着准时赶到了台里。上早班的时候，经常有听众在微博里问我：为什么每天能起这么早啊？不会迟到吗？我真的不知道该怎样回答。因为我就是一个要上直播的广播节目主持人啊！没有为什么，直播比天大。

曾经有一年，我的直播节目是每天早上6点到9点、晚上7点到9点两档，成了名副其实的"台住"。可我至今回忆起来，脑海当中也完全没有"辛苦"两个字，我想到的都是每天听众的期待、如潮的短信互动、领导和同事的信任，以及在这样的磨炼中自己业务的显著提高。

2007年，音乐之声的全体主持人排演了一出话剧《大大大明星》，在保利剧院连演六场。这也是大家第一次看到神秘的电台主持人在舞台上表演话剧。我们花了将近一年的时间学习表演，因为要直播，排练只能是每天半夜。或许会有人说，这太"不务正业"了，可严苛的台词训练，真的是提升了在话筒前的表现力；舞台上的表演，让我再也不畏惧舞台，真正感受到了站在台上的信心。

就是在这样的锻炼下，2009年，我第一次站上了万人体育馆的舞台，主持中国TOP排行榜颁奖晚会，后来，工人体育馆、万事达中心、梅兰芳大剧院、内蒙古体育馆、布达拉宫广场……很多各地标志性场馆都留下了我的足迹。每年大大小小的活动、晚会，是直播间之外的另一个我。2016年，又是一年的颁奖晚会，当我又站在台侧，听到上场音乐响起时，心里涌起一阵感动，眼眶甚至有点湿润，或许，这是属于一个"老"主持人的感动吧，我深深知道这光亮的舞台，凝结了多少人的辛劳、汗水、希冀和梦想，而我，一直很幸运能做那条线，把每个环节最美的珍珠串联在一起。

舞台是我的另一个战场，除了刚才发自内心的抒情之外，糗事、意外也不少。某次大型晚会上台之前，突然发现礼服的拉链坏了，我一下就蒙了。化妆师和同事赶紧去找针线帮我缝，在演出就要开始前，我一边一遍遍默背着长长的开场串词，一边感受着化妆师冰凉而颤抖的手缝着我的衣服，当她用牙狠狠咬断线的时候，上场音乐响起，我微笑着淡定地走出去，像什么事都没发生一样。舞台上、直播中的状况层出不穷，一个主持人的心理素质就是在这样一次次的意外中锤炼出来的吧。

不过，我也不是任何场合都那么淡定。第一次参加央广"十佳播音员主持人"比赛，我紧张到胃疼。后来跟同事说起来，他们都哈哈一笑不相信。我想，这和我主持多大的晚会都不一样，我太敬畏这个舞台，我看到那么多才华横溢、各有所长的同事，充满了敬佩和压力。

我总会想起一件事，一次晚会彩排的时候，有一个字拿不准读音，正好方明老师在身边，我就向方明老师请教，他告诉了我正确读音，又过了一会儿，他拿着一张纸再过来找我，上面写着这个字的读音、释义、用法，他专门回办公室查证了之后写给了我。这张纸我一直保留着，它时刻提醒我，认真、严谨对一个广播人来说，是多么可贵而重要的品质。

其实这些故事的背后，都有不为人知的付出。也许没人知道我第一次上直播的时候，额头有细细的汗水；第一次站上万人体育馆的舞台，长裙下的腿在微微颤抖；连续长时间的早班，四点半早起，我也真的有想要哭鼻子的时候。很多人问我怎么做到的，为什么能坚持？我想，无非就是热爱吧。对自己职业的热爱、对话筒的热爱。我说无论我在生活中遇到什么状况，一坐进直播间就全忘了，就会进入到自己开心也想向听众传递开心的状态，因为我知道，这是坚持做好一个工作最直接最有效的动力。只有热爱，才会对自己有更高的要求，才会真心在乎自己是不是有一点一滴的进步；只有热爱，才能让平凡的我，有机会变得不普通。青春、热爱，它不是让你舒舒服服就能拿到结果的事情，它是让你累得龇牙咧嘴边骂边笑着干完的事情。

热爱是很虚无的词吗？可能是吧，就像爱情有时候也是很虚无的词。歌里唱，爱情有什么道理。有时候对工作的热爱不也一样吗？我就是喜欢，我就是愿意为它付出，或者很难说清为什么，就像你爱一个人一样。人生的一大幸事，就是找到了你热爱的、能够给你带来快乐的工作。

音乐之声十周年的时候，创作了一首主题曲，叫作《平凡相恋》。当中有一句歌词："让我们平凡相恋，怎忍心坐视青春冬眠。"很幸运，我的青春和广播为伴，与广播相恋。这场相恋绵长温暖。如果要问我有什么愿望，就是，我们能一直好下去。

我们的征途是星辰大海

论重要性

电影《独立日 2：卷土重来》里，地球家园二十年后再次遭遇外星人重创。浓烟滚滚的城市废墟里，苍凉浩渺的荒野星空下，幸存的人类三五成群聚拢在一起，通过电台收听着激烈的战况。

作者简介：王昱森，中央人民广播电台音乐节目中心资讯采编部副主任。

没错，电台。

这种事关人类生死存亡的关键时刻，你爱的那些微博里的大 V（指在新浪、腾讯等微博平台上获得个人认证，拥有众多粉丝的用户）、朋友圈里的代购、真人秀里的女神、偶像剧里的欧巴，全都指不上，还得靠我们这些在漫天烽火里背着电台拎着话筒提着颧肌的工种为你们及时传递消息：

往高地撤！西线已经安全！人类联军正在组织反攻！赢了！地球保住了！

例子不太严肃，但情感是走心的。

少年皈依

我出生在军人家庭。老爷子看着浓眉大眼风度翩翩，实则年轻气盛糙汉一枚，记忆中 10 岁前最亲密的亲子互动就是他拎着三指宽的军用皮带追着我满大院儿跑，逃脱我幸，抓住我命。每每此时，母亲就笑盈盈站在大院儿的绿铁皮门前柔声细气道，行了行了。在我听来这毫无力道的阻止，却往往三两遍就能让父亲收住脚步。我如获大赦般奔向母亲，感激的泪水还没来得及涌出，后脖颈上就挨了记火辣辣的巴掌，然后被揪着耳朵拎回屋去，一路嗷嗷。

后来我才知道，母亲当年在村里的社火大会上，每次扮的都是穆桂英。美人儿不假，可穆桂英说到底是个武将啊。大意了。

回忆上房揭瓦的浑不吝（北京方言，意思接近于什么都不怕）光阴和"武武双全"的成长环境，我这莫名的文艺细菌和电台情怀，应该既不是遗传也不是熏陶。至于做生意的老叔豪掷数百元送的 Walkman，省下早餐钱买了一张又一张的 10 元卡带，伴着黄河水声的都市调频午夜老情歌，都是后来的事了。某个夏日午后，艳阳当空，我率领吃土小伙伴们拿着放大镜追杀深藏穴臼的蚁后，院中高耸的大喇叭中忽然传来音乐声。

> 乌溜溜的黑眼珠和你的笑脸
> 怎么也难忘记你容颜的转变
> 轻飘飘的旧时光就这么溜走
> 转头回去看看时已匆匆数年

在那个向来只听得到军号报时声的喇叭里，和着毫无预兆响起的、舒缓又洋溢的前奏，一个声如稠酒的中年男人就这样唱起来，沧桑散漫，悠然潇洒。我张着嘴，看身边的所有人都停了下来，甚至连门口站岗的哨兵都微微扬起了帽檐。时间仿佛凝固。很多年后，我依然清晰记得从大喇叭里传出的这首《恋曲 1990》的质感，还有歌曲放到一半戛然而止，人们低头议论窃笑、慢慢散去时的表情。那当然不是严格意义上的电台节目，却大概是我第一次迷恋上从喇叭中传出的声音和流行歌曲，从此戴上耳机，一发不可收拾。

题外话是，25 年后，因为《阿郎的故事》结缘的杜琪峰、周润发和张艾嘉重聚首，不过新片《华丽上班族》反响平平。我不知道是不是因为缺了一个罗大佑，还是那样的经典只属于那样的年代，永远再也无法复刻。

深夜 &DJ

2004 年，北京广播学院在争议声中改名为中国传媒大学，心中不舍的播音系"扫地僧"吴大爷人生中头回湿了眼眶。揣着首批盖了中国传媒大学钢印毕业证的我也别扭万分，但欣慰且欢喜的是，我进入了中央人民广播电台，还是心心念念的音乐之声。前辈们面见新人时，唯方明老师剑走偏锋：小伙子头发怎么这么短？我摸头傻笑。

他不知道，短发小伙子心跳得多厉害。这是"活化石"啊，可算见着了。

说到大学深夜宿舍最常听的广播有两个，音乐之声的歌，艾宝良的鬼故事。亲耳听到那句熟悉的 slogan"我要我的音乐"从眼巴前儿的直播间飘入千家万户，心儿如何不荡漾。（虽然 2009 年改版时演唱者从萧亚轩换成了张惠妹，但我还是对老版情有独钟，顺带再推荐个李宗盛的。）MusicRadio 音乐之声作为开启了中国广播类型化运营全新时代的频道，因为时尚流行的风格定位和一大批个性鲜明的主持人而深受都市年轻人的喜爱。成熟亲切的张东，阳光活力的 YY，温柔暖心的楚悦，时尚帅气的田龙，大气柔韧的黎春，沉静知性的晓光，还有声音几乎要甜出水儿来的苏宁，成为了很多"70—90 后"的青春记忆。于我，他们亦师亦友，更别提好多都是亲师哥亲师姐，口传心授加上耳濡目染，真真如郭靖学遍百家功夫，受益匪浅。

音乐之声是"伴随性电台"，歌多话少，不了解的人常会觉得 DJ 这活儿挺轻松，其实不然。歌曲前奏有长有短，DJ 串词儿不能压歌，音乐类型多式多样，精准区分才能解读。报个时间台呼没毛病但那只是基本招数，在有限的前奏里如何客观传递出足够的信息量，同时又能感性表达出对歌手作品的理解，还得行云流水，有品有韵——说真的，如果没有厚实的专业积累和娴熟的技巧表达，没有打心眼儿里那份对音乐的尊重与热爱，这活儿还真干不好。

在音乐之声的头五年，上遍、代遍了好多栏目，主持时间最长的是周间的《音乐梦工厂》和周末的《音乐点播站》，都是深夜档。刚主持的时候，每次柔情似水道过晚安，就有损友发短信过来：森，又听见你节目了，提个意见，咱能好好说话不？大老爷们至于酥成那样儿么，受不了……

那些日子，白天兼顾着频道人手紧缺的新闻班，晚上下了直播就一封封回复全国各地听众的邮件，然后睡在 17 楼办公室的躺椅里，听窗外风声呼啸。大伙儿交流过，那时做的梦基本就两种，一是春风化雨笑醒，二是误了岗惊醒。不累是假，可从没觉得委屈辛苦。说笑起来，有点儿遗憾的是，从没像好多女 DJ 们一样，在台门口遇到过手捧鲜花痴心等候的听众，明信片倒是收了满满当当两大纸箱子，后遗症持续到现在。夜班收工，门口风雨无阻等候的是永远的宋师傅牌出租车，载过我、载过徐曼、载过赵宇、载过小马，载着我们和无数人的青春，一脚油门驶入帝都迷离的夜色里。

关于娱记

毕业多年后同班聚会，我还常被笑说，一个西北娃，明明长着张新闻脸，怎么就混进了娱乐圈。

2005年，《超级女声》让全国一夜空巷，我跟着李宇春、张靓颖和周笔畅一同"出道"，拿下了这三位首次正式的电台独家专访。这份工作在外人看来的"酷"大概就在于此，你的确有太多机会跟那些以前总觉得遥不可及的偶像明星近距离接触。虽然牢记师长关于"身份平等"的教诲，努力HOLD住自己身为记者的专业度，但总得有个适应期，毕竟是听着《来生缘》《忘情水》长大的文青，刚工作半年就要专访刘德华，说心里不哆嗦，你信我都不信。段钟沂、张学友、陈奕迅、周杰伦、羽泉、林俊杰、莫文蔚、李荣浩……前几天整理采访记录，入台十余年，专访过的艺人已快三百位，成就满满，也颇多感慨。看这些星星们，坚守多年终熬出头的有，大红大紫后又沉沦的也有，各有各命，人生海海。

访的腕儿多了，心态就越来越平和，道理也越来越清浅。

赵传北京演唱会发布会，按公司安排进了专访室。赵传已经换下了刚刚台上的华丽行头，帽子衬衫拖鞋，朴素得如同出门买菜的大叔。大叔看了我一眼，转身推门就出去了。我蒙在原地：嘁，这撞进来的好像不是时候，明星毕竟都有偶像包袱吧。正踌躇着，大叔又推门进来了，手里拿着杯水递给我：赶紧喝，嘴皮都裂了。看我还有点发蒙，大叔笑起来，满脸和蔼可亲的褶子：不烫，我兑过了，温度刚好。

首次专访加盟新东家的张信哲，机会难得，时间紧迫，经纪人不断催促叮嘱。聊了快五分钟，才瞥见采访机竟然没开，开头部分全没录上，顿时冷汗。因为自己的愚蠢重新开始实在太失礼，经纪人想必也得暴跳起来，只好硬着头皮悄悄挪动大拇指，轻轻按了下录音键。"能录多少算多少吧……"我心里懊恼。可就这么个自以为的小动作，没料到被情歌王子尽收眼底，扑哧笑出了声儿：怎么了？是不是没开？我尴尬点头，连声道歉。张信哲没等经纪人上前发难先开口：没关系，你别紧张，把机器调好，我重新说。

采访结束出门去，天都蓝了许多。

明星亦凡人。这道理，常被这圈子里的浮华掩盖。爹娘看着选秀舞台上的儿子泪流满面，姑娘们丢了书本拿起手机恨不得一夜间赚它个出人头地。人人都想把自己活成角儿，殊不知台上那些耀眼光芒背后，又藏着多少不为人知的故事。在采过越来越多的所谓"老艺人"，见过许多意气飞扬的"小鲜肉"后，更觉得这世上所有的行业都一样，天赋、热爱、机会当然重要，但若没有拼命勤勉的进取之心，不懂温恭谦良的待人之道，终难成戏。

忽想起前不久，音乐之声的活动后台，刚入台的"徒弟"采访好妹妹乐队。话都起了头，我猛然瞥见她手里的采访机灯没亮，赶快喊卡。小姑娘尴尬得满脸通红，秦昊、张小厚笑得满脸仁厚。我笑说，没事儿，别紧张，谁还没个第一次。呐，这梗现在你们都懂了。少年青涩时，蓦然回首处，都是让人会心的轮回。

老老特们

老特是我的老领导。真姓特，蒙古人。

关于他，最广为流传的段子是，当年在频道一票年轻人玩《魔兽世界》《CS》激情对战的感染下，大概觉得不玩把游戏对不起彪悍的人生，于是决定注册个人人网，没事儿偷偷菜，不兴师动众还暗潮涌动。按要求注册，填写资料，确定提交。

系统秒退申请：请输入您的真实姓名。

老特当场就拍了桌子。

换我我也生气。老子姓特怎么了。

拍桌子当然是戏说。老特其实是内心追求自由辽阔的人，周末没事儿就喜欢背着大长焦跑到公园拍拍荷花蜻蜓，十拍九虚。看过张他年轻时的照片，面容清瘦，眼神忧郁，安静内敛的气质简直像极了青年李安，很后来的后来，才变成了自带背景音乐《鸿雁》的边塞大叔。很多新来的年轻人大都难以想象，老特其实是学古典乐出身，几经台内改革合并，才到了音乐之声资讯部，开始跟娱乐圈打交道。原本谈起贝多芬、莫扎特、海顿、巴赫、瓦格纳、肖斯塔科维奇如数家珍的人，不得不开始关注起汪峰、王菲、李易峰，到最后甚至连TFBOYS什么时候出了最新主打歌也门清儿，实在不易。

可或许正是有这古典气质打底，才让音乐节目中心资讯采编部作为央广少有的"文娱出口"，始终保持着某种风骨。对于明星的报道拿捏，老特有句名言：多关注台上台下，少关注床上床下。话糙理儿正。大牌歌手的演唱会，票不愁卖，点到即止；青年人才缺乏关注的好歌好戏，提劲儿给力；而至于媒体天天热炒的明星大婚绯闻八卦，"看看热闹就得了！"他端着茶杯，悠悠抿上口水。节目里？半点儿火星儿子都别想冒出来。

2011年资讯部改革，在中心领导的策划鼓励下，我和部门另两位女将推出了文娱评论专栏《周末新语丝之昱森时间 / 斯嘉记录 / 孙羽在线》，开始以挂名专栏记者的身份点评文娱百态。短短三年后，《周末新语丝》拿了中央台十佳栏目。2014年，专栏作品集《三分钟的态度》在北京发行。这里面，老特功不可没。每周选题会，大家常会为角度立意争得不可开交，亦会为满意的行文布局互相点赞鼓励。老特负责拍板审稿，每周四截稿时间，必转着笔头，皱着眉头，一字一句抠扯细节。现在想来，身为师长，既要照顾年轻人总想快意恩仇、率性表达的情绪，又要从大局大观综合考量观点恰切，分寸力道，累了心更苦了头发，俩月一染。

稿子品质和时间观念，是老特动不得的红线，大到舆论导向，小到错字标点，火眼金睛，从不放过。有次年轻编辑粗心大意又态度敷衍，气得老特直接撕了稿子。"时效性！话不通！日期再给我查！我迟早得被你们这帮小子给气死！"可气头儿过去，还是把灰头土脸的编辑叫回来，耐着性子压着声儿指点：你看，逻辑顺序是不是应该这样，语法结构是不是最好那般？

如同无数打磨节目如工匠般的老央广人一样，老特是真替年轻人着急，也替央广着急。金字招牌来之不易，后来人怎么好意思打脸掉队？可是想爱护和珍惜，自己先得把专业和品质立起来。所以老特自己先做了表率。每天早上最早到办公室的是他，国庆春节抢着值班的是他，慈善捐款二话不说的还是他。有次重感冒到话儿乎都说不出来，还是戴着口罩坚持来上班，我直往门外推他：您别来这儿找下家了，赶紧回去歇着。

他指指桌上的音乐之声杂志：唉，还有两篇稿子没看！

去年春暖花开时，老特终于退休了。

临走前，兴高采烈跟我学会了京东淘宝支付宝，买了一大堆有的没的，直奔老家。如今他在前不着村后不着店的内蒙古大戈壁上开垦了块巴掌大的地，时不时种点儿瓜果小菜，成活率跟拍照技术似的，十种九挂。可看着远处黄沙万里，脚下牛羊悠闲，依然乐此不疲。真替他高兴。

想起中心送别大会前，我逗他，待会儿可别哭。他一挑眉，怎么可能！当所有流程在欢声笑语中快要走完时，两本瞒着他特别制作的相册被送了上来。打开来，里面是他从进台到退休几十年，几乎能找到的所有工作瞬间的照片记录，扉页上是所有人写给他的话。厚厚的两大本，记录的是他奉献了大半辈子的央广青春。接过相册那刻，蒙古汉子怔了怔，眼眶还是微红了。

武露露说，森哥，你现在这审稿批注，连画个问号都跟特爷似的。

我看了看还真是。都不知什么时候得的真传。

不当午夜 DJ 好多年，年纪越大，煽情的话就越说不出口。当年踌躇满志的、负气争执的、消极抵抗的、疑惑难过的，都是我们共同经历的财富，时过境迁后，只剩下闪着光的碎片。心里明白，多亏了老特和老老特们，我和后来的央广人，才能踏实从容面对来路上的慌张，也照见向前走的方向。

星辰大海

丙申年八月初七，白露，天光微亮。

日历上印着诗人坎波斯《云》中的话：在这悲哀的日子里，我的心比日子更悲哀。

说悲哀有点狗血，只不过天凉云骤，人自然容易思忖。

前两天，某电视台的记者老友跟我感叹：现在真没法儿干了，满场的整容脸，乌泱泱的手机直播，还跟我们摄像大哥抢位置，我们是正经电视台哎！风气怎么一夜之间就变成这样了？我笑说你真是 OUT 了。没听过那个段子么？钱不是万能的，是万达的，思聪正在引领着网红们集体 Cosplay 弄潮儿呢。别说位置，小心以后连饭碗都给你抢了。

段子归段子，倒也不用讳疾忌医。在营销为王 IP 纷飞的新媒体时代，连各大电视台都陷在真人秀大混战的泥潭里寸步难行，传统电台和纸媒所经历的冲击更是前所未有，人去人来自然选择，无关对错。也曾有朋友问我是否想过离开，我亦心怀着对新格局的好奇和期待，但这份电台情结，恐怕从当年初听那首《恋曲 1990》时就已注定，如果不是非狠下心来"先定个小目标"，恐怕还真难以割舍。直到现在我仍相信，相比剪辑手法花哨的电视节目和字留三分白的平媒，电台还是最舒服的访谈平台。没有镜头，不用在乎妆有没有花，表情是不是好看，穿着是不是得体，所有的注意力都集中于声音表达和情感交流。只有在这时，人才更容易是真的人。化繁为简，方达内心，这就是电台的魅力。

更何况，我还怀着份儿自豪。因为是央广人，我才有机会多次在全国"两会"的现场聆听"中国的声音"，看冯骥才推非遗保护，听梅葆玖话京韵流长；因为是央广人，我才有机会在北京奥运会的火炬传递转播现场热泪盈眶，感受难言的震撼激动；因为是央广人，我才有机会在上海世博园内的卫星转播车上，每周与听众分享中国红的骄傲和世界各国的精彩奇妙；因为是央广人，我才有机会在"一带一路"专题报道中走进中亚，用采访机和镜头记录下那片风情独特的土地。

还有那么多并肩而行、令人骄傲的战友，他们在峰会上传递着中国的声音，在抗震救灾现场和时间与生命赛跑，为经济监督把脉，为民生呼吁疾走，前赴后继，声声不息。

青春献给这样的广播，不胜荣幸。
前方总有艰难险阻，但留下的人初心不改。
如同从未变过的征途，一直就是星辰大海。

以声音之名

2009 年我进入中央人民广播电台，至今七年，5600 个小时坐在话筒前，7800 次推起拉下调音台推子，4900 次台呼，6100 次报时。

这些动作，平凡，但也深刻。我想只有真的以这样或者更长的时间长度，坐在一张布满按钮、推拉杆，而其中每个都可能关系职业生涯关系安危的直播台前，才懂得这成千上万次重复动作真实的意义。

话筒不说谎，你说了什么就是什么，耳机不说谎，你听到什

作者简介：徐曼，中央人民广播电台音乐之声主持人。

么就是什么，调音台不说谎，你播出什么就是什么。

我是一个音乐电台的主持人，我是 MusicRadio 音乐之声的主持人，我的名字是徐曼，对了，忘了说，这七年中，还有 6000 多次，我在广播里重复自己的名字，而拥有这一切，何德何能。

2012 年冬天的一个下午，我患急性肾炎，折腾到那天下午五点，开始打吊针，大夫说，注射完今天的赶快回家好好休息，连续五天注射观察，之后给我开了一张假条，我把假条折好放进书包，叫了一个代

驾，那是生平第一次非酒精的原因请代驾，躺在后座，身上裹了两条毯子，一小时的路上，我一直在"哼哼"，从来身体都很好的我，那天才明白了，电视剧里演员在塑造一个病人角色时为什么要浮夸的一直哼哼。

我请代驾把我送到台里，晚八点打卡，九点值机，十点开始《音乐万岁》，每说完一段话，我浑身颤抖，大汗淋漓，直到零点节目结束。

那几天值班的老师姓张，我感觉我的举动把她吓坏了，每次开口说话，她紧张地在对面备播间站起来望着我，中间好几次给我端热水擦汗，要知道，这不是她的工作，她的工作是保障机房有人值守，而不是照顾病号。

也是在那几个晚上，张老师让我特别感动，我们在后来聊了很多很多。

最近，张老师要退休的消息频频传来，几次搁置，都让我随之提起的心又放下，她已经70多岁了，从18岁的妙龄少女，到如今这个白发苍苍的瘦弱老人，她的整个人生，都和中央台紧紧连接，她跟我说，自己没有一分钟想要离开中央台。

没有杂念，不会离开，那个年代的理所当然，在这个年代，多么珍稀宝贵。

我一方面很希望她可以回家安享晚年，一方面又很舍不得她。

她是名副其实的老广播，在台里待了一辈子，她给我讲过很多以前开盘带时期做广播的不容易，说起那会给报摘录音，分秒必争，时常心惊肉跳，他们还有个敢死队的称号。大病小病，家里大事小事，从来不敢耽误工作，能不请假，坚决不请。我问为什么，她说："就是吧，哎哟，觉得，这是你的责任，一请吧，哪都不踏实，哎哟。"

张老师说话时很喜欢用"哎哟"这个词，就是这么简单的回答，提到年轻的岁月，往事历历在目，细数手心还是冰凉。

如今的科技发达到就像她那个年代难以想象的科幻片一样。她说不太懂我们现在这个库那个库的，只觉得现在方便好多，说我们现在真幸福啊，不像她们那个时候，带子要一点点地倒，现在用软件，想剪哪，想切哪，想连哪，都那么容易。

我们身处两个不同的广播时代，擦肩而过，对彼此的心事和肩上扛的，似懂非懂，但又仿佛领悟最深，得知她快退休了，那个滋味有点像得知一款高中低频都很周到的耳机型号要全面停产的滋味。

她快离开这里，而我还在，我想，我们这样的交卸，是不是每天都在发生。我们都曾经在这里心惊肉跳过，但我们却好像都觉得这样的人生才有意思，引用之前很红现在过时的网络语言形容：仿佛这样才证明，我们真的爱过。

生日我们庆祝，新年我们庆祝，连六一儿童节我们都要庆祝了，离开一个工作了一生的地方，把人生如此重要的段落安稳踏实地折叠珍藏，该不该庆祝？那天，我跑到台旁边的复兴商业城给她买了件花衣裳，送给她的时候不知道如何措辞挺尴尬的，放到她手上，那一瞬间她的眼睛挺亮的，像一对星星。连着说了好几句，哎哟，哎哟，谢谢，哎哟。

> 江汉曾为客，相逢每醉还。
>
> 浮云一别后，流水十年间。
>
> 欢笑情如旧，萧疏鬓已斑。
>
> 何因不归去，淮上有秋山。
>
> ——韦应物《淮上喜会梁川故人》

进入这栋大楼，很多人好像就自动被添加了的属性：坚韧、刚强、有点铁骨。

人生总是这样，颔首微笑有时，面红耳赤有时，咬紧牙关有时，热泪盈眶有时，相聚离开都有时。

人生有很多不知不觉的时过境迁，今天回头看当年，再想想以后，我觉得对于央广，我就像是尘埃砂土，被风被际遇裹挟，停留这充满庄严的大楼，必然因为这停留而荣耀许久。

请允许我，以声音之名，致敬我的前辈师长，致敬这栋威严的大楼，致敬有几次也进入战备状态把我当作敌情的朴实武警，致敬食堂门前不知性别籍贯的胖鸽子小瘦猫，以上排名不分先后。这一切，让我努力好好说话，试着学会寻味人生。

每个来过这里的人，来过央广的人，都把自己的一段青春放在这里，你说青春是什么，我不知道，但我知道它不是什么。

《青春不散》那首歌，MV版本开始那几句话，我想了一个小时，才想出来。

"青春到底有多长，我猜你应该不会回答我是你的18岁，青春和你身体机能的峰值并没有特别具体的关联，他不是你的皮肤弹性，不是你的骨质疏松程度，当然更不是你的弹跳能力……"

青春，是继续，不衰竭。

还有，张老师的全名是，张玉英。

最好的时光

如果时光倒退二十年，我断然想不到，有一天，我会成为中央人民广播电台的主持人。

那时的我在故乡修车，大日野、五十铃、卡马斯……这些轮胎比人还要高的大型车连同它们排放的呛人的尾气，占据了我从少年到青年的大部分时间。而另外的一小部分时间，我的生活被一些奇妙的东西牵引着，它们来自于我枕边的那个小小的半导体，从半导体中传出的声音陪伴我度过了几千个难捱的夜晚和疲惫的白天。

作者简介：马宗武，中央人民广播电台文艺之声主持人。

从最初的消遣到慢慢的依赖，那些半导体里传出的声音为我打开了一扇通往外面世界的窗口，我在这世界里获得知识，得到乐趣，同时也对声音本身充满了向往。每天天不亮，我就穿好衣服，拿着收音机到户外去听，因为那时，我的舍友们多半还在睡梦中。晚上收工后，我又会打开收音机，如饥似渴地倾听里面传出的声音，那时工友们都觉得我有些"不对劲"，因为不合群，也不参与他们的打牌、喝酒。在他们眼中，我成了一个异类，一个狂热的广播爱好者。现在想来，那时狂热地喜欢广播，喜欢那个黑匣子里传出的声音，也许是我后来努力成为一名广播主持人的原因。

26岁那年，当青春只剩下最后一段旅程时，我终于决定离开故乡，拿着企业倒闭，单位补给我的三万多块钱，来到只在收音机里听到过的北京城，开始追逐我的声音梦想。

然而，生活的残酷和严峻，远比余华的小说《在细雨中呼喊》的开头还具有狰狞的张力。

经过艰苦努力，我终于考上了中华女子学院的播音大专班。这是中华女子学院历史上第一次招收男生。学校只有女生宿舍，原本就不大的校舍根本无法腾出一间给我这个唯一的男生居住。

几番周折，我终于租住在了学校附近，一个即将拆迁的破旧的小区里。

如今，那里已是一片别墅区，豪华气派的别墅群里，出入的人非富即贵，可当初，那里是一片荒地，那份沉寂足以让人心灰意冷。

我住在一间地下室里，每个月房租200块钱。里面阴暗而潮湿，没有窗户，终日不见阳光，等我一年后搬家时，掀开床铺已看到地面角落边生长出一小撮蘑菇。洗过的衣服，晾晒了几天还是湿漉漉的。在阳光下暴晒过的被子刚铺到床上不久，就又泛出湿润感。为了避免生病，我入睡时把双手垫在身体上最脆弱的腰部，这个习惯直到搬进楼房很久才改掉。

当时最大的，也最直接的渴望，是能搬到地面上，住进地下室上面的楼房里。精神食粮是大于物质快餐的，我可以做到一瓶豆腐乳外加两个馒头就能饱餐一顿。室内的隔断木板极不隔音，夜里在挑灯看书时，能准确地听到正酣畅的隔壁的鼾声、放屁声以及床笫之欢声。

那些年，对声音的热爱支撑着我的全部，我几乎所有的时间都用在练声，追求吐字发音的规整上。除此之外的时间，就是阅读文学书籍和读写英语，追梦的人生惬意而充实。

30岁那年，经历了竞争激烈的笔试、面试，我终于幸运地成为了国家电台的一名主持人。

我希望用声音传递温暖的和感动的梦想似乎已经实现了，但很快，我就明白要想成为一个合格的主持人，我需要努力的还太多太多，我的路还很漫长。

最初的广播生涯，是 2003 年在都市之声做一档早间音乐节目，因为是全频率的第一档节目，早上 5 点到岗，5 点半开机、试线，调试设备，尽管会有相关的技术人员，但作为第一档节目的主持人还是要做相关的辅助工作。

为了不迟到，我每天订三个闹表，分别是在凌晨 4 点 10 分、4 点 20 分、4 点 30 分。最常做的梦就是迟到，每一次从梦中惊醒都伴随着阵阵惊悸和满身的汗水。

这些，还只是困难的一部分。

那时，我还常常因为直播稿件不能通过领导的审阅而自卑，印象最深的一次是我的一篇三千字的直播稿件，竟然没有一个完整的句子通过，稿纸上画满了气球，我躲在卫生间里一遍遍地用水洗脸，怕别人看到我的泪水。

一起通过招聘的主持人都来自于各个地方台，主持经验丰富，那时和他们搭档做节目，我常常因为没话说而处于尴尬的境地。在我眼中，他们总有一些新的想法，可以让节目好听又有信息量。他们做的片花时尚又大气，很得听众的喜爱，而我，除了有一把自认为还不错的嗓子，一无是处。

我意识到，做主持人，光有一把嗓子，还远远不够。

意识到不足，就得不断学习。工作之余，我把全部的精力都投入到进修当中，我的起点低，底子薄，进台时，仅有大专学历，经过几年的刻苦学习，我陆续拿下了中国传媒大学的本科和硕士文凭。

这些年，我在中央人民广播电台，先后主持过新闻资讯节目，音乐情感节目，生活服务节目。

2013 年，领导安排我做读书节目《品味书香》的主持人，这档节目曾经几易其主，大概是因为忍受不了做读书节目案头工作的繁重和与做娱乐节目相比受众的稀少，但是一直以来对于阅读的喜爱，和因为阅读对我人生的改变，让我下定决心接下了这份工作，一周六天的工作量，每天将近十个小时的工作强度，从与出版社对接，到确定书目，联系作者或者编辑，制作片花，再到完成稿件，进入直播。

节目是在每晚的 9 点到 10 点播出，每次完成节目，走出电台大楼，都有一种踏实充盈在心间，我知道，因为我的付出，会让一些因为生活匆忙而没时间翻开书本的人获得精神食粮，白天，他们为生计奔波，但在夜里，他们可以给思想一顿"饕餮盛宴"，虽然我的影响力有限，可是只要坚持，终究会有些不同的。这几年，我主持《品味书香》节目获得了多个奖项，我自己也获得了中央台"十佳"主持人和北京国际图书节形象大使的称号。

常常有人问我，你最好的时光是什么时候，我说，人生中没有哪一段时光会比另一段更好，走过的岁月，都是我最好的时光。我在其中挣扎过、努力过、哭过、笑过，它们都是独属于我的记忆。无论是 16 岁开始的修车生涯，还是 26 岁开始的求学之路，无论是 30 岁的梦想绽放，还是如今的成熟稳健。

如今，我还是会常常想起十六年前，我刚来北京的那天，我背着行囊走出北京站的那一刻，在我身边有很多年轻又热血的生命，和我一样踌躇满志地走出站台，他们大口呼吸，攥紧拳头，充满斗志……

十六年里，我见证过很多人离开这座城市，因为房子、生计、前途；也见证过很多人来到这座城市，因为理想的召唤，因为年轻的、渴望改变的心。这城市在表面的平静下，蕴藏着波涛汹涌，总有翻船触礁的故事在发生，也总有新的灯塔亮起……

曲径通幽

大雨哗哗下，

北京来电话。

让我去当兵，

我还没长大。

这是我小时候，最喜欢的童
谣。窗外下大雨时，大声诵念，最
有感觉。

多年以后，我成了央广的"新
兵"。在我进"经济之声"那一年，

作者简介：马尚田，中央人民广播电台经济之声主持人。

同时有六个人被招录，我年纪最长。所以，人送外号"老马"。

从温州台《窗外星空》的小马，到南京台《马哥说新闻》的马哥，
再到央广《老马价值观》的老马，广播主持从业 20 年，不改初衷。

我和央广的缘分，可以上溯到"大雨哗哗下，北京来电话"的时候。
那时，中央台的《小喇叭》节目家喻户晓。妹妹也家喻户晓，她哭声奇
大，经常站在窗台上喊妈妈。街坊四邻会开玩笑说，"小喇叭又开始广
播了"。我则对那个能发出声音的匣子很感好奇，心想，有一天，也能
从那个匣子里说话该多好啊。

不要小看这一念，现在看来，一切，都源于一念之间。你种下什么
种子，就会发什么芽，开什么花，结什么果。那个童话怎么说来着：一
个小男孩种了一颗豌豆，这颗豌豆越长越高，直攀至天上。小男孩就顺
着豌豆的藤蔓，爬上去，把天堂看了个遍。

我到"天堂"之路，需要略作说明，今日央广老马是如何炼成的？是温州台的小马、南京台的马哥一路走来的。也就是说，去天堂之路颇为曲折。

当我还是小马时，我在温州台，县学前19号。那是一个闹市当中的独门独院，院子当中生长着一棵高大的树木，被女主播温温润润的声音滋养着，分外茁壮。我那时做《窗外星空》节目，最享受的是，晚间下节目之后，和几个同事，在大树底下一坐，筛月光下酒，恰风华正茂。

当我变成马哥时，我在南京台，白下路358号。六朝古都，十里秦淮。在这座城市，我做着《马哥说新闻》，纯正的新闻评论节目，随时出一句诗，请听众对下一句，也毫无违和。

电台离秦淮河很近，每次朋友来时，都乘夜前往，租一艘小船，带几听啤酒，到秦淮河上去转。秦淮河不再是昔日的桨声灯影，但漏夜出游，灯火迷离，别有一番情趣。

再后来，我来到北京，应聘"中国之声"。12月的北京，寒风凛冽。一番笔试面试之后，接到通知：试岗14天决定去留。

我很高兴，也有点犹豫。14天的假怎么请？

有个女孩，同一批试岗的，她告诉我，你请假必须是对方无法拒绝的理由。

"那你怎么请的呢？"

"我说，我男朋友遇到了车祸，非常严重，我要留在北京照顾他半个月。"

"领教领教。你狠！"

这么过硬的借口，我可请不出来。我辞了职，做好破釜沉舟的准备。

试岗，在地下一层，很冷。我印象最深的是，央广的工作太严谨了，花费六七个小时准备一小时的节目，时间要精确到秒，不可想象。

另外一个，可以作为实习编辑和嘉宾一起上节目，做评论，很过瘾。

14天很快过去了，接下来的时间是漫长的等待。最后，终于等来了人力资源的电话，未被录取。我终于踏实了。结果很遗憾，却不至于悬着这颗心了。天堂曾向我招手，但失之交臂。

一次小小的挫折并不能动摇我的决心，我决定再次应聘，这次是"经济之声"。

笔试面试之后，我又通过了。那次笔试，印象也很深，题量特别大，写那么多评论，累个半死。有一道评论题，我随手写了一首律诗。

后来，很多领导都问我，为什么考试写了一首律诗。我说，题材体裁不限，可以写诗歌啊。但主要是题目太多，答不过来。怎么顺手，就怎么写了。

最后，我被录取了。天堂，终于向我打开了大门。

但，我很快知道，我想多了，这里并不是天堂。我的岗位不是我熟悉的播音主持专业，而是早间编辑。为了喜欢的央广，我认了。经过半年后，终于在体力透支之前，我在编辑《今晨媒体观察》时找到了感觉。那是一个"合并同类项"的工作，在众多当天新闻中，找到一个关键词，统领全篇，做成一篇文章。这是一个文字上的创新，很烧脑，却很有成就感。我终于在天天守岁夜夜过年中找到了自我的价值，否则我难以解释，我为什么在这里。难道只为了在主持方面编辑最好，在编辑方面主持最好吗？

如是这般一年之后，我出版了《保卫财富》一书。再然后，我主持了自己的专栏《老马价值观》。一切水落石出，似乎有了答案。

我为什么要来央广，从事以前并不熟悉的财经节目，做着枯燥的编辑工作，一下子坚持好几年？不只是要圆小时的梦，原来，老天在成就你，师友在栽培你，在你不熟悉的领域，挖掘你的潜力。

是的，央广不是天堂。但是，它给你搭了一架梯子，通往更高处。

这就是我的故事，一个"不抛弃不放弃"的故事。当你有一个念头的时候，你需要把它种到土壤里去，梦想总要有的，万一发芽了呢？当你遇到挫折，不顺心时，你则需要一个决心，坚持下去，谁知道这个快递的包裹到底藏着怎样的礼物呢？不剥到最后一层，一切都还是个谜。

凡经行处都是必经之地，凡所遇见都是天赐福分。情谊即财富，一生珍藏；烦恼即菩提，芭蕉过雨。用心体会，才知一切都是必修的功课，处处都有上天的美意。

燃的人，声的魂

一大早起来，若看到这么一个标题，让你觉得，这是一篇反射着赤道般热量与太阳耀斑光亮的正能量文章，是的，正如你所想所愿，这篇文字一点儿都不鸡汤。

我就是那个自诩为燃的男子，文超，英文名 Kevin，在中央人民广播电台，一个有着中英文杂糅播音名的主持人并不多，这种明显装腔但是却能暗中自我满足的播音名我一直没有改变过，因为我觉得这是特色。

作者简介：王文超，中央人民广播电台音乐之声主持人。

2009 年我进入央广的大楼，在 MusicRadio 音乐之声的海选中被选中成为一名主持人，我的青春与音乐结缘。现在一晃 7 年过去了，坐在 MusicRadio 音乐之声的主持人的岗位上，更加珍惜和坚定自己最初的选择。

16 岁的我在高中时期去美国做交换生，那一年的经历至今历历在目。正是在美国社会中的耳濡目染改变了，也塑造了我之后的人生模式：善谈，幽默和自嘲。能够做一个有自嘲精神的人很难，因为这会让别人觉得自己不重要，同时还很神经，但是经历了这么长时间的磨炼，我做到了。也许是星座的缘故，本人最初的愿望就是希望能站在一个所有人都在听我说话的地方，和他们分享我的内心。

后来，我发现只有相声演员和主持人适合这样的梦想构建，显然因为出身和年龄缘故，我排除前者，义无反顾地去做一名主持人。在各种努力和缘分的交织中，我来到了中央人民广播电台并成为其中一员。

当有些人在选择风格的道路上彷徨的时候，我作为一名音乐节目主持人，尝试将"诗朗诵"和"脱口秀"融合，并在实践中摸索改变提升，我坚信这种有些中西合璧味道又不失洋气的风格就是属于我。这种坚持持续了7年，从最开始制作精良，不听含恨的《全球十国榜单速览》小单元，再到现在每天横行午后，陪众午休，欢乐无限的《全球流行音乐金榜》，我一直在有限的空间尝试着让音乐广播衍生出更多的形态。

在央广，我最感谢的是这里的舞台，从见证和协助前辈成为十佳播音员主持人，再到自己站在舞台上最终成为十佳播音员主持人，我很感恩央广能让我内心的舞台扩大到有这么多人关注的大小。但并不是所有人都能理解我们这些音乐节目主播，很多人对于 MusicRadio 音乐之声的主持人很好奇，尤其是身边的同事们，他们问：为什么你们在全台的人群中很亮（zha）眼（yan），在节目主持时自（hao）由（wu）自（gui）在（ju），在说话时各（feng）有（ge）特（jiong）点（yi）？[①] 呵呵，我觉得主持音乐广播的灵魂就在于：当你能够考过一甲之后，就请用自己最大的特点去展示你的声音和思想。这是我认同的——声音的灵魂。

看着纸媒在前几年的凋零败落，我一直心生恐惧，明知道传统媒体不会消亡，但是消的速度已经陡增了亡的幻想。现在正在手持手机观看此文的你，已经好久没有再去买报纸了吧？同样的问题，换个名词再问一次，你也已经好久没有认真听广播了吧？

音乐广播节目现在越来越难做了，因为传统广播媒体受到了不小的冲击，科技的进步和网络的扩张，守着收音机听节目的人们被别人想成了生活中的异类。容我乱想，恕我造次，MusicRadio 或许，我说的只是或许，会在 Radio 收音机停止生产的那一天考虑"我们是不是该换个

---

① 网络语言，括号内的汉语拼音为作者想表达的真实意思。全书同。

频率的名字?"，Music on air，是我想到最佳的替代名称。

各大网络电台节目生于网络，长于云端，自由的网络世界让任何人都可以是"麦克风"，每个人都可以自由的表达。当我们意识到音乐之声的市场占有率和收听率受到挑战，我有些不解，为什么会有那么多人会喜欢听发音并不标准，制作也不精良的网络电台节目呢? 哦，原来他们貌似是有自由的灵魂。

作为国家电台的主持人，我，除了每天为还在坚守着收听节目和在路上收听的人们提供耳边的内容与音乐之外，我把在央广练就的一身本领更多地转移到了网络端。我坚信广播不会消亡，但是真心希望从广播中传出的不仅仅是字正腔圆的声音，还有更多自己内心的样子。

问题出现了，总需要有解决的办法，和大多数广播节目主持人持续奋战在自己的工作岗位不一样，我剑走了偏锋，开始大胆地置身于网络和手机客户端，放下主持人的那些骄傲，开始趴着倾听、学习和总结，未来音乐广播会变成什么样子，这里我也想大胆地设想一下。

首先电台数目的增多，越来越多的频段成为了云端的主力，它们变化成为私人经营的产品。其次，对于国家级别的音乐频率，在未来最好选择返璞归真，用最新的内容和创造方式对节目的内容和播出的音乐及作品进行提升。广播的魅力有一点不可忽视的，那就是：伴随性。

让片段性的音乐广播内容，配合精良制作的节目形态，不仅再一次提升人耳的收听级别，也将会成为国家级音乐广播频率抢占市场的一把利剑。对于广播人才的启用，除了普通话一甲这样的标准之外，更多的是需要一个故事讲述者的能力。一考模仿，二考讲述，三考评论，一个合格的音乐节目主持人，最起码的塑造三原则理应如此。当然这些仅仅是我自己的想法，因为太爱它，所以不离不弃，所以意乱情迷。

如果你喜欢广播，当下，除了听，也给它一些建议吧。

我是个燃的人，用自己声的魂，不愿走进播的坟。前面说过了文章绝不鸡汤，但我想说，是广播成就了我，我会为它奉献一生。

一袋花生

作者简介：高莉，中央人民广播电台经济之声主持人。

海阳和大铭的广播年华整得跟艺术人生似的。今儿不煽（吹）情（牛），都对不起我的似水流年。

就从入职央广，煽起吧。

刚入台那阵子，几乎所有听众都在骂。大概意思是，央广怎么出了这么一主儿，听着那么没溜儿。当时还是短信互动，我姐，亲姐，就在互动平台保持姿态匿名回复人家：我觉得还不错，新人嘛多给些机会，也许会给我们惊喜哦。后来骂得越来越多，姐招架不住了，甩掉高修养的假面，开始对殴：不喜欢还听，听了又骂，找虐吗？……诸如此类，比我还没溜儿。

那段时间，上着直播，刷着满屏骂我的留言，故作镇静插科打诨，就这么没有声响，扛过来了。慢慢的，骂的人少了，后来有人夸了：哎哟还不错，听起来像我同学，像我姐姐，像隔壁吴老二家闺女。

再后来，有了一袋花生的故事……

2012年9月7日，我倒休在家。下午五点多同事范爷打来电话，高莉你跟哪儿呢？传达室一老太太等了你一天，说是给你送什么东西。我赶紧请同事玺宇下楼帮我打听清楚。得知，阿姨坐了一夜火车从河南来北京，就为给我送自己家刚收成的花生，以为我上班一定会经过传达室，所以早上到台里就一直在传达室等着我。我打电话给阿姨，请您等我，马上就来……

小高，你可千万别折腾，北京这么大，你赶过来太累了，阿姨电话里跟你唠两句就满足了。我天天听你节目，《天天315》呢你挺精明，经常开着玩笑就把黑心商骂了，替老百姓说话。《那些年》呢，你又特别憨，谁都拿你开玩笑，你从来也不生气，跟谁都能聊到一块，阿姨听着节目很开心，也想着如果我是你妈妈肯定会心疼你……家里昨天刚收的花生，特别鲜，所以赶着给你送过来，我这就回去了，家里还有90岁的老母亲等着我照顾，不用惦记阿姨，你们门口坐3路车直接到西站了，很方便，你一个人在北京照顾好自己，好好吃饭，少熬夜……

我喉咙里梗着一大块东西说不出话，电话挂断，我已泪流满面……

这就是一袋花生的故事。

到现在我也不知道阿姨姓甚名谁，长什么样儿，家住哪里……同事说，高莉你走哪儿都说这袋花生，祥林嫂似的，是不是这么多年就这么一个听众给你送东西啊？嗯，我打算挑一月黑风高的晚上把这位同事约出来，他知道的太多了……

其实理由很纯粹，因为这件事情本身就值得感动，值得炫耀，值得常常被提起……

前两天跟几个同事小聚，一姑娘问我。姐，你怎么保持对节目的热情？我看你是真爱啊。我说，除了做主持人，我想不到自己还能干点啥，我喜欢说话，这正好也是我的工作，就好比我爱的人正好也爱我，然后我们结婚了，如此幸运，岂有不爱之理？我想这也恰好能回答为什么听众慢慢不骂了，慢慢接受了，慢慢喜欢了。

当然，我也为这份痴爱付出了代价。

2016年9月11日。身体不舒服。本可以申请重播《笑傲江湖》，但心里终究过意不去，于听众，于自己，都交代不了。吃了点儿止泻药，强打精神，驱车四十公里从家赶到台里录新节目。《笑傲江湖》每期节目最后，我都会精挑一首歌曲为契合当期内容。那天的那首歌，最后合成时总觉得不完美，因为多了两秒气口。我开始跟自己较劲，一遍两遍三遍不断调整，此时，我的身体出现不良反应。憋气，反胃，头晕。紧接着眼前的电脑屏幕突然飘起来了，我闭眼趴桌子上想休息一下，就在低头的瞬间，天旋地转，那种感觉怎么跟你形容呢？就好像过山车到最高点急转弯后急速坠落……十分钟后急救车开进台里，急救医生抬着担架和我的同事们一起冲进 808 机房……

我是乐观主义者，但那一晚那一刻，我清楚地听到急救医生说血压太低测不到，说挂吊瓶找不到血管，说赶紧通知家属，你知道我在想什么吗？我长得耐看好多人还不知道，我新买的好几件衣服都没穿，我那张银行卡密码还没想起来，我今天忙的还没顾上跟爸妈视频……生活这么美，我还没活够……

是的，我怕了，特别怕。因为不是瞬间休克，整个发病过程我始终意识清醒，那种一点点失去力气，直到无能为力的恐惧，没经历过的人不会懂。我怕见不到爸爸妈妈姐姐外甥女和我的爱人，怕转世投胎再没这好命做国家台主持人，所有杂念一涌而上。那一刻，我怂到家了……

好在没大碍。急性低血糖引起的重度虚脱，输了几瓶盐水葡萄糖就出院了。说到这里，要特别感谢那晚守护我的同事们，业丰老师，夏青，安健，大冬，还有新闻部所有的当班同事，我爱你们……

来，讲个花絮调节下气氛。

某天上班，刷卡后武警小哥问我，你就是高莉啊？对呀（又涨粉，好澎湃！）那天 120 来拉走的就是你吧？我去……小哥，你啥时退伍告我一声呗！

今天我揭开这道疤，就是想用自己的亲身经历告诉看到这篇文章的所有同事和媒体同仁，这次算是老天爷对我的善意提醒。它想说，年轻人，别挥霍你的健康资本，别跟我这儿嘚瑟探底，我稍打个喷嚏你都承受不起。

可亲可敬且出类拔萃的你们。无论你怀揣多么远大的人生抱负，无论你有多么崇高的职业理想，无论你多爱岗敬业，都请记得：按时吃饭不管多忙，身体不舒服不要硬扛，工作再多也要正点儿上床，呃，睡觉……因为一旦生病，那些让你骄傲的辛苦终是徒劳。

综上所述：只有爱自己你才能爱自己，有了爱自己你才有资格去爱自己，所以，请爱自己……

牛也吹了，情也煽了，就到这儿吧，感谢阅读。

这就是我，不一样的烟（水）火（货）[①]……

---

① 网络语言，括号中的汉字表达作者的真实意思。全书同。

时间的温度

作者简介：章莹莹，中央人民广播电台音乐节目中心音乐节目部主任。

到中央台工作的第十年，我站在"金话筒颁奖晚会"的舞台上。《光阴的故事》乐声响起，音符与泪光交错中，浮现出一个又一个闪亮的日子……时间帮我成长，岁月教我感恩。做个有温度的主持人，我一直这样告诫自己。

2003 年，"非典"肆虐全国，但中央人民广播电台音乐之声的直播工作每天 18 小时不曾间断。为了减少交叉感染病毒的概率，每天由两位主持人交替当班，一上就是九个小时。那时候每三天会轮一次大班，尽管是以水和面包果腹，但看着央广网聊天室里一个个熟悉的身影，一段段热情洋溢的留言，大家铆足了干劲儿。因为我们知道，透过电波所传递的力量和温暖将会是无比强大的，而此时的陪伴和守护是多么被人需要。

至今我仍然保留着一封邮件，它所蕴含的真情让我难以忘却。

一直深深怀念着多年前的那段日子。为了生存，跑到新疆的沙漠里，做繁重的工作。那个地方不通报纸杂志，经济拮据又买不起电视。不做工的时候，我一个人坐在沙丘上，看着天空慢慢由赤红变成瓦蓝既而又变成灰暗，直到偶然间从桌子下的抽屉里发现前一位租户留下的一台收音机。欣喜若狂地装上电池，打开旋钮。好似一瞬间，一个极其乐观又让人马上联想到阳光的声音从收音机里传了出来"大家下午好，我是章YY，这里是音乐过山车……"从那以后MusicRadio成了我苦难生活里唯一的乐趣，在灰暗的天空倔强地透露出一缕阳光。直到现在每当想起，就会有勇气面对艰辛的生活……

在中央台时间越久，温度感就会愈加明显。2013年，在跟随中央台"走转改"贵州小分队赴六盘水当地小学探访时，踏进校园的心情最初是欣喜的。一到六年级的孩子们，一张张笑脸写满好奇与感激。

我们给每个班级发放学习用品和体育器材，为校内十位品学兼优、家庭困难的学生发放一对一资助慰问金。一位姑娘怯生生地走到我面前，眼睛忽闪着。

"几岁了？上几年级？"

"12岁，四年级。"

"家里还有兄弟姐妹没有啊？"

"有个弟弟，3岁。"

我将手中的大红包交到了小姑娘的手中。

本想看到稚嫩小脸上的笑靥，可豆大的泪珠流了下来。所有的镜头都对准了这个哭泣的孩子。

"小姑娘，你怎么了？"我有点措手不及。

"我伤心。"

"怎么了？"

"我——想——妈妈！"

我紧紧地抱住了此刻需要温暖的孩子，"妈妈爱你！"小姑娘终于放声哭出来，泪水打湿了我们彼此的衣襟。在她的额头上，我深深地亲吻了一下，替她的妈妈，以及更多像她一样的留守儿童日思夜想的妈妈们。

2013年末，大型主题交响歌会——"歌唱延安"进入倒计时阶段。

我作为主创人员，负责对接著名歌唱家王昆老师。88 岁高龄的老太太已经婉拒了多个演出邀约，能否为我们出山？踏进她家的时候，我心里并没有底。

跟预想的不同，王昆老师和我回忆起年轻时代在延安参加革命，用文艺的形式鼓舞人、教育人的故事。她一遍遍地重复：延安精神不论在哪个时代都不过时。当我拿出中央台特别定制的收音机送给她时，老人落泪了。王昆老师曾在中央人民广播电台录音棚录制过不少歌曲，这些作品也正是通过中央台的电波传递到全国各地。老人不仅爽快地答应出席音乐会，还主动希望在音乐会上高歌一曲。这对我们来说，简直是喜出望外！

依稀记得，去国家交响乐团排练是个雪后的周末早上，我们仅有半天的时间为所有歌唱演员进行节目合排。每一个节目的合排时间不过短短的 15 分钟。由于国家交响乐团的业务楼老旧，没有电梯，为了合排的 15 分钟，88 岁的王昆老师要花一个半小时从家坐车出发，然后用近十分钟的时间爬两层二三十阶的楼梯。当她出现在排练厅时，所有人放下手中的乐器，站起来向老艺术家致敬。那一刻，我被老艺术家的精神深深地折服了。

12 月 23 日，王昆老师神采奕奕地出现在国家大剧院的舞台上。无须任何言语，一曲《纺棉花》唱毕，全场报以雷鸣般的掌声。可万万没想到这一回竟成了王昆老师的绝唱，她的专场音乐会还没有来得及开……

工作近二十年，我深爱的这个地方，每天都会上演不同的故事，每天都会用不同的方式感动着、鼓舞着、激励着我。做一个有温度的主持人，用心感受生命的美好！

在声音的世界里"沉醉"

很多年以后，母亲还一直对于我选择"声音"这个职业觉得不可思议。

《神奇》

小时候因为爱吃糖，满嘴的虫牙，每晚都被这些小虫子们折磨得难以入睡，号啕大哭，

作者简介：楚悦，中央人民广播电台音乐节目中心策划推广部主任。

哭到嗓音嘶哑，哭到所有的邻居都认识了我。然后，大眼睛、哑嗓子就成了我小时候的标志。

整个童年时光我都惧怕上音乐课，因为任何一支歌都会被唱破音。但哑嗓子的我却生来就会声情并茂，这让我成为学校著名的"故事大王"。所以广播这件事，天分是要的。但学校也从不选我参加任何朗诵比赛，因为嗓音不够动听。是的，包括我自己在内，也都没有想过未来要和"声音"打一辈子的交道。但是每天早上在《新闻和报纸摘要》中醒来，中午12点一路奔回家等着听《小说连播》，跟着收音机一起说"《小喇叭》现在开始广播"……就是我和中央台最早的缘起。

神奇的变声期是老天为我加开的一扇窗，高中时代突然就变成了学校知名的广播站播音员。然后做梦一样地考上北京广播学院播音系，突然离大央广那么近，一切都美得不真实。大学时代，《报摘》里播音老

师、记者老师、评论员老师的名字我如数家珍。《叱咤全球华语歌曲》贾际老师那句结束语"晚安，各地的朋友"让我沉醉好多年。听乔飞姐姐的《歌声传情》，梦想将来如果可以见到乔飞姐姐，能够主持《歌声传情》该有多好！

1996年11月，做实习生，在中央台第三套节目立体声组（音乐之声的前身）的办公室第一次见到长发的乔飞，内心禁不住地感叹命运的奇妙。实习的第一要务是拆听众来信，那一捆捆堆得像小山一样的信，真的可以用"雪片"来形容。当年的第三套节目是新开办的综合文艺节目调频，有各种各样的节目需要录音，古典音乐、民族音乐、流行音乐、文学节目、资讯节目……直到如今我都感谢那些日子，何其荣幸能够为那么多优秀的老师、专家录音，读他们的稿子本身就是一种学习。

也正是因为这样大量录播节目的锻炼，为我日后的工作打下了坚实的基础。在录音室和直播间的走廊总是可以和各位仰慕已久的老师擦肩而过，不敢直接看老师们的眼睛，故作镇静地带着翻滚狂喜的心假装看稿！期间我悄悄去了"439播音室"，特意膜拜了当时大央广著名节目《439播音室》名字起源的录音间。我想那个年代和我有一样举动的同事一定还有。对职业的敬畏从一个录音间到每个录音工作，从一位老师交给稿子到每一期节目之间静静地传递。

《致青春》

1998年，结束在武汉钢铁厂第二炼钢厂为期半年的基层锻炼后我正式回到大央广本部工作，正好赶上中央人民广播电台第三套节目改版。我加入到内地广播界最早的专业流行音乐排行榜之一的《中国流行歌曲榜》节目，从此见证华语歌坛最繁荣的十年，看无数明星起起落落。细数起来，现在好多大咖当年来上节目的时候都只是乐坛新人呢！

渐渐地，音乐的介质由卡带到CD到MP3、WAVE……节目播出模式也由模拟转向数字。曾经内地乐坛北京、上海、广州三足鼎立，然后又逐一消失；各种各样的大小唱片公司一度如雨后春笋：正大国际、星工场、红星生产社、京文唱片、竹书文化、星文唱片……一个个繁荣然后落寞。

与这些相伴的是每周近两万字的播出稿，是一个字一个字写出来的，稿纸，厚厚的。特别不舍得那一堆堆的手稿，无奈随着办公室的更新，工位越来越小，搬家时清理的感觉像是丢了心头肉一样疼。

算来也是幸运，我最好的青春与华语歌坛的潮起潮落相伴，那些与音乐相关的时光在岁月的长卷里可以随意翻阅，信手拈来。那是一个出经典的时代，也是不能再复刻的时代。

无论现在的造星术是多么厉害，你会发现，如果提到经典，你想起来的还是十年、二十年前的那些名字、那些旋律。而我和那些名字那些音乐在一个时空里。

《偶然》

2002年，音乐之声"横空出世"。很多关于广播发展的文献里都用这个词形容大陆地区第一家类型化专业流行音乐电台的诞生。2002年12月2日上午9点《音乐任我行》是我在《音乐之声》的第一期节目。节目栏头的文案是我自己写的——大地用脚步丈量，音乐用耳朵倾听，"音乐任我行"行走音乐天地间。

一晃就是十几年过去了，但是在音乐之声直播间度过的一些片段却清晰如昨。我记得那天突然出现在四楼直播间窗口的喜鹊；记得"非典"时每位主持人坚守9小时节目，大家交班时互相鼓励的眼神；记得汶川地震专门为灾区听众播过的那些温暖的歌……还有，为听众来信泪崩过，读错字害羞过，播歌时哽咽过……用音乐陪伴听众的时光也是被听众陪伴的时光。

所以做主持人也是幸福的，在电波这头说故事谈音乐，在电波那头偶然被听到，然后被喜欢、被记住，彼此成为不见面的朋友。总被告知，是听着我的节目长大的，这样的感觉挺好。希望你们都听见了我的用心，在十几年的直播生涯里我对得起自己说出去的每句话。

直到现在，我仍然保持着同一习惯，打开麦克风之前把要说的话预演一遍，做到字斟句酌。被倾听是一种幸福也是一种责任。

《好久不见》

和很多同事一样，二十年不变选择出没一个单位，从事同一个职业，是因为我们真的爱她，真的会禁不住沉醉在声音的世界里。再久远的时间也记得当初哪一个节目、哪一个接口那么完美；哪一句话、哪一个听众反馈那么精彩。然后忘记为了它们疲于奔命的忙碌，忘记自己说过的"再也不干"的"誓言"。就是这样，我的二十年，沉醉在声音世界里的二十年一晃而过。

在时光里遇见你

AM、MW，倘若接连只写下这几个缩写字母，在我们的阅读界面里，一定会让年轻的读者们自然而然地在脑海中启动网络汉语搜索引擎，在记忆库中遍寻可能的结果。而这其实不过是短波和中波广播的通用简写。今天，这遥远的简写，在记忆中拂起的那片涟漪，却来自更远一点儿的时光里。

作者简介：钟晓光，中央人民广播电台音乐节目中心办公室副主任。

魔性的盒子

广播这回事，在我出生时，用时髦一点的定义，应该还是独霸天下的电气时代传媒至尊。幼时的印象里，对于扭动收录机上面的游标带来不同的声音的奇遇，可是要比把卡式盒带里的磁带扯出来又转回去更让人兴奋和痴迷。中央人民广播电台的呼号，那样遥远却无处不在，那种太多次的回响，乃是幼年记忆中媒体二字的全部形象。那时的我可没有想过，有一天，时光，会把我带进眼前这台充满魔性的盒子里。

大学时代和青春偶像们

20世纪90年代，阴差阳错的机缘带着我在北京广播学院开始了我的大学生活，那时候播音系的同学们应该还在对这个据说是全世界独一无二的大学院系津津乐道，传道授业的专业课老师们多半是来自早期神坛之上的广播电台著名播音员们，于是乎，从那时起，关于广播的情缘才算是埋下了真正有型有质的种子。

那个时候，在条件简陋的本科宿舍的高低床间，电视机和电脑当然是不可奢求，于是，在一个个无从排遣的晨间、午后、夜色中，中央台的文艺广播成为了我们清贫但淳朴的大学生活的背景声，除却早已闻名遐迩的老艺术家雅坤、贾际、姚科，时年正是"当红炸子鸡"（比喻正走红的人），远比现今网红更红的张东、楚悦、章莹莹、田龙等等纷纷款款在我的耳畔和脑海中展露动听的声音和婀娜的身姿。那时的我也没有认真想过，有一天，时光会将我带到他们身边，成为他们的同事。

谜一样的楼层

在校园里走过了懵懂的世纪之交后，2000 年底，我以一个实习生的角色在中央台文艺中心开始了我的广播生涯，初来乍到之时，恍惚间好像现在的粉丝闯入了偶像剧的摄影棚，兴奋莫名手足无措，"这不是那谁谁吗？他原来长这模样！他平时说话原来是这种声音！"如同在一众网红间往来穿梭。

那时候，师哥师姐们让我从聆听者进阶为学徒的过程是在兴奋中怯怯又顺利地度过，感恩之余，我也一直在努力把当年的温暖传递给我遇到的实习生，虽然在自信满满的他们身上并没有找到我当初生涩的影子。

从文艺调频的《中国文化报道》、音乐之声的《音乐新天地》、音乐节目中心的办公室……每一个起点，都成为了回首时一格定帧的风景。那时的我也没有想到过，16 年来，我竟然再也未曾离开过这个楼层。

云中谁寄锦书来

从前的时光很慢，一生只够爱一个人。现在的时光飞快，一切都耐不住等待。作为一个广播节目主持人，和听众之间的故事，在这个变幻如梭的时代，俨然成为了一段另类的科技编年史。

十几年前，互联网还没开始在我们身边兴盛，一封封笔体称呼内容落款各不相同的书信，是我们和听众之间仅有的交流，直至今天，我依旧有个抽屉存放着当年筛选保留下的听众来信，这不仅仅来自于仪式感的保存，也是我作为一个广播人所经历的时代印记。

再后来，我们有了 E-mail，中广网的网络聊天室……那真是一段空前繁荣的记忆，直到今天，相隔了若远似近的时空，这些人成长、成家、离去，还有好多人，和我一样，把这当作一份共同经历的友谊，直到如今。

再后来，我们依次经历了短信平台、微博、微信，我早已不再主持节目，谁知道在转瞬即逝的未来，我的年轻同事们又将在用什么方式，和你们把这些故事继续下去呢。当初的我们应该谁也没有想到，网络会改变我们多少。

开麦之外　无声的舞蹈

如果不是在这里，也许我不会告诉你，音乐之声开播第一天，上一个主持人下节目时手舞足蹈踩断了我的耳机线，而我一边咬牙切齿，一边在没有监听的情况下"盲播"了三分钟资讯，是一种什么样的体验。

如果不是在这里，也许我不会告诉你，你应该去看看，在使用开盘带的年代，离播出还有三分钟时，磁带从机器上一飞冲天时，那惊魂抢险的场面。

如果不是在这里，也许我不会告诉你，排行榜揭榜时，榜单飞到调音台下，那个主持人是怎样一边拽着话筒俯身说着话一边汗流浃背地满地寻找榜单。

如果不是在这里，也许我不会告诉你，曾经的音乐之声直播间，有一个纯手工留言板，每个当班的主持人在纸上盖楼，留下意趣盎然的一条条跟帖。

如果不是在这里，也许我不会告诉你，有位当年的女主播，交班关麦后会随着音乐在调音台前舞蹈一番，美艳无双。

如果不是在这里，也许我不会告诉你，音乐之声十周年特别节目直播结束，我告别直播台的时候距离我在音乐之声第一次打开话筒，还差一个小时，就整整十年……

当初的我们应该谁也没有想到，共同经历得太多，直到今天提起，依旧还会带着笑，或是很沉默。

年轻的身影和年轻的声音一样一往无前

身为一个广播人，直播间之外的那些经历，一样成为职业生涯里宝贵的记忆。2010 年，上海，世博会现场，音乐之声的《音乐世博会周日也疯狂》特别节目，我前一脚还在直播车里有型有款侃侃而谈，后一脚就画风大变扛着装满慰问品的麻袋，被一朵雨云追得满街跑；满街跑，是因为要赶场前往青海，去探访音乐之声的公益活动"我要上学"援助的石渠县温波乡中心小学的孩子们。

在青海高原，路过玉树地震尚未重整的废墟，我们一路拔高西行，在同行的男青年已岿然倒下之际，我却看到一个娇小但毫不示弱的身影正来回穿行奔忙，那正是年轻的团干部卓然。那一刻，我仿佛又看到了2003 年"非典"时期那些肩负每天直播 9 小时却无人退缩的主持人们。那一年，他们和她一样年轻，一样娇小。

时光又一晃而过这么多年，我们在感慨韶华易逝的时候，能让我们忘却伤感，满怀希望的，恰恰是这些正传承着央广精神的年轻的身影们吧。

当初的我应该没有想到，时光带着脚步和声音可以留下那么多那么远的印记。那就谢谢时光，让我遇见这么多你们，留下这么多你们。

在田园放歌

作者简介：田龙，中央人民广播电台社教节目中心文娱部副主任。

我叫田龙，我是一名主持人。非（常）著名的，不知道我的人肯定从来不听广播，也不看电视。So，不知道就不知道吧。曾经有十余年，我是一名 DJ，伴随着 MusicRadio 音乐之声的成长，主持的时段从早晨 6 点，到半夜 24 点，从周间到周末，主持了一溜够，后来所有的时段都主持过后，实在没新的时段再去开辟，我就到乡间去开疆拓土了。

回想以前的日子，没有痛，只有快乐。有些过往，现在想起来还合不拢嘴，每每聚会谈起，仍然乐此不疲。

遥远的化妆间

2003 年，音乐之声刚成立不久，第一次举办排行榜颁奖晚会，地点在 Q 市。

F 省商人多，有钱，各种老板赞助，明星纷至沓来。没想到的是，当地民风也颇为彪悍。

晚会由张东、章莹莹、楚悦和我主持。Q 市体育场，7 点开始演出。

下午4点，我们四人走完台，正准备去后台化妆间，突然，体育场所有的大门全被锁上了，接到通知，场馆要做消防检查。化妆间近在咫尺，却走不过去，我们大眼瞪小眼，真是干着急。一小时后，门开了，我们以豹的速度（尤其是那俩女同志）飞奔到化妆间……当然，我们最终靓丽登台，晚会准点开幕。

后来，以及后来的后来，我们才知道，之所以临时封闭锁门，是因为当地某直属机构的领导女儿要和周杰伦合影遭拒，才上演了这一出锁门检查的闹剧。最终在主办方的斡旋下，顺利合影加送签名唱片，才解除了警报。听完是不是心有余悸，我这打小啥都跟人讲理的文明青年，还真心被这理由给惊着了，以前都是在报纸和影视剧看见这样的事，切身经历过才明白了一个道理：我们做主持人的，在台上和明星谈笑风生，风光无限，幕后是有多少人在为此斗智斗勇、无偿且闹心的付出……

此后，每每我主持完大小活动，一定会逐一感谢台前幕后所有工作人员。必须心怀感恩，不然，化妆间就在眼前，真心走不到啊。

光脚的不怕穿鞋的

音乐之声2002年底正式开播时，一共有七名主持人：张东、楚悦、章莹莹、黎春、苏宁、晓光和我，我们全是广院播音系同门的师哥师弟师姐师妹。2003年"非典"疫情，为了防止频繁换班交叉飞沫，降低传染概率，我们都经历过一天直播九个小时的严酷考验，也都累得只剩下半条命。于是2004年，我们举办了MusicRadio首次社会公开招聘，吸纳了三名新鲜血液的小伙伴：小强、但茹和张楠。凑够十个人，圆满了，可以拍宣传照了，还攒了一本书，连图带画，叫《十全十美》（虽然书名的灵感极有可能源自东子同志的另一个《食全食美》），为了拍此书的封面照，约来了专业摄影师，来到音乐厅的贵宾室。

当天，面对着衣香鬓影的其他同事，尤其是上一篇提到的那两个女同志，晚礼服高跟鞋，我跟晓光是面面相觑，我俩穿着夹脚拖就来了！在摆造型的时候，我俩灵机一动，各位师哥师姐，你们站着，俺俩坐着。

我搬来个单人沙发，踏实地坐了下来，晓光晚我两届，自然乖巧地坐在了沙发前面的地毯上，然后，我俩脱了人字拖，咔嚓，被同框在《十全十美》的封面里。

多年后，看着这张封面，当年两个光脚少年用自己的不羁随意衬托出了其他哥哥姐姐弟弟妹妹的高贵伟岸。其实，看着照片，更多的感怀是致青春，虽然今天我们十个人都已经离开音乐之声的主持台，但是这十个人的最美青春却始终和 MusicRadio 紧紧地联系在一起。伴随这十个人青春回忆的，是听音乐之声成长起的千千万万个青春。如果时光可以倒流，回到那个拍摄封面的下午，我一定还会光着脚，并且劝大家把鞋都脱掉，因为青春就是要无悔，青春就是要"光脚的不怕穿鞋的"！

爱在乡村 2015

2015 年 4 月，我调到社教节目中心，有同事问："你从播音乐的音乐之声调到走乡间的乡村之声，适应吗？"我说："适应！性质又没变，不都是为听众服务，为人民服务吗！"

我所在的社教节目中心文娱部负责"广播惠农，爱在乡村"系列公益活动，就是服务走基层、文化三下乡。一年十场下乡活动，带领农技专家、医疗专家和文艺工作者深入基层，服务三农。接到工作任务时，我老婆问我，这么说，你一年要下去十次？我说，不，算上前期踩点，至少二十次。所以，现在当我出现在台里的时候，大家都会问：没出差啊？我基本的回答都是："哦，昨天才回来"，"嗯，明天走"。我成了个彻头彻尾的行者。

有一天，儿子特别正式地跟我说：爸爸，你以后一个月只能出差一次，否则，你就得挨罚！我只能连哄带骗，每次给带个礼物回来，结果家里玩具越来越多。说实话，这一年多来，好像我和儿女的沟通都是在手机视频通话里，才显得正常，真的面对面，反而彼此都有点不自然了。

2015年，我们一共举办了10场"爱在乡村"下乡活动，横跨10个省市，我的航空里程达到45000公里，就在我拿着这个数据特别自豪地跟中国之声的同事分享时，他们纷纷查了下自己的手机，一个7万多公里，一个9万多公里。我甚为膜拜。原来央广有那么多一线的记者要比我这个所谓的空中飞人奔波辛苦的多。

2016年，我们又策划了寻找乡村名嘴活动，一下子又多了十多个省市要去评选，这下好了，我彻底融入了乡村大地，不是在乡下，就是在去乡下的路上。爱在乡村，2016，依然在路上！

在央广，遇见更好的自己

作者简介：李丹丹，中央人民广播电台社教节目中心主持人。

冒险，对于一向稳中求进的我来说，是极大的挑战。但在三年前那个电闪雷鸣的夜晚，我还是选择了冒险。也正是因为这一次的抉择，改变了我30岁之后的人生轨迹……

2013年7月21日，就在北京经历那场前所未有的特大暴雨的夜晚，我作为江苏连云港电视台的主持人，正跟随中国曲艺家协会下基层，主持一场相声晚会的直播。此时，我手中除了握着话筒之外，还攥着一张当天晚上去北京的高铁票。这张票，决定着我能否参加中央人民广播电台中国乡村之声的招聘考试。如果晚会正点结束，我的时间是可控的。但是意料之外的事情还是发生了，现场观众强烈要求姜昆老师的节目返场。相声和歌曲返场最大的区别就在于时间，而此时，我需要的也正是时间。

在告知我的主持搭档牛群老师实情后，年近六旬的他，居然站在台口，一个演员、一个演员地商量，请大家今天尽量不返场，为我赢取宝贵的分分秒秒。而我也在感动中完成了演出任务，在最后一刻跳上了火车。哪想，那一夜北京暴雨如注，几乎所有的进京列车都晚点。但我，居然如有神助一般，准时地赶到了北京，站在了考场门口……

接下来，我结束了十年电视主持人的身份，转战广播，走进了这座叫中央人民广播电台的大楼。坐在直播间，我的难题来了：广播主持人要一边主持、一边操控主播台，播音时"手、脑、嘴、眼"并用。于我，在直播间的感觉如同战场一般：8秒空播就是事故、错播必定接受处分……每每一个小时直播下来，因为紧张，手里的稿子被攥皱、浸湿；因为害怕推错推子，自己被自己的指甲抠伤却全然不知……访谈嘉宾要自己联系、新闻稿件要自己编辑，采、编、播被"淋漓尽致"的融为一体。说实话，那段时光我是"熬"过来的。但现在回过头来看，特别庆幸能有那段经历。因为她告诉我什么叫规矩、什么是标准、什么叫分毫不差、什么是恪尽职守……

熬过了"艰难期"，我终于迎来了与广播的"爱恋期"。我的呼号是："中国乡村之声"，我的听众是：农民和农民工。我的工作充满了清新的泥土气息：在直播间和专家聊政策、在田间地头和农民拉家常、在农家大院与村民齐欢唱。我也感受着他们简单的幸福：村里的留守孩子们爬到树上占据"有利地形"能看到全场的演出，这就是最开心的一天；乡亲们拿到大病保险，报销了药费。病，似乎就好了大一半；老乡们卖出了自家地里的玉米，擦着汗、数着钱，这就是幸福的一年又一年！

但爱恋中的生活远不止诗和远方的田野，现实一次次提醒我作为对农广播主持人的责任所在。三年前的春节，《中国乡村之声》要做一期特别节目。我想采访留守儿童和他们的父母是如何欢度节日的，贵州台的记者红宇帮忙联系了一对两年多没有见过面的母女，远隔千里的她们通过连线接通了电话。在直播间的我，准备好等待亲人间的嘘寒问暖和热泪盈眶。但电话接通了，我却等来了沉默。因为长时间的分离，母女之间竟然陌生到无话可说，你信吗？这就是留守儿童真实的内心世界。

还记得那年的那次采访，我的采访对象是一位因在屋顶晾晒玉米不慎跌伤、摔断两根肋骨的单身汉。其实，他的哥哥在他摔伤的第一时间就用手推车把他送到了县医院，但又在第一时间把他拉回了家。因为没钱做手术，医院也不收他们拿去的两袋玉米，他只能忍着痛，躺在床上挨日子。

我仔细打量这个家和我的采访对象，屋子里真的只有电灯能算上是家用电器。我问他：亲戚家也借不到钱吗？他说：平时为了给孩子上学都借遍了。单身汉的孩子？在追问下，我得知：一穷二白的他，十年前收养了一名弃婴。他全部的劳动所得都供养这个和他没有任何血缘关系的女儿，从来不让孩子受半点委屈。这个不幸的单身汉用坚定和温情告诉我们什么叫人间大爱。

采访结束，我把身上所有的钱都给了他。随后又组织社会力量捐助了五千块钱手术费、联系村里为他申请了低保，并嘱咐他要定期交纳医疗保险……结束最后一次采访，这位摔断了肋骨却不叫一声疼的庄稼汉，躺在床上目送我们一行时，我分明看到了他眼中有泪……

最近一次去西藏墨脱的乡村小学采访，一个藏族小女孩一直好奇地跟在我后面。忙完了所有的采访后，我蹲下来和她聊天。她一脸真诚地问我：阿姨，你真的是从北京来的吗？得到了我的肯定回答后，她瞬间褪去之前的羞涩，露出孩子活泼的天性继续追问：北京真的有摩天轮游乐场？有好几层的图书馆吗？我说：是啊。你想去吗？她说：我做梦都想去……

心存梦想的山里孩子、身处困境的农民、辛苦劳作的农民工、孤独终日的留守老人，作为对农广播节目主持人我明白，自己能做得还有很多很多……

许多央广的同事，把自己与广播的情分用"初恋"来形容，我没有这个资格。但我知道：深爱，是在经历风雨之后获得的一种永恒之爱。我与央广、与广播恰似这种关系。何况，中央人民广播电台也让我遇见了更好的自己。三年间，我的努力获得了极大的回报——中央台十佳主持人、总局五一劳动奖章、总局巾帼建功标兵。而这些，也给正在砥砺前行的我平添了无限动力。

　　如今，每每站在 15 楼的办公室极目远眺时，我总会想起三年前那个雷雨交加的夜晚。如果，因为演出，我没能赶上那趟列车；如果，那趟列车晚点，如果……

　　感谢生命中所有的机缘，感谢所有帮助过我的人们，感谢我深爱的职业带给我的一切……

你若安好　便是晴天

作者简介：李谦，中央人民广播电台中国之声记者。

一直相信缘分，它天生"奇妙"。

一度以为我和广播了无前世，直到缘分降临……

来到央广工作的第一个部门，是我和陈冰晶用猜拳决定的，剪子石头布把她分到了都市之声节目部，我到了资讯部。后来有缘调到中国之声，专心做起了新闻。

今秋北京的银杏黄的晚，天也比往年更冷一些，回望过往，我想说，从未后悔爱上广播：这辈子做了广播是我的福气！

那一只纯粹的牛犊儿

前几天和广东台的王建平老师沟通选题，他突然说要把电话递给身边的他们主任，电话里传来："你是李谦？奥运会的时候来过广东？我找这个声音找了8年！"

2008年北京举办奥运会，中国广播史也迎来了一次史无前例的接力直播：三个月的时间，中央、省、市三台联动合作，每天4到6个小时，每天换一个城市，每天换一组人马，不间断进行了100多场直播。

我有幸被派往奥组委火炬传递官方媒体报道团，每天跑一个城市报道奥运火炬手。这一跑，一口气跑了半个中国。这一跑，跑出了我与广播今生难舍的情缘。

直到今天，我仍然羡慕那时的自己：流着汗、求着人、抱定"不抛弃、不放弃、不生气"的信念闯天涯。投入、纯粹、淋漓尽致，用 100 天的时间，跑了 60 多个城市。每天每时每刻，每顿饭每张床，每个相识每个告别，只为做好一件事——直播连线火炬手。

张艺谋、姚明、朱清时、白岩松、宋丹丹、陈鲁豫、汪涵、田亮，还有很多普普通通的人，凭借声音能叫出我们名字的盲人火炬手……每天平均至少采访 20 位火炬手。追车、跳车、突破障碍、想尽办法找到呼哧带喘的火炬手们。

我和跑了另一半中国版图的 A 队的白宇都是那一只纯粹的牛犊儿，后来我们才知道，当时正值央广频率化管理改革，台领导决定前方随队记者不从中国之声出，央广网的白宇和都市之声的我被选入列。我们的出现其实是央广新闻广播史上一次大变革的小缩影。没有那次的改革，就没有今天的我们。

不能害怕人民

我和白宇初到中国之声之时还保持着"野战军"的作风。2010 年上海世博会，我们把奥运现场手机直播的形式搬到了上海世博园。直播中的抽奖环节吸引了大量现场观众围观参与。我和白宇拿着手机大声地一边现场开展竞猜活动，一边手机直播。就在直播过程中，北京后方指挥中心时刻关注着节目的进行，甚至展开了一场讨论，主题是：园内现场直播因为观众人数众多存在安播风险，是否临时叫停。当时的副台长王晓晖当场定调：不改动，保持直播，广播不能害怕人民！

每年十一，我的手机里会准时收到一条来自甘肃的短信。一个女孩发来的几个字：李记者，生日快乐！她的一通举报电话把我和她联系在了一起。报道播出后，当地房管局不再要求她交纳额外的样板费，她意外地保住了自己的房子。那天晚上，我清楚地记得她对我说："这套经济适用房房款都是借的，我交不起这样板费。但我觉得他们做得不对，我就要让他们的做法曝光。我们这里地方小，我家里人都劝我算了，怕得罪人，我不怕！"

作为记者，我在证据和逻辑链条的指引下顺利地完成了报道。但作为普普通通的老百姓，小区业主，家里上有老下有小的顶梁柱，面对身边人的压力和难以预测的结果……那天晚上我由衷地对她说：我们俩是同一年的，换作我，未必有你的勇气！

社会角色的担当者未必是生活中的成功者。我慢慢发现，尽管采访中接触的都是村民、矿工，可他们身上那些闪闪发光的东西仍然值得我学习。至少，让我懂得不能在生活的角色中缺位，不能因为你是工作中的佼佼者，就不要求自己在家庭角色中做得更好！记者也是人，大家都是彼此的榜样。

有爱才有信仰

2011 年 3 月，日本发生 9.0 级大地震，我和王磊不到 24 小时，搞定了签证，背着双肩包出现在了首都机场。全日空的售票员礼貌而又认真地问了两遍：你们确定要买现在飞东京的机票？

走得匆忙，王磊临时通知他的爱人到机场取走车钥匙。T3 入口处，我们在手机上得知福岛核电站机组刚刚发生了爆炸，当地存在核泄漏的危险。平时忙忙叨叨、快人快语的王磊，那一刻，在人群中，深情地抱住了他的妻子。她老婆当时可能还不知道有爆炸的情况，看着周围的人，反而有点不好意思。

震后 34 小时我们到达了日本，辗转了 5 个城镇，经历了数次余震，完成了5天4夜的报道，我们积累了北京出发赶往目的地的国际突发事件广播报道经验。当被问起那段经历，我偶尔还会想起人群中的那个拥抱，也许王磊是在心里做无声的告别……

我没来得及和一个人告别。

第一次见宝玲老师，凌晨一点在长春机场，齐耳短发，身高，气质，五官，我们真的有点相像，好像我俩已经认识了很久。一起辗转有毒化工桶流入松花江，吉林洪水两个突发事件的多个危险现场，她不太像吉林人民广播电台新闻频率的领导，更像一名冲锋在前的战士。第三天，松原大坝附近的洪水在我们面前突然涌出暗流，舟桥上的四名战士瞬间掉入湍急的洪水。半个多小时的营救，我们亲眼看着战士们在旋涡中挣扎。宝玲老师站在我的身边，一直用眼神和拥抱鼓励我做好报道。大堤之上，每每和她的眼神相撞，我想到了我的妈妈。之后的每个春节我们会互相问候。后来得知她突然在办公室摔倒，罹患癌症去世的消息，我一个人大哭了一场。我总觉得她在我耳边说着：谦儿，啥时候再来？谦儿，最近还好吗？

有人说，当人面临死亡时，有无信仰，表现得会很有差异。常听到这样的说法：我们没有信仰。思考久了，我不再赞同。每个认真生活的人，活久了，都会有自己的信仰，不是吗？那信仰是爱，是你笃信的人生法则。每个职业都有自己的职业信仰，战士、记者、医生……出征前，无论结果如何，即使重新来过，还是会做出相同的选择，不是吗？

那些未变，有你真好！

有段时间总会感慨，这世上还有什么是不变的吗？很羡慕那些有着多年不变好习惯的人：写一个专栏写了十年；跑马拉松跑了十年；有一个简单的爱好，一辈子……

然后直到某一天，突然发现：从南礼士路地铁C口一出来，总会下意识的微笑，每天见到的仍是那群志同道合的"傻朋智友"。烦恼的肯定不是"我咋没钱?"；开心的很可能是"选题有了着落""还特么是这个死鬼了解我!"

有些东西真的没变，向往美好，渴望阳光，对生活微笑。

我爱了广播十年有余，其间有过彷徨、误解，甚至想过远走高飞，但风雨过后，仍然不离不弃；选择过后，仍然相守相依!

缘定三生。广播与我，难访前世，未知来生，这辈子遇见你：你若安好，便是晴天。

那些跟"吃"有关的故事

说起在中央人民广播电台的工作，颇有点"半路出家"的意思，我在大学里学的是经济学，做梦也没想到自己会成为一名记者，尤其是广播记者。这也直接导致了初入台的我采访工作各种不适应，我当时的领导、吉林记者站老站长沈剑华在批改我的"处女作"的时候，急得直骂"你这个脑袋是榆木

作者简介：毛更伟，中央人民广播电台驻黑龙江记者站负责人。

疙瘩"！好在这个"榆木疙瘩"并非完全不能开窍，更好在这位骂我"榆木疙瘩"的人有比榆木疙瘩更坚硬的改造我这个"榆木疙瘩"的决心，我的报摘处女作被他改了七遍，寥寥几百字的文稿，用了半本稿纸，那篇稿子的最终标题至今我还记得，叫《平安暖人心》，不过那时我的心情绝对是不"平安"的，因为每次改完稿子后，总要回去惴惴地等站长的批改意见，他人清瘦，头发少，但嗓门极大，谈修改意见仿佛感觉到桌上的茶杯盖儿都被震得颤抖。

批评归批评，进步还是有的。工作第一年年终总结时，听老站长说了一句"榆木疙瘩终于开花了"，于是我就在记者站留了下来。

当中央台记者自然会有"指点江山，激扬文字"，会有"诗和远方"，会有风花雪月，但更多的时候，我们还是要面对普通百姓在你面前诉说

他们的柴米油盐酱醋茶，当然，对于普通百姓而言，柴米油盐酱醋茶就是他们的身家性命。

刚工作没多久，不小心成了单位的"信访接待专员"，那时候，全国各地大兴土木，房地产开发热浪初涌，城市周边经常发生农民征地纠纷，农民们不管占不占理，总要找个地方说道说道，于是中央驻各地的记者站、分社成了部分进城农民的热门"地标"，无论怎么偏僻，他们都能找到。

总来记者站反映问题的人当中有一个叫"老梁"，之所以对他印象深刻，是因为他长得很像我二叔，他反映的问题是个案，拿到中央台做节目，不够分量，可是不管我怎么跟他解释他都不听，仍旧是一遍一遍每隔半个月左右来站里一趟。为了不影响单位其他同事工作，每次接待他们，都是我下楼，在单位附近的树荫下，聊上半个小时。诉说村干部怎么欺负他算是开场白，话题说着说着就会转到他最近又听了中央台的哪些节目，他甚至能说出负责舆论监督报道的中央台评论部很多人的名字，我们还会聊聊农时、庄稼长得怎么样……他还会主动跟我谈他对台海局势、中日关系以及美国"9·11"事件后期影响的一些看法。

直到有一次，他来了，头上绑着绷带，脸上还有淤血，是征地的开发商指使手下把他打了，而他在这个时候还是坐很远的郊线公交来找原本已经多次明确在这个问题上不能帮他的我，这让我手足无措，还有一股莫名的愤怒，我问他："你为什么不还手？村里人一人一锄头、一镐把，那伙人早被打跑了！""不能还手，他打完我，他还是开发商，我打完人家，我就可能连地都种不上了。"他告诉我。

老梁那天执意要请我吃一顿饭，我领他去单位附近吃了3块钱一碗的面条，这个给我印象一直乐观的东北汉子边吃面条边无声地啜泣，大滴的眼泪就那样滴进碗里，"我知道我的事不够上你们中央台，但每次来你都不撵我走，我想我在跟'中央'的人说话，我就心里舒服点"……一顿饭，6块钱，我没有跟老梁抢着买单，我自己那碗面一口没动，那碗面，沉甸甸的，让我拿不起筷子，抬不起胳膊。吃过那顿饭，老梁走了，再也没有来过。

以后每次在收音机里听到同事们报道征地纠纷，我总会想到老梁。

很多年以后，我去农村搞困难群众如何过春节的内参调研，在土坯房里，一对没儿没女的老夫妻真的就只靠一台老式收音机作为娱乐消遣，乡里扶贫，给他家买了一台电视机，但老人视力不好，只能把它束之高阁。老大爷瘫痪在炕上，老大娘十分健谈，问她过年有哪些困难，这个全村公认困难户的回答让我没想到："困不困难得分跟谁比，跟村里其他人家比，我们是困难，跟过去比，我感觉还不错，过年能吃到鸡，吃到鱼，吃到饺子……"躺在炕上的老大爷微笑着表示赞同。正说着话，外面"嘭"一声巨响，老大娘一拍大腿就小跑着出去了，几分钟后，她笑眯眯地端回一簸箕新爆的爆米花给我吃。

对她家的采访，是失败的，因为老两口说"对政府没有要求"。临走，我给老人留下200块钱，老太太认真地问我"你这是代表'中央'啊，还是代表'地方'啊?"我挠挠脑袋"就算代表中央台吧"。（这200块钱过后没有找领导报销，提这事也没有自我炒作的意思）老两口可能到最后也没搞明白我是干啥的，我也忘记了他们的姓名，唯有那爆米花香甜的味道留在记忆里。

生活中，总有普通人让你笑着流泪。也许，这才是做中央台记者给我的最大收获。

前几天，在网上看到一张抗洪救灾的解放军战士浑身泥泞，吃着饭忽然靠在那里睡着的照片，有似曾相识的感觉，恍然想到，原来这一幕在自己身上也发生过。

2010年7月，吉林松花江流域发生特大洪灾，上百人死亡，伴随滔滔洪水冲下来的还有7000多个装满有毒化工原料的化工桶。这次惹祸的主要是松花江的一部分支流，流经吉林市永吉县的温德河，遇上了1600年一遇的洪水，这导致洪水决堤后直接冲进了县城，人们在四楼伸出竹竿去救被洪水冲走市民的揪心一幕就发生在这里，暴虐的洪水甚至还冲倒了一列拉煤的火车。永吉县广电局的一位副局长就是站在单位的大楼顶上用手机连线中国之声，向全国第一时间播报了这一消息。那时候，我就像一个开着越野车的蚂蚱，一会儿蹦到这里，一会儿蹦到那里，夜里12点跟战士上大堤抢险，人陷在泥水里，鞋找不到了；沿着松花江追化工桶，边开车边做连线直播（危险动作，请勿模仿），差点把车开进江里……那一周，平均每天睡觉不超过5个小时，某一天凌晨写着稿子忽然抬头，发现镜子中的人不认识了——那一周，我瘦了4斤。

对一个吃货来说，找回失去体重最好的方式就是用吃来解决，在那次采访任务结束前一天，雨停了，天晴了，预报中冲击松花江主江道的大洪水不来了，抗洪官兵和百姓也露出笑脸了，我和当时还是实习记者的于中涛把车开到了松花江畔的一个乡镇，忙成一锅粥的镇政府也没核实我们的身份，看一身一脸的泥，就问一句"抗洪的吧"，我们说"是"，食堂马上给我们炒了一盘鸡蛋、一盘辣椒，餐桌就摆在露天，旁边的越野车上还晾着皱巴巴的皮鞋。两个菜，一盆大米饭，就这样被我们消灭掉了。那顿饭，吃得真香，足以排进我这辈子所吃过的最好吃的饭前三名。

再说一顿饭吧。有一年新春走基层，我去某个北方城市的社会救助站采访，看看流浪乞讨人员怎么过年。救助站站长热情接待了我们，为了证明他们给流浪者准备的新年伙食不错，他特意邀请我们在腊月二十九那天吃了一顿他们给流浪乞讨人员准备的饭菜，我们还专门跟流浪乞讨者坐同一张桌吃饭。除了普通流浪者，这个救助站还临时接收走丢、无家可归的智障者。救助站春节伙食不错，标准是四菜一汤，有肉有青菜。

吃饭过程中，同桌的流浪者热情地给我夹了一口菜，然后流着口水，看着我，痴痴地笑，我旁边的一个女同志放下筷子就不动了，我能感觉周围的空气似乎凝固了，救助站的工作人员都在看着我，我想他们应该在想："你到底是看着好看，但是一碰就碎的瓷器呢，还是真能跟我们打成一片的铁器呢？"我不动声色地把那口可能夹杂着口水的菜吃进去了，点点头说"好吃"，然后也把我饭盒里的菜给他夹了一口，他非常高兴地吃了，赶紧又美滋滋地给我夹菜，我赶紧制止了他，哄他说"你看，咱俩这么一直互相夹菜，就都吃不好饭了"，他很听话，不再给我夹菜，一直流着口水看着我笑。

回去的时候，同行的人问我，吃那口饭你不难受吗？我回答：难受，就两秒钟，可要是不吃那口饭，我过后可能会难受一辈子。

我一直考虑这篇文章的标题该怎么起，写到这回头一看，才发现我讲的故事都跟吃有关，那正好，就叫《那些跟"吃"有关的故事》吧。

青春无悔

作者简介：曹美丽，中央人民广播电台驻宁波记者站副站长。

女人是最怕老的，所以我打死也不会承认我是一个老广播了。

但是掐指一算，我进中央台已经整整十五年了。如果再算上大四的一年实习，已经整整十六年了。

我清晰记得那是 2000 年 9 月的一天，大学班主任突然来宣布：中央人民广播电台宁波记者站要到班里招一个女生去实习，有意愿的同学请报名。当时班上一共有 8 位女生报名，8 位女生被统一叫到班主任办公室外等候面试。谁第一个进去面试呢？谁都不愿意！几个女同学使坏，把我往前一推：惨了，我成了第一个面试者。面试的细节已经记不清了，但结果是我被选中了。后来，当时的宁波站站长章恒说：因为你是第一个进来面试的，所以给我留下了很好的印象。

是阴差阳错也好，是命运安排也罢，我就这样从一个渔村姑娘，变成了中央台的一名记者。

十五年风雨兼程，广播事业蒸蒸日上。在中央台这个大家庭里，在领导和同事的关心和帮助下，我像一块海绵，汲取着前辈积淀下来的养分，源源不断。

十五年，带走了青涩，留下了成长。有过欢笑，有过泪水，但收获的却是累累的硕果。其中有一些趣事、糗事和感人的事，希望能跟大家共同分享。

一次难忘的出错

从 2000 年 9 月开始，我就到宁波记者站实习，跟着老站长章恒采访、写稿。老站长是一个特别严谨、细致的人，跟我的马大哈性格形成了鲜明的反差。

当时，宁波是全国外贸的风向标，贸易顺差占了全国的四分之一。我记得有一天下午，我写了一篇宁波外贸出口创汇创新高的简讯，通过当时的 DOS 系统传到了地方部编辑那儿。然后我整理好笔记本电脑，下班坐公交车回学校宿舍。人刚到宿舍，章站长的电话就来了，劈头盖脸一顿批评。我屏住呼吸，大脑飞转，终于听明白了是我的那条稿子出问题了。我迅速打开电脑，查看原稿。一个字一个字地读下来之后，才发现我把"万美元"的"万"字落掉了。这样一来，宁波的外贸出口只有几美元了。我顿时惊出一身冷汗：幸亏编辑在播出前发现了错误，否则真是闹大笑话了。这事就此牢牢地印在了我的脑海里和心里。以至于我后来每写一篇稿子，都要反复核实几遍，总是疑心哪里会出问题。

记者笔下，有财产万千；记者笔下，有毁誉忠奸；记者笔下，有是非曲直；记者笔下，有人命关天。后来，听老一辈新闻人的名言，再想起那个差错，依然不寒而栗。

中国之声有句宣传语：大数据时代，你上传的每一个文字都会成为历史的一部分。上网一查，你发过的任何一篇稿子网上都有记录。指不定哪天就有人拿着你的稿子来找你算账。想到这儿，越发觉得自己责任重大，便不敢再有任何思想上的松懈和马虎。

学普通话

从小到大，我一直以为我的普通话在温州人里算是好的了。没想到，到了中央台闹了个大笑话。

应该是 2003 年的时候，我写了个报道，说的是宁波农民网上卖农产品成为新风尚。当时这篇报道在《新闻和报纸摘要》头条播出，作为一个年轻记者，稿件能在报摘头条播出，我特别引以为豪。

稿子播出没几天，中央台组织驻地记者普通话培训。在培训课上，授课老师突然问："宁波站曹美丽有没有来？"我深感不妙，哆哆嗦嗦站了出来。果然，授课老师毫不客气地指出："前两天听了你网上卖农产品的稿子，你把'网上'念成了'晚上'……"顿时，课堂一阵哄笑。我呀，真想地上找个缝钻进去。

后来，同事们见了我就起哄：曹美丽，欢迎你晚上上网、晚上来稿。痛定思痛，回到宁波后，我找了宁波台的播音员给我辅导普通话。只不过，讲了一辈子的闽南话，从来不知道前鼻音后鼻音，也不知道卷舌不卷舌，宁波台同仁教了我几次后居然对我表示无奈。直到现在，还经常有人对我说：今天我又在广播里听到你的温州普通话了。哎，其实我一直很努力在学习标准普通话了呀。

马列老太太

2008 年中国之声改版后，我迅速调整状态，适应了节目改革，在宁波这个地域狭小、新闻素材单一的地方，挖掘了一批深度报道，其中不乏批评报道。

广播的特点，就是只见声音不见人。因为批评得多了，又因为观点比较尖锐、语气比较犀利，很多听众以为我是个古板的马列老太太。有一次，地方上一位副市长在会议上突然愤怒说道："曹美丽是不是没结婚的老姑娘？"经常会有采访对象见了我说，听广播，我还以为你是个马列老太太呢。

还有一次，我曝光了一个部门的一个事。对方怒气冲冲来电话，一定要我去一趟，他们要当面解释、澄清。那天我穿了一条连衣裙，难得还穿了高跟鞋。当我踩着高跟鞋嗒嗒嗒走进对方办公室的时候，我看到办公室里伸长脖子等待的两位采访对象都惊呆了："啊，我还以为你起码是个五十岁的中年妇女呢。"

然而，岁月荏苒，斗转星移。经历了岁月的沉淀，如今我越来越觉得自己已经远不如年轻时的尖锐、犀利，只能感叹岁月是把杀猪刀。

和特警起冲突

从小我就是性格刚烈的姑娘，当了记者后，因为职业的属性，越发助长了我的这种性格。

2008年中国之声改革后，广播"快"的优势发挥得淋漓尽致。到现场去，成了驻地记者的常态。台风、倒楼、爆炸、火灾等事故，报道过无数次，印象最深的是一次倒楼现场跟特警的肢体冲突。

2014年4月4日早上，宁波有个县级市的居民区发生倒楼事故，我和同事杜金明第一时间抵达现场。中国之声开通了重点关注，随时插播连线。但我们被挡在了警戒线外，不让进现场，怎么能采到一手的音响？我发现警戒线里也有部分记者在，一些熟悉的市领导正在现场指挥。我当即向特警提出质疑。特警回答：领导同意我就让你进。于是我开始不停地打电话。有的领导不接电话，有的接通了说现场太吵听不清。终于，有一位领导的电话接通了，但特警依然表示要领导来接才行，并且出言不逊。

马上要连线了，进不了现场，怎么跟全国听众交代？什么也顾不上了，硬闯！我试图靠近警戒线，特警把我推了出来；我又一次靠近，他们毫不客气地把我架起来扔了出来；一次两次不行，再来第三次。我不顾一切一次次往前冲，一次次被推了出来，推了、扔了，还被特警指着鼻子大骂。终于，这边的骚动引起了场内领导的关注。有人走了过来，把我领进了现场。顿时，我泪如雨下，但一走近救援现场，立马投入了战斗，委屈已经顾不上了。

从现场回来后，我把这事告诉了我家先生。我大骂特警不是东西。我家先生听了更气愤，他说如果我在现场，我也不让你进，你们记者就是瞎捣乱。忘了说了，我家先生也是个警察。后来，我就落了个这样的名声：在外骂警察，回家骂老公。

后来我也在反思：我做错了吗？如果再遇到那样的情况，我是后退还是前进？答案依然是：前进。因为这是我的职责所在。

温暖的热水袋

恐怕没有一个职业能像记者这样，接触的面上至各级领导，下至街头小贩。多年的一线采访，时常为一些不公现象义愤填膺，但也经常被一些小细节触动柔软。有一个热水袋，至今依然温暖着我。

2014年2月5日，宁波市象山县一位好警察——徐祥青因病去世。这位好警察29年来自掏腰包照顾村里百位孤寡、残疾老人，被村民亲切地称为好人祥青。2月9日，是徐祥青出殡的日子。天下着鹅毛大雪，是宁波入冬以来最冷的一天。上千村民自发前来送行徐祥青。

我站在风雪中做现场报道，一只手拿着手机，另一只手拿着文稿，没有办法撑伞。在等待直播信号的时间里，雨雪交加，打在我头上、身上，我快冻僵了。这时候，一位大妈从我身边走过，她看见我什么也没说，只是把雨伞撑到了我头上。接着，她摸了一下我冻僵的手，又从她的棉衣里掏出热水袋，把热水袋贴在了我手边。我顿时感激得不知道该说什么好，唯有道出一句谢谢。大妈说：不用谢，你们记者很辛苦。就是这样一句话，让我百感交集。面对他们的信任，其实我们可以做得更多。

以上的这些小故事，都是在大浪淘沙之后，抹不去也忘不掉的记忆。酸也好，苦也罢，都证明了自己在该奋斗的时候奋斗过，该努力的时候努力过。如今，即将迈入不惑之年。在感叹自己的体力精力大不如前的时候，最大的收获就是年轻时奋斗过、拼搏过。正因为青春无悔，所以接下来的路才可以走得更稳当。

现在，在媒体融合的大背景下，广播迎来了最好的时代。作为广播人，为广播奉献了青春，接下来还要与时俱进，加强学习，努力为广播奉献下半生。

是夜未央

作者简介：李健飞，中央人民广播电台驻云南记者站副站长。

"夜行动物是一个特殊的群体，他们的眼睛犹如夜视镜，耳朵好比天线，所有的感官系统都在夜间工作……"《动物世界》有一期名为《暗夜猎手》的节目对记者来说是颇有代入感的。

黑夜里写这些黑夜的故事，指尖轻触，记忆就如月光从键盘的缝隙中透出来，映在文本间，那种感觉恬静、优雅。而就在此刻，却有更多同行如暗夜之狮，穿行于新闻的草原与丛林，那感觉又是激昂澎湃的。记者痛恨夜晚，又沉迷夜晚，因为几乎所有真相显露的过程都在这里变得纷繁拖沓，又总能挨到水落石出的天明。

是夜未央，最难忘那几个不眠之夜。

那一晚：只守了半桶水

2013 年春，云南大旱，百河断流，千塘干涸。那年 2 月 22 日，我一路向西赶到旱情严重的楚雄州元谋县，当天下午听说那里的山区"人畜都干得等不得了"，就继续往山上一个名叫金沙坪的傈僳族村民小组赶。因为四个多月滴水未降，山路被黄色面粉一样细微的尘土厚厚覆盖，车轮过处便遮天蔽日的仿佛遇着了黄风怪，所以一路只能慢慢"颠行"。

好不容易抵达村口已是晚上八点半，此时编辑部有关次日的报道安排也到了——新闻和报纸摘要、新闻纵横、新闻联播、晚高峰录音、重点关注连线……好大的"大套餐"啊！

我很兴奋，但麻烦事儿也如期而至。首先是全村九十多户傈僳族村民几乎没人会普通话（交流起来互相听不懂）。再就是即使有人可以沟通，这么晚了，到处关门闭户的我去采访谁？但我后来还是找到了一个曾经外出打过工的村民杞义龙，虽然他的语言表达不算好，但交流起来却没有障碍。

龙生水！杞义龙显然没沾"龙气"，只能按照村里的规矩抽签决定次序，到村子后山上唯一的"水源"处取水。那天刚好轮到他家，我当即决定和他一起去。

凌晨一点。陌生的脚步声惊醒了村里的狗，它们铆足了劲儿往后山叫。月亮熏红而消瘦得像是渴着了，又渴得睡不着。好一顿攀爬，我终于见着了传说中的"水源"——一处时断时续落着水滴的石眼。我问杞义龙水从何来？他也说不出。一只二十五升的塑料桶，任由水滴敲打着空洞的身体，那声音在空山中传得很远，给人雨打芭蕉或者雨落梧桐的美好错觉。但那错觉也没有持续太久——水滴消失了！

说时迟，那时快。杞义龙一个夸张的举动让我惊呆了！他拿起连接石洞的软管，用尽全力吸了三下。水滴又持续落下了，倒是比之前还要落得快一些，但他却因用力过猛而呛到了自己。这样的操作，上半夜他持续了好几次，而我也用采访机录下了这一切。下半夜，剪录音，写稿，口播，合成，发送。

一夜无眠。两个一夜无眠的人，一个收获了两篇旱区特写，一个守了半桶水——家人两天的生活用水。

湄公河：夜半"枪声"

2013 年 4 月 20 日，"湄公河惨案"主犯糯康等四人被执行死刑四十天后，第九次湄公河联合巡逻执法船队从云南西双版纳关累港出发。起航前，就有情报称糯康集团有残余武装可能会对执法船实施偷袭报复，这消息令随船的记者颇为紧张。群山、险滩、急弯，湄公河挑战了人与设备的极限。海事卫星电话需要随时根据河道折转调整方位搜索卫星。为了及时发稿，记者就只能在烈日下举着黑色的天线探出船舱，进入"找信号烧烤模式"。

大概到了下午三四点钟，执法船到了老挝和缅甸交界流域的"三颗石"附近——2011 年湄公河惨案中的中国船员遇害处。我望见两岸的黑树虬曲、怪石林立，连放晴的天都灰了下来，心中不禁生出几分寒意和暗淡。但紧张还是败给了疲惫，我竟然在舱中的小床上迷糊着了。

"噼啪——噼啪啪——"被惊醒时天已大黑，我便急吼吼往甲板上跑，往驾驶室里跑，问船长是不是遇到突袭了。船长只是平静地告诉我，船底触到河床里的沙石而已，注意警戒就是了，不用大惊小怪的！我这才舒了一口气。

次日清晨，一艘遇险的老挝渔船被我执法船成功救起，船主夫妇安然无恙。当我方执法队员为夫妇俩送上干衣服，修好渔船时，他们连声称谢。夫妇俩开动一家老小赖以生存的小船再次行驶在湄公河上，晨曦已把河面染成了玫瑰色、琥珀色和金色，而依着起伏的山峦，他们的小船越划越远……

龙头山：帐篷英雄

2014 年 8 月 18 日，云南鲁甸地震发生后的第十五天。零点，震中龙头山，一顶救灾帐篷里场面很是火爆。贵州站的陈屹和青海站的葛修远(都是赶来支援前方报道的)因为一篇报摘稿的写法发生了激烈的"交锋"。一位表示"各种不服",另一位表示"专治各种不服",这种状态持续了近半小时,最终以一篇大家都满意的稿件落下句点。

轮到我执笔的一篇内参稿接受两位检阅的时候了。一位说重点不突出,另一位则说结构不清晰,这大晚上的,他俩简直质疑到我开始"怀疑人生"。谁让咱在一个帐篷里呢!接受批判呗!这样一来,三人又开始一起逐字逐句地改,最终稿子由一千来字减到了五百来字,这才有了大家都满意的版本。

两稿定下来时已经是凌晨三点半,此时仍有余震从地底发出"呼隆隆"的声响。雨也还在下,隔壁帐篷里的志愿者打电话时依然如泣如诉,瘆人!葛修远不知从哪里找来一盒梅林牌午餐肉罐头,就着安置供餐点一处长燃的蜂窝煤炉把它烤得油香四溢、通体焦黄,然后拿把小刀匀称切了,分了。三人如饿虎扑食,舔脸舔嘴的再也寻不到更多一盒,只求梦里再遇这样的美味。

那一夜,三国英雄,听雨辩论,帐篷烤肉,香!

是夜未央!写稿时就突然想起了那些事——这两年云南旱情缓解了不少,傈僳族村民杞义龙大概不会还像那样夜里去守水了吧。但来年会怎样,如遇大旱,当地还会那么渴么?有机会,再去看一看吧。而"水生金",那条中、老、缅、泰、柬等沿岸多国民众赖以"讨生活"的黄金航道白昼黑夜都一样安全了吧,友谊的小船不能说翻就翻了吧?那些帐篷里"同居"过的兄弟,你们又在哪个新闻现场熬夜呢?啥时候咱再一起去龙头山,尝尝"大青袍"花椒的味道。记住了,梅林罐头管够!

声音里的青春

作者简介：许新霞，中央人民广播电台驻宁夏记者站高级记者。

做记者，对我来说似是某种冥冥中注定的缘分；而做广播记者，于我而言则形同"先结婚后恋爱"，在平淡中逐渐体味幸福和悠长。

记得大约在小学四年级时，语文老师布置了一篇命题作文《我的理想》。那个年代、那个年龄，许多孩子都写下了科学家、教师、医生等司空见惯的职业理想，可我却写下了当一名记者的理想。当时的我之所以这么写并非多么崇敬这个职业，顶多只是知道这个职业是个需要"握笔杆、写东西"的职业，而少年的我正处在特别喜欢看小说，自己也常常涂涂画画、乱写一气的年龄，再加上不想雷同于他人，追求标新立异，懵懂中就写了这样的一篇作文。

十多年后，大学读了英语教育，眼看与记者渐行渐远，但心中并无遗憾，因为那本就是信手拈来，并不当真。可命运真是出其不意，毕业后，机缘巧合，我竟然走进了宁夏人民广播电台新闻中心，茫然中，我不止一遍地回想起小学时信手写下的那篇作文，总觉得这是命运对我的垂青，是和记者与生俱来的缘分，必须珍惜，方能不妄少年心。

2005年底，命运再次青睐于我——经过在省台7年的业务历练，我通过公开招考，有幸走进了中央人民广播电台的大门，成为这里的一员。从此，我站在了中国广播最高的平台上，聆听并传播中国最权威、最动听的声音。

居高声自远，非是藉秋风。仿佛在不经意间，屈指一算，我竟然已经走过了18年的广播生涯。这其中，有不被认同的彷徨，有写的报道为维护群众利益做出贡献时的激动，更有难以忘却的记忆。这其中，我更愿意将那些留在心底里的感动撷取几个片段与大家分享，也顺便致一下我那即将逝去的青春。

2007年3月25日，是我职业生涯中值得记忆的日子。那一天，我作为央广大型现场报道"穿越三北风沙源"报道组成员，在刚满两岁的女儿的哭泣声中，从银川出发，开始了难忘的"追沙路"。这次采访历时20多天，行程26000多公里，穿越了乌兰布和、巴丹吉林、塔克拉玛干、腾格里等沙漠。一些事、一些人、一些地方注定将永远烙刻在脑海中。

在新疆最南端的策勒县采访，我看到了这个曾经因为风沙的侵袭而不得不三易其址的县城的坚韧。干燥、灼热的沙漠似乎要吸干身上、脸上所有的水分，一会儿时间，嗓子就要冒烟，平日不大喝水的我一口气就是一瓶水，还总觉得缺水。一位名叫再娜浦汗的80岁的维吾尔族老太太竟赤足走在沙砾、柴草，甚至毒虫遍布的沙地里。面对风沙雕刻在老人脸上的痛苦的皱纹，面对她已经混浊的眼神里透出的别无选择的坚定，我那颗反复被宁夏西海固地区贫困群众艰苦生活历练过的心竟被刺得生疼。采访过的每一个策勒人都未曾埋怨过生活的困苦，而是用笑脸憧憬着栽植在沙漠里的每一棵生命的收获。绿树环绕、不再搬迁是他们最大的企愿。

在穿越塔克拉玛干沙漠522公里的沙漠公路时，寂寞的守路人用铁丝连通天线，接通收音机，收听中央人民广播电台《中国之声》的场景令人感动，在这个连见到一只老鼠都倍感亲切的地方，这些默默守望的人珍视每一个生命的存在，渴望听到、看到外面的世界。

新疆建设兵团农二师 34 团位于"风头水尾"，也就是塔里木河最末梢，塔克拉玛干沙漠最前沿。风多水少是这里的最大特征。我们的采访车走过的地方，毫不夸张地讲都会形成土雾，车轮扬起的沙土就像沙浪一样"扑、扑"地落满车窗，颠簸中形成一个个的土帘。

就是这样一个地方，20 世纪五六十年代进疆部队和一些援疆人员所组成的建设兵团却创下了连续三年皮棉单产高达近 180 公斤，世界第一的水平。第一次见识万亩棉田，精准作业的覆膜棉田就像银色的项链一样。而每一粒种子都是依靠一滴一滴的水来供给水分，包括他们人工培育的胡杨树苗，其他沙生植物都是采用滴灌技术。看着一滴一滴的清水滴到沙土里瞬间就消失的情境，那种发自内心地对生命的感动烙在了心中。

当记者最大的好处，就是能够时刻在采访过程中受到教育，包括对生命的敬畏，对生活的珍惜，对人性的正视。

2012 年春，记者中心推出一组报道《百姓故事》，我采访了一位叫朴凤歌的老师和她的女儿元元。这次采访留给我的感动至今难以忘怀。

朴凤歌是一位来自东北的朝鲜族教师，20 世纪 70 年代来到宁夏。不幸的是，朴凤歌结婚不到两年丈夫突患白血病，离开人世。随后，帮她照料病人的母亲也突患脑溢血去世。更残酷的是，还没有擦干眼泪的朴凤歌发现未满周岁的女儿元元因为黄疸中毒，全身除了脖子以上部分能够自由活动，四肢呈 S 型反转，连自己翻身都是困难。那年，朴凤歌 27 岁。

30 多年来，朴凤歌奔跑在一条连接着校园与家的 400 米的煤渣路上，课间一溜小跑无数次地往返在家与学校之间，抱女儿上厕所、翻身，课堂上悉心教学，深受学生爱戴。让我想不到的是，一推开朴老师的家门，她的女儿元元就笑着向我们问好。

她趴在床上用嘴叼着筷子操作电脑键盘，她生存的艰难不是亲眼所见无法体会：由于双手无法动弹，她看过的书因为长期用嘴翻页，都被浸湿成厚厚一本，为了练习用嘴咬着筷子打字，被她咬坏的筷子放了一大把，筷子把她的嘴也扎得尽是血泡。然而，面对如此艰难的人生境遇，元元和妈妈朴凤歌一样乐观向上。尽管终日卧床，但元元的衣服、裤子都是洁净的粉色。她说，因为粉色代表着温暖，这个世界许多人给了她太多的温暖，所以她最喜欢这个颜色。由于中枢神经受损的原因，元元说话咬字都不是很清楚。然而，她说的每一个字都撞得我的心发痛，我不想让元元看到我眼里的泪水。可又实在忍不住一次次地眼圈发湿，整个采访过程泪水干了又湿、湿了又干。

作为一名记者，采访人物常常会因为找不到感人的细节而苦恼，但这次采访却因为太感动而无从下笔。采访结束的当晚，我躺在床上，辗转反侧，脑海中都是朴凤歌老师和元元面对苦难生活，依然绽放的笑容。在经过几天时间的苦苦思索、几易其稿后，终于成形。并在2012年5月13日——母亲节这个特殊的日子，通过中国之声《新闻和报纸摘要》《新闻纵横》穿越时空。

朴老师东北老家的同学听到了、家在北京的舅舅听到了，还有无数的听众听到了。认识的给朴老师打电话转达问候；不认识的唏嘘不已。一位北京空军部队的老首长在晨练时听到了这档节目，深受感动，当天就给驻扎在银川的空军部队打电话，委托部队领导代表他慰问和看望朴老师和元元。民族中心朝语部的同事知道了在遥远的西北宁夏有这样一位值得尊敬的朝鲜族老师后，当年6月初专程来宁夏采访报道。

节目播出后，朴老师和元元在与记者交流的QQ空间里，一再地表示感谢记者、感谢央广。其实，她们不知道：她们笑对苦难、感恩生活的态度给我的人生上了怎样深刻的一课？我们身体健康，却常对生活中的点滴不如意抱怨不休。我们常挑生活的"刺"，却很少念及那些赠予我们玫瑰的人和事……

18年的记者生涯，值得记忆的太多太多，难以一一赘述。总之，感恩记者这样一个特殊的职业，感恩央广，让我有机会拿着话筒走四方，让我的足迹与声音不再拘囿于个体。让我有幸接触到生活中那些幸或是不幸的人们。正是他们警醒着我：唯有怀揣一颗感恩的心，才能感受到生命的温度和厚度。正如有位作家曾说过，"如果不是远行，怎么会了解远方的每一个陌生而绚丽的生命轨迹呢？"我用手中的录音机、照相机、纸笔，用心记录着脚下的土地，把每一个生命的吟唱和颜色都存入了生活的备忘录，这些都足以令我的人生变得立体起来，从不同的角度感受生命的亮度和温度，珍惜所拥有的梦想与现实同行的幸福。

在不断行进中，不知不觉，我竟已步入不惑之年，其实生活中的"惑"还是多之又多，唯一不惑的想必就是未来人生的路依旧会在央广的大家庭里，与广播为伴，与声音同行，这是我从青春年少走向成熟、走向未来不变的选择……

那些一起"混帐"的日子

不知不觉，在央广工作的日子即将迈入第十个年头。

"浑浑噩噩"的日子过久了，突然遭到约稿人的"当头棒喝"，再拿放大镜在脑海中仔细找找，发现十年来储蓄还是有的：一个个身影，或柔弱或健壮，但始终能给我以力量和方向。他们中，有我的领导，有我的同事，也有我的采访对象。正是

作者简介：张磊，中央人民广播电台驻甘肃记者站记者。

这一个个身影，让我觉得不至于真的虚度了光阴。

当然，若要将他们的身影全部还原出来，几天几夜也讲不完。不如做一回"标题党"，谈谈那些一起"混帐"（别想歪了，是帐篷的"帐"）的日子。

19 号帐篷

汶川地震发生时，我正在中国之声编辑部学习。从数千公里之外传来的地震波撼动了央广大楼，所有人立刻动起来，大家纷纷通过各种渠道确认消息，当得知"震中在四川汶川"时，楼上楼下说得最多的一个字就是"快"：快速打通直播，快速派出采访力量，快速联系救援各

方……每个人都行色匆匆。

我的第一个电话打给了孟永辉站长，电话那头，他急匆匆地告诉我："兰州问题不大，陇南已经联系不上了，我们作为第一梯队准备出发，你随时待命。"随后，未挂断的电话里传来了他的催促声："快，快，快!"

接下来的几天，我被安排在导播间帮忙，每当前方同事喘着粗气讲述前往震中的艰辛时，我们也替他们捏着一把汗；当他们强忍着悲痛用沙哑的声音描述现场的惨烈时，我们也湿了眼眶；当成功救援的欢呼声和掌声从前方传来时，我们相拥庆祝、热泪盈眶。

"寻亲纸条"是汶川紧急救援节目的重点板块，当灾区的人们经历了巨大的恐惧和悲伤后，寻找失散的亲朋成为他们坚持下去的动力。当一个个陌生的名字被记录下来，通过电波传送出去的刹那，我心里默念最多的是"但愿，但愿能赶快找到。"

那时，导播间的电话几乎没有断过。许多人打进电话说着说着就泣不成声："求求你，一定要播出去啊，我们现在最大的希望就是你们央广了……"

同样信赖央广的还有灾区的党委和政府。六天后，我作为第二梯队赶赴甘肃灾区，地震初期人们那种慌乱和迷茫已不多见，但时不时从脚下像一条蛇游过去的余震提醒着所有人：这里并不安全。但与第一梯队的境遇相比，我们的采访条件已经好了很多。

我的帐篷编号是"19"，十平方米左右的空间摆了六张床，除了我之外，还有县委宣传部的几位同志。"这是给你特意留的。"一见面，时任文县县委宣传部副部长的张怀碧对我说："因为你们央广能把这里的情况快速反映出去!"

从他们口中我才知道，地震发生时，文县与外界的联系基本中断，当他们通过收音机听到中国之声"汶川紧急救援"的直播，曾试图给直播间打电话反映灾情，却一直没能成功，直到站长带领采访组到达后，文县的灾情才通过央广的节目被外界知晓。

"萝卜吃人"与他的方便面味咖啡

"萝卜吃人"是谐音，正确的叫法应该是"罗布次仁"。找度娘问了问，"罗布"是"宝贝"的意思，"次仁"则是"长寿"，合起来，就是"长寿的宝贝"。可不管听多少遍，只要他自己在稿件或连线里说"我是央广驻西藏记者罗布次仁"时，我还是会下意识地笑出来——尽管他的普通话还凑合。

2010年4月14日，在北京参加驻地记者培训，又一场地震降临到了青海省玉树州。当时，我正和罗布次仁在台内培训，接到"迅速赶赴玉树"的命令后，我们立即出发。

到西宁后接到第一个任务：押送后勤保障物资去灾区。此时，央广的精兵强将正在不断赶往，如果后勤补给跟不上，势必影响战斗力。为让前方记者不被后勤所累，在青海站凌晨站长的带领下紧急采购物资，装满了两辆小面包车。临出发前，凌晨站长还特意把家中的碗筷给我们带上并嘱咐："到了灾区，如果有条件，让大家能吃一口热饭。"西宁到玉树，八百多公里的路程，我们走了17个小时。

负责是我对罗布的第一印象。这一路，罗布几乎没有合眼。他说："没事，你多休息，去了还要干活，我们西藏来的没啥反应，多陪司机聊聊天，安全一些。"

细心是我对罗布的第二印象。或许此刻已有人笑出来了，要是罗布看到这里，恐怕以为我要故意编派他。但罗布的细心是事实。那时，每天采访需要徒步十几公里甚至几十公里。为了轻装上阵，第一天，我只装了几块巧克力。没想到，下午两点多，已经饿得走不动了。看着罗布变戏法似的从兜里掏出饼子、蛋黄派和两瓶矿泉水，他说，以前在西藏采访，有时候一整天都在无人区，如果不随身多带点吃的，肯定会受罪。

夜晚的玉树温差很大，穿着羽绒服钻进睡袋还是冷得打哆嗦。帐篷底下的地面不平，稍遇下雨就积水，即便有气垫床隔着，潮气还是不停往上涌。细心的罗布看见我翻来覆去睡不踏实，第二天就在我的垫子下铺了层厚厚的纸板。边铺边念叨："哎呀，如果再有一层塑料布，那防潮效果会更好。"

乐观是罗布在玉树教会我的最大技能。天天吃方便面、啃饼子，一闻见那个味道就开始反胃。尤其是外出一天后回到驻地，一掀开帐篷门帘，浓浓的脚臭味夹杂着方便面的味道扑面而来（玉树晚上气温跌至零下，别说洗脚，连袜子都不想脱，那种酸爽，或许只有坐过长途绿皮车的人才能理解）。可就在这种情况下，罗布依然对方便面"乐此不疲"，就着饼子边吃边喊我："来杯咖啡！"看见我愣在当地，他大笑："就是矿泉水啦，你难道没发现，吃完方便面再喝一口矿泉水，有一种咖啡的味道？"

有时候采访回来，我躺在地上连张嘴的力气都没有，可罗布的精力却旺盛得出奇，一边剪着录音，一边讲在西藏遇到的奇闻趣事，尤其是他口中的贵族生活和漂亮的大房子，常让我们这些没见过世面的人惊叹不已。在撤出玉树时，他应承我："早点来西藏哈，一定带你看看我家的大房子，看看贵族是怎么生活的！"

可惜，直到现在还未能成行。

柔弱与她们无关

刘黎黎，腼腆，这是入台培训那会儿所有男同胞对她的评价。身材柔弱不提，说话也是柔声细气。

玉树地震当天中午，在台里碰到她，得知我要去玉树，她指着我单薄的衣服说："这样去灾区怎么行？等着，我回家给你找件暖和的衣服。"说完拔腿就走。下午，她把一件厚厚的衣服交给我，轻描淡写地说："你先走，我也要去！"当时，我的第一个念头是："这身体，行吗？"

当我和罗布进入玉树，快到军分区时，一个熟悉的身影映入眼帘——"嗨，你们来啦！"她挥着手向我喊。后来才知道，与我讲述的"混帐"相比，他们落实得更为彻底：没有床，褥子直接铺地上，七八个人挤在一起，不分男女。天冷，写稿还得穿着羽绒服，披着冲锋衣，坐在被子里。神奇的是，在这样的条件下，她竟然没有高原反应！

之后采访的路上偶尔遇见她，也是一个人，从玉树灰尘漫天的大街上走来，拍拍身上的土，从兜里掏出半块饼子，狼吞虎咽咬几口，再一仰脖，灌下去半瓶矿泉水。那么柔弱，却那么强大。用罗布次仁的话总结，就是彪悍。

同样彪悍的还有王娴。舟曲泥石流发生时，她和刘黎黎一起到了灾区。说实话，派女记者进灾区，我有些嘀咕：灾区条件艰苦，拿住宿来说，我们第一天进入时，几乎所有记者都无处可睡，几经周折，才在县政协副主席的办公室凑合了一夜，包括站长在内的好多同行则直接睡在了新闻发布会现场的会议桌上。这种条件下，台里来的女记者受得了么？

可王娴她们，用实际行动颠覆了我的认知——经过站长多方协调，一家旅馆为央广报道组提供了两间客房，而这家旅馆，没电没水，紧挨着泥石流发生时的三眼峪。毫不夸张地讲，她们与死亡为邻。当王娴从我半开玩笑的口吻中得知这一消息时，笑着来了一句："有地方睡就已经不错啦！"

第二天见到王娴，在罗家峪沟口。这个瘦弱的女孩，站在泥浆里丝毫不以为意，举着话筒认真地采访着，表情凝重而又真诚。接下来的几天，我也从未听过她叫苦叫累，甚至连一个抱怨的表情都没有。直到当年12月底，她重返舟曲采访，才告诉我："好多感动人的新闻线索没能深挖下去，要抱怨，只能抱怨我自己。"

后来我听说过一句被改编的诗："一入特报深似海，从此柔弱是路人"。这，大概是对她们最好的赞美了吧。

后记：刘黎黎说："每年新年，我都有一个固定的新年愿望——天下太平。不过，愿望之所以称为愿望，多数时候都实现不了，每年总会有几次突发事件打破日常的平静。"

一场场灾难让人民群众的生命财产遭受重大损失，但也让"第一时间、第一现场、第一手报道"成为央广每个同事的座右铭，更成为驻地记者站"守土有责"的铁律。

庆幸的是，我能和你们一起，有机会参与其中，亲眼见证广播事业化茧成蝶的历程；更庆幸的是，从你们的身上，我学到了种种优良的品格，让我不至于真的"浑浑噩噩"虚度人生。我自豪，我是央广人！

我的太阳

受"广播年华"邀约，心情有些忐忑。之前看过的"广播年华"出自德高望重的前辈、年轻有为的才俊。他们是我的荣光、我的骄傲。

我真的不知道，我有什么能讲给大家听。

闭上眼睛，慢慢感受 13 年的广播时光，在多变、跳动的意识波里，发现了一条有温度、相对恒定的波线。对，那些温暖是我生命的补给、是我的太阳。

作者简介：德庆白珍，中央人民广播电台驻西藏记者站记者。

因为工作的原因，我曾两次住在办公室，每次都是七天。第一次是 2008 年，因为拉萨发生打砸抢烧事件，我以站为家。办公室窗外，有关人员还在彻夜清理破坏分子，而我的内心充满恐惧。老站长旺堆和副站长索朗达杰的家其实就在单位院子里，从办公室向西走几十步就到了。可他俩知道我害怕，也在各自的办公室住了 7 个晚上。另一次是 2015 年，尼泊尔地震波及西藏多县，曾晓东站长带上青年小伙普布次仁去了一线，把我和罗布次仁留在了站里。为了保证第二天《新闻纵横》《报摘》《央广新闻》的直播……我们晚上睡一两个小时、白天也顾不上吃饭，索朗副站长打包饭菜给我们拎来，叫我们趁热吃。我什么也没说，但都留在了心里，这是一个给我太阳般温暖的集体。

2008 年，幸运降临在我的身上，我被选为火炬手，参加拉萨火炬传递。那天早上，天空一会儿放晴、一会儿又落下细雨。可在我奔跑的 60 米间，却无限晴朗。在温暖的阳光下，我看见街边群众手中的小旗随着挥动的臂膀飞舞着，助威也祝福。当时李谦找到我，要我做一条连线采访，我激动得有些语无伦次，这段音频现在还能在网上找到。

刚参加工作的第二年，台里举办了一次记者口播培训班，由铁城老师和方明老师给我们做辅导，我被分在了铁城老师的班上。记得结业时得了口播第一的成绩，我乐呵呵地想，我也成了铁城老师的弟子。六年后，央广迎来了 70 周岁的生日，台里安排我作为年轻记者的代表在会上发言。当时的心情，像今天受到"广播年华"邀约一样，也很忐忑。我在想，何德何能做这发言？这么一想，就紧张起来。就在不知所措时，铁城老师缓缓地来到会场，坐在我身旁。原来他要作为老广播工作者的代表上台发言。这是怎样一种缘分让我和我的导师如此遇见，于是紧张的心情得以平复。铁城老师在台上讲央广人的优秀传统，我说我们年轻一代的砥砺传承。不知道那天音乐厅外是晴是雨，但我的心早已被温暖融化。

在我国第十个记者节后，记协约我写了个感受。我当时写过，在西藏采访总有异于内地的困难和挑战，其中不少来自自然环境的恶劣和基础设施的落后。可不是么？2014 年 8 月，我们去采访"难忘中国之声·难忘中国人"——普琼，他是西藏日喀则市仲巴县仁多乡小学的校长。从拉萨出发走了将近 1000 公里才到仲巴县，仁多乡可是仲巴县离县城最远的一个乡。我们不断向西北走，走着走着最终在一个路口迷失，我们往仁多乡相返的方向走了百来公里。在弹尽粮绝之时，发现了一家盐湖采矿公司，好心人家给我们的车加了油，把我们送出 20 里外，指着远处的一座山说："翻过那山口，就走上了去仁多的路。"那时，我看见一抹残阳挣扎在山口不肯离去。

到了仁多乡已是深夜，乡里没有供电。我们只好秉着蜡烛采访普琼。突然一阵耳鸣后，我的后脑勺剧烈疼痛，身体用这样的反应告诉我：这里海拔 4700 米，不要以为土生土长就可以为所欲为。可是，普琼却在这样遥远的边疆草场、艰苦的高原牧区，守护了一批又一批草原孩子，授予他们知识，这是一份多么伟大的坚守。2016 年，"难忘中国人"要评选五年来的全国十佳。栏目编辑彭玉冰老师打来电话，专门问起普琼校长。她说："先报名吧，即使选不上十佳，也能争取五十佳参与展播。"一股熟悉的暖流涌上心头。

2016 年 8 月，我和罗布次仁一起去阿里，原本是要采访象泉河的治理情况。在那里，得到了一个线索，扎达县有一个叫底雅的边境乡存在一个地质隐患。罗布次仁是站里的内参骨干，他敏锐地判断事态，要我和他一同去现场采访。260 公里的盘山土路，我们的陆地巡洋舰整整走了一天。那些在山石上凿出来的路，沿着山体弯曲、伸展。不知何时失足的一辆大车在半山腰被一块外凸的岩体托举在半空，无人问津。停车休息的间隙，带路的副县长关切地问我："没有晕车吧?"我微笑着摇摇头，请他不要担心。他可能不知道，我们在基层采访走过很多这样的盘山土路，久经考验。

底雅乡夹在两山之间，后面的山体上有一条大裂缝，这个裂开的危岩体正俯视着底雅。看到这情景，来时那些险峻、蜿蜒、令人眩晕的路又算得了什么。几周后的一天，罗布次仁告诉我，底雅的情况得到了中央批示，西藏自治区政府已将隐患区域的群众搬迁至临时安置点，正在着手处理灾害隐患。那天，阳光明媚。

看完之前各位前辈和老师们的"广播年华"，我对陈俊杰老师的"王家岭的'逃兵'"有特别的印象，那是他从业以来一次刻骨铭心的失误。我本想利用这次机会，好好剖析一下自己，说说采访时碰过的壁，写写被编辑说哭的泪。但当我真要去触碰的时候，却发现握不住、抓不实。原来它们早已幻化成影成风，不得触及。

当了妈妈后，我的记忆力变得特别差，甚至有些抑郁。不是有人笑称"一孕傻三年"么？怎么都五年了，我还没有聪明回来？但这次我发现，我记不住的只是曾经的"伤痛"，而那些温暖的瞬间却不曾忘记。这些瞬间就像此时拉萨上空的太阳，在高原寒冷的初冬，温暖地照耀我身上的每一个细胞、每一根神经，不给他们丝毫僵冻的机会。

听到自己的心跳

你听到过自己的心跳吗？

在什么时候？

紧张、激动、害怕、运动过度或彻夜难眠时……

在我的记者生活中，竟然，都经历了。

如果播出的新闻是 A 面，今天我更想说说新闻背后的 B 面，向前辈汇报，和同辈共勉。

作者简介：白宇，中央人民广播电台中国之声早间节目部审稿人。

和中国之声的马拉松式恋爱

2008 年 5 月 4 日，三亚，两个陌生的面孔融入了一支庞大的队伍——北京奥运会火炬接力团队。他（她）们的身份是中央人民广播电台记者，接下来的时间，他（她）们将全程跟随奥运圣火，为奥组委制作官方信号，为中国之声和全国奥运广播联盟提供直播连线和录音报道。

说陌生，是因为他（她）们既不熟悉火炬团队的人，也不熟悉中国之声的人，甚至他（她）们俩互相之间都来不及熟悉。直到 8 月 8 日奥运会开幕，他（她）们才重新回到北京。据说那也是央广历史上第一次把记者的名字制成条幅挂上楼顶，上面写着"欢迎白宇、李谦凯旋"。

103 天的时间，我和李谦以蛙跳行进的方式走遍了 31 个省、自治区、直辖市的 106 座传递城市，为中国之声等多个频率和全国奥运广播联盟提供直播连线超过 1800 条。为了能在火炬传递行进中完成对火炬手的直播连线采访，我们选择了"徒步奔袭 + 追车队"的方式。要奔袭是因为一旦直播采访没能及时结束而被车队落下，就必须以超过车队的相对速度徒步狂奔，不然只能被越落越远。那时最害怕的是眼看着车队已经远去，可直播间还在放着广告，导播说"再等 1 分钟"，于是就有了绍兴 6 公里的狂奔、敦煌沙漠中 2800 米的狂奔、北京前门到天坛祈年殿的狂奔……

那是畅快淋漓奔跑的 103 天，伴着满眼的热情与欢呼，听着自己的心跳。有人说，那一年，我们用双脚跑遍了整个中国。其实那一年，李谦的短发是可以迎风飘起的，我的体重是可以降到 97 斤的。那一年，来自都市之声的李谦、来自央广网的我和中国之声谈了一场轰轰烈烈的恋爱。

关于调查报道

2009 年，我调入中国之声特别报道部，记得当时的暗访设备还是"MD+ 有线麦克风"，采访的时候得把 MD 藏到里面衣服的兜里，连接线从袖口顺出去，麦克风藏在半攥着的拳头里（攥严实了就没声了），时不时还得找个背人的地方（比如厕所的小隔间儿）把 MD 翻个面，万一翻晚了，停机的响动能把自己惊出一身冷汗，所以我只能不断地祈祷，但第一次总会来到。

那次是跟着陈秉科老师去的，他的睿智让我望尘莫及，特别是如何辨别周围人员身份的绝活让我受益匪浅。尽管如此，当天晚上我还是发烧了，秉科说是天气太冷了，可我总觉得和自己受到的惊吓有关。当时我就想，这些干了 5 年甚至是 10 年的前辈究竟是怎么熬过来的。

本以为有了一个糟糕的开始，后面就会越来越好，没想到，考验和挑战永远在下一次。

2009年，我带了一个大二的女实习生到 S 省 Y 县调查《官员暗中参股 被省政府勒令关闭的多座煤矿依旧照常生产》。采访中，我们一会儿假扮买煤人走进站满打手的煤矿谈价钱，一会儿假扮投资人和多家煤矿老板们谈生意，最终获取了当地官员暗中参股煤矿的"花名册"并以"同册中人"的身份让他们亲口交代了动辄数千万元的参股金额。

但在暗访煤矿的过程中，我们遭遇了两辆吉普车的跟踪夹击和大量不明身份人员的围追堵截。当时的策略是，有路的地方一定跑不过吉普，索性往没有路的山里跑，一边跑一边寻找藏身之处，最后躲进了一户饱受煤矿惊扰的老乡家的厨房里，关上门，听外面的动静，老乡帮着放哨（当时最害怕的就是手里大量证据材料和音视频采访素材被这帮家伙抢走，那是我近两周实地调查采访的心血啊！），后来放哨的老乡说，山脚下的吉普车走了，可女实习生却一再要求过会儿再走，理由是："白老师，可能刚才跑太快了，我的腿有点软。"

那是一篇约14分钟长度的报道，县委书记那句"你们央广的记者管得也太多了"一度成为当年的网络流行语，相关报道获得中央领导同志批示，官商勾结的盖子被揭开，相关人员受到处理。两年后，当地村民拿到了因煤矿违规开采导致山体裂缝塌陷、地下水枯竭、粮田被毁的经济补偿。

后来还有几次能听到自己心跳的时候。比如在 H 省省会 H 市，调查《被遗忘的村庄》时和当地一市、一区、两县所有相关部门的数十名负责人面对面质证；在 N 自治区调查某大型国际运动会场馆坍塌事件时以涉嫌危害公共安全的名义被当地警方限制人身自由；调查 H 省 D 市上访女劳教结束后仍被限制人身自由时手机莫名失灵、与外界联络中断、连夜雇三轮车穿越100公里"林海雪原"寻找安全落脚点；在西南边境 Q 市调查《警方被指雇人缉私 5人因车祸死亡》时打入走私团伙内部获取当地公安机关违法违规的证据材料、被人怀疑盯梢等等。采访中，每一个身份、每一句话都要精心设计，越是接近核心人物、核心证据，越是小心翼翼，平静的外表下是内心的紧张与期待，而当整个事件水落石出时，内心巨大的压力、焦躁、不安瞬间化作不动声色的狂喜。只是这样的狂喜往往无人分享。年复一年，压力、焦躁、不安、紧张、期待、狂喜往复循环。

其实，广播调查记者大多数时候都是单人独马赶赴战场，所以这个群体很孤独，他们在采访中说的话往往都是不想说的，等回到酒店中想说话的时候却找不到人说，为了不让家里人担心，也不便和他们多说，采访结束后又要投入到下一轮的战斗。甚至在调查采访过程中，都要拿出相当的精力处理此前采访的后续追踪和后续选题的前期准备。

突发事件

舟曲

抵达舟曲县城已是晚上 10 点左右，此时，央广前方指挥部和我的距离仅隔着一条泥石流。从泥石流冲刷带上走过去是我唯一的选择，可那天偏偏找不到随身携带的手电筒了，而且走了一路也没能借到。临近冲刷带的时候隐隐约约看到几个人影和红色的小亮点，走近了，原来是四个背对公路蹲在田埂上的人在抽烟，我凑过去一起蹲着，先跟他们套套近乎，然后跟他们借手电筒，但他们真没有。

期间，我很好奇地问他们为什么大半夜地在这儿蹲着，他们说，在看尸体，我问他们尸体在哪儿、有多少？他们说，眼前就是，大约有40 多具……后来很幸运，遇到了一队送方便面的志愿者，然后就是技术活儿了，踩准地方，别陷进一两层楼深的泥里。

后来，中国之声成为唯一一家见证并全程连线直播被泥石流掩埋60 小时的幸存者从被成功救出到被送进医院抢救的媒体。我也窃喜于自己成为唯一一名参与救援、随医生登上救护车、最终进入医院抢救室的记者。医生的急救现场、幸存者的第一声咳嗽等大量典型音响被独家收录播出。

雅安

被直升机空投到震中龙门镇的一处开阔地，这里距受灾最严重的宝盛乡约4公里，左边是陡峭的山崖，右边是湍急的河水，65升容量的背包被生存装备、采访设备塞得满满的。半人高的大石块比比皆是，只记得要不停地跑，细砂碎石不断从山上滚落，耳边的刷刷声就没有停过。当时就感觉眼睛不够用，抬头观察山上的滚石就没法低头观察脚下的障碍，后来，我被一根横在乱石中的树干绊倒了，领路的老乡把我搀起来，摘下我的背包背在自己身上，催促我："继续跑，别停下！"

晚上7点多，地震发生后11个小时，我抵达了震中受灾最严重的宝盛乡，也是所有媒体中第一个抵达这里的记者。晚上写稿子的间隙我挠了一下头发，竟然满指甲盖都是黑色的细砂……

很快，天又亮了，为了把录音报道传回北京，我必须跑出山坳，找到网。而明明知道来时的路有多险，但还要再来一回才是对心理极限的挑战。当然，有了第二次，就轻松迎来了第三次，第四次。

这条路是芦山救援的生命线和供给线，大型机械可以清理掉一人来高的石块，但在临近宝盛乡的一座古桥桥面上，还有两块约4米高的巨石必须通过定向爆破的方式移除，这两块巨石也成为打通芦山救援通道的最后障碍，但石块上面是高压线，下面是桥面，填埋多少炸药需要精准计算，少一点，石头碎不了，多一点，桥面毁了，本来有望打通的生命通道将前功尽弃……

因为到得早，所以和各方的沟通都保持得很好，这为接下来的直播爆破提供了非常大的帮助，登上指挥车、寻找离现场最近的安全直播点，和最后发布命令的指挥员协调爆破程序与直播方案，设计如何让救援部队对讲系统外放口令通过手机拾音传回中国之声直播间，在随后长达 16 分钟的直播连线中，现场讲述、背景介绍、指挥员访谈、各岗位沟通、指挥命令、倒计时、爆破，一气呵成……

第三天晚上，我终于有时间认真了解一下可能受伤的右腿（第一次进入宝盛乡时摔倒在乱石堆上挂的小彩，当时并不知道已经摔破了），当时隔着裤子能看到迎面骨上微微肿起的鼓包，但裤腿儿已经撩不起来了，我只记得伤口已经结痂，并把皮肤、秋裤和腿毛紧紧地粘在了一起……好疼啊！

鲁甸

这是从震中龙头山镇通往受灾最严重的八宝村的路，镜头拍不到的下方是湍急的河水。那天我随部队去转移一具遇难者的遗体，之所以选择单兵通过，是为了避免余震发生时把所有人都一锅闷在里面。为了记录最真实的现场，我跟随着开路的战士第三个通过，本应沿着战士用铁镐一个一个刨出来放脚的小坑前行，可我当时偏偏迈错了一只脚，左脚过去了，但抬起右脚时却发现，我的右脚脚掌的宽度已经超过了左腿到山壁之间的距离……

走过了这段路就到了停放尸体的地方。战士们决定用铁镐从滑坡的两头相向开路，而我决定：决不再跟着他们往回走！战士们走后，留下我一个人好安静，头上不远的地方是遇难者的遗体，脚下是一块 A3 纸大小的地方，边上的山体到处都是裂缝，余震一个劲儿地发生，我甚至想到了如果来次大的，上面的尸体会不会砸到我的头顶……这是这么多年来我所经历的最漫长的等待。整整 40 分钟，我一遍一遍地吓唬着自己，直到再次看到战士们的身影。

这些年一直有人跟我说："记者里头不缺你一个，但家里没了你就什么都没了！干吗非得那么拼呢？"可是你们知道吗？每一个重大突发事件的核心现场都有成千上万双或睁着的或闭上的眼睛在看着我们！我们是国家电台的记者，我们不到人民群众最需要的地方去，谁去？

我去！我们去！这里有"虐"我千百遍的原特报部主任李宇飞，有在我最无助时给我力量的高岩、郭静，有情同手足的刘钦、刘黎黎，有至今依然坚守在新闻采访一线的好战友白杰戈，有年轻有为的吴喆华、肖源，有原本可以靠颜值却偏偏跳进"火坑"的李谦、马文佳、刘飞、周益帆……是他们在我成长的道路上指引着方向，赋予我智慧、激情和力量。

2016年4月，我被调入中国之声早间节目部带班《新闻纵横》。从采访的最前线到播出的最前沿，对我而言，又是一次新的挑战。

2016年高考倒计时……

抗洪抢险……

英国脱欧……

土耳其政变……

美国大选……

里约奥运会……

中国之声早间节目部的同事们用一个个不眠之夜守候着随时发生的新闻事件，用红肿的眼睛、憔悴的面容、一根根脱落的头发和始终清醒的神经为听众打开新的一天！

身为广播人，我时刻告诫自己：我们手上的话筒是全国十几亿人交给我们让我们用的，十几亿人这么放心地把话筒交给我们，我们拿着它就得用好喽！得说真话、说人话、对得起祖国和人民！

小时候，我经常把收音机放到窗台上，竖起天线，调好方向，一边听着世界，一边想着收音机里的人到底什么样。

今天，在我身边，一辈一辈的广播人不忘初心、前赴后继。我无比荣幸成为他们中的一员——收音机里的人。

收音机的外面，又是一代的孩子在听……

唯有公道方自在

作者简介：肖源，中央人民广播电台中国之声记者。

两岁九个月的儿子，对我这个爸爸，有着黑白分明的复杂感情。白天，他会说：你今天不出差，爸爸你明天不出差。晚上，他会说：你在沙发上睡，床上睡不下。大约他已经习惯了这个总不在家的人。对此，我倒不是很难过。因为横眉竖眼的我，总能从儿子的抗议声中顺利地收复失地。与大部分家庭一样，我的一家三口，也有一个完整而闭合的"降服链"：我怕老婆，老婆怕儿子，儿子怕我。在爱的世界里，没有平等可言。

当然，在这个大社会中，也不总是"人人生而平等"的。大学毕业之后，法学专业的人才市场已经饱和，无奈之下，去了西安一家律师事务所，干起了自己向来不喜欢的律师：比起"受人之托、忠人之事"的职业格言，我更喜欢"因私之道弛，为公之道张"。

2007年7月间，刚办完离校手续，就在老师的律师事务所里帮忙。那年的夏天格外热，对前途的不可知，也让我格外躁动不安。一个建筑施工合同纠纷的案子，上诉到西安中院，俩月之前已经公开宣判，但判决书迟迟不见。那天中午，老师让我去找主审法官。拿着不包吃住500块钱的月薪，我扎着领带，穿着西装，挤上了36路公交车。

交身份证明，过安检。我顺利地找到了主审法官办公室，敲门，但没有得到"请进"的许可。就在办公室门外，我礼貌、甚至有点局促地说明来意。法官在看报纸，嘬了一口茶，并没有抬头看我，只是淡淡地说了一声：滚。

这一个字，足以将我西装领带包裹之下的自尊，剥个精光。你可以想见，一个22岁、刚走出大学校门的青年，当时的尴尬。不记得我有没有跟法官说"再见"，只记得走出法院大门时，浑身透湿。回到租住在长安区的房子里，我把自己摊在床上，咬了咬牙：绝不做跪着讨生活的人。

当时的我只以为，记者，只有记者才能站着生存。5年后，我如愿了。开始在复外二号闯荡"江湖"。2012年10月，来中央人民广播电台工作一年之后，我被分派到中国之声特别报道部——一个以舆论监督和突发事件为主要工作的新闻采访部门。

至今，在这个部门工作近四年，因为出差采访是工作的常态，所以在外的天数无法统计，一款飞行软件的记录上，统计了我从2013年7月22日到现在，因公出差的74次飞行，12万公里，197小时。超越了这个软件的94%的用户，软件给的评价是："为飞行而生"。而这其中，不包含坐火车、出租车、三蹦子以及"11路公交车"出行的数据。

而这些行程的开始，是在特别报道部独自出的第一趟差，采访一个骗取家电下乡补贴的事件。拿到基本的事实之后，按照部门的采访惯例，没有获得当事各方的说法，前期采集的素材就得砸在手里——这样的沉没成本是我无法接受的。

至今，我都清楚地记得，在走进镇政府之前的踟蹰，此前的生活经历中，从来没有和村长以上的"官"这么近距离接触过。在镇政府门前，从上午十一点，一直到下午两点，抽了半包烟，在旁边的麦田里撒了无数泡尿，抱着慷慨赴死的决心，揣着采访设备，完成了人生中头一次"硬碰"。但当年干律师时的心理阴影一直都在。

从陕西采访回来，便是党的十八大。平生头一次进人民大会堂，脚下飘忽，听报告时，党代表们热烈鼓掌，我也跟着拍手：那是发自内心的激动与热情。坐在我身边的一位同事制止了我：记者不用鼓掌，因为你是记者。

大约四个月之后，跟特别报道部的前辈出差，那一次采访过程中，这位前辈与公安局保安的一段对话，彻底治了我的"病"。大致对话内容是这样的——

情景：保安叼着烟，惯有的鼻孔朝天。前辈目不斜视抬脚上楼，我在身后拎着包。刚上两级台阶，被保安喝住。

"你们干啥的？"

"北京来的。"

"啥事儿？"

"找你们大局长。"

"我问你啥事儿？"

"领导的事儿，我敢说，你敢听吗？在哪个办公室？"

"609。"

果真应了那句话，"阎王好见，小鬼难缠"，公安局局长倒还真是平易近人，虽不坦诚，但也做到了有问必答。

当然，这并不是作为记者的倨傲，只是记者进门的基本技巧，以及"不屈强、不凌弱"的风骨，否则，就无法解释中国之声特别报道部所做的诸多揭黑、民生报道。没有对人的最起码尊重、同情和悲悯，定然不会有每月数百篇"眼光朝上、话筒向下"的广播舆论监督报道。

是的，风骨。

月初去吉林采访，事前与当事人沟通如何出行，因为时间紧张，我想坐一早飞长春的航班，当事人支吾了一句：有一趟夕发朝至的火车，坐卧铺也行。我恍悟：交通、食宿我们单位买单，与您无关。当事人瞬间释然。

前天晚上和小区的保安聊天，听说我是记者，保安两眼贼亮：这是好行当啊，俺闺女跟你同行，俺知道，红包挺厚。我没有辩解，因为有偏见的耳朵听不见真相。

不过坦白讲，从业过程中，的确有人出于不同动机，给记者送红包。大前年采访强制学生订牛奶的选题，供应商问我，兄弟，这事儿能不能不报道？你说个数儿。我说可以啊，给我们台在北京四环里弄块地吧，单位办公环境太紧张了。

前年，有县领导托人捎来二十万"辛苦费"，条件是：第一篇发就发了，后续的不要再报道了。诱人吗？当然。但我不敢。不是担心事后被告发，而是不信任自己的"就这一回"。慎独、慎初、慎微，"江湖"险恶，人心难测，而我自己的心，更险恶、更难测——决不能把自己的"心魔"放出来。况且，我也不喜欢那种被人"牵着鼻子走"的感觉。我宁可每晚枕着各种经济债，一觉天亮，也不愿每晚枕着哪怕一笔良心债，噩梦连连。

这样的经历，特别报道部往来上百名记者都多次遇到过，据我所知，没有逾越规矩的。因为，我们都清楚，在台里，我们是个体；出了复外二号的院门，我们就是中央人民广播电台，我们无权跌央广的份儿。当年的老纵横如此，现在的特报，也是如此：他们是干净的、纯粹的，甚至有些道德洁癖。端着党和国家的饭碗，自然应当"为公之道"。我们都笃信一句话，"公道自在"：公道自在人心，不必纠缠于方寸毫厘；也只有秉持公道之心，才能活得自在。

前一阵办公室装修，无意中发现了两个时间跨度在两年之内的小黑板，上面记录着每个记者的行踪。

半夜加班，竟有些酸楚涌来，连抄带编地堆了四个句子：

枕戈待旦三五更，

走马华夏类转蓬。

回首向来萧瑟处，

营盘铁打水流兵。

在铁打的营盘里，你来我往，人员更迭，但来自五湖四海的前辈后学，就这样一代一代地，将自己融进央广的风骨之中。

一圈，一圈，一圈，一圈，一圈

五年特报记者，飞地球五圈

一圈，一圈，一圈，一圈，一圈，是树的年轮。

一圈，一圈，一圈，一圈，一圈，是我飞行的距离。

一年早间编辑，五年特报记者，我的手机软件显示：国内飞行距离182176公里，算上未统计在内的巴西奥运来回4万公里，总计22万公里的距离，足以绕赤道五圈多。

关于我，似乎有个符号式的标题——"可以没爱情，不能没有真相"，这是第一届"好记者讲好故事比赛"中，"厨神"东哥赐我的题目，起得很好，比赛顺利过关，演讲稿也刷了屏。但现在想起来，

作者简介：吴喆华，中央人民广播电台中国之声特别报道部记者。

当时部门主任"刘经理"的担心不无道理，他曾问我："喆华，这个标题影响你相亲么？"

从结果来看，影响！三年之后，在我已过而立，身边同事抢购学区房之时，竟然还有人建议我用这个题目写广播年华，"居心何在"！为了

改变很多人对我的固有印象，这次的题目是，对，就是《一圈，一圈，一圈，一圈，一圈》，五年特报记者，飞地球五圈，合适。

第一圈，梦开始的地方

第一圈，我没飞，留在了早间节目部。我写稿慢，剪录音慢，时常慢着慢着天就亮了，我至今记得九点多从台里走出来时，看一眼太阳，那种眩晕的快感。有一次台里周末踢足球比赛，刚好赶上我下夜班，"门神"小潘和董姓队长把我往床上拖起来，盛夏正午，我血染绿茵，踢着踢着鼻血就喷薄而出。熬夜熬不动了，我告诉自己，这不是可以通宵玩游戏的校园，而是一份已然全身心投入的工作，每一个夜班，消耗的体力精力，要对得住一起熬夜的同事，对着住把脸都熬黑了的"樊大师"，更要对得住早晨播出的节目。早间节目部，这个拥有中国新闻界最长夜班的部门，是我梦开始的地方。

第二圈，入职特报

记得那时候年轻，听说采编部门缺人，心理就盘算，采访部？特报部？

我有听说采访部的一个段子，有姑娘在相亲时，在金融街的某小资咖啡馆，目不转睛地盯着，墙上的表。突然手机响了，姑娘说，对不起，我马上要出去连个线！后来，这次相亲竟然成功了，我估计是男方被中国之声的美妙连线打动了。

如果换成特报部，这个段子就是，姑娘手机响了，她说，对不起，我马上要出差了！再见！

那我想这个姑娘可能很难相亲成功，我部唯一美女汉子"周博士"就是铁证。

所以在当时，我是倾向前者的，我鼓起勇气向领导直抒胸臆：我，我想当记者。领导说，因为早间太苦了？我说：不，我不怕吃苦。领导又说，那你去特报吧，那里更苦。

所以，第二圈，我来到了特别报道部。

很多人问我，你是跑什么口的，我说舆论监督、突发事件、重大报道。还剩三圈，我分别讲。

第三圈，舆论监督

在我入职特报以来，工作量一直名列前茅，而优秀的舆论监督作品，却集中在前三年。前两天和新生交流，讲特报工作的成就感，以舆论监督报道尤为甚。

一是报道要促进制度层面的进步，比如《河南"眼花法官"判错案，促错案终身追究制度首次问责》；二是能改变不良现状，比如《部分赣南脐橙检出苏丹红　催熟染色成"行规"》；三是能改变部分人的命运，比如《河南周口 14 名考生高考志愿被篡改》；四是有国际国内的舆论影响力，比如《烟台富士康雇用大量未满 16 岁学生军》，当时涉事的富士康、日本任天堂等公司都对报道作出回应，国际上《华尔街日报》、BBC 等也做了跟进。舆论监督，做的是负面，出来的效果要是正能量。

有些选题，出于暗访的必要，我扮演过各种角色，包括学生、工人、超市采购员、房地产中介、死者家属、采访对象的儿子、孙子、男朋友等等，开玩笑说，我的"演技"相当于三线明星。

有人经常问，你被打过么？你被发现过么？实话说，没有。但舆论监督报道中的各种惊险，恐怕只有身临其境才能体会。我进富士康的时候把采访机"含"在嘴里过安检；在河北采访被发现的时候，我躺在平板车上盖块塑料布，装建筑垃圾脱身；我也曾被人从内蒙古追到北京来威胁，还有人给我打电话号称要炸公交车……

但是，年轻时候不干几年特报，真的不过瘾，这是一辈子的财富，而你走过的路，可能是别人几辈子难以经历的。

第四圈，突发事件

"大白"走后，特报经历最多突发事件的是"小白"和我师傅刘拉拉了。突发新闻是一种"瘾"，对记者来说，那是猫嗅到老鼠味道的兴奋感。开始阶段，突发就一个字，快！雅安地震，我乘坐军用直升机直达震中，为了减轻重量，我们甚至放下了部分行李，那种轰鸣声和在山谷低空飞翔的紧张感受，至今回味。

所有的房间都是危楼，余震不断，有命令不能睡觉，但没办法，几个记者和群众还是在一个看似安全的楼房一层打地铺。怕睡死，大家轮流值班，矿泉水倒着放，倒了就证明有余震，要快跑。半夜突然有人大叫，地震，旁边的哥们一个鲤鱼打挺，闷头就往外跑，黑暗中没看见楼里的柱子，一下撞得头破血流。不过那一霎，大家都笑了，仿佛一下子释然了，管他，接着睡！

在我负责报道的一个安置点，天气预报几天都有暴雨，但雨一直没下。那天晚上，包括部队和群众都睡得很沉，半夜，雨倾盆而下，迅速就淹没了临时搭起的简易帐篷，次生灾害风险极大。必须转移！正在写稿的我迅速放下手中的活，挨个去叫驻守的武警官兵，和正在睡梦中的群众，也找人马上通知政府，由于之前有预案，大家一起排水转移，安然度过那个通宵的夜晚。天快亮时，我调试卫星电话，给早晨的《新闻纵横》栏目发出了宝贵连线。

突发事件是对身体和意志的折磨，在 2015 年年底深圳"12·20"滑坡事故，我和同事也是半夜赶到，一连几天，白天采访晚上写稿，每天只有两三个小时睡眠，甚至彻夜守候，要管突发动态，也要做原因调查，每次跑突发，头发都要掉一堆，肉反而要长几斤，因为他们都告诉我，多吃点，下顿不知道啥时候来了，然而后期保障迅速能跟上，下顿，依然能准时到来。

第五圈，重大报道

这几年里，我经历了天宫一号、天宫二号、党的十八大、"两会"、丝绸之路、里约奥运会等主题的重大报道，这些在中国历史进程中产生巨大影响或留下浓墨重彩一笔的重大事件，能够置身其中，我无比幸运。

每一次重大报道，不是练兵场，而是一场考试，就像易建联在里约说的一样：我们不能拿奥运会来练兵。科比说，你见过凌晨4点的洛杉矶吗？可是对于奥运记者来说，这些天，差不多能见到24小时的里约。17天的连续赛程，我必须完成录音报道、连线、手记、新媒体、直播等等工作，每天难有完整睡眠，强度之大，足以脱层皮。一头扎进场馆、新闻中心、宿舍，当然，在采访之余，我和郎平、惠若琪、张常宁、傅园慧合了影，这算是对我奥运报道的一种记录，我认为远胜过里约的海滩、高山、美食美女。

我只去过一次海滩，至今记得女子20公里竞走决赛后，里约美丽的Pontal海滩上，响起《义勇军进行曲》，刘虹拿着金牌，笑靥如花。能够现场看到中国选手夺冠，升起五星红旗，那种感觉，啧啧，你们自个儿想吧。

一圈，一圈，一圈，一圈，一圈，是树的年轮。

一圈，一圈，一圈，一圈，一圈，是我飞行的距离。

一圈，一圈，一圈，一圈，一圈，是我的广播年华。

夜行侠们的四种道具

作者简介：陈亮，中央人民广播电台中国之声早间节目部审稿人。

"你们一个夜班，要上多长时间？"

"从头一天下午的3点一直到第二天早上9点。18个小时。"

和人聊天，经常会被问到这样的问题，而结果无外乎两种：一、对方被吓跑。二、对方追问：那么长时间都干吗啊？

之所以能成为回答这个问题的达人，先简单自我介绍一下：我，中国之声早间节目部一员。入职9年，夜班生涯6年，昼伏夜出，累计夜行时间超过10000小时。

早间节目部，负责中国广播最重要的两档早新闻栏目《新闻和报纸摘要》《新闻纵横》。我们每个夜班18小时，紧盯全球同步发生的最快新闻，为的是第二天一早的两小时里，有惊喜。

偶尔走夜路，手中没几个家伙事，心里不踏实。人生如戏，全靠演技。长期走夜路，更离不开夜行小道具了。下面为您独家揭秘我们这些夜行侠们的独家道具：

道具一：电话

不知道从什么时候开始，记者中间流传了一个段子："天不怕，地不怕，就怕早间深更半夜打电话。晚上一看到 8609 的电话，就发憷。"虽然是笑谈、虽然有些夸张，但早间报摘和纵横编辑们深夜给记者、专家、当事人打骚扰电话的，的确数不胜数。

为了追求新闻时效，我们会厚着脸皮给记者打电话，深夜十一二点、凌晨一两点、三四点、五六点、任何时间，只要发生重大新闻，我们都会哆哆嗦嗦按下电话号码，去叨扰话筒那头可能已经躺下了的记者。第一时间联系，第一时间出发，是我们记者的常态。

相熟记者的叨扰，可能下次见面时撸个串、喝顿酒，歉意就表达了。但是深更半夜、天还未亮，去打扰专家、去采访核心当事人，没有强大的心理承受能力，电话是拨不出去的。

2008 年 12 月 27 日北京时间凌晨，以色列大规模进攻巴勒斯坦加沙地区。当班编辑第一反应："这得大做啊"，但看看大平台上红色跳动着的残酷时间，有点泄气，"去哪捞专家啊？"后来大家一致决定，等到清晨 6 点，给专家打电话，心里罪过会轻一点。"等会儿，我再上个洗手间来打啊"，"和专家说：我们是跪在椅子上给您打的电话"……一大通心理建设后，电话还是勇敢拨出去了，电话那头许久才接，"你们不休息，我还要休息呢！"碰壁之后，反而激发了我们的斗志，继续找人，继续打！最终有位中东专家被我们的诚意打动了。那一刻，距离节目开播还有不到半小时；那一刻，天已亮，窗外新 302 的楼顶，我至今还记得。

道具二：折叠床

上夜班能睡一会儿，是最幸福的事情。但能不能睡着又是另一回事了，得看个人造化。

上夜班的人，都希望有一个"世界五百强"的睡眠能力。随时睡着，随时起床。凌晨两三点、三四点，干完活，眯一两个小时就得起，你行不行？一宿不睡，早上两个小时的直播还不能走神，你行不行？下了夜班，早上十点多回家，拉上窗帘，继续睡觉，你行不行？

除非赶上东方之星沉船、天津滨海新区爆炸这样天大的事一宿不睡觉。一般情况下，夜行侠们还是要睡一会儿的。一两个小时在他们的眼中，这一觉称作是"保命觉"。

四楼大平台一个十分隐蔽的小房间，四五张折叠床靠在角落。白天它们并不起眼，可到了夜晚，轮到他们大显身手了。夜已深，一人拖着一张床，去哪儿睡？那就自己找吧。某中心领导办公室，夜晚被我们成功占领，有些房间虽然只够得上放一张床，也没有被我们放弃。还有的同学，直接在平台的大空地，摆上一张床。因为宽敞，也为了盯着随时会响的电话。

道具三：蛋炒饭

吃什么？是个难题。每天早上下了节目，并不丰盛的早餐，可挑选空间小得可怜。不是马华就是麦当劳。一宿过后饥肠辘辘，马华获胜的概率最大。

在脸爸杨昶眼中，"凉拌牛肉"是好吃到哭的一道菜。绿绿林溪上班（该主播平生最爱穿绿），尖椒肉丝是每餐必点。据说，绿绿不上班的时候，也会自己去马华单点一份尖椒肉丝，这是一种怎样的热爱？如今，尖椒肉丝已不负当年之名，而绿绿也在半年前离开了我们，去干更加伟大的事情。

说到早餐，还想到一个段子：主持人颖婧刚来早间的时候，每餐只喝一碗小米粥。看见大家都在吃蛋炒饭，她十分惊讶："大早上的，你们怎么吃得下去啊?"不过没坚持一个礼拜,颖婧上节目前,主动要求,"给我也点一份蛋炒饭吧,再加一个鸡蛋。"

道具四:军牌

早间,常住人口三十多人,流动人口几百人。这里被称作中国之声的"黄埔军校",每年新来的大学生都要到早间这个"魔鬼训练营"里摸爬滚打至少一年半载,在这里经历过"斯巴达"式的严苛训练,才能走向中国之声的各个岗位、央广的各个部门。在锻炼期满,行将毕业时,"斯巴达勇士"们会收获一枚特制"军牌",纪念那些闪亮的日子。

谁的眼泪在飞

作者简介：丁飞，中央人民广播电台中国之声记者。

转眼入台便已六年，我成了一位年资不算深的"老"记者。当年毕业前后脚几届进台的兄弟姐妹，如今不少已做了父母，足见白驹过隙、时光荏苒。而我至今遗憾，那年入台培训，我因奶奶过世最后一个来，又因皮肤过敏第一个走，满打满算——只培训了三天。

广播改变了我很多，从性格、到见识、到圈子。记得当年培训时谁说了句"过五年，你们都会不一样"。如今果然，大家都走出了自己的路子。我有时会暗自吃惊，曾经一心想当编辑、最不喜出差、立志过安稳生活的自己，竟然能做记者到今日。

当然，我那"爱哭鬼"的称号从未改变，隔三岔五便会出其不意地向同事证实，自己哭点低的体质绝非浪得虚名。

更丢人的是，这些足以列入个人"耻辱史"的片段，我竟还都记得。虽然总被友人嫌弃"眼泪一点不值钱"，但，我知它烙在心底，留下过痕迹，那些都是历练和成长。

其中有几次，印象格外深刻：

2010年夏天，还没入职。这段时间我在采访部见习，算是入台前的热身吧。那天，晚间部布置了一个"毕业生另类庆祝毕业"的选题，应该是考虑到我也是"同道中人"的缘故吧。总之，我拼尽全力采访和搜集录音，洋洋洒洒写了几大页，惟妙惟肖地描绘着各所学校的奇闻。

尽管编辑多次催促，但我仍加入更多的内容，尽善尽美，最终几乎造成空播。那天晚间值班主任指着稿子说，再好的稿子，不能播出也没用。

回学校的路上，我因自责而流泪，却也记下了，安全播出才是广播雷打不动的至上原则。稿子再漂亮，也需以节目部门安播为首要前提。

2010 年冬天，入台并在《新闻纵横》上夜班。当时早间的樊主任总爱挑晚上点题、择独家制胜。那一天，原国务院副总理黄华逝世的消息传来，已是晚上 9 点。

此时主任让我操作此题。10 点终于联系到一些老一辈外交官，他们只有座机。

一个电话打过去，被其中一位劈头盖脸骂了一顿，认为我毫无礼貌、深夜骚扰。那会子脸皮薄，几次想挂掉电话，但迫于采访压力，还是不住地道歉和说好话，并诚恳地解释不得不打这电话的原因，尤其当我知道，对方曾担任黄华五年的助手和翻译。

反复沟通了三四次，硬是咬牙没挂断，老人终拗不过，在 10 点 55 分接受了采访，讲述了自己为黄华每天剪报的细节故事，感人肺腑。如今网上还能找到那篇稿子，叫《追忆黄华同志用生命谱写外交传奇》，里面采访了四位新中国老大使，它后来被黄华办公室收藏。

樊主任似乎很爱把这段故事讲给新人听，怕是因为他"凑巧"目睹了我满脸泪痕、紧握电话的模样吧。可我也忘不掉因委屈而流的泪，因为我意识到，除非采访对象先挂断，否则永远不要先放弃。耗尽心力争取到的录音，往往也是最珍贵、最精彩的那部分。

最近的一次，是 2016 年的"两会"。说起来惭愧，时隔六年，我还是没能把"爱哭鼻子"的恶名赶跑。

2016 年"两会"我负责一个叫《朝花夕拾》的节目，每晚 11 点直播，连续 14 天。一开始我斗志昂扬地接下任务，到了中间的某一天，因为选题难啃，身体透支，情绪濒临崩溃，这时接同事张闻的电话，她兴冲冲地跟我说，快快快，听听我给你做的录音成品，结尾有彩蛋（用了两段特别意料之外、情理之中的绝妙音乐）！不听还好，听完竟百感交集，哭出声来。

总是觉得自己幸运，和各种才华横溢、深爱声音、不计回报的小伙伴在一起，可以因为做了某个可称之为"作品"的稿子而"炫耀自夸"，也可能是想起了某段"奇思妙想"的音乐而"非要你听"。这些分享和嘚瑟，只是因为纯粹的喜欢。嗯，一群雕琢声音的可爱人儿。

记得前不久我们完成了一个新闻广播剧《遇见海昏侯》，被很多人喜欢。当时我在记者手记里写过一段话：自愿加入的小伙伴越来越多，我们聚在一起钻研历史、推敲新闻、打磨声音。只有创作过程充满热情、让人兴奋，节目才会进入听众的耳朵里、心里。广播有一万种可能，希望这七天来，我们的《遇见海昏侯》，有照顾好你的耳朵。

所以广播，便是一件可以让我无数次为之"哭鼻子"的事，也是一件我们无论如何继续做下去的事。这一路走来，错过了很多，熬夜两年、周末加班、深夜电话、随时出差，曾经"安稳度日"的念头被抛在脑后，每天"回家做饭"也快成了奢侈的承诺。可仔细想想，在乎才会较劲。这些年，还是装满了一箩筐故事的。

最后对自己说一句，工作多少年了，还爱哭鼻子，丢人！

路上有惊慌

2009 年 6 月初，还差一年研究生毕业，我成了一名实习生。

很快我就有机会跟着指导老师去国新办开发布会了。

我已经记不清发布会的主题，只记得自己坐在"中央人民广播电台"直播台前，帮老师一起不停地编快讯、确认、发出。

作者简介：沈静文，中央人民广播电台中国之声记者。

发布会央视是全程直播的。我爸爸就一直守在电视机前。

但是我的位置正好被一根柱子挡了，两个多小时里他只看到了我一只袖子。

中午 11 点多，妈妈叫他吃饭，他目不转睛地说，不要吵，我在开会！

后来他打电话给我，仔细跟我描述了我那只衣服袖子的颜色。

很快爸爸的身体状况就继续恶化，慢慢地他看不懂电视了。

很遗憾那次在国新办没有自作主张坐到直播台外的区域，那样他一定能看到女儿的脸。

大约半年后，2010 年初，我因为一个指定的采访，联系了 Marina

Tse。她是前任美国教育部副助理部长、美国劳工部第九区美西总长，"美国教育界职位最高的华裔官员"。

她中文说得不太好，告诉我"你要教一个小孩子钓鱼，并不是要给他鱼"，我轻声说"授人以鱼不如授人以渔"，她一下子走出了纠结，爽朗笑道，Exactly！

做完节目发给她，她在一片感谢之辞的最后留下自己的手机号，"Come to Los Angeles and give me a call. I will take you out for dinner."

我当时想，谢谢，但，那该是什么时候呢？

没想到并没有等太久。

2012年初，我已经上了整整一年大夜、换岗到采访部的国际新闻编辑岗。

突然就有了随领导人出访的机会。

后来部门主任说，那次我表现得出人意料的稳，没什么波折就发回了一堆一堆的报道。

其实呢，临行前我在家里放声大哭。我太害怕了。

我是学英文出身的，但那之前我最远只去过香港，接触得最多的外国人是外教。我要怎么一个人拖着大箱子从杜勒斯机场出关，大晚上的我要怎么去酒店、怎么吃上便宜的饭？我的日子过得好好的，为什么一上来就是这样的高难度动作？即便现在想起那一系列的心理活动，依然好焦虑。

我试着给Marina Tse写了邮件，隔着时差，几小时后收到她回信。

她说，你不要担心，教育问题、就业问题，我可以接受你的采访。我丈夫是奥斯卡奖得主，我可以介绍你们认识。

这些采访在洛杉矶都兑现了。她甚至自己开车，穿过半个洛杉矶市区，载着我从我住的便宜酒店到领导人活动酒店。

我在住处附近的梅西百货买了几只小香水装成一盒送给她，回头再想，最不得体的礼物也莫过于此了。

我还郑重告诉她，再来中国时一定给我打电话，我也要 take her out for dinner.

这个电话一直没响。我从新闻里看到，其实她每年往返中美好多次。

2014 年，北京地铁 5 号线惠新西街南口站，一名 33 岁女性乘客卡在屏蔽门和车门之间，列车启动后掉下站台，经医院抢救无效后身亡。

11 月 8 日，记者节、北京 APEC 假期第 2 天，我接到这个选题。那是这名 33 岁河北女子被夹死的第三天，知乎上广泛流传"被困地铁屏蔽门中怎么办"的问答。通过一场悲剧普及一点常识，一度是我的出发点。

为了弄明白起因，我通过朋友、相熟的同事、很久前采访过的技术人员，艰难找到分属地铁公司方、地铁监理方、屏蔽门生产方的内部人士。"北京地铁屏蔽门和车门间没有探测设备"是可以推测出的结论，如果有，这场"夹死"事故就不会发生。我和大多数人一开始不知道的是，在上海、广州、深圳，这个花不了太多钱的探测设备是地铁线上的标配。哪些城市有、为什么有、北京为什么没有，这些问题，在一度陷于停滞、因各种机缘又慢慢推进的采访中一一做实、得到回答。

做这条稿子的过程非常痛苦，知情者都是利益相关方。有三个人冒着丢饭碗、被报复的风险接受了我的采访，其中一个甚至没有中间人斡旋。我说，也许北京会因此更安全，他沉默了一下，就同意了……但真正的过失者，却训诫我"不要问这么尖锐的问题"。

在稿子播发、被大规模删稿的 5 个多月后，好朋友给我转来这样一条新闻：

"昨天，记者从北京地铁运营公司获悉，北京地铁 13 号线、八通线加装安全门工程全部测试均已完成，正在进行加装激光探测装置的工作，预计下半年将可投入使用。据了解，激光探测装置安装在屏蔽门和

车辆门之间，主要为防止乘客被夹，目前北京地铁多数线路未安装此
装置。"

    2009 年的时候我才 22 岁，现在眼看就快 30 岁了。

    小小实习生，今已为人母。8 年时间，路上有惊慌。

    多谢世界对我的好意，这也是我爱世界的方式。

我部有只"大能猫"

　　熟悉中国之声新媒体部的人都知道，我们部门的夏文，人称"大师"。所谓大，不是年龄大，而是本事大，技术上的问题没有他解决不了的，所谓师，不是好为人师，而是喜欢帮人解决问题，任劳任怨。

作者（右）上会携带的装备都由"大能猫"（左）连夜调试准备完成。

作者简介：柴婧，中央人民广播电台中国之声编辑。

但大家不知道的是，我们还给夏文起了另一个外号——"大能猫"，一来他的功能实在太强大，"文能研发，武能搬家"，珍贵程度堪比国宝；二来，自打进了中央台，他先是连续夜班，后又几乎把所有时间都贡献在了电脑前，饮食睡眠常年不规律，好好一个青涩小伙，如今生生变成了熊猫体型……

确实，广播的新媒体，并不是一个好干的活儿。新媒体重视可视化呈现，但不客气地讲，广播记者缺乏对可视化素材的敏感度，又常常是单兵作战（你总不能在暗访的时候还举个自拍杆吧……），全是文字的广播新闻稿直接放在手机端，真的不好看，其实是需要大量再创作的，有时甚至是全部推翻重新来写。

好在，主任一直给我们充分自由，对各种稀奇古怪的想法向来都是引导和鼓励，一般不会痛下杀手，让我们得以尽可能发扬有困难要上，没有困难创造困难也要上的精神。这些困难怎么破？多亏有"大能猫"。

"感动到要跪" 的技术支持

做起新媒体的这两年多里，有好多次，夏文强大的技术支持都让我感动到想给他跪下。只要我说想要什么效果，他能做到的，都会以最好的状态呈现，而现有技术做不到的，他也会想方设法用 planB、planC 来实现。

比如我们最早开始做的用微信群、朋友圈形式说新闻，不断有人问，你们用什么软件生成的图？答案是并没有！是夏文一点一点生生用 PS 做出的图，而且包括群聊人数的变化、表情的呈现、发言方的位置等等每一个微小的细节都考虑到了！后来每一次出新作品，他还都会加进一点不一样的元素，最近一次说南海仲裁，我说我想要个菲律宾面对各国质疑时心虚飘走的状态，夏文愣是想法做了个"弹幕"效果进去！

花样百出的自创产品

2015 年有一阵 H5 交互页面挺流行，每逢重大事件，各家媒体都铆足了劲推 H5，让我惊讶的是，夏文虽然是个学计算机出身的标准"理工男"，心思却格外细腻，他琢磨推出的作品，总是有点不一样。

领导人出访，他根据当地政治经济发展状况做了个"连连看"小游戏；母亲节，他推出了"能听的贺卡"，让网友把想说的话录下来发给妈妈；"9·3"阅兵，他设计了"踢正步"和"猜飞机"小游戏，并没有美工基础的他，现买了几本儿童简笔画来速成了一把飞机坦克和小兵儿。

与传统媒体人不同的是，夏文是真正在用互联网思维来做配合报道的产品，他会尽可能站在用户角度去考虑细节，画面怎么看着更舒服、操作怎么能更便利、内容怎么能更容易接受。这对我的影响称得上是颠覆性的。我开始意识到，网络世界的话语方式和游戏规则不一定就很 low，我们依然把握着该有的原则和立场，但是以用户更喜欢更接受的方式，去告诉他们我们想让他们知道的东西，为什么不呢？

沉进历史还是创造历史？

互联网领域的发展日新月异，很多时候你觉得自己跟上了节奏，但那仅仅能保证你在这个领域暂时不被淘汰而已。2016 年被称为"VR 元年"，3 月的全国"两会"期间，媒体纷纷将这个技术运用在新闻报道中，这一次，我们走在了行业的前沿。

在率先推出了两期"中国之声两会全景直播间"，打破其他媒体依然采用的单向传播方式，真正实现用户交互体验之后，我们获得了国务院办公厅的唯一授权，推出了李克强总理参加广东代表团审议的全景视频报道。

以上是大家看到的部分，以下是大家没看到的。

2015年下半年，夏文就盯上了全景视频，琢磨怎么把它运用在新闻报道中。整整大半年，夏文默默学习各种理论，上国外论坛购买软件，寻找合适的设备。发现设备多个摄像机蓝牙开关操作不统一时，干脆自己动手焊了一个同步开关！然后是在12月的北京顶着呼呼大风在复兴门桥、玉渊潭公园等各种开阔地点测试设备，一站就是几个小时。

2016年3月2日政协第一场发布会，原计划是我带着设备去拍拍看，试试效果，没想到一进场就看到不止一家媒体扛着一样的机器，和后方一沟通，决定当天就推一期作品，但彼时连夏文自己都没有十分把握能不能做成。结果那天晚上夏文一边倒着素材，一边写着代码，饭已经放凉了，他也顾不上吃。我们几个帮不上忙的吃瓜群众只能围在旁边不断对他进行精神上的鼓励。后来有同行悄悄问，我们和设备公司合作也没能那么快推出成品，你们找了什么样的技术公司呀？我特别傲娇地回答，是我们的技术人员自己一个人做出来的！

用全景视频做时政报道，这在国内从未有过，当时主要的两种全景拍摄设备各有利弊，但我们不可能提前踩点找机位，场地是什么样，桌子怎么摆的，代表团成员怎么坐，全都不知道。我们小团队加上领导蹲在小黑屋里画了各种地形图，琢磨各种可能出现的情况，设计了预案1预案2预案3预案10086……

为了适配不同机位的需要，夏文又变身"哆啦A梦"，呼啦一下掏出至少四种设备支架，而且全部都是自己宝贝的"私产"，他一一对应列好清单，给我培训如何使用。当然我不会告诉你们，第一次用时我太紧张，一出手就把最贵的三脚架弄瘸了，缠着胶带好几天，夏文才把它修好，真是内疚。

全景拍摄设备都有续航能力不足的问题，这个很要命，在会场里很难找到合适充电的地方，拍摄又不能中断。夏文琢磨半天，还是用最"笨"但是也最保险的办法，给每个摄像机专门配大块头的充电宝，结果愣是绑出了"炸药包"的即视感。

本来全景摄像机那时就比较少见，每次过大会堂安检时我都得单独拿出来解释一番，扛着这个进门，还不得立即被扑倒摁住？那天晚上我做了一夜噩梦，要么是机器没电了，要么是直接被轰出了会场。

我估计那几天夏文跟我一样焦虑，"大能猫"的黑眼圈一天比一天重，不过他还是不断跟我说，拍成什么样都没关系，总能挑出可用素材的。是的，涉及技术领域的问题时，他那"小科学家"的范儿就出来了。

做出了创造历史的成果，"大能猫"继续默默干着日常的活儿，天气好的时候，在大院里楼顶上支台机器拍拍天空和大楼。当然，从来没有放慢跟进新技术的脚步……

讲真，我现在最希望的就是领导能给"大能猫"每天多加几个鸡腿，可千万别让别人把他挖了去。

从一个闹钟到一个"闹钟"

作者简介:崔天奇,中央人民广播电台中国之声编辑。

来到央广之前,我是一名学"文编"的大学生。这种明显属于黑话的简称方法,代表的既不是"文字编辑"也不是"文物编号",更不是"文凭编造",它是一种叫作广播电视编导(文艺编导方向),简称"文艺编导",再极简作"文编"的专业。

这个专业的主业是文艺晚会,辅以戏曲、戏剧、电影、电视、灯光、音响乃至表演形体等课程,无所不包,但是不管怎么说,看起来好像都跟广播、跟新闻关系不大。说到我和央广、和新闻的结缘,说起来还来自一种痛苦的回忆。

一般来说,对于我们80末、90初的孩子,你问问他对广播有什么印象,其答案绝大多数都是每天晚上搬着小板凳坐在全楼道或者全院唯一一台跟现在电脑主机似的那么大的收音机前听《小喇叭》。只有在这个时候,那些平常登高爬梯、上房上树的孩子才能老老实实、坐姿端正、面带向往地安静一阵子,也让他们焦头烂额的家长得以踏实一会儿,顺便把晚饭的碗刷了。

很遗憾,对于我这种不仅喜好上房上树,偶尔还能上天的小孩来说,儿童广播节目的诱惑显然没有户外的广阔天地大。但"中央人民广播电台"这个名字却在我脑海中打上了深深的烙印，比《三体》里那个思想钢印还钢，以至于现在上着通宵不睡的报摘班的时候，只要听到早上录制节目时播放的《新闻和报纸摘要》片头，就能立刻精神抖擞：从我上小学一年级起到高中毕业，12年间，每天都要6点起床，6点半出门上学，闹钟就是家里那台如前所述跟现在电脑主机似的那么大的收音机。

有人说够早的，幸亏你是男孩，不需要梳洗打扮。并不是，即使我是女孩，也得6点半出门听一个"报摘"开始曲，只不过得5点半起床而已。当《歌唱祖国》的旋律和"中央人民广播电台，现在是新闻和报纸摘要节目时间"的片头响起，就意味着我如果胆敢再拖延一秒钟，就要迟到了。每当这时候，我爸就要敲着自行车后座说，你听听你听听，中央都催你出门了。

我在二年级学习萨克斯管的时候，有一次学《歌唱祖国》，结果老师还没教，我不但能自动吹出来它的主旋律，甚至能哼出来隐藏在主旋律背后的伴奏声部，让老师惊诧不已：你一个7岁小孩，怎么说梦话都是《歌唱祖国》味儿？

所以，尽管我每次只听到了一个报摘的开始曲，但是我连着听了12年；尽管我学的是一个什么都学唯独不学新闻的专业，但是当我在毕业前夕看到了中央人民广播电台的招聘启事，就……按说行文到这种时候，按套路都要讲一个"我陪我同学一起去考，结果我同学没考上把我挑上了"的故事来凸显自己的天赋异禀。

不不不，我要说的是，当我看到了中央人民广播电台的招聘启事，爱谁谁，必须去考，就是这个单位的节目让我小小年纪看到了朱元璋的感慨"不如江南富足翁，日高五丈犹拥被"居然能热泪盈眶。

当然其实我想说的是，中央人民广播电台的节目，就像一件你家里让你熟悉得不能再熟悉的家具，甚至是你家中亲切得不能更亲切的一员，当它需要发展壮大的时候，就如同你自己的家要升级翻新一般，我不出力谁出力？

在我的长期印象中，记者就是一个穿着那种有无数个兜儿的帆布马甲、手里拿着小本儿、脖子上挎着相机的形象，当然这种形象设计就非常便于他上刀山下火海也要冲到新闻现场第一线。

但是，来了以后才发现，虽然我如愿进入了那个让我又爱又"恨"的《新闻和报纸摘要》节目的中国之声早间节目部，并且一直待到今天不舍得离开，但是我当的并不是上述形象的记者，那是兄弟部门的分工，我部门的任务是既要完成兄弟部门一样的任务，还得老老实实坐在办公室里保证节目的安全播出，既要当记者，又要当编辑，偶尔还要干干技术的活。

换句话说，你既要采访到核心当事人，又足不能出户。每天来上班，开完了选题会，梳理了全天的热点新闻，你要做的就是把这个新闻中的核心当事人说的话录下来，就这么简单。只有一个小问题——你手中唯一的线索，可能只是一个名字而已……

就这样，早间部的编辑记者们统统练就了一身"找人"的功夫。像什么各种托关系找朋友只为寻找一个采访对象的联系方式，那都是常规作战；有编辑为了找一个人的电话不得不联系八百年没联系过的前女友，被妻子发现了聊天记录导致家庭出现矛盾，顶多算是带有特种作战性质的常规作战。更多的时候，我们面对的是全方位的特种战争。

一次，我操作一个《广西钦州运钞车起火，运钞员被疑"狸猫换太子"》的选题。为了弄清楚被烧光的到底是满车的钞票还是网传的"替代品"；是意外事故还是有人故意为之，就必须采访到运钞车公司。可惜该公司地处偏远，前方同行不可能当天赶到，也就意味着节目不可能第二天播出。但是果真如此，我们广播媒体也就丧失了其快捷的优势，黄花菜都凉了。

我们采用的方法是，通过事故现场照片车身上的涂装，在网上搜到了这家押运公司的名字；再在某一个山寨到已经不复存在、只剩网页快照的黄页网站上看到了这家名不见经传的押运公司的注册地址。

等我如获至宝地用这个地址在地图网站上开搜，搜到的居然是一家银行，并不是押运公司。通过地图软件提供的街景，确实也只能看到一个银行的招牌。也就是说，大费周章后，我得到的只是一个疑似目标的地址，和地图上的一个标注为银行、并不是押运公司、还没有电话的圆圈。

如果你在现场，你可以轻易走进银行办公楼一探究竟；但当你坐在万里之外的北京的办公室里，难道你就要认输，放过这个核心当事人吗？我们央广的记者如果在前方，一定冲在最前线；我们央广的编辑，如果追问了，也一定追问到底。

在地图软件街景照片的一个角落里，我发现银行隔壁有一家超市，灯箱上写了一个送货电话。打过去，人家张嘴就是："你要买什么？"我只好说我不买东西，我想麻烦您去隔壁银行里给我看看，那楼里有没有一个运钞公司？平心而论，要是我也会觉得我要抢银行，超市老板果断把电话挂了，没骂街算他素质好。只好再打过去，说清事情原委，保证不抢银行，您要是帮我看了，我给您微信发红包买一箱矿泉水……

最后，被我们求索精神感动的超市老板，不但不用我买矿泉水了，还被开发出了当记者的潜质，他在那家银行的地下室里果然发现了押运公司租用的办公室。更让人感叹天道酬勤的是，当时值班人员上厕所了，在门上贴了一张纸，写着：有事请打此手机……

就这样，我们独家采访到了这家押运公司，独家还原了事故现场、澄清了事实，这就是一起单纯的车辆故障造成的起火事故。第二天，所有广播电视媒体引用的都是我们的录音报道。是的，这就是独家的力量。

仅仅是一个中国之声早间节目部，每天就要完成几个这样的采访，我说这叫"敌后战场"。更有冲在前面的采访部门的同事，每天在正面战场冲杀，日复一日，让中央人民广播电台、让中国之声不但成为深受群众喜爱的新闻资讯来源，更成为传递中央大政方针的重要宣传阵地，是在当今错综复杂的舆论环境中正本清源的重要舆论战场，更是发出党和人民的声音，在同带有各种目的杂音战斗，这些都是这个不允许打败仗的舆论战场上的有力武器。

而作为这个伟大平台中的一颗螺丝钉、这群优秀的新闻工作者中的普通一员，我在这里不敢说跟竹笋似的一天窜一截，但绝对每天都能学习到新的东西、吸收到不同养料，营养充足且均衡地成长。

现在，我也在节目中开辟了自己的专栏《新闻面孔》，成了我父母口中那个"每天在小盒儿里说话"的人（这个故事也告诉我们，目前在中老年受众当中，使用传统收音机收听广播者仍然大有人在，移动广播APP等途径对于他们只是辅助），估计也成了很多小朋友又爱又"恨"的那个每天早上一听就困、不听还挺难受的"闹钟"。

再过些年，等我有了孩子；甚至再过些年，等我的孩子也有了孩子，即使我这个"闹钟"不走字了，央广这个"闹钟"依然会走得那么准、走得那么响、走得那么有劲，把党和人民的声音，一代又一代洪亮地传下去。

感恩有你，中国之声

几天前跟好朋友聊天说起
到中央台工作的时间，仔细一
算，居然已有 17 年。想想眼角
的皱纹、头发里藏不住的白发，
不免感慨，1999 年夏天站在台
西门口等着被接进门实习的情
景似乎还近在眼前，居然不知
不觉间已在这栋高楼里工作了
17 年。上个月去采访 96 岁的
九叶派唯一健在的女诗人郑敏，

作者简介：冯会玲，中央人民广播电台中国之声记者。

她说近 100 岁的生命"快得像翻日历一样"，何其形象。

2003 年 5 月 23 日，对，这个日子应该是没错的，那一天，我正式
成为中央台的一员，听到这个消息的一瞬间，眼泪忍了半天才没掉落。
立刻想起 1999 年决定留下来的时候，前途一片茫然，终生会记得，爸
妈赶到北京，希望能够劝我回去，我却始终不肯。妈妈拉着我的手泪如
雨下：爸妈怎么舍得让你一个女孩子在北京？母女俩抱头痛哭一场。4
年后，终于接到人事的电话，才感觉双脚真的是实实在在地站在了北京
的土地上，不再是随风可飘远的漂泊一族。

走进当时位于 7 楼的社会生活部时，我对广播节目怎么做，几乎是
一无所知。办公室里的每一位我都称呼老师，也是真正的老师。印象最
深刻的是，我从温柔无比的温秋阳老师那里要来一期她对一位老人的专

访节目，不到 10 分钟，我却整整听了一下午。一遍又一遍，我试图听懂记者怎么开头、怎么问话、怎么配乐、怎么结尾、怎么录串词……几十遍听下来，恍若上了好几天的大课，我听到了温秋阳老师与采访对象几乎没有隔阂的采访，听出了她写稿时字斟句酌的仔细，也听懂了她藏在节目里的真情，对广播节目的感觉居然因此清晰了一些。

再后来节目改版，有了《人物春秋》，那 4 年半，真的好美啊。能够面对面和一个采访对象采访三四个小时，采访一群盲艺人可以跟着他们采访好几天，现在想来，何其奢华。那时稿件的终审是魏漫伦老师，牢牢记得，她用铅笔或是红笔在打印出的稿子上标出各种标记，常常会在某一个词语旁边写下一段话：这个词在字典中的意思是……我猜想你想表达的意思是……若是这样，这个词是否更合适？除了文稿中的这些标记，她还会在前面的稿签上写下一段总体评语，三行五行，却是当时《人物春秋》节目组的同事最盼望看到的。写得好的，她会写：这篇稿件是非常好、非常好的！都有哪些好，也都会一一列举，看得人嘴角都忍不住要上扬几度。若是写得并不满意，她也会写下如果哪里做出调整和修改，将会更好之类的话。前一段时间翻出厚厚一摞的旧稿件，翻看一遍那些稿签上的字，还是舍不得丢弃。

有一段时间任捷老师审稿，她轻易不改稿，但看一眼她递稿件过来时的眼神，大概就能知道她是满意还是不满意。高兴了，她会一遍遍叮嘱，要给采访对象刻张盘，一定要快递给人家啊；写得实在不满意了，她像自言自语般唠叨：非要用那么长的篇幅写那一段吗？你想表达什么呢？话不多，可是仔细看稿，好好想想，就能懂她指出的正是稿件的大问题所在。要不然就会在节目合成的时候，她会突然出现在身后，看似不经意路过的样子，合成到某段，会轻描淡写地说一句：这段录音先出，不用那么长，串联词在这里压混，节奏，节奏立刻就有了，是不是？

2008 年 8 月改版，有了中国之声。做惯了 25 分钟的人物专访，面对 2 分钟一个连线，3、5 分钟一个人物专访，真是觉得这节奏让心跳都比平时加快了一些。最初分到《新闻纵横》，节目播出时间是早 7 点到 10 点，编辑要求从下午 4 点熬到第二天的 10 点下班，18 个小时啊，每天晚上熬到 2 点左右的时候，真觉得脑子里是一团糨糊，眼睛里没有光亮，脸色一水的青黑，一个个面目狰狞的样子。可就是在这样的情况下，时任《新闻纵横》节目组的领导王化强居然还能各种奇思妙想地编排节目，不是让编辑隔着长长的电话线想方设法去录到漂在海上的搜救船下一步的搜救措施，就是把各种看上去脑仁就疼的财经问题问得家长里短般熟悉又俏皮。很多时候，不到 6 点 59 分，他都还要再对编辑发过来的各路稿子绣花般修修改改。当时在导播间就想，亲爱的听众啊，您可会想到，主持人念出的那 2、3 秒的一个问题，却是两位编辑可能查了仨小时资料才拟出的呢？

后来又到了特别报道部做舆论监督记者，主任李宇飞是老《新闻纵横》的老记者，他们那一队人马，哪个人的名字后面都是一长串影响深远的舆论监督报道。而我的同事们，陈秉科、丁晓兵、杨超、梁兴旺、白宇、白杰戈，也是个顶个的强悍啊，做舆论监督的记者遭人恨，各种跟踪、威胁，甚至主动求助的采访对象会从手里夺走最重要的证据……那一年，很多篇被疯转的舆论监督报道都出自我身边的这些"大侠"之手，我常常拿着他们的稿件仔细琢磨，那些看起来那么难采访到的录音，他们究竟是怎么采到的？

2010 年元旦，我从特报转到时政采访部——中国之声最大的一个部门，也是各路人才各显身手的好地方。财经、国际、体育、社会，哪一个领域的问题都足够一个记者好好下功夫去琢磨。而采访部的记者们，每个人都要同时兼顾好几个领域，最焦虑的时候，自己负责的两三个部委同时有新闻要解读、要报道，头大好几圈，光接节目组的约稿电话都能接崩溃。可就是在这样的情况下，我们还能做出独家、做出被竞相转载的好报道！这个魔鬼般的地方让记者们烦过、恼过，甚至恨过，可是就因为它能让记者永远在热乎乎的新闻现场，离开它，却是一件极其煎熬的事情。

2015 年 11 月以来，中国之声陆续推出"文化印记"的系列报道，这个系列让广播通过电波传递温度和情怀。也是在做这个系列报道的时候，我们再次切换频道，从提供快餐到尝试做色香味俱全的大餐。8 分钟的一个节目，背后可能是 3、4 天的奔波忙碌，连轴转的采访，一堆的录音。可就是在几秒几秒的录音挑选、一字一句的反复斟酌修改中，我们找到了广播的另外一种表达方式。也是因为这个系列，很多人得以和广播特写的大家任捷老师、权胜老师有亲近的机会。任捷老师会一字字修改，被替换的那句话映入眼帘，你似乎就能感觉到情怀的温暖扑面而来；而权胜老师，常常闷声不说话半天，等把一堆堆音响清晰地"排兵布阵"好，这才脸色清爽地说一句：画面，这样出音响，画面的层次就出来了！站在一旁，真是捣蒜般点头：对啊，声音是有层次的，声音是能让听众眼前出画面的啊！

如今又来到午间节目部，再次和人称九爷的赵九骁老师同部门。做观察员、写犀利评论、还能值班写稿编稿件，衣服永远新潮而得体，一件 10 年前的蓝色工作服也能被他穿出 IT 行业高级工程师的味道。偶尔看到他蒙着眼睛思考，良久拿去眼罩开始字斟句酌写下评论，不禁感叹：才子九爷，笔下字字用心才得。

17 个年头，已经不再是年轻记者了，回想过往，被刁蛮的采访对象气哭过，被一通通催稿电话追得崩溃过，记不清多少回左手抱娃右手写稿，不记得多少次在点出节目发送键的一瞬间紧张得手抖……可是却记得那些面对话筒掏心掏肺的采访对象，记得冒着各种危险把关键证据交到我手里的那份信任，记得很多采访对象如今已是生活中常常来往的至亲好友。当然也记得采访完盲艺人要回北京，他们拉着我的手问：什么时候还能见？记得写邢丹意外去世那期节目，录最后一段不过百字的串词，录一段哭一阵，天亮了，眼睛也哭成包子的窘相；不会忘某期节目播出完，许久不联系的同学或是朋友发来的信息：听广播听到你的声音了……最好的年华，我为广播忙；心里感恩，广播给了我太多的感动和幸福。

17 年间，换了 5 个部门，不知道未来还要换多少次。身处藏龙卧虎之地，仔细端详，每一个人都有着过人之处，出手即是精彩。也是因为在这样的平台，一直懂得要不断努力才能跟上这支浩荡的队伍。爱广播，谢谢它，让我成长、给我收获，让我与这么多的高人同事，感受那么多与广播有关的精彩……

改版的故事

作者简介：刁莹，中央人民广播电台中国之声编辑。

中国之声自2004年建立呼号以来共经历了两次改版，2008年实现了为报道提速，2011年做到了为报道分层。

我对中国之声第一次改版的"快"最早的感触是在特报部。2009年，离正式上班还有4天，时任特报部主任李宇飞晚上7点多打来电话，问我在干吗呢，能不能立刻来台里做个题，我说宇飞老师一堆人围着我过生日呢，刚倒了口气儿要吹蜡烛，您电话就进来了……宇飞主任从牙缝里挤出一句"生日快乐"，说他再问问别人。之后7月3日清校，7月1日我还在出差，高壮的男友和全楼层女生一起叠衣服、装箱、整理书，分外显眼。

那时几乎都是熬夜做题，接到线索立刻出发，赶最早一期的《新闻和报纸摘要》《新闻纵横》，记得有一次《新闻纵横》给我留了8分钟的7点档头条，6点了我还没合完，吓坏了当天的值班主任周强老师。

2008年改版用"板块＋轮盘"的模式开创先河，从清晨6点半到夜间12点，从周一到周日，新闻直播连缀不断，以滚动轮盘为骨架，以早午晚夜四大新闻板块为支柱，一旦遇到重大公共突发事件，随时打破原有播出节目安排，开启实时直播窗口。"快"让广播重回影响力时代。

2011 年 4 月我从早间部调到了策划部，接到的第一个大任务是中国之声新一轮改版。2011 年改版的第一次头脑风暴是在一个小茶馆里进行的，分管策划部的总监王化强、策划部主任罗厚领着我们 3、4 个人，主要讨论"快"之后，我们该怎么办。以轮盘为例，从 5 个 W 的原点出发，中国之声选择了为新闻进行有序分层，"第一时间""第一现场"通过加强各新闻工种的密切配合，实现能协同的快；"第一背景""第一争议""第一解读"通过加强各新闻元素的搭配呼应，实现有层次的快；"第一真相""第一人物"通过加强各节目定位的相互补充，实现显差异的快。

海量资讯依然不能忽视，但能否形象化加深印象，于是诞生了"此刻主播"，后来编辑部主任武俊山还写了首歌叫《此时此刻》，"此刻"的形象更加丰富。那段时间指挥中心接到好多粉丝电话找张蕾主播，有直播间视频的话绝对能跻身第一波网红。

此外，《难忘的中国之声》变为常态节目，每半小时设置一档，其中半点前播放反映重大事件和重要人物的历史珍贵音响，整点前播放反映当今普通中国人积极状态的生活自述，从而将中国之声建成 24 小时流动的国家级声音档案馆。《公益报时》使中国之声整半点报时成为宣传公益事业的固定窗口，营造积极向上的媒体公益环境。

中国之声这次改版是成功的，当年 32 个大中城市的收听调查中，四分之三城市收听率和市场份额均有明显提升，其中四分之一城市中国之声位居前三位。改版思路也直接获得了时任中宣部部长刘云山的好评，引领了新一轮全国传媒新闻改革。

"中国之声，责任至上"的 slogan 最初诞生在巧玲姐写的片花里，从"以责任，赢信任"衍生而来。"中国之声"强力塑造"责任至上"的媒体形象，做勇于担当社会责任的国家新闻广播，实现中国之声的可持续发展。后来中国之声十周年的时候，任捷老师制作了 Rap 版《中国之声，责任至上》片花，完整阐述了中国之声的形象和性格。

我记得设计改版的时候最有趣的一个比喻是要把中国之声想象成一个 40 岁的成熟睿智男人，围绕"他"展开一系列包装和策划。

2017 年，距离上一次改版过去了 6 年，我们年纪大了，他还是40 岁。

媒体融合的改版其实从 2013 年就开始酝酿了，一直在修改和完善，传播学和未来学的学者可以随意指路，然而一艘传媒旗舰转身，没有实际的调研、切实的预判，万万不敢赫然启动。尽管尝试早就已经开始了，2016 年"两会"报道尝试了 VR、弹幕、冷知识，2017 年两会自制短视频节目全面开花，全媒体节目《真实甲午》爱奇艺打分8.4，微博阅读量近 2 亿次；现在特别直播中音视频基本同步，《小岗村夜话》《寻找下一个阿里》都做到了"看得见的广播"。

在筹备新一轮改革至今，光拉一二十人、二三十人队伍的大规模头脑风暴就开了 3 次，小规模的会已经无法统计，还在全中国之声范围招募了两次英雄帖，集思广益，哪怕只写了简单的几句话，也设立了优秀奖鼓励，点燃热情是最重要的。

化总的白发可见的多，坐出腰椎间盘突出的能组一个"腰友俱乐部"，改版的撕扯消磨着意志和身体。记得一次小规模会议里，讨论轮盘怎样更快进入资讯，全天重点关注导听应该是 30 字以内还是 20 字以内，策划部全体在圆桌会议室吵得老死不相往来，第二天中午了还得分别找其他部门同事吃饭。

我的电脑里存着密密麻麻各个年代、各个版本的改版方案和操作手册，PPT、PS 和手绘水平与日俱增。然而不管 2011 年改版还是新一轮改革，改版团队连一张合影都没有，这是份苦差，传播生态变化倒逼的"下一次改革"永远如猛虎在身后。

我是认真地感谢中央"改文风"，每年简报字数减了一半，然而优秀的策划偶尔还是会"溺水"在简报的海洋。

每天要写许多字，距离退休还有 31 年，右手腕的腱鞘炎早已时隐时现，我把右手留给鼠标，开始练习用左手吃饭。前路道阻且长，环境瞬息万变，追赶是常态，不变是信念，我相信声音的力量，相信同事的勇敢，我会老去，一代代广播人会老去，而广播会永葆青春。

坚持"不要脸"是追求你的节奏

作者简介：刘飞，中央人民广播电台中国之声记者。

楔子：

忘了哪一年，某档夜间节目结束，多听了一会儿后面"请您欣赏"的音乐，主持人忽然又出现，好像是，情绪在那儿，有些话，非要推起推子再说上两句。现在有一个动词概括这种行为——"撩"。于是，那晚就比平时更晚才睡着。

2014 年 6 月 21 日，广西玉林，大市场。

说着普通话和一个围观屠狗的市民聊了两句，就被一圈看热闹的人围了起来。起初可能被误当成了动保人士。之后，被调侃、奚落一番。同时，应该也是被用当地方言辱骂了，一圈人哄笑。但并不搭理我说什么。只能默默走掉，先换一个采访对象。

当时，有点伤心……

之前，"色艺双绝"的丁记者在她的那篇《广播年华》中写道，"那会子脸皮薄，几次想挂掉电话，但迫于采访压力，还是不住地道歉和说好话……"。"那会子脸皮薄"六个字，击中了我。状语精到。

想起了此篇开头那次采访时写下的朋友圈。

不要被省略号骗了，从中看到一个落寞的背影。完整的句子是，"当时，有点伤心，因为发现自己在采访时，有点脸皮厚到，只要不揍我，你爱怎么说就怎么说的地步"。

有人说，追女孩要，坚持、不要脸、坚持不要脸。这就是我追求广播新闻的节奏。

当然，那次没有继续和他们沟通，多少是因现场一触即发的气氛。不是第一天到那里，各方的立场和情绪都理解，也知道并不针对我。多站一些时候，多聊几个人，总有闹情绪，但愿意和你好好说说话的人。

这种"不要脸"是最好坚持下来一种的。采访不被理解、被拒绝，和表白被拒一个样，多了，就习惯了。互相都有这个自由。但作为一个工作上结果导向的人，被拒从来不是能坦然接受的结果，要不也不用"坚持不要脸"了。

2014 年，年尾，某市一在建工地底板钢筋倒塌，10 名工人死亡，4 人受伤。各家媒体采访中，等待许久的官方说法，终于来了，印在纸上，数量有限。看不清各位同行的手法，只听得撕裂声。最后，也只有自己手上那张"通报"，裂着一条差点把它"半儿劈"的大口子，冲自己怪笑，提醒着"快看看有没有说到关键问题"。

3 年前的那天，记录下的想法是，"感觉职业尊严随着那张纸一起碎了"。玻璃心碎了，不抢了？自己哭着去葬了这堆玻璃碴子么？当然不能够。您也看到了，本着在工作中不要脸的准则，抢到了。

以上这些，只是顺带记住的。

那天，清晰印在记忆里的，是您对不知家人是死是活的家属，说的那寥寥几句。家属想去医院找人，您说，"有医生救呢，比你去管用"。

相声里怎么说来着？要脸就是不要脸，不要脸就是要脸。

还有诸多画风清奇的此类事件。比如，固话拨打固话，对方说信号不好，挂断了；再比如，和阻挠采访的人，以一些尴尬的方式，比谁更敬业，到底。

这些事，和听广播不巧碰到一首不爱听的歌一样，听一会儿就过了，就放广告了。

就不细写了。

这样的节奏，打扰过很多人，心里是抱歉的；这样的节奏，也打脸过很多人，心里也有一句"那就对不住了"。

有人说，听起来也还好，小朋友没见过世面。

这恰恰说明我们本质上是"吹弹可破"的性格。

和广播的初见，也明明不是这种画风……

忘了哪一年，一个初中生有了她的收听时间表。写作业的时候，五音不全跟着哼歌；偶尔和收音机里的人隔空搭话；心血来潮，抹掉一盘英语磁带，录一期节目……

真替领导们开心，招到从小这么爱听广播的员工。

然而，自己是个没天赋的媒体从业者。工作中，经常要，假装不困，假装体力好，假装不害怕，假装无所谓。

多亏，举着采访机的途中，被很多人温暖过。在此，无法写了这件、不讲那件。

尾声：

2008 年，新加坡小男孩斯库林是美国游泳名将菲尔普斯的一枚迷弟。2016 年里约奥运，斯库林在男子 100 米蝶泳比赛，超过爱豆"飞鱼"，夺冠。

听收音机的小朋友，虽然，她的声音只能说是"声音"。如今，和电波里的声音男神、女神，成了同事，全靠才（jian）华（chi）与（bu）内（yao）涵（lian）。

让好好说话，变成有趣的事

也许因"过期食品"，与广播结缘

最近一个认识十几年朋友果断放弃了法院的工作，跳槽到一家公司。以他的家庭和个人条件，我原以为他会妥妥地待在体制内走仕途。一问，他说"只想换个活法"。你看，人生中的很多事是冥冥中有天定，无论你怎么折腾和设计，最后只是揭开命运女神的面纱而已。正如，我的广播生涯。

作者简介：王思远，中央人民广播电台经济之声记者。

十年前，抱着"混个实习经历"的心态来到央广，专业不对口，也确实没有妄求什么。恰逢春运，那是年度重头节目，哪知本该去机场直播的老记者吃坏了肚子。时间紧急，人手紧缺，当时的部门领导一指我"我看你挺能说，要不你去吧。"就这样，刚到电台第三天，还没弄清楚所谓"连线"要不要用尺子的我，稀里糊涂地出发了。其他几路去长途车、火车站的都是老记，我倒没心思紧张，只想着"好好说话，可千万别丢了人。"

谁知，那次报道过后，频道总监说"这人适合干咱们这行"。这事儿就那么定了，从后来的成绩和表现来看，至少没太失职和辜负这位领导的眼光吧。当然，成了"王记者"以后，我时常想，是不是也该感谢一下当年把那位老记者肚子吃坏的那碗米粉。

后来那些年，先后涉足社会新闻、法制新闻、财经新闻和科技新闻，也算是"吃过见过"了：游走于各种"高大上"的行业盛会，也采访过灾区和突发现场，接触的三教九流横跨庙堂江湖：诡辩精灵的律师、城府极深的政客商人，也有感性矫情的市侩，哦，网上流行的词叫"吃瓜群众"。

这些年经历得越多，越觉得广播这碗饭是自带收纳属性的职业。声音可以作为纽带真实地记录，让人与人之间平视和对话。当然如果你"好好说话"，会给自己和受众带来意外的缘分和价值。

当然，这并不容易，得走心。

里约奥运：歪着头、歪着楼"好好说话"

刚从 18000 公里外的里约回来就被约了稿，理由特直接"看你公众号推送的巴西奥运挺有意思，给大家聊聊?"

哦，他说的是刚结束的里约奥运。22 天的行程，伴随着中国奥运军团差强人意的战绩。我们在体育赛场之外，全面走近里约和巴西的文化、经济和生活。用"剑走偏锋"的视角和方式，制作了声音和新媒体结合的节目《远见：里约》系列，在每期十分钟的时间里，深入里约，围绕当地民风、文化、经济生活。

从最初《初见里约：激情、风情和匪帮文化》小心翼翼地聊着巴西风情和关于匪帮的传言，《这些天，那些擦肩而过的金牌》复盘那些目标保金冲金却遗憾失利的比赛和选手们的故事，对话"国民段子手"白岩松"奥运本就是场开心的段子"，《从一张波折的机票，看打开里约游的"姿势"》邀请当地资深华侨和旅行社大话里约的吃喝玩乐，《中国特许经营商"里约大冒险"》听了本届奥运唯一的中国特许经营商老陈"倒苦水"。

《走近里约华商圈，"沁着"东方智慧的生意经》见证了里约华商圈的东方智慧。最早由阿拉伯人建立的 Saara 社区，如今成了华商的天下。华商组织在当地的经济、政治中，会起到哪些作用？中国是巴西最大的贸易伙伴，但经济下滑和汇率波动，考验着华商们的东方智慧。他们在18000 公里外的生活还好吗？

期间，"对话、访谈、纪录片、新媒体段子"，也算是尽了"洪荒之力"。

不信？来感受一下：

10：26

远见里约 2016：华人商圈

来自 CNR 团委

当然，斜着身子并不代表不"好好说话"

新媒体板块，融进大量"歪楼"的段子。把赛场上、生活中的各种照片和细节，加以串联和个性化表述，组成了不少故事，这些段子在新媒体上的受捧程度，甚至高过说正事的节目本身。因为他们微信留言给我"听你配着图调侃他们，有趣"。但我始终认为，人应该入乡随俗，里约人单纯善良，风趣幽默。广播和声音不该延续这种快乐吗？事实上，只要你肯发现，生活中到处是快乐的段子。

声音的奇妙在于，感染别人，感动自己

匆匆忙忙，《远见：里约》系列结束了。事实上，来前脑中一片空白，兴奋却无从下手。一个做经济节目的来到赛场，意思跟体育老师玩数学差不多吧。

所以，这中间探索的过程充满波折。初到里约，单枪匹马，人生地疏；当我把这个想法告诉同行者时，多数人包括我自己持观望和怀疑态度。

所以，第一期节目的槛儿最难过：拉到了梁悦和晓培，说实话录成什么样，心里真没底。因为担心他们出状况反悔，我要了个心眼"摆酒款待"，美其名曰"吃饭为主，顺便聊聊"。结果，国外的朗姆酒和国内的不一样，节目录到第二集酒劲儿上来了，10分钟的节目，和他们聊了两个钟头。后期剪辑听得十分汗颜，心说"他们俩耐心可真够好的。"

当然节目上正轨后，常年记者生涯练就的"人来疯、自来熟"特质，也让我在当地通过各种途径找到了更精彩的话题和采访对象。南美华人媒体不发达，别说广电，连报纸都没有几份。意外的是，几位参与节目的华侨和嘉宾，事后都热情地提出要邀我吃饭，因为听到节目时，超出自己的预计"没有想到广播节目原来是这样的。"

所以，我一直觉得"语言和声音"是一把神奇的钥匙。做出尊重每位听者、尊重自己的节目，能感染别人，也能感动自己。做广播的人，内心对这种快乐是有所期待的。

当然，好好说话，也是件有趣的事。

户外有热流

每当我在填写履历表时，"岗位"这一栏总是不厌其烦地写上两个名词："记者""主持人"。广播行业的普遍规律要求我们能够胜任多重角色，而我对这两个词的排序也体现了内心对于两种职业技能重要性的一种判断。

大学毕业前，我在一家报社做实习记者，第一次采访经

作者简介：谢喆，中央人民广播电台对港澳节目中心主持人。

历就让我对媒体职业充满敬畏：那是厦门郊区的一个农户的自建房，宅基地被地产商圈起来要开发楼盘，农户没有妥协，拒绝搬迁，开发商就伙同当地势力把农户的楼砸了。我的业务领导，我喊她陈姐，是一位到今天都敬佩的好记者，她带着我走访了这户人家。

现场真是把我吓到了，是那种毁灭式破坏，四层楼房从天花板到每一层楼板贯通式的砸透！初出茅庐的我第一次看到了社会的复杂、个体面对强势的无奈与卑微。而就在我们用相机拍摄现场画面时，开发商似乎觉察到了记者暗访，一下跑过来几个不怀好意的人凶恶地围拢上来。

我和陈姐也是急中生智，竟然乔装成回乡探亲的华侨（当地是侨乡），用英语交流着，然后还故意装作用蹩脚的中文向围拢上来的人询问"这是哪里，我们姐弟俩是帮爷爷来寻亲的"云云。竟然蒙混过关！

回报社的路上，陈姐和我说了她年轻时采访经历的故事。当时她在兰州的一家报社，调查黄河水污染，被污染企业发现，打得鼻青脸肿满脸是血，差点被推到黄河里去……即便如此，也要坚持完成报道！我不知道陈姐跟我说这些是安慰我还是吓我，但在我年轻的心中，对于媒体人的人格与品质，有了深切的认识。

非常感谢我职业生涯的起点认识了陈姐，她让我明白，媒体的分量，并不在于光鲜的外面。记录时代、关注现实，是可以看得比生命还要重的。以至于后来结缘广播，我更多地选择走到户外，去见识这个世界更多的色彩。

广播以声音为唯一传播手段，采访机很自然成为我的最佳伴侣。也许是用得太频繁，以至于它磨损得特别严重，器材科的师傅脸熟得不得了。我的工作领域侧重于文化报道，直面社会顽疾的机会并不多，但也正因为是文化报道，更讲究审美，对声音的品质也有着更高的要求。于是，处女座完美主义的种种自虐就开始爆棚。

为了采录深圳地铁文学的节目素材，我一头扎进深圳地铁，去记录点滴特定环境的音响，报站、开关门、安全提示、让座、情侣呢喃、儿童嬉闹……一幅地下流动的社会风情画卷徐徐展开，沉醉其中，任由列车从第一站行驶到底站，又从底站开回来。由于太多不确定因素，特定的音响很有可能因为路人的一声咳嗽、或者一通电话而前功尽弃。再重新来过！直到每一段音响都满意了，行至地面已是华灯初上，手里机器的原始素材时长已近十个小时。此时才觉头皮发紧，许是缺氧了。

在一个习惯了复制粘贴的时代，广播节目的核心竞争力是独一无二的声音资源。这样的资源是必须脚踏实地地去采录的。而对于广播记者来说，最虐心的莫过于当你正在见证一个精彩的时刻，难以遏制地想去用相机拍摄，但你更应该清醒，你的首要角色是广播记者，即便是到了多媒体时代的当下，要求广播记者具备全媒体报道的能力，但记录音响永远是首要技能。所以每次采访我几乎都没法留下几张像样的照片，但是我自信能够留下最丰富的音响素材。也因此，对采访机看得比什么都重。最常见的情况就是遭遇下雨天，宁可自己淋雨，也要用雨衣把采访机裹得紧紧的，甚至给机器支起雨伞，自己淋着。我想，爱一个女子，也不过如此吧。

2013 年年假期间，我乘坐的中国邮轮"海娜号"因经济纠纷遭韩国扣押，我是船上唯一一名记者，居然还带着采访机！事情发生的那一刻，我甚至一点也不在意被毁掉的旅行，而是涌起一股报道突发事件的冲动。于是，在这场牵动中韩两国的公共事件中，我迅速找准了自己的定位，"干了一票大的"。纠纷的双方终于没有绷住彼此的情绪，大打出手的两股力量席卷着中间的我，拳头雨点般地在我的胸前背上落下，配合着大力的撕扯，而我只能用身体护住看家的"宝贝"，记录下了扣押船只上那惊心动魄的一幕。

采访的经历多了，也慢慢对新闻工作有了另外一个深刻的感受：采访真的是个体力活！因为长期坚持运动的缘故，我的体能一直以来是优于常人的，以至于经常在多家媒体联合采访时抢占先机。事后看那些摄影记者的照片和影像，很多画面里都有我，他们不得不惊呼一句："How old are you！"（怎么总是你！）可不是嘛，哥们能跑马拉松啊！哥们一上午能采好几拨呐！

过硬的身体素质仅仅是性格坚韧的外化，然而在更多时候，记者需要克服的挑战终究还是要回归心理层面。不久前我去南方洪涝灾害一线采访，体能帮了我很大的忙，甚至当救援人员得知我平时练铁人三项运动的时候二话没说让我上了救生艇去报道他们的救援行动。

大雨哗哗地打在身上，片刻就湿透了。这些小磨难在我看来真的不算什么。可是当救援人员下船搜索的时候，看到他们一脚踩进的泥水里居然漂满了爬满蛆的死鱼，那密密麻麻的一粒粒硕大的白色身体蠕动着，混着泥水流入了他们的靴子里……顿时我的胃里一阵翻涌，才意识到了采访将要面临的内心的挣扎。

而采访非物质文化遗产"女书"的经历，也让我"收获"了前所未有的挫败感：面对封建年代里秘不示人的女性专有文字，身为一个外来的城市里的青年男子，任由你怎么推心置腹，无论如何也走不进女书传人封闭的情感世界。如果不是经验丰富的随行同事用阅历与情感叩开对方的心扉，那次采访几无所获。

我想，在新闻这条路上，总归还是要多出去走一走的。任何形式的媒体，原创才是王道。话筒前的言之有物，建立在采访路上的得与失。因此，我是如此迷恋着这份职业给予的理想与情怀，记者之间的比拼，在于脚步能够行走多远。

2016年初，因为工作的机缘，我采访到了追踪报道呼格案的记者、被誉为媒体良心的汤计，对于媒体行业的现状，他说："当你选择做一个媒体人的时候，你要知道你肯定不是为了能挣很多钱，因为如果要为钱，你可以去做金融、做投资什么的。所以，既然你选择了媒体，就等于选择了清贫，请不要轻易放弃。"

那是一月寒风料峭的北京，我听到的最暖心的话，足以温暖行走在路上的我。

在每一个怀疑理想、淡忘初心的片刻，只要走出门，就能看见远方。

论广播人的自我修养

据说广播人都是"八爪鱼"，自己在操作台上把各路推子推得让人眼花缭乱，在外人看来绝对是炫技；据说广播人都是多面手，采访、编稿、制作、播出，样样自己来，一人一采访机奔走天下，就能成就好作品；据说广播人啥都会干，广播的采编播那是手到擒来，即便是新媒体也做得有声有色，

作者简介：刘文燕，中央人民广播电台对港澳节目中心主持人。

这个那个的公号粉丝也在"噌噌"地往上涨，大 V 也不在少数。

……

其实，还有很多"据说"，你都很难给广播人贴一个标签，那必须是被标签贴得体无完肤的境地才对，哦，忘记了，广播人还很多才多艺，引吭高歌的时候可谓是"余音绕梁"，奔跑在体育赛场上时又是刘翔附体……

这么说，广播人都是"神"？从某种程度上确实可以这么说，男神女神并不鲜见，虽然咱们不出镜，但是颜值一点都不低。但从根本上来说，广播人都是"人"，真的是靠自己的辛勤与奋斗从青铜圣斗士成为黄金圣斗士，当然在这个过程当中还真可能就成了"剩斗士"，继续为美满的爱情做着努力。

广播人看起来都很简单，一个采访机拿上，立马就化身最敬业的记者，奔赴采访报道的第一线。电视人说："你们多轻松，我们还得扛摄像机，男的当女的用，女的当男的用。"听到这里，广播人笑了，"神"一般的广播记者岂是"人"能理解的：

2007年，我到甘肃采访，恰逢十二月，穿了两件厚毛衣加一件羽绒服都抵挡不住寒意刺骨，那是一种从内到外哆嗦的冷，身体的颤抖根本就不由自己的意志控制。为了采访当时的热点"新农合"问题，我来到了甘肃天水一个小村子，在田间地头采访，也没有团队作战，就是自己单兵一枚，靠着一股子不服输的韧劲，完成了采访。当回到宾馆的时候，早就不知道自己的脚到底是谁的了。不过这些都顾不上，赶紧整理录音最重要，但是……但是……作为广播人命根子的采访机居然罢工了，因为它觉得太冷，已经无法开机。

我傻掉了……半天回不过神来。当时是党的十七大结束后中央媒体到基层采访，作为一名刚刚参加工作的新人，当后方等着要稿子的时候，我的机器居然"掉链子"了。在这里，我有个经验总结，以后外出采访太冷，记得也要给机器穿衣服，省得它抱怨你对它不关心。我当时是懵圈的，我脑子里只能连续不断地冒出两个字："完了……"

我能跟领导哭吗？作为女性，我似乎有这种权利，但是又很怕领导的咆哮，我强大的心脏有时候也很"玻璃心"。想辙啊！我开始打采访机厂商的客服电话，那个接电话的小姑娘跟我一样蒙，不能浪费时间，果断放弃，尽管我的语气还是很和缓，但我已经控制不住内心的"洪荒之力"，在它喷薄而出之前挂掉了电话。上网查解决方法，找了各种论坛，似乎有帮助的内容不多。在那个时候，广播人大概都没有遇到过这个问题或者说还没有分享精神。我这个文科生在那个时刻有了理科生的钻研精神，靠着网上的点滴信息汇总成了一套解决方法，我小心翼翼地伺候着我的采访机，让它能够听到我的召唤，它终于过意不去，慢慢腾腾地亮了起来，那一刻我已经泪流满面。

　　唉，这事一说都过去好多年了，但在脑海里总像是昨天发生的一样，我一度怀疑自己是有做工程师的潜质的，要不然居然能跟机器关系处得不错。其实，广播人需要具备多方面的素质，会采访和写稿，也要会使用和维修机器，那么珍贵的声音素材可就是靠它在支撑。当然了，如果条件允许，多带几个录音设备备用也是极好的。

　　从那个时候开始，我就意识到广播人不是个简单角色，得是一专多能的复合型人才，这在以后的实践当中充分证明了这一点。

　　在央广的对港澳节目中心，采编播是一体化运作的，所有的主持人绝对是东奔西走的各路英豪，要和不同的人去打交道，才能寻找到和采访到独家的新闻报道。如果说"见人说人话，见鬼说鬼话"有点不上台面，那就得说广播人情商要高，要懂得和采访对象相处，不能让人家讨厌你、防着你，要在别人说："哦，中央电视台的啊"的时候，依然保持笑容更正："不，我是中央人民广播电台的"，时刻保持央广的高标准，时刻保持广播人的高规格。

　　其实很多次会被采访嘉宾拒绝，那滋味……刚来的时候被拒绝会哭，现在脸皮倒是厚了许多，不知道是年龄的问题还是岁月的给予，也能够继续努力，争取让采访嘉宾改变态度。在采访获得2015香港艺术发展奖终身成就奖的卢玮銮女士的时候，她一开始就是拒绝的，理由是眼睛不太好，可是这样一个人如果没有采访到那会是多大的遗憾。于是，我采用了有礼貌的"骚扰"，给卢玮銮女士多次发送了有礼貌的邮件，并且不断表示广播的好处就是只用讲话，不会费眼睛。大概是被我"烦"到了，卢玮銮最后同意给我半个小时的时间。"半个小时"，哈哈，足够了。

　　那天采访很顺利，卢玮銮女士"聊兴"也很高，还请我喝了柠檬茶，还说到北京一定会找我，非常可爱的一个老太太，用自己瘦弱的身躯擎起了香港文学之灯，我对她是尊敬，是敬佩，也是满满的喜欢。

　　所以，我觉得广播人得是社会活动家，得是心理学家，"技多不压身"，多学点总是有好处的，只有在实践当中不停地经风雨、经打磨，甚至残酷点说，经"变态的折磨"才会更快地成长起来。

不说了，说多了都是眼泪。不过现在更有想哭的时候。

工作十年的结果就是对广播业务熟稔在心，但是新媒体的挑战又来了，当然我每天停留在新媒体上的时间也不少，漫漫地铁就是靠它们打发的。但是，传统广播和新媒体的融合不仅是口号，更是实际行动。没做过微信公众号吗？学啊！没修过图吗？学啊！怎么吸引点击量？学啊！一切又重新学起。每次台里请来新媒体的从业者来培训，都拿着本子虔诚地跑去听，哪怕一开始是一头雾水，时间久了也就慢慢悟出了些门道。每天上网看，那些修图软件怎么用，我可以给图片加字呀，哇，好神奇！看那些粉丝上千万的公众号是怎么写东西的，有什么运作规律，自己总结，自己尝试着写……哦，别忘了这一切的背后是直播节目不能少，"安播"要确保哦！

要说广播人的自我修养，那绝对是"史诗级的著作"，我和我的战友们都在这条路上没有止步，虽然也有挡路的"大老虎"，但要化身"武松"，怎么也得跨过"景阳冈"。当然了，也要有武松的轻松惬意，"牛肉二斤，馒头二十"！吃着！吃饱了好继续干活儿，为听众和用户服务啊！

褪色的青春

青色的春

6月14日，小雨夜。

绵绵细细的小小雨滴滴在小水洼里，淅淅渍渍，淅淅渍渍，那什么也没说的言语是很温柔的。会察觉出许多小小的心意，欲说还休，欲说还休的，随一个个不经意点起的小小泡泡明明灭灭，明明灭灭，似乎有千言万语，终不过疏疏几行，落在夏六月北京雨季的扉页上，泠泠濛濛，款款婉婉，无非是：青春。

青春，不褪色吗？

褪不褪的，既这么说了，青春先应是有颜色的了。

那，青春是什么颜色的呢？

在我想来，青色的春，是会褪色的。

作者简介：李展鸿，中央人民广播电台对台湾节目中心主持人。

所以不褪，是因为我们能够回忆，而所以能够与愿意回忆，也正因为她那盎然的颜色，这颜色当时觉得会永远新绿，而越回首越觉得老旧泛黄，却又因了这老旧泛黄的过程，而确凿可证她曾经的青绿鲜妍。

　　而青色的春又一定会再来。一代人的青春远去了，下一代的青春正来，春去春来之间，因看惯了逝去而学会珍惜当下，因珍惜当下而不再畏惧未来，甚至，还能有所寄望。

　　入台工作第八个年头，我的青春也开始褪色了。而我满意于这样的褪色，很高兴能够在央广、对台中心、方言部、客家乡亲这几个集体中工作与生活。这样的满意，离不开所有同事与朋友们的指导、陪伴与鼓励。

　　昨晚的欧洲杯，匈牙利赢球了，有着秋裤大叔的匈牙利门将基拉利已年过四十，依然在顶级的赛事之中发挥风骚，令人佩服一个运动员的自我修养。再看看与基拉利同龄的我中心的秦怀冰……在台内足球赛的场上也就只剩下一张嘴了……

青春趣事

　　嗞……嗞……嗞……嗞……

　　2009年，22岁的我在台里12楼的电梯门口给一个破足球打气。身边飘过一个黑影，路过的叶进华老师连忙引荐：以后想踢球，你就跟着这位秦大哥就行啦！

　　于是，不知是上帝的玩笑还是命运的捉弄，我和秦怀冰，就这样在北京夏八月的雨季的沁凉时空中相识了，从此一见如故恨不相逢未嫁时。如果说，在那之后的我的青春里，除了球技、酒量、与一口逗贫的带着京腔的普通话，这位比我大一轮的兔子怪叔叔还给我的生命带来了些什么收获，我想，好像也就没有了吧……

　　其实认真想想还是有的：他教给了我很多在北京生活的经验、在工作中的态度与责任、和朋友及同事相处的方法，这些经验对于一个没出过广东、刚到北京、初入社会的年轻人是非常宝贵和实用的，就像突然在远离南方的北方有了一个失散多年的亲哥，他让身为记者与主持人的我迅速融入了在北京的工作和生活。

最关键的是，我现在还能坐在这儿边损他边敲字，也着实拜他所赐，不然，我可能早被开除了……

青春意味着叛逆。

对台中心各部门之间的人员就像我爱我家的房源一样，是共享的，比如文艺部的主任带着方言部的小孩出差锻炼，是很正常的。

某年某月某一星期，受方言部主任阿甘之托，文艺部主任文艺老青年张浩带着方言部小青年李展鸿出京采访，试图提升李的业务能力。

某夜，采访结束，小酌之后，我与张浩为了工作吵了起来，在同住的房间里，我非说采访得这么着，他非说得那么着，还狠批了我一顿！带着两分马尿的我便使酒任性，向他挥了挥拳头，义愤填膺地摔门拂袖而去……

据张浩的说法，当时他掏出手机要给领导打电话，说这样的孩子咱不能要了！

就在电话要通未通千钧一发不可收拾之际，他做出了一个影响小青年一生的决定：挂了电话。

接着，他就给阿甘打电话，阿甘说："这孩子喝了酒犯迷糊，您别介意，狠狠呼他几下就醒了！"接着，他居然还想到给秦怀冰打了电话，秦怀冰说："这孩子喝了酒犯迷糊，您别介意，狠狠踹他几下就醒了！"

我没挨呼也没挨踹，一个人坐在酒店门口，与阿甘与秦怀冰二位前辈煲了两场比初恋还天荒地老海枯石烂的电话粥。后来，天亮了，张浩说："孩子，没事，咱都是性情中人。"

再后来，我成长了，与张浩也成了好朋友，没事儿了，和他、阿甘、秦怀冰也时不时喝点，听他们回忆当年的青春岁月，什么横渡水库，什么过全场一条龙半场进七个球，吧啦吧啦吧啦……

后来，也不知道领导知道了没有……

说来是一段搞笑的青春趣事，实际上，满满的都是前辈对一个晚生后辈的宽容和关爱，今天的我工作上取得的成绩，生活中运用的经验，领受了你们很多很多，所以，在这里要说一声：谢谢。

往昔的雨

不知不觉自言自语了这许多，侧望夜窗，小雨仍低低细细地诉着些什么。

恍惚间，突然觉得，我的青春又褪去一点青绿，多了一分老旧了。而这褪了色的青，终究还是青春的一种延续，她由青褪来而更显那时的青。她向哪儿去，我不知道，也不愿命她向哪儿，我顺从且满意于她自然的褪变。

四季更替，更有其美，我们从春天走来，终要走回春天里去。

像中心刚刚离世的张建春主任……跟他只打过一两次交道，他是个把谈话当相声说的人，据说诗文极美，在中心评好稿时给我的作品留下过一句评论：文字似乎不太讲究啊……

虽然已没有机会向您讨教，但总觉得您是位有趣、亲切、又对所爱事物极为执着，不忘初心的人，所以想对您说：您很青春。

与您告别时，八宝山的月季正繁，红的红成了血，风过处，似点头而摇首，欲开言而凝唇，只这血，汩汩流动起来了一般。杜鹃隐在叶底，青绿色地啼着古野的四声：不如归去，不如归去……这红与青的小而蓬勃的生命，这永恒不变的别离的歌……走好……

不及说的人与事还很多，比如我幼儿园的同学现在是我的办公室同事，及他与假装成是他舅舅的叶进华老师去看房和中介过招拆招三百合，还有我们对阿甘主任极尽戏谑的日常、京东大打折不忘给我们买行李箱的谢彧制作人，等等人等等事，虽然是些家长里短，但真的让我们这些晚辈在北京、在央广能够享受到亲情般的氛围与照顾，让我们能安心生活，安心工作。

其实，这份工作，无论作为记者在外，还是作为主持人与同事在内，给我的最大感悟就是：人与人的相处其实没有那么复杂，以友善之心待人，别人就能感受到你的温度，你也自然会收获别人的温度，从某种意义上讲，广播不存在技巧，更谈不上艺术，它只是两颗心的真诚相待，用有温度的言与声。

最后，要对陪伴着我的青春褪色的所有同事们说一声：谢谢。

青春，虽然会褪色，但只要你愿意，青春也可以没有句点……犹如这雨，降落下来，又蒸腾上去，点在当下，却来自往昔呢。

所以，未完待续呗……

那些年　那些人

作者简介：朱宏钧，中央人民广播电台经济之声策划合作部主任。

生平第一次写歌词，是为经济之声《那些年》一周年特别节目，这是我入台二十多年参与策划制作的若干个节目之一。

当我写下"时间的光，打在脸上，好像五月的暖阳，想起那些年那些青春恣意流淌……"，我的眼睛有点湿润了。人到中年，脆弱的感性常常猝不及防地被回忆击中泪点。时间的光，徐徐掠过我的青春我的那些年，我在这里开始职业生涯，我在这里遇到人生伴侣，我在这里结识良师益友，我的那些年，属于中央台。

从1992年入台到今天，二十四年，我一直待在中央台，一直待在经济之声（过去叫过经济部、经科信中心、二套）。在同一个地方，待了二十几年，总是有原因。一个原因，是个人的，天秤座追求安稳，保持节奏，换句话就是懒得动窝；另一原因，则是因为我喜欢中央台的氛围。

每一家公司每一个单位都有自己独特的气质与氛围，说成"企业文化"有点滥俗了，我更愿意理解成：一个单位经过多年积淀，会形成某种独特的精神气质；一代代价值观相似的同仁互相砥砺，融合成某种人文气场。外人眼里的中央台、学者眼里的中央台、领导眼里的中央台、广告商眼里的中央台，各有不同，与我无关。我眼里的中央台，有种几代同堂的大家族气象：因熟稔而温暖，真性情而不势利，既传统也变通，有纠结有争吵，嘴里埋怨但手里做事，心里有话但会留余地……每一位央广人应该会加上各自的评语，这是我眼里的中央台，也是吸引我一待二十四年的原因。

或许离开的人比留下的人更能体会中央台的独特氛围。1994 年从《中国广播报》调入央视的老白同志，曾经是当年中央台足球队的主力前锋。那支球队曾经连获彼时广电部的联赛冠军，当年队里有如今尚在台内的伍劲松、吴学军、赵连军、张旭等人，也有已经离开的陈永庆、李辉等人，当时的领队包云如今已是台领导。

老白同志调入央视后，拒绝为央视足球队效力；每年 3 月"两会"前后，必纠集昔日央广足球队诸人把酒叙谊，不醉不归。这个央广老球友的聚会，持续十几年，从未中断过，大家只要在北京，一定会参加，这种情感，不同于同学，更类似战友。其间，老同事老队友郝小明因病早逝，球友们无论是留在台内的还是已经离开的，均自发捐助遗孤学费并持续数年，这份情谊，的确在央广这块土壤才能滋养生长。

看过前面好多同事写的"我的广播年华"，都是非常优秀的记者或主持人，中国新闻奖、金话筒奖，不一而足。一代一代的央广人，被人记住的总是那些闪光的名字，他们是央广的骄傲，是门面。然而，涂抹央广底色、凝聚央广气质的应该还是那些隐在身后的大多数，那些不为人知的广播人：编辑、录音师、播送工程师，还有更多职能部门的普通人。我的央广那些年，给我印象最深的，是这些默默工作的央广人。这其中有几位普通的老大姐，我一定要写两笔，因为从一个喜欢写酸文的文艺女青年成长为所谓的高级编辑，她们对生活对工作的态度深深地感染并影响了我。

刘燕荪大姐：刚进中央台那会儿，正值广播低谷期，工作没那么忙，业余时间就跑去广播报谈恋爱。广播报当时有位热情似火的老大姐，总是亲热地让我管她叫婶儿。婶儿是个闲不住的人，热爱各种体育运动，看不得年轻人四体不勤，于是她组织能召集到的各部门闲逸女青年，去海军游泳馆学游泳，一周两次，风雨无阻，主动陪练，不计报酬。在婶儿的严格督促和不懈陪练之中，我光荣地学会了游泳。同期"毕业"的婶儿徒弟，记得还有甘露老师和阚平老师。婶儿其实是个经历过生活打击的人，但她始终以一副"大笑姑婆"的形象出现在单位。她对生活的热情和乐观深深地感染着身边的人，我喜欢被她热情地拥抱，仿佛这拥抱能给自己带来快乐和力量。

巢琴波大姐：办公室是个江湖，然而，二套数任领导、台里上上下下都对巢大姐尊敬有加，原因很简单，"无私为大私"，老子的这句话是至理名言。巢大姐前年退休，潇洒地挥挥手，从此江湖中绝了音信。巢大姐愿意帮助新人，那些懵懂中常常犯错甚至犯忌的年轻人，常常得到她含蓄而高明的点拨。甘居幕后、不事张扬、有话明说、不挑是非，巢大姐的办公室政治，干净磊落，让人敬重。我喜欢和巢大姐聊天，甚至听她批评，因为那是真心为你好。

赵亦红大姐：人都说天蝎座女子厉害。赵姐姐的确厉害，业务能力厉害，嘴也厉害，一针见血，不留余地，扎得可准了。可疼完了，你会觉得她说得有理，不服不行。赵姐姐是个爱憎分明的人；她认准的事情，一定执着冲锋全力干好。记得那年经济之声做"魅力声音"，从来没做过的活动，困难重重，赵姐姐愣是带着团队扛了下来。周其仁先生写过一篇文章，把民族及人分为四类："确定的乐观者""不确定的乐观者""确定的悲观者"以及"不确定的悲观者"，我想，赵姐姐应该是不确定的乐观者，即便知道前景不确定，她也会带着人往上冲。赵姐姐已经退居二线，我仍然喜欢跟她找时间聚聚，她身上那种战斗的气场，让我敬佩。

　　还有吴纯美老师、马黎老师、张红霞老师，都是待我如亲人一般的老大姐。人和人都是相互影响的，投缘的人才会聚合在一起。我不喜欢用很大的字眼去写"我的广播年华"，我们都是十分普通的央广人，不曾大红大紫过，但也从未虚度年华。很幸运，我一毕业就来到央广，在这个温暖如家的单位工作了二十四年。感谢每一位同事的帮助，感谢每一位领导的包容，感谢央广的那些年。

爱有三天

如果一回爱恋、一段缘分可以分为三天，那便是相识相遇的第一天，或长或短的第二天，不知何时到来的第三天。

全媒体时代，央广已不再是单一的声音媒体。可我们这拨人对于央广的记忆，无疑都是从声音开始的。广播在我记忆中响起的第一天，印象就很深刻。

作者简介：罗厚，中央人民广播电台中国之声策划部主任。

第一天：那个阴天

1976年9月9日，阴天。那时我还是学龄前儿童，妈妈背着发烧的我去县医院看病。那天是贵州最常见的阴天，没有阳光，不冷不热，大街上人来人往、步履匆匆。快到医院时，挂在大街上的大喇叭传来了哀乐声。没听清播音员的话，只记得妈妈一下子把我放在地上，同周围人一起放声大哭。后来才知道，毛主席与世长辞。

第一次接触广播竟是如此重要的历史节点，更不会想到，多年以后，我会来到那远离家乡两千多公里的神圣而庄严的地方工作。

对了，这天我就读的小学还发生了件险事。学校有一口井，井口窄且深，井壁很光滑。两个淘气的小女孩在井边嬉闹，妹妹踩到井沿的青苔，脚下一滑，扑通一声，掉进了井里！姐姐急忙呼救，可傍晚六点钟的学校，老师学生应该早已放学回家，周围见不到人影。正着急时，姐姐发现不远处的一个办公室还亮着灯，赶紧跑去叫人，好在有几个老师正聚在一起扎小白花，制作祭奠主席的花圈，在他们的帮助下，小女孩儿被救了上来。

1940 年，中央人民广播电台在延安窑洞诞生，直到电视普及前，广播一直是传递信息最快也是最重要的媒体。那时候，大街小巷、学校军营挂满了大喇叭。儿时的我喜欢跑步，家乡的小县城，半个多小时就可以跑一圈。于是，大喇叭就成为我亲密的伙伴，边跑步边听新闻和音乐。记得《童年》里有句当时很大胆的歌词："隔壁班的那个女孩，怎么还没经过我的窗前……"似乎从那时起，有了会心的微笑、莫名的心动、懵懂的情愫。那时常想，为什么会是隔壁班不是本班的呢？

那个年代，收音机对普通家庭算是奢侈品、家里的大件，所以，我经常跑到大街上听广播。

1986 年，汉城亚运会，中国队遭到东道主各种阻击，最后一天的男子 4×100 米接力自然成为焦点战役，因为这块金牌决定了中韩之间究竟谁能占据金牌榜首。那天我一直揪着心，熬到傍晚 6 点半，冲出家门跑到大街上等着。终于，《全国新闻联播》熟悉的栏目曲响起，广播里传来：中央台消息，在刚刚进行的汉城亚运会男子 4×100 米接力比赛中，由李丰、郑晨等四人组成的中国队夺得金牌，中国体育代表团也以 94∶93 险胜东道主韩国，保住了金牌榜首的位置。那心情，爽！

多年后，我依然怀念那段岁月，想起学校门口的石狮子上，淘气的小女孩爬上爬下。

第二天：午夜里的收音机

1995 年，国家公开招聘公务员的第二年。某天午夜，单身宿舍的收音机传来一首歌，"谁娶了多愁善感的你，谁安慰爱哭的你，谁把你的长发盘起，谁给你做的嫁衣"，真是好听。突然想到，广电部不就是出广播的那个单位吗，不是正招公务员吗？于是报名，终被录取。在部机关待了几年，机构改革后来到了央广。

初到央广，被安排在新闻部值夜班，晚上贼精神，白天困成狗，虽然苦，但很开心。

2008 年中国之声改版后，早间部负责《报摘》和《纵横》两档重要节目，从此便进入常年夜班、假日无休的日子。每天下午 3 时干到次日晨 9 时，一夜不睡，工作 18 个小时，这应该是全国新闻界最长的夜班了吧？不过，那时的体力还真不错，赶上第二天有任务，不歇着，继续战斗。早间部因其艰苦、重要又特殊的工作性质，被称为中国之声培养人才的"黄埔军校"。

某天，我心血来潮，想了个"军规"："八准八不准。"有些苛刻，也有些搞笑，苦中作乐，笑中有泪。择取其中两条：①只准说睡着了没听见，不准说下了班关手机：要求工作状态是白加黑，全天候。无论上班下班，必须召之即来，来之能战。②女同胞在，男同胞不能喊苦；老兵在，新兵不能喊累。每次 18 个小时又采又编又播，这么艰苦的夜班，如何能扛得下来？我们的理念是：死扛！没有能干的，只有能扛的，这是我们的原则，也是我们以此为傲的文化。

从跟着第一任老师姜保红编简讯、写版面开始，到自己审稿当主任，体重涨了 40 斤，前后共 9 年。前几日，听说新入职大学生要来中国之声，特别是早间部锻炼，规模也越来越大。祝坚韧能扛，勇于担当的"黄埔军校"越办越好！

第三天：也许就在明天

全国"两会"和党代会时，《报摘》《联播》有个常设述评栏目，我们俗称"大综合"。记忆中，2001 年、2002 年的"两会"，2002 年的党的十六大的"大综合"是我撰稿，审稿人分别是姜保红、蔡小林、王晓晖。重大报道期间，我们会在真武饭店租个房间，我和报道组于雷、赵军哥几个就开启了以宾馆为家的工作模式。

当时的"大综合"，开始尝试录音述评加配乐的方式，选哪个曲子成为纠结的事情，选来选去，最终选定《红旗颂》。接下来的每一天，空气中跳动的都是"红旗颂"，每天凌晨 2 到 3 点，必是在报摘录音间审听完"大综合"后收工。稿子播完就过，具体内容已变得模糊，可脑子里萦绕的还是那行云流水、美轮美奂的乐章，听着听着，竟听出了感情。至今对那个画面印象深刻，一脸疲惫的保红拿个可乐，在录制间的椅子上来个"葛优躺"，眼睛半睁半闭地呢喃：折腾一天了，最后听听这音乐，还真好听。

保红是带我进入广播的老师，不知为何，他戴着的帽子从来没摘过，因此得名"铁帽子王"。他酷爱报摘岗位，三十年未曾离开，最终荣获韬奋新闻奖并创下了导向零偏差、政治和技术零事故的惊人纪录。工作里严肃的他其实是个超搞笑的人，江湖上流传的那些著名段子至少有二三十个。

前阵子，保红光荣退休了。同事小聚，感慨万千，酸甜苦辣多少事，尽付笑谈中。花开花落，时光易逝，传奇终谢幕，传说永流传。十几年、几十年的时光，回头看竟是不经意的一瞬间。

缘起必有缘灭，尽管远离，未必缘尽。流水带走了光阴的故事，改变了我们。我们都在第二天，视每天如第一天，心中必常怀喜悦；视每天如第三天，时刻提醒要珍惜。也许这样，我们才能无怨无悔、平静笑对第三天吧。

特报的"跑男""超女"

要是哪位老同事的孩子在我参加工作那年出生，这会儿他就可以名正言顺地哼唱《十七岁的雨季》了，如果他还看得上"Kimi"他爹。

在中央人民广播电台这十七年，有五年是在特别报道部度过的。这五年，时时刻刻被部门的兄弟姐妹感动，他们绝大多数都是"85后""90后"，没有一丝"00

作者简介：刘钦，中央人民广播电台中国之声特别报道部主任。

后"所谓的毛病。今天就从他们下手，说一下特别报道部的兄弟姐妹们。

为什么说特报的记者是"跑男""超女"？因为每到年终我都会算一算他们的"跑量"，连续几年算下来都差不多，平均每人每年奔波行程约六万公里，奔波方式有飞、跑、走、爬，足以绕地球一圈半，如何不是"跑男"？找题找题找题、出差出差出差、熬夜熬夜熬夜，日日焦虑如斯，能在特报扛个一千天的女子怎能不是"超女"？！

周博士，特报部如今唯一的女记者，女神级别，分分钟干掉那些靠PS存活的网红和各类网络主播们。她大学毕业后进了象牙塔，当了几年老师转而奔向央广。周博士对自己太狠，在晚间节目部做了几年主持人觉得不过瘾，硬要来特报做记者。

在特报被虐了千百遍，依然待这份工作如初恋。她能在家打理"饮食天气"公号，把美食佳品做得异常精致，也可以在采访途中津津有味地大口扒拉方便面；她能背着大包挂着小包徒步十多公里进灾区，也可以衣着时尚逛大街。

盐城龙卷风冰雹灾害发生时，她正在家里送外婆最后一程，丧事办完，立即奔向灾区。同事说，在灾区见到她时都"脱形"了，此前，她已35个小时没有合眼。

周博士对自己狠！狠在工作已经很累，还去人大读博，而且是真读，不是买文凭的那种。每个月按时上课，时不时地交篇万字论文。当她熬完夜，第二天又光彩照人地出现在部门时，大伙儿都猜想，定是有什么美容养颜秘方?!

小白，特别报道部的三朝元老。新闻雷达，手机里无数个新闻软件，推送一条接一条；灾区常客，入职以来的重大突发事件几乎没有落下；观察独到，眼中细节无数，口语表达最具国际范儿。

小白还有一个好，就是名字起得好——"杰戈"。多年前，我们一起跟着台长"走转改"，台长亲切地一口一个"杰戈"叫着，把当地宣传部的同志听得目瞪口呆、景仰万分，小小年纪被一个部级领导叫"哥"，必定大有来头，十分有本事。

他危难临于前而不崩，口播、连线淡定从容，平和得有如一只洁白的鸽子在天空翱翔，激起你万千想象，直到你潸然。写到这儿，耳边仿佛又响起小白的连线，那是"东方之星"翻沉后被打捞扶正的有着夕阳的傍晚。

此刻他在安徽抗洪一线。

吴总，优秀的调查记者。曾经口含着录音笔，闯过了5道安检，进入富士康的流水线，揭露富士康非法使用童工；曾经为了摆脱盯梢，不得不就近躺进垃圾车离开现场躲过一劫；吴总还是外貌协会的最资深长老，每年都信誓旦旦：我今年一定要结婚，一定要结婚。这话听了好几年，至今还是单身。

他去年代表中央台参加"好记者讲好故事"的巡讲，题目叫作"宁要真相不要爱情"。我有点儿疑心题目没起好，再加上他对工作过于执着，所以……听闻现在又在努力中，但愿今年梦想成真。

写此稿时，他在湖北洪涝灾区采访，辗转到灾区已是当天中午十二点。深夜，他和着雨水泥水吃到了第一顿饭。

肖老板，万能写手，形象十分利于暗访，走在东莞街头曾被卖毒品的主动搭讪。清楚地记得，他在 2012 年国庆节加入特报，当天，爆发了华山景区游客滞留事件，他咬紧热点连续报道了五天，连着七天没回家。

按照规矩，每位记者进特报部都要配个师傅，肖老板，无须师傅！肖老板是爱吃面食的关中汉子，儿子小名——小包子。小包子他爹只要出现在食堂，必定是千年不变的拉面再配上几瓣蒜。幸好，食堂人多眼杂，要不我真担心，他会端着大碗蹲着吸溜。

小包子对他爹有着黑白分明的复杂感情。白天，他会问：你今天不出差？爸爸你明天不出差？晚上，他会说：你在沙发上睡，床上睡不下。

从关中农家走出来的肖老板，只身落脚北京。母亲六年前去世，父亲去年脑梗，供弟弟上完大学后，还想着给弟弟凑上首付，在西安买个房子娶媳妇。他说，这是长子、长兄的责任。

2015 年 4 月，特报部一下涌入四员大将，清一色的男生，这在特报历史上前所未有，当时，特报部的记者队伍壮大到了十一人，史上最强。这四员大将被戏称为四大金刚！中午同去食堂吃饭时，那阵仗，磅礴！

管老师，外表木讷内心狂野。刚过而立之年，就已经凑成了一个"好"字，儿女双全。2009 年大学毕业，五年间，完成了地方到中央的三级跳，安阳台—河南台—中央台，三级跳的背后是与媳妇、孩子分居两地。

执着扎进特报后，坦然出差、采访、做题。有好媳妇做坚强的后盾，让管老师在心理上跨越了北京到郑州这七百公里的空间距离，但背后的艰辛和努力旁人难以体会和想象。

刨根问底型、坚韧敢担型，他扛住压力揭开了中储粮多个公司打白条的黑幕，手中扎实的证据令试图反扑的监督对象最终伏下身子，国家粮食局因为这组报道而发文堵漏洞。

博宇，白面书生。来特报之前在早间节目部当编辑，昼伏夜出，以致面色越发白净，得亏特报这一年多的锤炼，特别是天津港危化品爆炸和"东方之星"翻沉事件的折磨和暴晒，已然逼近包公脸色，再叼上一根烟，霸气十足。

别小看这口烟，去年在"东方之星"翻沉事件采访中，凭着几根烟搭讪现场官兵，雨中蹭住帐篷，采访畅通无阻。好像有固定女友了，只是不太好意思当众承认。

逸群，特报部唯一的90后。拉紧当年学校啦啦队队长的手，小小年纪就已然勇敢地闯进了婚姻殿堂，这一点比他师傅吴总聪明，看准了就下手，绝不犹豫。

小伙儿坚韧不拔，布置下去的题没有做不成的，什么百度地图、美团外卖、58同城、链家地产，都能为他所用，从中扒拉出采访对象。和颐酒店事件中，假扮酒店经理录得不少"独家音响"。

刚从盐城龙卷风冰雹灾害现场回来，因论文迟交，给老师递了道歉信后，又马不停蹄地奔赴南方抗洪抢险报道一线了。

梦岩，"海龟"一枚，声音如外表般华丽丽。偶尔为某公益活动配了一段英语短片，把主办方惊呆。在晚间节目部当编辑时听闻要来特报，摩拳擦掌，表态要把舆论监督的利剑指向海外，无奈条件所限，只好把国际视野转向海外黑科技。

小伙儿国内视野也极为活络，极力开拓舆论监督的领域，成为部门高产记者。唯一的"缺点"是"自由散漫",言语间经常表达如下意思:我无法想象你们这些已婚的兄弟们怎么可以被女人管住!要说这样的男神没谈过恋爱,你信吗?

当年,我无牵无挂说走就能走时,当了编辑,外出采访机会鲜有。在特报部这几年,一直很羡慕他们阅历世界,闪现在新闻现场,这样的广播记者年华比起我的广播编辑年华,那是要出色许多。

我这每人百十来字儿的描述难以展示他们精彩的青春年华之万一。

最后,还得补充一句:其实,我们平时都是互称同志的,叫外号只是偶尔开开玩笑。

结缘《小喇叭》

话说在中央台有一糙老爷们儿，顶着一脑袋白头发，胡子拉碴不修边幅，踢足球爱喝酒，貌似民工乙，一把年纪了还不退休（注：长相与实际年龄不相符），一打听，却是个给孩子们做节目的编辑，私下里还号称"博士爷爷"。其实，除了小听众知道《小喇叭》里有这么个老头儿以外，就连隔壁办公室的老王被来访的孩子们

作者简介：李晓冰，中央人民广播电台中国之声专题节目部副主任。

问及时，竟也是一头雾水，甚至还悄悄朝《小喇叭》办公室里张望，自语道："哪儿有什么博士爷爷呀？我怎么没见过？"

呵呵，这就是本人——李晓冰。一个蔫不出溜儿的行里"老炮儿"。

想 当 初

言归正传。1984 年，我毕业分配到了《小喇叭》，这对我来说是非常幸运的，因为在大学我所选修的专业课就是儿童文学。说是分配，其实是当年那些老领导去学校指名点姓把我要来的，因为那时候，少儿部想要个男丁。所以直到现在，我依然怀着报答知遇之恩的态度，坚守在

《小喇叭》，成了中央台为数不多的"钉子户"。

当我抱着远大的理想走进这个专门为孩子工作的节目组时，我感到，那就是我梦想开始的地方。然而，当我在这个节目组工作了 32 个年头之后，起初的理想与抱负早已被每天的节目播出、收听率、听众来信、小朋友的才艺表演等等很多琐碎事物所替代。如今，最大的愿望便是能有一个相对完整的休假了。

记得当年刚进节目组的时候，满怀信心地开始选材、改编、写稿，并尽自己所学，把稿子写得文采飞扬，那种兴奋和认真的态度，决不亚于学生时期的作文考试。可是一连数日，十多篇稿子一篇也没通过。每次被退回来的稿子上，组长、主任们修改的字迹已是铺天盖地，单从字体和颜色上，就能让人感到这稿子所经历的路途，有红的，有黑的，甚至还有毛笔的；有草体的，有楷体的，甚至还有用代号的，非仔细阅读不能理清。经过认真抄写之后，突然发现，我冥思苦想出来的那些华丽的词句，那些奇妙的构思，被毫不留情地删掉了，留下的，尽是些"大白话"，甚至是些啰唆得不得了的语言和平平常常的故事情节。

难道这就是我心目中那动听的《小喇叭》吗？在老编辑们的开导下，我翻看了《小喇叭》保留了多年的稿本。那一篇篇好听的故事，那一首首上口的儿歌，竟也都没有华美的语句和离奇内容，但展现在我脑海里的，却是一幅幅优美的景象和诗一般的语言。我似乎明白了，给孩子们做节目，第一是要让他们听得懂，那些华丽的辞藻，远不及"白话"来得更直接、更通达。其次是要让他们理解所讲的内容，那些远离他们生活的情节，是无法让他们产生联想和想象的。因此，一个好的儿童广播节目，难就难在要降低自己的"水平"，以儿童的语言和思维，去给他们编故事、讲故事，去跟他们交流。所以，师傅王成玉一再告诫我：要学会写大白话，给孩子听的大白话最难写。因为在这些大白话里，不仅要浅显易懂，而且还要有一定的思想内涵，也就是我们"白话"所说的道理。而这个"道理"，我悟了好久。直到工作了半年之后，我才真正明白了，在这个节目组工作，我的确还太幼稚了，幼稚得连儿童心理和儿童语言都不懂。最初的那些被批改的花花绿绿的稿子，也正凝结了老编辑们对我的关爱和期待。于是，在下了极大的功夫之后，终于送审通过了第一篇稿件：《老鹰飞走了》。这是一篇根据连环画改编的科普小童话，时长仅有两分四十秒。

好 氛 围

在《小喇叭》工作的最初阶段，节目组人丁兴旺。老中青三代编辑济济一堂，节目也红红火火。

作为一个中文系毕业的学生，最大的梦想就是能够成为一名作家，创作出受读者喜爱的文学作品。让我感到无比幸运的是，在《小喇叭》组，正好有一个极好的创作氛围和环境，有一块让我施展才智的空间和土壤，更有一批能够帮助我完成梦想的老师和一群与我一起追梦的朋友。

在那段日子里，我写了系列童话《小熊和他朋友们的故事》，以及四季散文，更多的是创作了一大批儿童广播剧。其中，以泰坦尼克号沉船为题材编写的儿童广播剧《难船》，比电影《泰坦尼克号》早近两年播出，并获得了当年中国广播剧奖儿童剧一等奖。十六集系列广播短剧《皮克的故事》至今仍频频得到小听众的点播。童话剧《小乌鸦和它的妈妈》在录制时，四岁的小演员竟然入戏太深，被剧中人物感动得泣不成声，无法继续演播。最后在导演和其他演员以及录音师的帮助下，"小乌鸦"把同台扮演"坏狐狸"的大演员"痛"打一顿之后，才解了心头之恨。其不知，无故挨了顿"暴捶"的"坏狐狸"，正是著名的配音演员桂斌老师。

《小喇叭》组的创作环境之好，也是我喜欢这个集体，并一直到现在都不肯换一个组的原因之一。李家诚老师喜欢写儿歌和科普童话，每天早晨上班以后，他总会把"梦中偶得"的童话说给我听，并征求修改意见。我就不知天高地厚地真给老师改起来。转天，我也同样会把"梦中偶得"的故事，讲给家诚老师听，也同样被改得面目全非。结果，他的童话见诸报端，我的故事也如期发表。

少儿部老主任郑佳同志曾经说过："《小喇叭》的编辑，是一群特殊的作家。"我深信不疑。因为《小喇叭》编辑不光要会把别人的作品改编成小听众能够听得懂的有着极强广播特色的作品，同时自己还要能够创作出优秀的儿童文学作品来。

在这样一个环境里长大，我受益匪浅，后来获了不少奖，其中还获了两次亚洲—太平洋广播联盟儿童广播节目大奖。

受"委屈"

在《小喇叭》组工作，突破性别"奇"视是一个很重要的难关。这不仅要能够接受在采访时幼儿园的小朋友那种惊诧眼光和无意脱口而出的"阿……叔好！"（幸亏孩子们机灵，临时把阿姨的"姨"字，改成了"叔"，给我留了半个面子），同时还要克服自己心理上的"大男人"障碍，学会把自己变成一个"长得老相"的孩子。从第一次拿着话筒面对孩子不知道说什么，到采访时某小朋友因挤不到我跟前而急得直喊"爸爸"，这竟耗费了我五年的功夫。到现在，去幼儿园采访已成为我一大乐趣，甚至有时候故事刚讲到一半就被孩子叠罗汉似的压在下面当"大灰狼"打。那份"憋屈"，谁能理解。

20世纪80年代，一次和彭玉冰去天津采访，一位小朋友给我们讲他喜欢去海边看海时说：（大意是）那海浪涌来的时候，浪花很美，像"一字模"一样。当时，我没有听懂，更没有想象出那"一字模"是什么样的景象。于是我就想呀想，一直想了十多年，那真叫一个"折磨人"。突然有一天，我顿悟了：那"一字模"不正是天津话的"胰子沫"（肥皂泡)吗!于是,我高兴得不得了!甚至把这个想了十多年才得出的结果,告诉了组里的好多人。

这些年,除了孩子,我还爱采访动物,像什么狗熊猴子小老虎,羚牛山羊小花猫,甚至还采访过"凤凰"(后来有人告诉我说,那是孔雀。我勒了去——我知道!)。我喜欢动物,因为它们是大自然里跟我们人类最为亲近的朋友。它们虽然不说人话,可是句句都是真话!我和小听众都能听懂。当然,也有一言不合伸爪就挠的情况,这还真没地儿说理去,警察叔叔也不管。更委屈的是,有一次在哈尔滨街头,竟被路遇的一个狗东西(品种:萨摩耶)给"强吻"了,可气的是还被春天姐姐给抓拍了下来,留作了证据。

最 难 忘

在《小喇叭》组工作的三十多年里,有许许多多难忘的事。而让我耿耿于怀的几件事情,却都是我在采访中留下的遗憾。有些还可能是终生的遗憾。

20世纪90年代初,在延安采访。刚刚千辛万苦地采录了一群爬到树上的男孩子大谈将来要当兵打日本鬼子的录音后,忽然听到不远处一位四五岁的小姑娘,一边唱着"刘胡兰姐姐是英雄",一边拉着娘的手走上坡来。这音响!这环境!这机遇!千载难逢!我立刻跟了过去……结果,树上那群男娃的录音被覆盖了。悔得我呀,不行不行的!就在这时候,一辆拖拉机拉着一群唱着陕北民歌的孩子开了过来,哇!这音响!这环境!这机遇!千载难逢呀!我立刻打开了录音机……结果,唱歌谣小女孩的音响又被覆盖了。这回,肠子都悔青了!

还有一次,记得是1994年7月,我跟林兵去甘肃山丹军马场——中国最大的军马场采访。一到马场我就迫不及待地要去看牧场上的马群,而且早就计划着,一定要亲自采录一组"万马奔腾"的音响。但马场的干事告诉我说，七月正是军马进山吃草的季节，大部分马群已经进入了祁连山，留下的也仅是一部分带着小马驹的马群。即便如此，我仍不放弃采录马群的念头。于是在跟马场的干事研究了多个方案之后，决定由他去联络和组织附近游牧的三个马群，第二天中午，集结到一个不大的山口前，合群冲过山口，造成"万马奔腾"的气势供我录制。我兴奋地连夜检测着采访机（MD5 型盒式采访机），甚至每一个小的环节都反复检查试录了多次。

第二天，我们如约来到了那个山口，举目一望，果然是个极好的录音地点：前面是一片开阔平坦的草地，正好把三个马群集中起来，并且还有一个理想的"助跑距离"。问题是，我要按照那位干事的要求，站在山口的中央，迎着"万马"录音。这……的确需要胆量和意志。在询问了这些马"是否听话""是不是认生""会不会把我踩成肉酱"等必要的问题后，我终于勇敢地站在了马群的必经之路上。

十几分钟之后，那沉闷的马蹄声震动着大地，由远而近地快速滚了过来。随着那越来越近的震动声，我的心也似乎渐渐地提到了喉咙，并随着那三匹高大威武的头马的出现，一起飞了出去。

那一刻，无我，无声，无世界，也无魂魄了。

当我的意识完全回归的时候，我仅看到了离我远去的几匹驱赶着小马驹的母马的尾巴。

还好，我毛发未损。因为它们都是军马，是一群能够服从命令的"战士"。

然而，让我永生难忘的却并不是那三群奔腾涌过的军马，而是我在采录音响的时候，竟有一个很小很小的 db 钮，没有复位……结果，你懂的。

央广"养人"

如果用四个字来描述你对中央人民广播电台的印象，你会怎么说？要我说，这四个字是：央广"养人"。

做了20年央广人，就得出这么个结论？不要奇怪，我说央广"养人"，不仅仅是说央广把我从一个黑瘦的小伙子养成了白胖的中年人，更重要的是，20年来我从央广汲取了太多营养——业务能力提升的营养、实现自我价值的营养、感悟为人之道的营养。

我的家乡是江西省上饶市玉山县的一个小山村。小时候，家里没有手表，没有闹钟，但几乎

作者简介：陈爱海，中央人民广播电台经济之声证券节目部主任。

家家户户门厅的柱子上都挂着有线广播，每天都能定时听到"中央人民广播电台"的声音，什么时候该出工了，什么时候该做饭了，都以广播节目的开始或结束为准。那时常听大人说的话就是"广播响了，该做饭了"或者"广播停了，该睡觉了"之类。我与央广结缘，就从那时开始。

那时的我不敢想，后来自己会成为央广人，但冥冥之中，我与央广

有缘。我上的高中，是县里的普通高中，我的成绩不上不下，不拔尖。但 1992 年高考时"剧情逆转"，我的成绩竟然在全年级四五百人中排名第三，超出重点线十多分。

填报志愿时，看着《招生简章》上大多让人感到高不可攀的全国重点高校名录，我一眼看中了北京广播学院（现中国传媒大学）。之所以选报广院，我有两个考虑：一是自己从小学到高中语文成绩都不错，作文比赛回回得奖，既然是广播学院，肯定要写作，正好可以发挥我的特长；二是《招生简章》写的广播学院地址在"北京市东郊定福庄"，我想这样开在郊区的大学，可能没什么人报吧，竞争不会太激烈吧。接到录取通知书后，村里人说，广播学院？那你将来可以到县广播站工作了。我对此不以为然，怎么也得上饶广播电台吧——到校后才得知，选报广院的竞争激烈程度一点也不亚于其他知名高校，毕业后一般也不至于分配去地市级电台。正所谓无知者无畏，歪打正着，我和央广的距离就这样拉近了一大步。

1994 年我上大三时，实现了与央广的零距离接触。今天的经济之声，那时叫"中央人民广播电台第二套节目"。1994 年之前，第二套节目每天都重播第一套节目的部分内容，没有自办节目。从 1994 年开始，二套要自办节目了。初办时期，人手紧张，时任第二套节目综合信息部主任李戈华，派人到广播学院新闻系找几位大三学生来实习帮忙，我就是 5 名实习生之一，主要工作是帮着指导老师编辑当时第二套节目每逢整点播出的《中国广播信息》栏目。

这实习生岗位我一干就干到了大学毕业。20 多年后的今天回忆起那段经历，我每每颇有感慨。李戈华主任等部门领导和同事，对我这个来自革命老区、编辑节目也还算上手快的大学生格外照顾，不但一直为我留着实习岗位，到后来还给我开出每月 300 元的劳务费。这样，大学毕业之际，我不仅一次性还清在学校期间的全部无息贷款 1000 多元，还给家里寄了几百元。对于出身贫困家庭的我来说，这不仅是物质上的有力支持，更是精神上的莫大鼓励。

1996 年，我从广院毕业，进了央广。我不善言辞，没有背景，有的只是在台里实习期间部门领导和老师的认可。来到这里，我怀着满满的感激之情，那时我就想，这里给了我机会，就算广播这篇大文章再难做，我也一定要踏实工作，好好回报她。这听起来像写决心书，但我确实就是这么想的。

当时的第二套节目，定位于"经济科技信息"，然而工作之初，我的经济基础知识十分薄弱，证券知识几乎为零。看着电脑屏幕上红红绿绿的 K 线、不断跳动的数据，我觉得做这工作简直就是"赶鸭子上架"。所幸央广"养人"，20 年的广播人经历，让我看到了自己业务能力的提升、自我价值的实现，还有对为人之道的感悟。

20 年来，我从信息节目和证券节目编辑做到节目制作人，从只对广播采编略知一二的新闻"菜鸟"，做到今天的财经评论员、证券节目部主任。我所在的栏目两次获得中国新闻奖"中国新闻名专栏"称号：2007 年度经济之声《天下财经》获此奖项，我是节目制作人和责任编辑；2015 年度经济之声《天天 315》获此奖项，我是节目监制。虽然没有什么特别夺人耳目的成就，但我自认为可以无愧于"央广人"的称号。

今天，媒体竞争空前激烈，很多媒体人惶惶不安，我却始终不曾动摇对央广的信心。作为一名广播老兵和老央广人，我想说，在央广，谈不上富有，却也不清贫；算不上轻松，却也不劳累；不太可能名利双收，却也可以甘之如饴。就像长线股民对某只股票的执着，不论上涨还是下跌，不管繁华还是落寞，过去坚守，现在和将来还是坚守。

现在年轻人喜欢说"累觉不爱"，我对广播、对央广的感情则是"爱不觉累"。爱上这一行，爱上这个单位，工作再忙、任务再重，照样吃得香、睡得着。这看似简单，在我看来却是工作生活的高境界。

　　20 年的广播年华，我青春的词典里没有"后悔"两个字；相信再过若干年，等到我退休的那一天，我职业的词典里一定会有两个字：无悔。如果人生还可以再来一次，如果还可以选择，我还做广播，我还选央广。不为别的，只因为央广"养人"。

十二年的爱恋

结　缘

1987 年，我读高中，家里有一台潍坊无线电厂生产的"冬梅"牌录音机。我常用它听歌，也会把一些不好听的歌抹掉，从《每周一歌》里录了听。有的磁带绞了带，无论多小心都取不下来，只好一咬牙拽断，但还不舍得扔。我自己发明了一种方法，把胶带接上，不影响听。

作者简介：陈秉科，中央人民广播电台中国之声早间节目部副主任。

10 年后，到了央广才发现，几乎没有记者、编辑敢自接断带，都是求助录音师出手！那时，我暗中不屑：嘿嘿，此亦无他，唯手熟耳。

初　恋

1994 年秋，我在清河以北很偏僻的一个大学任职。一个月只有 316 块大洋，买不起电视、谈不起恋爱，爱听物美价廉的广播，听到了并常听《新闻纵横》。其实，《新闻纵横》在那年的 10 月 1 日刚刚开播。

听到第三年，我在广播里听到了央广的招聘广告，便偷偷寄简历、参加笔试，给学校缴纳了一大笔违约金之后来到复兴门外 2 号。

虐　恋

2004 年 5 月，我在马连道看房、买房时，给强子打过一个电话，说我想去纵横，我不怕辛苦云云。强子干纵横早我 1 年左右，他沉默几秒说，要真想来纵横，得有承受巨大心理压力的准备……我还是义无反顾地去 C407 报到了。

采访车辆被砸，采访设备、衣物被顺走，是在天津，那是到纵横后第一次出差（嘿嘿，都是搭档的，我的东西随身带着）；对方防守最严，耗时最久的采访，是在济南，关于山东省直机关的超大经济适用房；"记者不是什么好东西"——被一个副市长这样骂，是在黑龙江的绥芬河；"不让我看你的采访机，你就走不出我办公室！"——被教育局一个局长这样威胁，是在哈尔滨市南岗区，采访校中校乱象；采访途中，汽车爆胎遇上三次，在辽宁采访党校综合楼工程，在河南采制《淮河之痛》，去广西凤山采访山体塌方……被采访对象误以为我是警察，所以痛痛快快"交代"问题的采访，是在武汉的华中师大，关于招生诈骗；看到二三十个妇女老人一齐跪倒并在我和白宇面前痛哭、求助的，是在宁夏中卫，题目是关于库区移民；被当作中国银行的上访员工关进一个黑屋里，是 2008 年；最痛快淋漓、大获全胜的采访是在河南民权。

2009 年 3 月，《新闻纵横》第一篇报道称，当地手足口病严重，有瞒报现象。卫生部调查组说，经调查，民权不存在瞒报手足口病例的可能。民权县卫生部门说，除了两岁半的胡文艳，没有更多的死亡病例。于是，特报部主任李宇飞下令：再查，做一个后续。

21 日，民权县的邻县——睢县紫东苑宾馆住进了 6 个外地人，分别是梁兴旺、白宇、冯会玲、韦小敏、实习生朱越和我。杨超当时发烧了，还在民权县，为了避免暴露，我们自始至终没敢碰面。悄悄地进村，打枪的不要。6个人承包了3辆出租车，分作3组，每组一张地图，在民权县逐个乡镇排查。躲干扰、反跟踪，被逼到墙角时敢和他们起冲突……耗到天黑，我们找到10个疑似死于手足口病的患儿：杨子谦，野岗乡杨林庄村人，1月25日死亡；刘庄庄，1岁，孙六乡龙门寨人，2月17日死亡；蔡成宇，1岁零4个月，程庄镇程南村人，2月19日死亡；石宇航，1岁零2个月，程庄镇毕集村人，2月21日死亡；皇甫宇洁，5个月大，王庄寨乡王子树村人，2月26日死亡；韦远航，1岁零2个月，胡集乡韦庄村人，3月6日死亡；赵思涵，1岁零3个月，孙六乡吴庄人，3月7日死亡；杨洁茹，1岁零5个月，王庄寨乡乔集大队人，3月7日死亡；李川，2岁半，孙六乡李大坑村人，3月12日死亡；智硕，1岁零7个月，王庄寨乡吴屯大队焦楼村人，3月17日死亡。

这个名单成了我们那期报道的定海神针……

侠之大者，为国为民；侠之小者，为友为邻。纵横所以牛，在于有一批侠肝义胆的记者，并对真相孜孜以求。

从2004年至今，我一直没有离开过纵横。纵横将星云集，人才辈出。我虽平庸，但是，若论服役时长，仅次于据说干了13年的"猴子"。

纵横虐我千百遍，我待纵横如初恋。

听，青春！

一 封 信

回想整个少年时代，乐而不疲之事是满世界投稿。名为写作，其实是"我想和这个世界谈谈"，一个辽西偏远小村里一个少年的成长途中，是多么渴望与外界交流呵。

当然，化成铅字的不多，倾诉多无回声。但每一次在信封写上那些响当当的机构的名字，等待中，便自感与世界之间有了一根坚韧的红丝线。

多年之后，我依然对1986年的某一天，我爸从学校里给

作者简介：王学锋，中央人民广播电台央广交通传媒公司副总经理。

我带回来那封信时的语气、表情之平淡、仪式之仓促感到不满。

这封回信来自北京，巴掌大的信封，信纸很薄，共四页，密密麻麻的蓝黑墨水的钢笔字。信中先是表扬了我此前的去信"很内行"，并解释了他自己播音"尾音加重"的目的是想多一些个人的风格，而后讲了《今晚八点半》节目的情况，再然后又讲了他的经历，说他1982年从北京广播学院毕业，去西藏半年如何如何，信末还祝我"安祺"。全文语

气诚恳，信息量大，而且让一个初三学生感觉到很平等。

因为读过很多遍，最初读信的心情反而记不得了，只是依稀觉得世界停止了转动，让人发蒙，一遍遍读，一遍遍蒙。此后几年里，那些不由自主的微笑、闪闪发光的夜晚和日益清澈的憧憬，大多与这封信有关，构成了我青春期的真正秘密。

我的高考算是超水平发挥，我是说，即便如此，也没能考上广院（录取通知书已是能力之内最满意的了），后来，研究生读了广院。再后来，有了复兴门外大街2号的进台证，与那封信的作者成了同事。

多年来，以中央台之大，与写信人并无工作交集，便也无机会提起这段渊源。倒是这两年，请之为高速广播的主持人遴选把关时，往来稍频。某一次酒酣耳热之际，思绪飘忽，我举杯，提起了那封信。写信者则轻描淡写道：

"噢，那是当年雅昆老师让我挑几封信，回一回"。

我诺诺连声，仿佛穿越回了耳聪目明的少年时代——

"各地的朋友，你们好吗？八点半到了，欢迎收听中央人民广播电台的综合文艺节目，《今晚八点半》。"

至于那封信，就像一支来复枪之于英国轻骑兵，辗转跟随我从辽西到沈阳，又到北京，从定福庄到南礼士路，又到大兴黄村，换了不下十个藏身之处，历尽颠扑而不破。

凡贵重的东西又总是担心藏得不牢，每次到了新住处，都被我藏到最难找的地方，终于，现在连我自己也找不到了。

但是，我知道，它还在。

我　哥

其实，我们家最爱听广播的还不是我，是我爸、我姐，尤其值得一说的是我哥。

此人生于 60 年代，他有多爱听广播呢——这么说吧，他现在还能背下来当年龙珍、曹山广告节目的原话。他还能自己组装半导体，这在我看来更是有如神祗。在我们家里订的报纸里，有一份叫《中国广播报》，每周报纸一到，我哥的第一件事就是把节目表审上一遍，埋头琢磨哪一个节目该听、想听，然后用笔于其下划上一道，一周的基本作息制度也就安排好了。我印象中，除了中央农业广播学校以外，都被他划过道道。好像彼时的人们都是这么听广播的——每一个听众都相当于现如今的听评员般认真——广播，就是这么重要、神奇、牛气。

我哥最雷打不动的节目是《体育节目》——这可就是当时节目的名字，够朴素吧——运动员进行曲一响，带劲！他每天必听。有一位不算太老的老人，现在还时常在大院里见到，骑着一辆老旧自行车，圆头圆脑、面无表情，此人大名杨青，属《体育节目》的元老之一，去过全世界，那是我哥的偶像。

我哥还有一个本事，在《新闻和报纸摘要》节目刚播完第一句话，就嘟囔一下播音员的名字，从没搞错过，最常让他啧啧的是金峰和黎江。

后来我哥刚跟我嫂子搞对象时，本人刚参加工作不久，当时还在总局老楼六楼办公。我嫂子来京出差，悄悄借听众之名，把她引到台里播音间看了下。据说，回去后，她跟我哥说了见闻，并说见到了于芳的背影，我哥的眼睛都瞪圆了。

作为老三，我在家里地位并不高，只能在老大屁股后面跑来跑去打下手。装半导体时，像护士一样递螺丝刀的，是我；为听短波，在房顶上旋转蛛网天线的，是我；把家里刚添置的红灯收音机（天哪，红灯哎）开到最大声，测试一下多远距离能听到，往远跑，不断传话讲清晰度的，还是我；我找准了自己的位置，乐在其中。

我哥聪明，最后学了电力专业，也算跟电台有点关系，他还是个音响发烧友。如今他每天在微信上做一个名为"走完十公里，好曲荐给你"

的东西，长度相当于当年中央台著名栏目《一支名曲》主持词，连语气都像。

英 雄 们

讲个老新闻部的笑话。

新闻部的工作状态是三班轮值，大家虽然同在一个部门，却很少见面，且部门里老的老、小的小，就像四世同堂的一大家子。我、亢霖、张军、雪花，都属小年轻，后者二人还是新婚的小两口，我们都住在黄村。有一天，一位老编辑在台阶上遇到了亢霖，双方都感到久违的亲切，老编辑热情地招呼他：

"学锋啊，雪花还好吧！"

可怜的亢霖，那厢登时呆住，无言以对，差点没摔着。

老编辑是谁，有的说是文祥，有的说是杨青（此为女性，韬奋新闻奖得主），搞不清了。反正讲述这个故事，一位名字里有山有水的主任最拿手，一直讲到现在。

在新闻部，杨青老师对年轻人确实有如慈母。年轻如我，还曾不知轻重顶撞于她，想来惭愧。后来，正是得益于她的引见，我投奔其子央视陈虻麾下几年（那也是一段难忘的时光）。如今，陈虻英年离世已七载有余。斗转星移，祝杨青老人健康长寿。

想来，新闻部的人们是多么热爱自己的土地啊，我中间离开去电视台时，中心主任恨恨地说：叛徒！多年以后，遇见他，还是很亲切。虽更胖了，性情依然，他感慨：真想回新闻部再编几天稿子呵。

在新闻部，业务上成熟的标志是能够担纲撰写《新闻和报纸摘要》中的《报摘》部分，私下里的业务探讨也多集中在此。亢霖对部门内另一位能干的女士非常敬佩，他早来我一年，常以此谆谆教导我：

"瞧人家，能在《人民日报》第八版摘东西，学着点！"

直到离开新闻部，我也没能写一次《报摘》，真是遗憾。

《新闻纵横》是我的另一所学校，我所经历的两任"校长"也都是拥有韬奋新闻奖杯的人，其中一位的最大爱好是给人起外号儿，每出一个作品都因简洁、上口而广为流传。

那时，不管多庄重的会，校长都会叫外号儿，比如：

"下面大蔫儿发言。"

经常听得与会专家一愣。

《新闻纵横》节目早七点晚七点播出，下午写稿，晚上审听、合成，中间横跨晚饭时间，所以，《新闻纵横》——后来的新闻评论部——是世界上最好组的饭局。除了当晚做节目的人外，都争先恐后地喝而不用劝。记忆里浮现的，猴子、连长、老怪、九锣、福牛、双瓶将、大蔫儿等诸公都是红红的小脸儿，想想也是醉了。

"叛徒"之一老包也爱回忆往事，他的说法是，《新闻纵横》，一想起来就流口水。

那可真是一段当用一本书描述的日子。那日子，有工作量，也有理想国，找选题，也找乐子；有情有义，也有争有吵；有家国天下，也有小怨小憾；一切的一切，都在真武庙二条灌入柔肠，酿成热血。曲终人散的次日早晨，7：20之后，只有主任一个人，守在空荡荡的办公室里，守在热线电话旁，等着节目播出后响起的第一个电话，故作镇定。

细数心惊，我最青春、最直接、最明亮、最生动的时光，属于中央台。《兄弟连》中，伞兵温斯特少校说，我从没成为英雄，但我和英雄们一起战斗过。这话适合做悲壮的结尾，可我们哪曾到了大规模怀旧的时候？放眼望去，在这前所未有的变革时代，谁知道未来有多精彩呢——小憩一下，让我们继续吧。

路途琐记

6月23日下午两点半，江苏省盐城市阜宁县遭遇强冰雹和龙卷风双重灾害。傍晚开始，伤亡严重的消息刷屏。晚上9点，特报部三个小伙儿已经在前往首都机场的路上，只是盐城当地风大雨大，前序航班还在无锡，极端天气里飞机太不靠谱。

作者简介：刘黎黎，中央人民广播电台中国之声特别报道部副主任。

部门微信群里一个多小时的内部讨论，关于交通工具，关于要带什么装备，终于在近夜里12点，判断当晚飞机无望的情况下，选择了一早6点多从北京到徐州的高铁，再从徐州包车去阜宁。

就像曾经的每次突发，地震、泥石流、水灾、火灾、空难、踩踏事故、沉船事故……特报记者都是赶赴现场报道的第一梯队。灾难发生，部门内部从来不用点名安排，大家看到客户端推送的消息都会主动请缨，研究路线，准备装备，灾难现场一周左右日日夜夜连轴转，这些都是常态。

2010年年底至今，我已在特报部工作六年半，每年新年，我都有一个固定的新年愿望——天下太平，数次见过灾难现场的生离死别后，这四个字真是由衷的愿望，只有没灾没难，才可能家和万事兴。不过，愿望之所以称为愿望，多数时候都实现不了，每年总会有几次突发打破日常的平静。然后，就有了特报部，这支所谓的央广"特种部队"的身影。

我从来没问过别人怎么看特报部。工作辛苦？典型的"白＋黑""7+0"？是不是特报的记者都有点心理阴暗？舆论监督报道总在揭别人短，突发事件又总是和人的生死分不开？特报的记者会不会性格另类？采访总是独来独往，长此以往估计没几个朋友？都对，似乎又都不对。

从我个人讲，不后悔人生最好的年华花在特报，我想特报多数的记者跟我的想法差不太多，因为我们的经历确实有点不一般。

住在哪儿？

特报的工作有两块儿，舆论监督报道和突发事件报道。舆论监督不多讲，自然是台里包圆一切费用，不拿采访对象一分一毫，在差旅标准范围内，自己找宾馆。碰上有些突发事件，住哪儿还真是问题。地震、泥石流这类突发，当地房屋损毁严重，还可能有次生灾害，出发时大家都会背上睡袋，做好走哪儿睡哪儿的准备。

在灾区，部队就是我们的大本营，多数时候，都会住在救援部队搭起的帐篷里，条件艰苦，有时候甚至无法照顾性别，只能"男女混住"。印象深刻的和住有关的经历一共三次。

玉树地震，当地海拔高，走路都得控制速度，中国之声派去的记者分住在几个部队的帐篷里。我们蹭武警的帐篷，只有一顶，七八个男男女女挤在一起，没有床，褥子直接铺地上。当时虽然已经4月份，当地夜里温度很低，只记得穿着羽绒衣披着冲锋衣，坐在被子里写稿子，手还在发抖，我的状况已经是高原反应最轻的一个，还有同事头疼欲裂，满脸通红，吸完氧气还继续工作。

芦山地震，军事中心协调下，男女可以各一个帐篷，晚上写完稿子太晚，一早又要给纵横连线，我好像只进去睡过一晚，其余时间要么露天直接睡在睡袋里，要么睡在我们"指挥部"的危房里。露天睡着开始下雨，太累不想动弹，拿衣服遮住脸，接着睡；坐在危房里写稿子，后半夜突然余震，本来坐地上抱着电脑写稿，赶紧往小院里跑，余震一停，接着进危房写稿子，第二天才知道那次余震5.7级。

舟曲泥石流，我和王娴，还有保镖孙稳住在泥石流冲击带旁边，已经废掉的旅馆里，最初没电没水，因为距离冲击带只有二三十米，大夏天里，尸体腐败的味道实在浓烈。

吃什么？

到了灾区，吃什么还真是问题，尤其是头两天部队的补给还不充分的时候；艰苦些的地方，找热水都不容易，方便面也不是想泡就能泡；手里分到的矿泉水、包里背着的干粮，说不定什么时候就送给了安置点的群众……不过，也有许多和灾区连在一起的和吃有关的记忆。

在灾区，一碗老坛酸菜方便面就很满足；如果吃到部队供给的米饭拌菜，那绝对是幸福感爆棚；在芦山地震中央台的"指挥部"里，有天晚上我采访回去晚了没赶上饭点，小院的主人专门炒了一盆类似老干妈炒饭的食物，也许是因为饿极了，也许是四川人的手艺太好，炒饭被我一个人吃光，事后军事中心的陈欣还感慨，他本来也想来点，没想到我能干掉一盆！那盆炒饭的确是迄今为止我吃过的最美味的炒饭。

前几天，我部现在唯一的女记者周益帆当天往返河北青龙县采访，一整天基本没吃饭的"周女神"在回程的火车上发了条朋友圈："终于踏上返程，我旁边的阿姨在吃一种淳朴的奶油蛋糕……让我想起景谷地震那次，我徒步往里走，遇到一群解放军，坐在路边一个棚子里吃辣条的味道，只好假装借了一个凳子，坐着闻了一会儿辣条的味道，然后继续自己一个人往里走……"

也是云南，昭通地震。当地有个特色调味品——蘸水，因为受灾，吃食有限，去昭通采访的记者们人人品尝到了蘸水这种看似简单随意，却味道十足的个性调味品。记得潘毅从昭通回来爱上了这口，还专门从淘宝上买来蘸水，那段时间，他不管吃什么都习惯性蘸点儿，听潘毅推介蘸水，那绝对是人间极品。

坐什么交通工具？

怎么去事发现场，在当地如何完成采访任务，可能每个特报记者都有自己的故事。飞机、火车、长途汽车、出租车、摩的以及徒步……可能一次采访，以上这些交通工具，特报记者都能用到。

2010 年，去广西河池东兰县调查"王子发案"。凌晨两点半飞机抵达南宁；南宁到东兰县长途汽车四个多小时，山大路窄，错车都不容易；在县城搭了辆面包车去武篆镇，不记得是几座的面包车，超载之后满满当当人挨人，还搁着老百姓在县里置办的生活用品，有人买的几只鸡被想办法安置在了车顶上；到了镇上又花钱坐了辆摩的，乡间土路上颠簸了近半小时，到了王子发家所在的拉乐村时，屁股已然不属于自己。

2016 年春节前，王逸群和任梦岩登上上海到成都的列车，和 2000多名乘客一起体验温暖回家路，逸群没有返京又直飞到了昆明，后转长途车，颠簸着去了"云南巧家投毒案"主人公钱仁凤的家里，同样山大沟深的颠簸路途大概也让逸群印象深刻。江苏阜宁的龙卷风现场，逸群在部门的微信群里发了个小视频，他截了辆村民的摩托去灾情严重的村庄。

类似的情景，每个参与过突发事件的特报记者都经历过，如果带上计步器，每天采访刷个两万步没有问题，实在走累了或者徒步无法抵达的地方，村民会很友好地让我们搭他们的摩的。

当然，我们也坐过高大上的交通工具，比如去玉树，坐着空军的运输机轰鸣着直达玉树机场；当然，也有同事遇到过危险，比如遇到过车祸，越野车四脚朝天，好在人只是轻伤。

感觉自己写了半天，都是些在特报工作的枝枝节节，和正儿八经的采访写稿以及与当事人周旋等都没什么关系。再啰唆几句，特报部的记者个个能单打独斗，有人嘴里含着 U 盘录音笔混进了富士康，有人揭黑被人跟踪，躺在建筑装修的平板车上躲过了一劫，有人被派出所带去问话，有人索性摔了采访机……如果把出差去过的地方，做过的报道都用调色板画上颜色，不管是吃住行，还是点滴的采访经历，对特报记者来说，大概都有独特的色彩。

午夜凶铃

作者简介：肖志涛，中央人民广播电台中国之声早间节目部副主任。

北京市西城区复兴门外大街2号，有一座电台，这里的办公电话大多以8609开头，其中有一个号码，传说时常在午夜时分于黑暗空旷的大楼内独自响起，接到电话的人，第二天便不再出现……

不知不觉，来到中央台已经十多个年头了，这期间辗转工作了几个部门，当过记者，做过编辑，也做过行政工作，少不了使用台内的办公电话。说起来，中央台办公电话一般都是8609和6804开头，可能8609的更多些，而这所有以8609开头的电话中有一个号码在我看来真是恐怖，我称之为"午夜凶铃"。

"索命"的电话

2005年，刚刚迈出大学校门的我怀着忐忑的心跨进了中央台的大门，第一份工作还不是在北京，是去上海记者站当驻站记者。于是，我又打包起行囊，奔赴大上海。

初到站里，老记者交给我一个电话本，上面密密麻麻印满了从台领导到收发室大爷的联络电话。老记者让我尤其注意其中一个8609开头的电话，说是非常重要，如果夜里打来一定要接。我仔细一看，上面标注的是新闻部《新闻和报纸摘要》节目电话。"这个难道比台长电话还重要？"我暗忖，一时对老记者的话还不能完全理解。直到两个月后，这部电话给我来了一个下马威。

一天深夜，我已经睡下了，突然手机骤响，把我从睡梦中惊醒……

我迷迷糊糊抓起电话，抬眼一看，就是《报摘》节目的值班电话，原来是第二天要播出的节目需要补充素材，还要重新制作，这时已经是凌晨1点多钟。

第二天一上班，我把这事跟老记者说了，老记者笑着说这就是这电话的特点啊，一点多打来还好，我们凌晨三四点也曾接到过。

此后，我便形成了一个习惯，每次给台里各节目发完稿，都要打电话确认一下，一是对方收到没有，二是录音有没有什么问题。同时也意识到，《报摘》对稿件要求是十分苛刻的，如果有100分的素材，绝不会允许99分的作品出现，也体会到了《报摘》编辑们的敬业和"冷酷无情"，如果节目有需要，是不会管凌晨几点的，一定要把记者"吵醒"才行。

后来陆续和其他记者站的同事们交流，我才知道原来这部电话在记者们心中有多么的"奇葩"。我攒了几个段子，时常借此缓解工作中的疲劳，"延年益寿"。

段子一：

"凶铃"于午夜响起……

"喂，×××，你这个报道是在港口采访的么？怎么没有现场音啊？海浪声呢？轮船汽笛声呢？……"

记者哑然，心中一万头"小动物"跑过……

段子二：

"凶铃"于午夜响起……

"喂，×××，你这个春节的报道气氛不够啊，鞭炮声得有啊，得有喜庆的气氛啊……"

记者哑然，心中一万头"小动物"跑过……

段子三：

"凶铃"于午夜响起……

"喂，×××，你们那儿不是下雪了么，你这现场报道得有踩雪的声音啊，不然怎么突出现场感啊……"

记者哑然，心中一万头"小动物"跑过……

所以说，这午夜的凶铃真是一个"索命"的电话，中央台所有的记者，大都被《新闻和报纸摘要》节目的值班电话"骚扰"过，而据我的观察，大家虽然都在调侃着"午夜凶铃"和各种段子，但是，人人却以被这个电话"骚扰"为荣，因为接通了这个电话，就意味着你的报道有可能在《报摘》节目中播出，为全国的听众听到，产生巨大的社会影响，而这些，对于广播记者来说，是至高的职业殊荣。

"惊悚"的电话

2012年，我离开了时政记者的岗位，来到中国之声早间节目部报到，从此，我坐在了那个《报摘》审稿人的座位上，面前摆放着一部听筒已经被摸得发亮的电话机，这就是著名的"午夜凶铃"。

从被这部电话"骚扰"到用这部电话"骚扰"别人，角色的转换没有让我感到压力的减小，反而更加"诚惶诚恐"起来。

在早间部，几乎所有的值班主任和《报摘》编辑都有同感，最怕"凶铃"主动响起。一个个漫漫长夜，中央台的办公大楼里结束了一天的嘈杂，显得格外安静，经常是偌大的一层楼，只有上早班的几个人，守在电脑前"奋笔疾书"。午夜，当这部电话突然响起，很多人都会被"吓一跳"，因为大家都知道，作为《报摘》节目的值班电话和中央台夜里对外的紧急联络电话，只要一响，要么是地方上出了什么突发事件，要么就是上级主管部门有紧急通知，需要中央台马上行动、贯彻落实，都是急难险重的任务。

只要遇上突发事件，整个班上就会立刻进入"战时状态"。通常是值班主任带领编辑马上制定应对措施，一边对突发事件的性质和重要程度进行评估，考虑要不要叫醒正在睡觉的频率和台领导，另一边要保持和现场记者、线人、突发事件处置人员的联系，紧急联系相关专家和业务人员，随时准备进行跟进报道，让最新的消息通过第二天早上的《报摘》首发……

可以说，每到这个时候，大家的压力是非常大的，经验够不够，判断准不准，联络畅不畅通，报道到不到位……都考验着值班人员的政治素质、业务水平和大局观念。地震、水灾、塌方、矿难、交通事故……一部"午夜凶铃"把新闻现场和中央台紧紧地联系在一起，天灾人祸发生之时，守候在"凶铃"后的我们，以国家电台的责任为鞭策，以十二万分的敬业精神"运筹帷幄，决胜千里"，这种使命感和成就感没有上过早班的人是难以体会的。

记得有一次，青海某地凌晨发生了地震，得到消息后，《报摘》的编辑第一时间联系驻青海站的记者了解情况，眼看《报摘》就要播出了，很多报道来不及请示更来不及制作，当班的主任临危"自作主张"，取消了本已经录制好的一盘录音，打破了原有的编排计划，进行了紧急插播，通过记者连线的方式第一时间向全国传递了地震的详细情况。

对于一档政治任务重、影响力巨大、分量上相当于《人民日报》头版和央视"新闻联播"的广播节目来说，这需要早班所有编辑极大的政治勇气和责任担当。"放手干，出了事儿我担着！"成为一种部门文化和精神力量，激励着一代又一代早间人勇往直前、开拓创新，让《报摘》的影响力不断扩大，国家电台的权威声音一次次在神州大地上回响。

"凶铃"之"凶"还在于很多迫在眉睫的上级指示。

有一次，"凶铃"骤响，上级首长机关有一个紧急机密文件需要中央台领取。此时已经是深夜，如果按程序逐级汇报，通知总编室等职能部门显然已经来不及，经过请示频率总监后，早间部主动担当起与上级部门的衔接工作，派出编辑连夜去取文件，然后按照应急备案，逐一落实。而接到中宣部的紧急电话通知，外交部公安部等要害部门的紧急宣传提示等更是家常便饭，一部"午夜凶铃"连接的是党中央和中央台，关系着政令畅通和宣传安全，早间人以超强的政治敏锐性和工作热情坚守着这部"惊悚"的热线，从一个个黑夜到黎明。我们自嘲说：早间人都是"吓"大的，但正是有了如此"惊悚"的经历，我们的心脏异常强大，肩膀异常坚实，能够担得起重任，扛得住压力和打击。

"传承"的电话

在早间部，乃至整个中央台，有一个"铁帽子王"的传说，说的是有一位老编辑，最大的特点就是一年四季户内户外永远戴着一顶帽子，再加上其业务精深，编辑稿件一丝不苟，对《报摘》节目无比热爱，形成了自己的"品牌"，被大家亲切称之为"铁帽子王"。这位老编辑如今已经退休了，三十年的夜班生活留给他的除了"韬奋奖"等新闻界至高无上的荣誉外，就是瘦削的身体和内分泌失调造成的严重糖尿病。

很多人说他是中央台的一朵"奇葩"，不爱上白班，就爱上夜班，领导提拔他他也不走；他是个完美主义者，在业务上就爱钻牛角尖，对《报摘》稿件要求近乎苛刻。而他带的徒弟往往叫苦不迭："真是个工作狂！""《报摘》必须裁小纸条，裁歪了都不行！""录音时他必须亲自点录音，别人配合不好，衔接慢了他会急。""老是站在播音员身后，大喊一声'点'，吓人一跳，手都一哆嗦。"……

他自己却说："我并没有那么高的思想觉悟、献身精神，也没有什么超人的忍耐力、适应能力，支撑着我这个选择的唯一因素就是《报摘》在我心里那沉甸甸的分量……编审这样一个神圣的节目，那种成就感、荣誉感、使命感是无法用语言形容的！它让人痴迷，难以割舍。为了它，我愿意熬夜，我愿意吃苦！对工作发自内心的热爱会产生强大内生动力，不用扬鞭自奋蹄。"

就是这样一个人，他会手把手地教新来的大学生写"版面"；会下了班特意和编辑对当天的节目"复盘"，总结不足之处；会故意和部门里的年轻人开玩笑，诈出他们有没有对象，然后哈哈一笑……其实，他是为了把自己的所学传给后辈，让他们更快成长，早日担起重任，他是为了提醒年轻人不但要干好工作，也要解决好个人生活问题，用一种"坏坏的"手段去关心别人。

早间部所值的夜班恐怕是新闻界最苦的夜班。《新闻和报纸摘要》节目早上六点半首播，节目编辑必须通宵达旦地工作，一个班时间跨度长达十六七个小时。中国之声有个规定，新分来的大学生先要来早间部值夜班，锻炼吃苦，老编辑带着启蒙业务。如今，这位老编辑可谓桃李遍布中央台，有的已经离开早间部在频率和台其他部门担任领导，有的仍然留在早间，已经成为名震广播界的业务骨干和"网红"。

我曾经和老编辑聊天，他说《报摘》节目有超过半个世纪的历史，这在世界广播界都是一个奇迹。经历了计划经济、改革开放到今天，是什么让这个节目仍然保持着旺盛的生命力，在广播界仍然一枝独秀，收听率遥遥领先？除了政治因素，主要是一代代广播人的建设、珍惜和传承。《报摘》一套编审流程，近二十个环节，细到一个字、一秒钟，这么多年的安全播出，没有传统和坚守是做不到的。

我深有感触，几十年来，《报摘》的声音就是党中央的声音；《报摘》的编辑代表了中国广播最高的编辑水平；《报摘》的播报就是普通话的标杆，播音主持专业的权威……而躺在《报摘》审稿人桌子上的这部电话，默默地见证了一代代广播人对《报摘》节目的热爱、传承和坚守。我也懂得了，其实无论是打给别人，还是别人打进来，电话响起，中央台所有人是真的"恐惧",不是恐惧新闻事件本身和上级领导部门,而真正恐惧的是:作为一个广播人,我能不能担负起电话里的重任?作为一代广播人,我们能不能将国家电台的权威、专业和精神传承好?一部"午夜凶铃"从一个人手传到另一个人手,从一代人手传到另一代人手,人非物是,永远不变的是广播人对于一档节目、一个事业的一腔热情和精神传承。

老编辑直到退休也从没有明确解释过自己为什么老戴着帽子,于是很多人做出了各种各样的猜测,有些近乎滑稽。而我比较相信他自己在网上的一段自我介绍:"当年苏联《真理报》一位粗心的老兄头一眼就发现了传来的新闻照片里冒着严寒迎宾的总书记赫鲁晓夫头上没有戴帽子,光秃秃的脑袋十分难看,不待仔细看其他就赶紧按规定修版加工。于是第二天全国人民都在《真理报》上看到这样一张照片:机场上总书记头上戴着一顶帽子,右手还挥着一顶帽子向来宾致意。不过如果照片主人换上我就永远不会闹出这样的笑话了,因为中央台人人皆知,无论春夏秋冬室内室外,我都永远戴着帽子——不是遮秃,不为扮酷,而只为一标识。"

其实,对于这部电话,还有说不完的话和段子,也有许多不为外人所知的"禁忌"。比如:《报摘》很忌讳别人在没有特别要紧事情的时候在早晨6:30—8:00期间打进来;《报摘》主任会要求订早餐的编辑尽量不要以这部电话为送餐联络电话,等等。至于为什么,早间人必知,也欢迎不知道的人来早间部寻找答案!

按照行文的惯例,咱们给开头的"故弄玄虚"来个呼应吧:

北京市西城区复兴门外大街2号,有一座电台,这里的办公电话大多以8609开头。其中有一个号码,传说时常在午夜时分于黑暗空旷的大楼内独自响起,接到电话的人,第二天便不再出现……这是为什么呢?因为接到电话的人第二天白天回家补觉,当然就不会出现啦!

和体育广播的一世情缘

有一种说法，人最幸运的就是把自己的爱好变成了工作。我这样幸运了 20 年，现在仍然断断续续地幸运着。

我从小喜欢听广播。记得那时有音乐赏析节目，播放的全是名曲，贝多芬的、柴可夫斯基的、德沃夏克的……我买了空白盒带用双卡录音机把喜欢的录下来。还通过广播学日

作者简介：梁悦，中央人民广播电台中国之声编辑部副主任。

语，除了问候语以外，我背的最熟的一句，后来国际台日语大腕姜平老师愣是差点没听出来。估计是那句话的时代印记太深了："全世界无产者联合起来"。

当然我最痴迷的是体育广播，每天中午 12 点 15 分、晚上 9 点 45 分的《体育节目》是必修课。实况转播也场场不落，张之老师、宋世雄老师、杨青老师、韩乔生老师的转播都听过。大三的时候还给张之老师写过一封信，大概是谈对中央台洛杉矶奥运会报道的建议。自然，和郭静老师待遇相同，这封信也是石沉大海。后来到中央台体育组实习乃至工作，成了张之老师的学生，他的"听众是上帝"的教诲至今刻骨铭心。

1988 年，我正式进入中央台体育部，开始了体育新闻生涯，直到 2008 年。这 20 年，我见证了体育广播作为排头兵的不断创新和尝试。

1990 年北京亚运会，首创大型多点直播节目《亚运赛场实况》，我作为节目策划和主持人每天调度四位转播员和十几路记者完成两个半小时直播。

1992 年巴塞罗那奥运会，首次实现用无线电话现场直播。那个时候普通手机的电池续航能力较差，为保证播出，我们租用了类似车载电话式的无线设备，每天背到现场直播重点赛事。这种设备当时还属于新鲜事物，安保人员也没怎么见过，有时候会迟疑是否放行进入赛场。后来我就把设备放在大采访包的最下面，上面放着资料、录音机。如果保安使劲往下查，我便拿出准备好的纪念章、清凉油等小礼品"贿赂"对方，让他高抬贵手。就这样，我在巴塞罗那做了 8 场现场直播，包括游泳和跳水项目，其中 7 场中国选手夺得了金牌，是那届奥运会中国代表团金牌总数（16 枚）的将近一半。

1993 年国际奥委会第 101 次会议，北京首次申办奥运，中央台开辟四个半小时的特别直播《奥林匹克之夜》。我作为前方记者全程参与直播。当时我们做了两份预案，在我衣服的左右口袋里分别放着成功与不成功的两份稿子。直播开始以后，我就一直在寻思着是不是把不成功的那份稿子扔了，以图个吉利。宣布仪式开始后，萨马兰奇主席首先感谢五个申办城市，这五个城市是按照打头字母顺序排列的，北京是 B 打头，第一个被念到。听见北京两个字，北京直播间的主持人就开始欢呼了。但我还是保持着冷静，赶紧打断主持人说，这是萨马兰奇主席在感谢申办城市。直到萨马兰奇宣布悉尼获得 2000 年奥运会主办权时，我用颤抖的手拿出第二套方案的稿子，把这段不到 200 字的文字念完，当时的声音也在颤抖。

1994 年 10 月，我们开创了大型谈话类直播节目《体育沙龙》，每周日播出近两小时。我也比较系统地走上了主持人的岗位。多年的主持生涯，有幸结识搭档了两位名人。

一位是张路。80 年代末，体育评论还比较稀有，我在报纸上经常看到署名张路的小块文章，点评足球思路清晰。后来偶然的机会认识了张路老师后，就邀请他到台里录节目。那个时候的节目还多是录播，录错了还可以倒回去重来，但和张路老师第一次录节目，内容是高丰文率领的国足的世界杯预选赛前景分析（就是只差一步到罗马那次），10分钟的节目一气呵成，而且语气衔接天衣无缝，完全是直播的感觉。有了这次完美的合作，以后便经常找张路做节目，每次都配合默契。足球研究者甚众，为什么张路广受欢迎，主要是他能把复杂的足球理论用通俗的语言表达出来，让老百姓能听懂。后来张路老师转战电视，他的这个特长得以充分展示。

二是老梁。老梁其实不老，比我还小不少，所以我QQ的名字叫老老梁。老梁2003年世乒赛开始和中央台合作，2004年雅典奥运会、2006年德国世界杯作为主要嘉宾参与中央台特别直播得到听众的喜爱。老梁有两大特长。首先是记忆力超群，过目不忘。这得益于他小时候曾师从东北象棋大师王嘉良。其次是表达能力强，什么事无论他亲历与否，都能描绘得生龙活现。老梁还对中国传统艺术很有兴趣，相声、评书、二人转都能来两下。于是我们就萌生一个念头，为什么不为老梁量身打造一个节目，就叫《体育评书》。用评书的形式评点体育事件。我们还请来了腾讯的直播团队做视频直播，用时髦的话说叫实现了媒体融合。《体育评书》网络视频直播以后，网友每期发来的帖子多达千余条，浏览量更在十万人次以上。《体育评书》也被当选为中央台十佳栏目。

2008年以后，中央台的体育节目逐渐退出历史舞台。只有到了奥运会、世界杯这样的重大赛事才会有特别节目。说来也怪，我也是到了那个时候才像打了鸡血一样精神亢奋。看来，我和体育广播的一世情缘是无法斩断了。

一次险些夭折的采访

作者简介：王磊，中央人民广播电台中国之声时政采访部副主任。

每每翻看《围城》，读到方鸿渐、赵辛楣他们乘坐长途汽车前往三闾大学的段落，我总会想起 2003 年我乘长途车从兰州去往甘肃武山采访的经历。车的模样早已忘记，但好像并没有"倚老卖老，修炼成桀骜不驯、怪僻难测"的性格。不过车里面的拥挤不堪与气味之丰富估计不会比方鸿渐他们好到哪里去。我没有赵辛楣的壮硕体格，所以不敢对旁边脱了鞋袜解放双脚的老乡提出异议；我也没有方鸿渐的有理有据，只能任凭旁边的一只绑了双腿的活鸡不时地扑腾起来抗议人类的残忍。车子缓慢地走在山路上，窗外是冬日萧瑟的景象，我默默祈祷着能早一点到达目的地。

一封听众来信

之所以从北京坐火车一路哐当到兰州，然后又坐上长途客车奔向那个我第一次听说名字的小县城，是因为一封听众来信。

对了，那会我刚刚大学毕业一年，在《新闻纵横》节目做记者，那时中国之声还不叫中国之声，《新闻纵横》时长还是 20 分钟，是一个主打舆论监督的深度调查类节目，每天都能收到一大包听众来信。

那封信里说，武山多个乡镇的老百姓遇到一个取汇款的难题。拿着汇款单的农民一般要跑个三四趟邮电所才能取出钱，有时候，取一次钱要花上半个多月甚至一两个月的时间。为了早点取出汇款，农民们只好托熟人，请客，送礼。

虽然初出茅庐，但我还是透过信纸，迅速闻到了好选题的味道。信里没留电话，为了核实真伪，我一个电话就拨到了信中提的四门乡政府，电话里，对方一听说我的这种情况，马上便激动起来，表示实有其事。虽然对方没有说明身份，但几天之后，在寒冷的 11 月的某一天，我从北京来到了遥远的四门乡。

有困难找政府？

我已经不记得那一天在车上到底待了多长时间，我只记得，我天一擦亮就坐上了车，到达四门乡的时候，已经是将到夜晚的暗沉天色。四门乡深处大山之中，周围高山耸立，在暗沉的天色中格外让人压抑。又累又饿又冷的我特别的无助。这一晚该在哪里度过？

有困难找政府，是我当时的第一个反应。

大概是饿的记忆实在是太过深刻，所以，我清晰地记得，迈进乡长的办公室，首先看到的不是乡长本人，而是桌上摆的一大盆冒着热气的羊杂汤。乡长热情地邀我共进晚餐。我不记得当时是否象征性的推让，只记得大口地喝完羊杂汤之后，精神又回来了。

听我说完采访意图，乡长怔了一下，但马上表示说，我肯定是搞错了，当地没有这样的事情。仿佛当头一棒，刚刚因为羊杂汤恢复过来的心情就像外面的天色一样，暗沉下来。乡长见我半信半疑，又表示可以亲自带我去核实。

于是，他带着我挨家挨户见了一位教师，三四个镇上的居民。面对我的提问，所有的回答都是：没有，我们这没有这种事。这时，天色已经完全黑了下来，我的心情沮丧到了极点。本来已经忘记的一天车马劳顿瞬间就附上身来，简直连走路的力气都没有了。乡长建议我到县里住宿，我也只能点头同意。于是，我坐上一辆乡长叫来的镇上的小卡车，在暗黑的夜色里向县城赶去。

柳暗花明又一村

司机是个30多岁的憨厚西北汉子，见靠在座位上的我无精打采连连叹气，便和我攀谈起来。没想到我将来龙去脉一说，这位西北汉子一拍方向盘，激动地对我说：和乡长在一起，谁敢说实话啊！我们这就是这种情况，不信你随便到个村子去问问就知道了。我有些惊讶地张大了嘴，然后瞬间就明白了自己犯了一个致命的错误，脸唰的一下红了起来。

车子在马路边的一个村子旁停了下来，我迫不及待地找村口的村民攀谈起来。一提汇款的话题，就像一颗石子扔到湖里，立刻泛起了阵阵涟漪，村里的村民越围越多，转眼间已经有二十几个人。七言八语中，那封信里的一切都证实了。

在暗黄的路灯下，我举着话筒，一边提问，一边仔细地分辨着浓重的西北口音，浑然不觉11月深夜的天气寒冷逼人，一天的车马劳顿也抛在了脑后。那晚，我也没有按计划在县城住下，而是在镇上的"宾馆"——一位医生家的二楼住了下来。那是我迄今为止住过的最便宜的宾馆，一个晚上10块钱，但那一晚，我第一次在陌生的环境里睡得十分踏实。

此后的采访顺利了许多，虽然当地邮电部门一口咬定，因为当地农民往往都是趁赶集的时候集中取汇款，而能从银行取钱的额度每次都有限制，所以导致农民不能按时拿到汇款。但最后通过对当地人民银行的采访，真相终于清楚：原来，当地农民外出打工人数众多，每月从全国各地来的汇款累计起来数目巨大，邮电部门为了能够多拿银行的利息，故意让汇款在银行账户上多躺几天，这才是农民不能按时拿到汇款的真正原因。

这段不太成功，甚至差点夭折的采访如今想来却历历在目。不仅仅因为这是我职业生涯中第一次险些栽了跟头，更因为它让我警醒：记者采访并非简单的你问我答，你亲眼见到的听到的未必就是事实的真相，他隐藏的要远比你想象的更加隐蔽。

此后，经历的采访越多，这样的感受就愈加深刻，比如一件跨省命案七年不立，两地警方却都能拿出依据；一起大火，宣传部门发了通稿，但却语焉不详；一个明显是假货的保健品，药监部门却顺利地发了准字号……每一次采访，都是一次挖掘真相的过程，寻找真相有时就像是在捉迷藏，其间有斗智斗勇、有正面交锋、有曲折求证。当然，也有败走麦城，这是记者的不易，也是身为记者的幸运，因为，不是每一个人都有和真相亲密接触的机会；因为，每一次真相的披露都可能是一个人，几个人，甚至无数人命运的转折点。

十多年过去了，《新闻纵横》早已从原来的 20 分钟扩展成 2 个小时、央广不再是原来单一的媒体类型，开始向全媒体传播迈进、新媒体的冲击下，媒体人的心态开始变得复杂……但我想，不管怎样，对事实真相的不懈追寻应该是所有记者永远都不会改变的坚持吧。

行百里者半九十

作者简介：陈俊杰，中央人民广播电台中国之声早间节目部副主任。

迟迟未动笔，除了工作较多的客观原因外，还有一个主观因素：正如军事宣传中心王亮在他的那篇广播年华文章里说的，"不是不想写，而是不敢写。"

于我而言，理由有二：一是与一毕业就从事广播工作的前辈相比，我是个半路出家的广播人，工作时间短、资历浅，在大腕云集的央广容易露怯；二是约稿人希望我能写点经验教训，以做"负面教材"警示年轻人。失败的采访有千百个，到底说哪一个呢？我纠结了许久。截稿日期越来越近，约稿人逼得越来越紧，我只好截取采访经历最不愿意提及的片段，硬着头皮写出来。

一赴王家岭

2010 年 3 月 28 日，山西临汾，华晋焦煤公司所属王家岭煤矿碟子沟项目部发生特别重大透水事故。当班井下 261 人，108 人安全升井，另有 153 人被困井下。经过 3000 多名抢险救援人员 8 昼夜抢救，115

名工人被成功救出。时任国家安全监管总局局长的骆琳在王家岭矿事故救援现场说，此次救援创造了中国事故救援史上的奇迹。我本应该全程见证奇迹的，但因为个人判断错误，让我与奇迹失之交臂，至今痛心不已。

时间就是生命！事故发生后，我台山西记者站立即启动了应急报道机制，康维佳站长将全站仅有的采访力量全部投入进去。岳旭辉、李凡（现河南站记者）、李楠与司机田华在事故当天就赶到了现场。时任中国之声时政采访部记者的汪群钧也跟随国家安全监管总局在事故当天抵达。3月29日，事故发生的第二天，我从北京赶往王家岭支援报道。抵达当夜，天空下起蒙蒙细雨。还没有摸清门道、搞不清状况的我，就在老岳的"逼迫"下和李凡、李楠的生拉硬扯下，被塞进一辆四处漏风的面包车里写稿、剪录音、合成。

没过脑子的决定

3月29日—4月1日，我与老岳、二李相互配合，采写了骆琳对事故原因初步分析的初步意见、幸运逃生矿工讲述惊魂一刻、救援物资调配等一系列独家稿件。中国之声关于事故报道的速度和准确度远远领先于其他央媒，以至于某社驻站记者不得不找到老岳表达了不要"比学赶超"，要加强互通有无的想法。

尽管救援未放弃，投入也不断加大，但到了31日，仍未发现生命迹象。悲观、绝望写在了救援人员的脸上。来自山西晋煤集团的内部消息也显示救援不乐观，就连平时愿意与媒体打交道的骆琳也变得沉默了，153名被困人员生还似乎已经是极小概率事件。随着我们能采访到的有价值的信息也越来越少，4月2日的《新闻纵横》索性没有播出王家岭事故救援的相关内容。

我个人也陷入了焦虑：救援了5天，井下杳无音信，应该说已经没有希望了；在赶来王家岭之前，另外一条新闻线索的当事人催促我抓紧赶过去采访。是放弃唾手可得的异地采访继续等待下去，还是放下眼前的"鸡肋"王家岭离开？

对于一个刚刚入职两个月的我来说，要想在短时间内快速证明自己，办法就是多采访多发稿，保"量"而不是重"质"。

我选择离开王家岭！（现在回忆起来，似乎是没过脑子的决定。）4月1日，当我说出离开的想法时，老岳和二李惊诧不已：关键时刻竟然当"逃兵"！（我猜，当时三人恨不得将我捺翻在地，扔进巷道里。）三人委婉地建议我坚持几天。但说出的话，泼出的水，固执的我急急忙忙地离开了。（离开的场景有些狼狈。）

距离胜利就差一步

人们总是在放弃之后才发现胜利近在咫尺。4月2日上午，我离开王家岭。下午2点12分，就在距离矿透水事故发生过去120个小时，被困井下已近6天的矿工们向营救的人们发出了顽强的生命回应。

当天下午，深入地下的钻头带回了井下被困人员轻微的敲击声，微弱的"生命之声"传回地面，救援现场随即沸腾，生的希望立刻回荡在王家岭的山谷里。指挥部下达冲锋号令，所有的水泵加大马力向外排水；冲锋舟、救生圈等救援设备已经到位；救护车和医生在巷道口外做好接待伤员的准备。

4月5日，生死大营救展开。凌晨1点30分左右，第一批获救人员9人安全升井。在随后的15个小时里，115名被困人员全部获救，创造了中国矿难救援史上的奇迹。

营救的当晚，中国之声启动了大型直播，老岳和二李承担了现场连线解说的任务。随着被困人员一个一个地升井获救，李楠和李凡忍不住在直播时失声痛哭，那是喜悦的泪水！而我只能坐在电视机前看着直播流泪，那是后悔的泪水！

王家岭是我一次失败的采访经历，是我职业不成熟的表现，更是职业生涯中最不愿意提起的过往。尽管事后我跟随第二梯队的同事二赴王家岭，连续做了一周的后续报道，承担最重最累的任务，但始终无法弥补未能坚持到见证奇迹的遗憾，无法挽救未能与同事同哭同喜的遗恨，也无法摘掉"逃兵"的帽子。

小　结

王家岭失败的采访经历深深地警醒了我，让我明白，做事越是接近成功越困难，更要认真对待，不可半途而废。在日后的玉树抗震、舟曲泥石流救援、紫金矿业泄漏事故、富士康"十连跳"等大型报道中，再难我都会坚持下来，撑下来，一定会发现，所有的付出都是值得的。

我现在所在部门虽然名曰早间节目部，其实是整宿整宿的熬夜，很辛苦。虽然累，虽然苦，但我会始终坚持。谁又知道胜利是不是就近在咫尺呢？

行百里者半九十，与君共勉！

努力的大多数

约稿人让我写自己"闯荡江湖"的故事。提了好多要求，核心就两点——独家经历＋语言生动活泼。

想半天，跟大家分享些什么好呢？（约稿人插话：别给拖延症找理由！）

不是找理由啊，我 2009 年才入台，没去过地震灾区，没有在特报历练，没主持过节目，

作者简介：舒晶晶，中央人民广播电台社教节目中心乡村节目部副主任。

甚至大夜班也只上过三个月。跟那些前辈、大咖相比，我实在没有资格在这里谈过去。

既然我只是平凡的大多数，那就来讲讲"大多数"的故事吧。

大多数时候，都在等待……

我是体育记者出身，跑赛场是强项。但很遗憾，一套没有体育节目了。因此刚进入中国之声的采访部，大多数时候我都在采社会新闻，或者替忙不过来的同事打打下手。除了时政，每个口我都"染指"过。

这让我一度很焦虑——每个采访都停留在浅表，没有长时间的积累和调查，写什么都不会到位，不闹笑话就不错了。

经过漫长的等待，机会来了。还记得几年前足球圈狠抓"假赌黑"的事么？着实闹了好一阵，我也忙碌了好一阵——从足协副主席南勇他们一被抓开始，足足两个月，一天都没有休息过。

南勇被抓第二天的《新闻纵横》，采访部通力配合做了个大专题，我的任务就是去足协门口做个连线，而已。

那是1月份一个寒风呼啸的清晨，天还没亮我就到足协门口了。还有一个半小时直播才开始，足协也没开门上班，我就在楼下等待、观察。多年的积累派上了用场，我知道足协每天的办公状态，头一天还专门在QQ上跟相熟的官员闲扯了几句，这些信息让我单从足协大楼窗户的变化和看门大爷身上，就知道了他们对于"老大"被抓是什么反应。

连线很顺利，内容比领导要求的丰富很多。连线结束之后，心满意足地吃了一碗羊杂汤。

类似的等待还有很多，比如在机场等某个采访对象，像"趴活儿"一样一等就是好几个小时。比如等统计局公布数字，直播临近时每一秒都在煎熬。

有的长、有的短，无论是在等待什么，有耐心，厚积薄发，是我的经验谈。也正是足协门口那次连线，让我后来获得了更多的采访机会，慢慢施展拳脚，终于让体育新闻报道不再是一套节目的边角料。

大多数时候，没有想象的那么好……

是的，没有想象的那么好。尤其在刚入台一年以后，新鲜感淡去，无力感袭来。大多数时候是快节奏的工作，上午11点定了选题，下午4点就要交成品给《新闻晚高峰》。好几次是18点25分才上传录音给《全国新闻联播》，那争分夺秒的感觉实在酸爽。

随之而来的，是大多数时候都会有的遗憾。如果再采一个人会更充分，如果再多问一句就好了，这个数字是不是用得不准确？但是来不及细想，下一单任务又来了。

想象中，努力做节目就会让我们变得更好。但如今，央广和大多数传统媒体都在寻找出路。这一点在调到社教节目中心之后体会更深。

社教节目中心很早就开始致力于融媒体的研究和尝试。由于人手有限，每个采编人员都同时承担着新媒体产品的制作任务。工作量大了，传播效果一时还看不出来，甚至融媒体到底该怎么"融"，在中心内部也是争论不下。辛苦么？焦虑么？但你敢不做么？央媒的优势越来越小，当环境没有我们想象的那么好，只有先做了，未来才可能有生机。

当节目变成了项目，大多数时候，你的报道没有什么人能 get 到，时间长了，你还会死磕一个新闻当事人么？

大多数时候，你的点子不会被采纳，时间长了，你还会坚持开脑洞么？

大多数时候，你想到的微信公号内容别人早就做了，你还会狠心删了刚做好的 PPT，新建一个空白模板么？

尽管没有想象的那么好，但我看到了央广人的坚持。在穷山沟里，50 多岁的老记者翻山几百里，蹲在烈日下采访留守儿童；为了一个新技术，年轻人彻夜不眠编写代码，实现了新闻现场的全媒体直播；以前只懂声音的人，频频向自媒体发力，一篇篇佳作刷新着人们对广播人的传统印象……

保持求知欲，以及竭尽所能，是我的经验谈。尤其在没有想象的那么好的时候。

大多数时候，平凡才是不平凡……

我们稿子里经常会出现"他在平凡的岗位上做出了不平凡的事迹……"这样让人夏天不用开空调的句子。但讲真，大多数时候我们的确都是平凡的。但把平凡的事情坚持高标准做下去，一定会诞生不平凡。

再讲真，"平凡的大多数"在如今这个自媒体时代，也不太容易做到呢。以前我们都在一艘巨轮上一起前行，如今，在巨轮的周边还可以有不限量的小船随意航行。开飞机也行啊，颜色款式随你选，开心么？我宁愿相信焦虑只是因为选择太多，一时犯了恐惧症。

工作这些年，大多数时候我还是不太确定"闯荡江湖"到底好不好玩。但保持着一颗好奇心，坚持做自己（团队）认为正确的事，就不会成为负担，就会"在平凡的岗位上做出不平凡的事迹！"

从录音师到记者

当我们在追寻梦想的时候，每一天都是灿烂缤纷的，因为，逐梦之路上的每一分每一秒都描绘着梦想的轮廓。如同小说《牧羊少年的奇幻之旅》所说：一路上我都会发现从未想象过的东西，如果当初我没有勇气去尝试看来几乎不可能的事，如今我还是个牧羊人。

作者简介：陈燕霞，中央人民广播电台对港澳节目中心办公室副主任。

节目的复制合成是我在央广从事的第一个职业。80年代的央广几乎都是录播节目，那个时候专门有复制间，台里的重点报道、新闻专题和文艺专题基本上都是在这里完成的。当年的复制间就像电影《功夫》里的"猪笼城寨"，里面的人看起来很普通，其实都有很高很高的"功夫"，这些高手的名字也经常出现在广播节目里：简燕屏、王敏、高桂英、霍有义……

得天独厚的资源优势使我如同海绵吸水一般得到了滋养，在这些优秀录音师的指导下迅速成长，并完成了多部重点报道的后期制作，特别是立体声广播剧《憨憨》，在复制合成领域取得了专业突破。

《憨憨》讲述的是一名身有残疾的陕北知青与一只名叫"憨憨"的狗相依为命的故事。可以说，在这部剧的制作过程中，每一步都极为艰难，就如同"憨憨"陪伴手拄拐杖的残疾青年前行。一分多钟的片头，三天内修改了数次才达到理想的效果。为了抓住"憨憨"随主人公的喜怒哀乐而变化的情绪特征，在开盘录音机的时代，我需要从音响师采录的几百种不同的狗叫声中，像沙漠淘金般找寻每一个合适的声音元素，用传统的复制合成技术（两个开盘带进行复录截取需要的声音元素）一点一点将毫无关联的单一狗叫声复制合成出多种富有情感的狗的"语言"。这种特殊的声音元素与男主人公的语言相呼应，构成了一幅幅音响画面，将人与狗相依为命的情感真切地传达给每一位听众。

制作之初，我对于"憨憨"的声音语言会创造出怎样的角色，在广播里能不能用声音塑造狗的形象很担心，因为没有现成的经验可以借鉴，只能跟随直觉的引导不断向前摸索，我的工作就像在空白的画纸上一点一点涂抹"憨憨"的声音色彩。

当听众从广播中听到"憨憨"随着主人公《信天游》的歌声发出自己特有的情绪叫声，感受到"憨憨"用自己独特的"语言"表述与主人相依为命的情感时，我知道"憨憨"的角色塑造成功了。这也是狗的声音形象第一次出现在广播剧中。这部剧成为 1997 年中国广播剧"哈纳斯"杯评奖会上的热门话题，摘取了音响、录制两个单项奖，还被中国传媒大学作为教材选用。

我在复制合成的岗位上工作了 16 年，像人生中的 16 岁，是多梦的年纪。2002 年，实现梦想的机会来了。借着对港澳广播在台内招聘的机会，我开始了在央广的第二段人生，由一名录音师向采编一线转型发展。

近十五年的采编工作，又留下许多记忆、收获更多感动。

难忘曾经采访过的一位老华侨的深情讲述："一到深圳，一过罗湖桥，看见了五星红旗，我和同伴立即跪下了，眼含热泪高喊：祖国，我回来了！"这是我在对港澳广播推出的大型报道《腾飞粤港澳》中遇到的一位老人，他以及他所代表的华侨对祖国的爱深情感人，这段录音被我放到了节目片头，配以深情的音乐感染了很多听众。即使现在用键盘敲下这段文字、听到这段录音，我依然难以抑制心绪。

难忘在香港孙中山史迹径的采访。在拔萃书室、中央书院（今皇仁书院）及香港西医书院（香港大学医学院前身）等每一个留下孙先生足迹的地方，听香港历史学家丁新豹教授的讲述，使我仿佛穿越新旧建筑的繁华都市，触摸逝去的激情燃烧的印迹，更加深入的了解了孙中山和革命人在寻找救国的真理，以及探寻强国的道路上所付出的艰辛努力。

2015 年，我和同事登上海拔 4457 米的可可西里索南达杰保护站，采访了在这里从事志愿服务的两名志愿者。来自成都的张婷婷是一名医生，短短几天的志愿者经历带给她最大的感受是：我们一定要保护环境、尊重生命。另一位志愿者袁广名已经在索南达杰保护站工作了五年，谈起这段经历，感受更深："索南达杰就是这个时代的人物，是我们可可西里的环保卫士，也是全国人民的环保卫士，他的精神要靠我们一代人一代人地传承下去。"

从 2010 年开始，我还随港澳媒体记者一起到内蒙古、贵州、山东、陕西、黑龙江、云南的基层深入采访，用话筒记录内地的经济社会发展变化，向港澳听众展现多姿多彩的民族文化。每一次的采访经历都能进一步加深我对职业责任和使命的理解。

上海世博会、博鳌亚洲论坛、澳门国际音乐节等重大活动的采访报道，《历史的回响》《共赢之路》《城市新跨越》等重点节目的采编工作，每一次的经历都是难忘的，也让我时时体会到记者这个职业的幸福。

七十六年，中央人民广播电台用声音记录时代中国。三十一年，我在中央台一次转型、两种职业、三个岗位的经历告诉我自己，只要有梦想并为之努力，就可以梦想成真。我可以，你也可以！

意志在左　情怀在右

爱一个职业，起始于兴趣，坚持于理想，长久于情怀。新闻人，广播人，央广人，钟情中央台，是76年的历史积淀，更是伴随青春成长的点滴心路。

撷取二三事，心路如是。

珠峰，世界之极；汶川，中国之殇。原本毫无联系的两个地点，在2008年，在我的广播年华中，连接在了一起。就

作者简介：邱翔，中央人民广播电台人力资源管理中心干部管理处副处长。

像两座灯塔，一座是意志，一座是情怀，照亮着前行的道路，引领着努力的方向。

珠峰：喘口气，喘口气……

2008年，北京奥运会火炬传递，奥运圣火第一次点亮在世界之巅，我也第一次到达了海拔5200米的人生新高度。8844米的珠穆朗玛峰近在咫尺，朝夕相处26个日夜，缺氧、大风、强烈的紫外线、帐篷、石头、灌风的厕所、大喘气、失眠、洗不了的澡、烧不开的水、煮不熟的饺子、伸展不开的睡袋、焐暖和了才能用的电脑、结了冰可以站立的袜子……历历在目，人有此经历，难得、难忘。

第一难：睡觉难。北京奥运会火炬传递，首次登上世界最高峰，我和陈建奇老师组成前方直播小组跟随报道。抵达大本营的那一天，看到世界最高峰就耸立在眼前，近到似乎触手可及。敬畏，是当时能想到的最恰当的形容词。湛蓝的天空，刺眼的阳光，猎猎的旗帜，皑皑的雪山，兴奋、激动，拍照、留影，似乎忘却了这里的含氧量只有拉萨的一半，而拉萨的含氧量只有内地的一半，这给我痛苦的珠峰第一夜埋下了伏笔。

入夜的大本营，气温骤降到零下，最少6级以上的寒风凛冽咆哮，吹得帐篷摇摇晃晃，更倒霉的是帐篷门帘子关不严实，时不时被大风吹开一个口子，干冷的寒风像刀子一样刮在脸上。

白天的兴奋过度让我出现了明显的高原反应，嘴唇、手指呈青紫色，头痛欲裂，喘不上气。钻进睡袋准备睡觉，扭头发现建奇老师采用靠在床头半躺着的姿势，我奇怪地问了一句："建奇老师您就这样睡吗，不躺着？"建奇老师回答说这样舒服。当时我并不信，还是平躺着睡了。结果，半夜竟生生被"憋"醒，不一会儿就要坐起来深呼吸几口，再瞧建奇老师，愉快的"歌声"回荡在帐篷的每个角落。早上起来，一夜无眠的我对他说："姜，真的还是老的辣！"他精神抖擞地哈哈一乐："吃早饭去！"

第二难：说话难。在高海拔环境中，坐卧行走、吃喝拉撒，就一个字，要"慢"。拎着两个暖壶去30米外帐篷打开水，平常分分钟能搞定的事情，到了那里，中间要歇上好几次、喘上几口才能缓过来。在大本营自己每天都会写一篇日记，记录所见所感，发在当时还流行的博客上。任捷老师看到之后出了个点子，让我把日记录成音频，可以在直播当天播放。试了试才发现，句子稍微长点就没法一口气读下来，任捷老师说，要的就是这个真实感受，于是就有了大喘气日记，那种现场感，一个大喘气就全交代了。

第三难：采访难。缺氧的不适始终折磨着我们，但在报道任务面前，顾不了那么多。正常走路都很困难，何况身背着重装备。采访的时候，基本上是左手拿着采访机，右手端着单反相机，腰上还别着一个70—200mm 的"大白"，肩上还挎着一台摄像机，随时切换角色。

2008 年 4 月 25 日傍晚，奥运火种首次抵达大本营，200 多人围在道路两旁，等候火种灯的到来，我们为了占据最有利地形，也早早挤在人群中，背上所有设备，在六七级大风中等待了 1 个多小时。临近天黑，加上大风，即使穿着厚厚的羽绒衣裤也抵挡不住钻心的寒冷，因为要手拿设备，还不能戴手套，相机都快端不住了。

当火种灯下车的时候，临时拉的警戒线被记者们扯开，蜂拥而上，自己也不客气冲了上去。为了拍到以珠峰为背景、火种灯为前景的图片，我又是钻又是挤，硬是挤到了离火种灯一个臂展的距离，迅速伸出相机按下了快门，刚一拍完就又被挤到了后面。拿起相机一看预览，火种灯的火苗与珠峰交相辉映，典型的场景，历史的瞬间，有这一张就够了。

正在兴奋的当口，自己突然腿一软跌坐在了地上，天旋地转，严重供氧不足导致头昏脑涨，大口大口地喘气却感觉吸不进肺里，足足在地上坐了 10 分钟，才渐渐缓过来，之后的好几天都处在头痛失眠中。

事后才知道，当时的缺氧症状比较危险，好在无知者无畏，没有吸氧，硬是挺了过来。聊以欣慰的是，这张图片刊发后，被当时那些叫得出名字的大网站纷纷转载，也被多家报纸采用在版面上。

20 多天的艰苦，在顺利完成史上时间最长、海拔最高的全媒体直播后，都变成了幸福的眼泪、成长的印记。

汶川：国之悲伤，人之坚强

当我们还沉浸在奥运火炬珠峰登顶的喜悦中，当我们刚刚从珠峰大本营下撤至拉萨恢复休整时，5 月 12 日，14 点 28 分，汶川，瞬间地动山摇，生命陨灭，家园损毁，一切中断，震区成了孤岛。全台迅速总动员，第一时间奔赴震区。来不及休整的我和陈建奇老师马上收拾行装，带着具有关键作用的卫星电话搭上了飞往成都的航班。在灾区的 8 天时间，面对危险，历经生死，感受着大悲与大爱，感动于媒体人的情怀与担当。

惊险的空中大救援。5 月 18 日，我们 22 位前方记者乘坐陆航直升机分别进入各个重灾区，采访主题是"空中大救援"。我跟随采访的是济南军区某陆航团的直升机，目的地是安县的两个乡镇，任务是运送食品、帐篷到灾区，接回老弱伤员。后来才知道，只有我跟随机组飞行了两个架次。

人生第一次乘坐直升机，伴随着巨大的噪声，飞机在一千多米的低空向山区飞去。进入山区，浓雾渐起，飞机在山间穿行，颠簸得很厉害，两旁的山体近在咫尺，螺旋桨几乎擦着山体而过。当时自己并未觉得如何，等返回机场后机长问我，刚才在山里怕不怕，我才知道当时有多危险，气流不稳，浓雾阻挡视线，山体间距早已不足直升机飞行允许的安全距离，稍有差池就会机毁人亡。真真后怕得很。机长说马上又要起飞，问我还跟不跟。看着他和机组人员坚毅的眼神，我默默背起采访设备，登上了机舱。

在第二次飞行前往的茶坪乡上空，我被下面的景象惊呆了，镇子沿河谷而建，几乎被夷为了平地，仅有少数楼房摇摇欲坠，周围的山体全部都有滑坡的痕迹，唯一一条通往外界的公路被山上滑坡下来的土石阻断。着陆点周围，聚拢着幸存的群众，翘首望天，期盼着带给他们希望的飞机到来。突然间，我读懂了机长眼神中的真正含义，读懂了自己应该坚守什么。

难以忘记的那双大眼睛。在一个受灾群众安置点，500 多名被转移来的群众得到了悉心照顾。几位来自茂县的羌族群众，从家乡翻山越岭没吃没喝走了 4 天 4 夜，到都江堰被救援人员救下，一路上无数好心人送吃送喝，帮助他们熬到了最后；一个家庭十几口人从都江堰虹口镇逃出来，家里房子倒了，什么也没有留下，在安置点，他们又团聚在了一起。

拍照时，镜头里出现了一位 3 岁左右的小女孩，白色连衣裙，上面点缀着蝴蝶花纹，肉嘟嘟的小脸，圆圆的大眼睛。然而此时，小姑娘头上包扎着纱布，正端着一个饭盒用筷子大口大口扒着饭，本应透着天真、童趣的眼睛里满是惊恐和不安。按下快门的时候，我已忍不住热泪盈眶。本想上前采访几句，最后还是忍住了，只是远远地拍下几张图片，送去默默的祝福。

那双乌黑的大眼睛，至今难以忘怀。悲殇的海底就是坚强，坚强的彼岸就是希望。

2008 年，大悲与大喜交织的一年。有人说，不品尝艰辛，不知道幸福的味道；不经历生死，不知道人生的精妙。我的 2008 年，我的广播年华中平凡又不平凡的一年，平凡的是媒体人每天都行走在这样追逐新闻的路上，不平凡的是自己品味到"记者"背后那大写的"情怀"。这份情怀，是不畏艰辛的坚强意志，是站立潮头的创新精神，是悲天悯人的朴素情感，是坚守职业的那颗初心。至今激励着我，勇敢前行。

微善大爱

有的老人很可爱，当你夸奖他手工做得好时，他们常会说："没什么、很一般"，但是抑制不住上翘的嘴角却会泄露内心的欢喜……

有的老人很脆弱，就像受了委屈的孩子，即便轻轻一个拥抱，他们也会悄悄流下眼泪……

作者简介：田娜，中央人民广播电台社教节目中心老年节目部副主任。

有的老人很热情，他会拉着你的手不让你走，会追老远只为送给你一只苹果……

有的老人很戒备，你吹拉弹唱使出浑身解数才换来他一个浅浅的笑容……

我第一次随老年之声"爱·在一起"公益活动走进敬老院是2015年的母亲节，活动中的第一个环节叫作"拍拍手"，每个志愿者念着"拍拍手，抱抱你，拍拍手，我爱你"，和老人拍着手，轻轻拥抱。我握住一位奶奶的手，问她："奶奶，您多大年纪啦？"那奶奶显然没听清，却开心地回答我，"我来拍我来拍"，笑得眼角还迸出了泪花。那一刻起，老人那灿烂的笑容就印在了我心底。

我们这个小团队，在完成老年之声节目之余，还会以一个月三场的频次组织"爱·在一起"公益活动。这并不是一件轻松的事，不过那些老人们就是有这样的魔力，吸引着我们去走近他们，乐此不疲。

开心、感动、遗憾、满足……走进敬老院，走近这些老人们，每次都会有着各种触动。老人就像一本书，翻开那厚重的人生，里面有三天三夜也讲不完的故事，老人又像一个幼童，掩饰不住的喜怒哀乐轻易就能拨动人心。

老人们爱笑，逗老人们笑是我们最擅长的事情，我们的主持人千卉的方法就很多："照相的时候要露出八颗牙啊，假牙也算！""爷爷奶奶们觉得我漂亮吗？要是漂亮就鼓鼓掌吧！"伴随着热烈的掌声往往是老人们哈哈的笑声……

我们的一位志愿者——相声演员张伟是老人们最喜欢的开心果，他的拿手好戏是用口技模仿两只谈恋爱的小鸟，每到这个节目，老人们都会看得目不转睛，乐得捧腹大笑。魔术演员闫旭能变出各种稀奇古怪的把戏，惊讶的老观众们总会不断地发出"咦？啊！怎么变的？"变完魔术，我们的魔术师还会用气球编出各种有趣的礼物送给老人们，每个拿到礼物的老人都会满足得像孩子一样。

最热闹的场面莫过于老人和演员抢台表演了。台上演员们一首首耳熟能详的歌曲、一段段脍炙人口的京剧，往往会让台下的老人们按捺不住，争先自荐表演，当激情被点燃，我们的舞台也就被老人们所"占领"，80岁的奶奶组队跳起《小苹果》，90岁的爷爷唱起《威虎山》……每当看到这些因我们的到来而兴高采烈的老人们，那时心里的快乐和满足感总是那么真实而强烈。

老人们也爱哭，往往节目里的一个小片段、某个小插曲都能让老人眼泪涟涟。2016年的母亲节，一位住在敬老院的奶奶没有接到儿子的问候电话，就想跟儿子通个话，当第三遍电话仍然没有打通的时候，她失望地哭了起来，不过，这位伤心的老人被我们的同事唐姣菊几句俏皮话一逗，心情立刻又转晴了。一次在活动过程中，看着舞蹈《跪羊图》，一位80多岁的奶奶突然大声哭起来，哭得像个孩子般伤心，在志愿者的劝慰下，很快又破涕为笑。我们不知道这些老人那一刻想到了什么，让她们如此脆弱易感。不过，在这一刻，她们并不孤独，悲伤的时候，会有一双手紧紧地握住她，会有温暖的臂怀，轻轻地拥抱她。

最让人心疼的是那些孤寡老人，他们没有老伴儿，没有子女，有些失独老人甚至还沉浸在痛苦中。去年中秋节，我们给一些孤寡老人送去了一份"声音礼盒"，这是一个小音乐播放器，播放器里面装着老人们耳熟能详的老艺术家们、明星们送给每一位老人的专属祝福，74岁的失独老人李奶奶收到了一位青年演员的声音礼盒后，激动地哭着说："我的礼物太珍贵了，我一定把它随身带着，把它作为我的伴儿。我多希望有这么个东西，我一直没有得到过。"还有那些患有阿尔茨海默症的老人，有的老人连自己的名字都记不住了，但是仍会拿出全家福对着你介绍：这是我大儿子、那是我小闺女，仍会紧紧拉着你的手说：常来啊，一定要常来啊！

这些老人，无论是哭还是笑，都牵动着我们的心。我们的一位志愿者说："每当我看到老人们原本有些木讷的脸上慢慢浮上笑纹，弯曲的腰背尽力挺直，和着音乐的节奏拍手哼唱，我的心就充满了幸福。"就像她说的一样，我们无法挽住生命的逝去，无法阻止衰老的到来，但是，我们可以给他们片刻的快乐，为他们暖暖手，暖暖心。

"爱·在一起"公益活动作为老年之声的品牌活动，在两年多的时间里已经走进将近90个敬老院和社区，受到养老机构和老人的热情欢迎，也相继获得全国性、省部级的多个大奖，为老年之声品牌推广起到了重要作用。作为活动组织者，我们这个团队带领了近3000人次的志愿者为上万名老人提供了以公益演出为主的文化服务。我们搭建起了一座桥梁，一头连着这些老人们，一头连着那些有爱的志愿者们，在志愿者中，故事也很多。

一次，一位青年演员演唱完歌曲后对着台下一位奶奶说了一句让全场惊讶的话，她说："奶奶，我可以亲你一下吗？"看到那位奶奶惊愕的目光，她解释说："我最遗憾的事就是在我奶奶在世的时候没能亲她一下。"在如愿以偿地亲了奶奶后，她抱着奶奶流下了泪水。

凌老师是我们活动的摄影志愿者，只要有时间，他都会参加我们的活动，为拍出一张完美的照片，60多岁的他登高爬低都不在乎，他说："每当我看到敬老院老人紧握志愿者的手，当和他们拍拍手时，他们激动的表情，我的眼眶会酸酸的，当有的老人流泪时，作为一名摄影师，我看视镜中的影像会模糊，但凭我的经验，仍会准确捕捉这一幸福的瞬间"。

每一位走进养老院的人，都会有着同样的感悟，就是：奉献和付出能助人成长，爱别人比爱自己更易快乐。学生是我们的志愿者团队中人数最多的，其中有一位17岁的中学生，从第一次被动来，到以后主动参加，她告诉我们："要和老人们道别了，看见很多老人用期盼的眼光看着我们，其中一位老婆婆拉着我的手问：'你下次还会来吗'？我大声说：'会的，会的，有你们在，我一定会来！'就在那一瞬间，我明白了我们来这里的意义。

我从1997年进入中央台，至今整整20年。回头望去，作为一名广播人，我难忘自己用话筒记录历史时的激荡，难忘用声音表现世界时的迷醉，难忘那一场场大型战役后的酣畅。若说广播节目给我带来的是激情，"爱·在一起"公益活动带来的则是温情，在这里，我们常常开怀大笑，也往往泪水涟涟；在这里，我们能时时触摸心底的那片柔软；在这里，我们能涤荡心灵，积聚力量，继续前行。

恰巧路过这里

作者简介：柯成韵，中央人民广播电台经济之声财经新闻部主任。

也许就是一种缘分，注定了我要和广播一生相处。

我从来不太愿意说"唯心"话，但似乎冥冥中就有一种安排，让我恰巧路过这里，遇上了广播，并开始了14年的日夜坚守。之所以说是日夜坚守，是因为这十几年我基本都在新闻部值夜班，做早间的时政新闻或财经新闻。

爱上广播，可以追溯到很多年以前。我经常能够回忆起小时候，每到晚饭时间我们一群孩子围着爸爸的收音机听评书。很多侠义英雄、传奇故事就是在那个时候进入我的脑海的。在那个还没有电视、也缺少书籍的年代，一台不大的收音机为我狭小的童年生活打开了宽阔的画卷，也在我心里早早种下了广播情缘。

现在想来，那个时候最有意思的是在炎热的大中午，广播里还会播放航道局的水文公告。在那略显单调的日子里，主播抑扬顿挫地播着"城陵矶、落、落，安庆、涨、涨，芜湖、落、落……"，我居然还听得饶有趣味。这种趣味让我在不经意间记住了很多陌生的地名。由陌生导致的好奇促使我在工作之后，执着沿长江两岸，逐一拜访这些未曾谋面的城市。

童年的记忆，总是真挚美好的。但我确信，我还没想过长大后要从事广播工作。

我来到中央台后，第一个岗位是《新闻和报纸摘要》节目所在的新闻部，我参与节目的编辑。这是几乎所有的校园大喇叭每天早晨必转播的节目。尤其是上高三的时候，老师们说，高考政治要考好，一要听《报摘》，二要读《半月谈》。

我们这些学生就每天早上踏着晨雾、听着《报摘》、绕着操场跑圈圈。我们就这样三个一群五个一伙地跑着、闹着，到底也没有记住哪一条新闻。关于这个故事，我曾多次和《报摘》的老主任田山川老师说起过。我在田主任手下工作过好几年，我说那时候我们边跑步边听《报摘》啥也没听进去，最后就记住了一个名字田山川。因为《报摘》快结束时我们上课的预备铃就响了，大家就拥挤着走进教室准备上课，大喇叭里就传来最后的结束语，这次节目编辑谁谁谁、谁谁谁，这其中就有田山川的名字。

也许是这个名字比较特别，比较好记，以至于我来到中央台新闻部工作时，遇到田山川主任，立刻就想起了多年前曾在校园的大喇叭里听过他的大名。也许就是因为这样一些缘故，在我加入广播行业时，总觉得有如遇见了故人，总感觉广播十分的亲切。

刚来中央台没多久，我被派到山西采访。那是资源大省山西快速兴起的时候，煤炭价格暴涨的"黄金十年"刚刚开始，好像地面上刨个洞就能出煤赚大钱。我采访的题目是资源型城市如何转型。现在想来这个选题有前瞻性，有些未雨绸缪的意味，但在那时显得未必合时宜。不少接受我采访的老板们当时给我的印象是信心满满或踌躇满志。但这次采访，真正让我难以忘却的是，我被困在了山西。

当时正值 2003 年"非典"疫情爆发，我和山西记者站站长康维佳驱车穿梭在大大小小的煤矿。刚开始疫情还不太重，但很快北京和山西被认为是重疫情区，人员和交通受到全面的限制和排查。山西各个县乡乃至村口都关卡林立。

我们两个开着车无处立足，找不到吃的地方，找不到住宿的宾馆。每到一个县市，我们都要被安排先测体温再抽血。有时候上午在一个县抽完了，下午到另一个县还要再抽。严控疫情传播，我这个北京来的流动人口成了严控严查的对象。

这种危急的时刻，康站长作为老记者的素质就体现了出来。他陪着我抽血、化验、想办法，帮助我应对了很多困难，最终完成了采访任务。这让我真正体会到一名合格记者的不易，既要吃得了苦、受得了累，还要睡得了牛棚、遭得起罪。

这次采访，我第一次下到四百多米深的矿井与采煤工人同劳动，并亲手挖下一块煤带回来作纪念。也是这次采访让我学会了吃大蒜。我是南方人，从来就不敢生吃大蒜。康站长告诉我说，常在路边小摊吃饭怕不干净，剥几颗大蒜吃下去能消毒。

我常常想，对于一个二十出头、刚入职场的年轻人来说，能遇到一大批敬业尽责的老广播人作为自己职业的导师和生活的引路人，是十分幸运的事情。那时候的我，就觉得自己是一张白纸，对广播完全没有概念。我把自己融入到新闻编辑和采访的大熔炉中去锤炼，听着前辈们讲着部门里的典故、讲着老广播人的传统，学着编辑一条资讯，学着剪辑一段音响，学着采访制作一条录音报道。

我学到了他们对中国广播事业的忠诚，学到了他们对国家电台的崇敬之情，学到了他们对中国广播的敬畏之心。正是这些点滴的收获和积累，逐渐构建起了我们广播人的基本品格和职业素养，也成为我日后工作中最宝贵的精神财富。

能够加入中央人民广播电台这个大家庭，对我来说是一件荣耀的事情。这种荣耀不单是因为她有辉煌的历史、杰出的成就，更因为她有许许多多可爱的广播人。他们身上，最让我敬佩的就是朴素和坚持。这种朴素和坚持，早已化成了血液流淌到了今天我们每一个央广人的身上，成为一种传承。这种传承下来的品格，在一个"网红"都能吵翻天的当下，显得特别的难能可贵。我爱中央台，最爱的就是她的这种品格、这种风格，没有那么多的花哨，总是那么低调、那么踏实、那么真诚、那么执着、那么精益求精、那么坚定值守，以至于成为了一种国家电台特有的范儿——尽管我知道在中央台的每个岗位都潜藏着很多顶尖的高手、真正的大腕。

记得十多年前的那个春末夏初，一个暑气消散后的傍晚，我乘坐公交车从中央台旁边路过，广播里传来一则招聘启事。我想我该去试一试。就这样，通过笔试面试，我被录取了，成为了中央台大家庭中的一员。好多事情看起来很偶然，如果那天不是我恰巧路过这里，我的人生也许将会改写。但是，这么多年来我与广播的缘分，难道不是早就定好的么？

忆起上甘岭

1985 年 7 月，我从延边大学朝文专业毕业分配到中央人民广播电台朝语部工作。同一批入台的有 30 多位来自东南西北的各民族大学生，其中坚守岗位的诸位年兄，现已步入央广各部老人行列。

央广朝语广播创办于 1956 年 7 月 6 日，2016 年恰逢华诞六十载。我入台时的朝语节目

作者简介：金永勋，中央人民广播电台民族节目中心朝语部副主任。

每天播出早中晚夜四次（重播一次），每次半小时。节目内容以《人民日报》、新华社通稿的朝文翻译稿为主，略加音乐和若干小专题。可收听地区覆盖东北三省和朝鲜半岛。

那时单位宿舍紧张，中央三台各编辑部新来的年轻人不少以广播大楼为家，夜眠行军床，日食三餐在大院。翻译新闻稿、练习朝语播音、编辑小专题、偶尔出去采访是当时我的主任务，另兼擦地、打热水、取报纸、偶尔也做做分鸡鸭鱼肉蛋的活。昼耕夜诵的日子虽宁静淡泊，自由、快乐的单身生活却也充实。

进入 21 世纪，随着"西新工程"的实施，央广民族之声逐渐壮大，朝语节目也扩容为每天播出九小时，并在国内朝鲜族最大聚集地延吉实现调频落地，真正成了接地气的整套广播频道。

要说讲讲年轻时"闯荡江湖"的事，27岁那一年的赴朝采访算是比较特别的经历，在朝鲜上甘岭的所见所闻更属"独家"亲历记。

1990年8月，央视军事部制作抗美援朝四十周年电视专题片《和平备忘录》，央广应邀派朝语翻译，我有幸参与其中。摄制组六人，有领队、制片、编剧、摄像、音乐等。作为最年轻的成员，除了翻译采访之外，扛着十斤重的木制三脚架跋山涉水也是我的任务。

我们在朝鲜的拍摄日程长达三周，摄制组辗转平壤、安州、南浦、元山、开城等地，踏寻英雄足迹，上甘岭是这次赴朝采访的重中之重。

现在的年轻人对"上甘岭"这三个字或许陌生，但应该能记得舍身堵枪眼的英雄黄继光和烈火英雄邱少云吧。上甘岭就是他们牺牲的战场。

上甘岭位于朝鲜半岛中部，紧邻三八线。我们从平壤乘坐零点始发的火车到江原道首府元山，再换乘面包车和吉普车。翻山越岭爬到上甘岭597.9高地时已近黄昏。

597.9高地就是黄继光牺牲的地方。在三八线北方界线的铁丝网下，依然保留着当年黄继光堵枪眼的火力点碉堡，旁边耸立着约两米高的石碑。碑面面向祖国，上面镌刻着：殉国烈士中国人民志愿军特级英雄黄继光同志永垂不朽。

在抗美援朝进入决胜阶段的1952年10月，上甘岭发生了长达43天的激烈鏖战。双方共投入十万多兵力，在方圆不过3.7平方公里的两个小山头上反复争夺阵地，其中597.9高地的争夺战尤为惨烈。

拍摄完毕从高地返回，摄制组夜宿山下一村庄。朝鲜南北方大喇叭广播声响彻一晚，双方前沿的隔空角力好像一直在进行。第二天清晨我拿出短波收音机，搜索央广朝语节目依稀能收听到来自北京的声音。

上甘岭的第二站是邱少云烈士的牺牲地探寻。邱少云和黄继光一样都是四川人，同属志愿军第15军。因为邱少云埋伏的地方位于三八线禁区的开阔地，摄制组爬到391高地上俯拍英雄的牺牲地。

391高地不如597.9高地有名气，它位于上甘岭597.9高地的西侧，南北两座山峰，形若驼峰。邱少云就是在进攻北峰的作战中牺牲的。

对于远道而来的中国记者，守峰部队官兵非常好奇，也很热情。"那里就是邱少云英雄埋伏的位置。"沿着人民军军官所指的方向，我们看到三八线禁区里一片沼泽地，芦苇丛生，几棵松树挺立在英雄的牺牲处。

1952年10月12日，上甘岭战役前夕，邱少云所部指战员就在这里埋伏。邱少云被敌人燃烧弹击中时，为了不暴露目标，他始终趴在火中，直至牺牲。据亲眼目睹过程的老兵回忆，"他一动不动，双手因为剧痛用力地攥进沼泽地，除了手肘以下还是完好的之外，他全身都被烧焦了。"

我们在平壤参观朝鲜祖国解放战争胜利纪念馆的志愿军展馆时，看到了邱少云遗物——他腹部的棉服烧焦残片和被烧毁的冲锋枪。

在上甘岭战役中牺牲的七千多名将士，除了黄继光、邱少云、孙占元等著名英雄运回祖国，其他均安葬于山下的烈士陵园。他们仍然坚守着上甘岭阵地。

结束朝鲜之旅，我一回国就参加了半个多月的北京亚运会报道。刚从南北冷战的对峙现场撤下来，再在亚运赛场上看到南北啦啦队互为对方选手鼓掌呐喊的情景，深感手足情还是血浓于水啊。我的广播记者生涯也在这种"冰火两重天"的感受中起航了。

赴朝采录尤其是上甘岭之旅是我最难忘的采访经历。这第一次的"随军记者"体验也一直影响着我后来参与的诸多央广朝语重大主题报道，在踏遍白山黑水、长城内外、大江南北的战场遗址时，我常想起上甘岭的黄昏和黎明。

如今忆起上甘岭，仿佛穿越回起点。那里是让我在艰难岁月或巅峰时刻依然能固守初心的精神高地。如果人生三十年一轮回，我愿借洪荒之力坚守到下一个赛点。

广播是我的最爱

我从小就喜欢听广播，听民族音乐，那时，家里只有一台半导体，我和姐姐就抢着听。随着年龄增长，我开始收听中央台的汉语节目，可以说，我的汉语基础就是那时候打下的。

大学毕业后我考入中央台，主要工作是翻译新闻，这也让我有了更多学习和钻研广播业

作者简介：巴赞，中央人民广播电台民族节目中心新疆民族语言广播中心乌鲁木齐编辑部副主任。

务的机会。当年，我们还在总局大楼办公，哈语广播自办的栏目不多，节目时间也不长，但每天要在短时间内准确无误地翻译新闻稿件并不轻松。稿件需要手写，字体要求清楚，翻译完了还要立刻录音，时刻保障安全播出。这看起来简单的工作，对于非翻译专业出身的我来说难免有些吃力，特别是一些专有名词的运用，需要在不断地学习和历练中提升自己，在民族广播工作的平台里达标争优，把党和政府的声音准确迅速地传达到边疆少数民族地区。

如果问我广播生涯中最重要、印象最深刻的经历，那莫过于采访哈萨克族将军哈森·伊布拉音，因为这是我的第一次采访。

1993年10月，为了纪念毛泽东诞辰100周年，我和同事阿扎提去采访住在北京的哈森将军。1923年，哈森出生在新疆塔城一个贫苦的哈萨克族牧民家里，后来因动乱和生活所迫，哈森的爷爷带领全家从塔

城逃难出来，几经辗转到陕西榆林落脚。1933 年，10 岁的哈森被父母卖给了当地的地主，受尽虐待和折磨。几个月后他跑进延安城，在那儿碰上刘志丹的部队，便参了军。1936 年，哈森加入中国共产党，1937 年被选送到毛泽东身边当译电员，后又被派到中国人民抗日军政大学、延安军事学院、延安军事培训班学习。50 多年的军旅生涯，他从司号员当起，一步一步从一个放牛娃成长为中国人民解放军一位高级指挥员。全国解放后，他还作为中国人民解放军装甲兵的第一任作战处长参加了抗美援朝。

这样的人物该怎么采？我应该从哪个角度提问？如何让他讲述对毛泽东的真情实感？一个个问题摆在我面前，压力不小。为了做好采访准备，我翻阅了大量有关哈森将军的书籍和资料。节目制作过程中，部门领导和同事们还特意找来毛泽东在开国大典宣布解放时的开盘带，并把这段声音用在了节目里。我反复推敲，经过多次更改才制作完成。晚上，当我在办公室从收音机里听到自己制作的节目时，激动兴奋的心情至今难忘。

央广的哈语广播在国外也有着一定的影响力。1999 年 9 月，我得到了去哈萨克斯坦国立大学新闻系学习的机会，在那儿学习的一年里，我了解到他们非常关注中国的经济发展和中国哈萨克族的历史文化，而央广的哈语广播则成为他们获取这些信息的重要途径。据了解，蒙古国巴彦省和首都乌兰巴托一带将近百万的哈萨克族也在收听央广哈语广播。

在哈语广播工作的日子，我不得不提到《环球焦点》，这是我近十五年独自主持编译的栏目，每周一次，每次 15 分钟。因涉及国际方面的内容，我每天都会关注重大国际事件，收集相关的文字和音频，当然，《环球焦点》也得到了很多听众的喜欢。如今到基层采访，经常会听到听众提起《环球焦点》，说他们喜欢听，内容好、形式好。我想，这对我来说已经足够了，听众对我的肯定比任何奖项还珍贵，而这样的机会和感悟是央广给我的。

2015 年，庆祝新疆维吾尔自治区成立 60 周年大会的直播成为央广哈语频率成立以来的第一次现场直播，而当时参与直播的两位哈语主持人是大学毕业刚工作不到一年的年轻人，虽然他们略显稚嫩，在直播中处理得还不够流畅，但他们依然顺利完成了任务，看见他们的成长，真替他们高兴。

如今，哈语广播已经开播 46 年，2015 年 1 月，央广创办了哈语频率，虽然还不到两年，但每天累计播出时间为 18 个小时，节目内容也丰富了很多。

20 世纪 30 年代起，因历史原因东迁的哈萨克族虽然在 1985 年迁回了新疆，但仍有一部分又回到了格尔木一带，并得到了党和政府的妥善安置。还记得在采访格尔木市人民医院的黑沙汗时，我问他们为什么又回来了？他的回答让我感动："我长在格尔木，这里的一土一木对我来说是那么的亲，他养育了几代东迁至此的哈萨克人，这里培养了我，给了我一切，现在到了我要为格尔木母亲做点贡献的时候了，我能走吗？"

这亦如我在央广的感触，在这里，我收获了事业、建立了家庭、成为了父亲，更有了服务社会的机会。现在，我调到了乌鲁木齐编辑部，只要有机会到北京，我都会到大院走一走，在附近转一转，看到总局和央广的大楼依然那么亲切，楼顶上"中央人民广播电台"这几个红红的大字让我感到温暖。因为我的青春年华都奉献给了这里。是央广让我懂得了生活，是央广让我感受到了团队的温度。平时跟朋友聊天，谈起工作，我都会说"感恩于央广的一切"。

如今，哈萨克语广播依然在哈萨克族群众中发声发光，愿央广一直辉煌，让我们感恩的心力争于付出更多的力量，为央广添姿添彩！

时光给全球华语广播人的名片

作者简介：刘川，中央人民广播电台国家应急广播中心编辑。

偶然翻看旧相片，那一年，全球华语广播网年度会议在青海举办，我为全球华语广播写的祝福，被做成横幅，挂在胜利宾馆的主楼门口和林间小道上。每每走过，横幅映照蓝天，内心是难以言表的欣喜与满足。那是 2010 年，我加入全球华语广播网的第六个年头。

我和全球华语广播网的故事，是这样开始的。2003 年，中央人民广播电台正式创建了（中国）广播发展论坛；2004 年，举办第一届华语论坛，并建立全球华语广播协作网。在此次论坛上，来自全球五大洲 30 多个国家和地区的 40 多家华语广播机构共同签订了《全球华语广播写作倡议书》，并正式建立全球华语广播网。从 2004 年开始，那些长短不一的电波，操着同一种语言，从世界各地汇聚在一起。从全球华语广播网诞生开始，华语广播人听见了彼此的声音，感受到了彼此的激情，最终碰撞、融合、叠加，奏响了世界广播的最强音！

2005 年，我正式加入这个大家庭。那时，我这个新兵，与台办公室、新闻中心的领导、同事们围坐在一起，探讨当年全球华语广播网年会的主题和内容。我满心好奇，满怀憧憬，在会议上仔细听，认真记，年轻懵懂却干劲十足。就是那次看似轻松却很严肃的小型会议，大家新奇、跳跃的思维相互碰撞产生的火花，成就了华语广播协作网建立以来最大一次联手。

2005年12月30日零时至2006年1月2日零时，央广携手20多个国家和地区的华语广播机构，同时播出的《天涯共此时——2006新年全球华语广播72小时大联播》节目在大家的共同努力下圆满收官。

在这之后的每一年，我们都会精心策划华语广播网会议举办的地点和内容。十年来，探索华语广播未来的广播人相聚在中国的天南海北，畅谈华语广播的无限可能。十年里，我虽然换了部门，但和全球华语广播网的缘分却一直延续着。从负责联络、筹备、策划，到活动整体安排，都倾注着自己全部的努力和热情。每一年，来自五湖四海的华语广播同仁也会因为央广搭建的这个平台有机会聚在一起，老朋友的聚会总是格外亲切，也会格外珍惜。

在这些海外华语广播的前辈中，我最崇敬的就是纽约中国广播网的台长——程蕙姐，我总是这样称呼她。这十年间，总会见到她，举手投足间优雅气质，未曾改变。年轻时的她即便站在邓丽君身边，也毫不逊色。她是一个真正骨子里热爱广播的前辈，曾经在我们的留言簿里，她这样写道："在海外从事中文广播是寂寞的，每次回来能借着中央人民广播电台所组织的协作会议平台，与世界各地的同行切磋是一种喜悦、快乐与进步……"看着真的有点心酸，但却是海外广播人内心真切的写照。她总会给我们带来很多正能量，记得她跟我说过，美国和中国十几个小时的时差，我的黑夜就是你的白天，在美国发生的突发事件，无论何时，只要央广的同事们有需要，她们一定是全力配合做好报道的，这是一个海外中文广播人多么可贵可敬的工作态度。

2009年我陪同台领导访问美国，由于在纽约的公务活动安排很满，没有时间好好感受一下这座城市，贴心的程蕙姐在我就要离开的前一天晚上，专程到酒店接上我，带我一起夜游曼哈顿。那份温暖至今难忘，第五大道的美也不及胸腔内那颗跳动的温柔有力的心。

还有一位尊敬的前辈是联合国电台华语广播部主任李茂奇。上大学时我是他的忠实粉丝，看他在CCTV英语频道主持的《英语新闻》。后来他到联合国中文电台工作，没想到有一天我也能和偶像在工作中有交集。茂奇老师在2007年加入全球华语广播网大家庭，那一年，正值奥运倒计时一周年，他说原本奥运与联合国事务有一定的距离，他们本不打算在奥运期间进行全程与密集报道，但正是由于我们安排了奥运官员的讲解和介绍，以及对北京、青岛奥运场馆和比赛地点的参观，他感觉如果有任何一家媒体不讲奥运就不会有市场。因此在他回到美国之后，就对奥运的报道进行了规划，并向上级申请至少派一名同事来前方采访报道。这是华语广播网这个平台带给他的感触，而我们唯有感谢，以及内心深处对全球华语广播网平台的骄傲与自豪。

让我最难忘的还是在2009年，央广代表团访问联合国电台，在双方领导会谈时，我和偶像面对面坐在一起为各自的领导做翻译，紧张是必然的，当然也在前辈那里学会了从容和淡定，得到了他的鼓励和认可。没有积淀的时光，只是无谓的时间罢了，只有成长，才将时间变成了岁月，长进了自己的年龄里，植根于自己的血液里，最后从容优雅，最后云淡风轻，最后我也有了我想要的偶像的样子。

还有很多优秀的海外华语广播前辈，低调温暖的Billy夫妇，才华横溢的楚云老师，积极热心的Garrick，温婉优雅的巧瑜姐……全球华语广播网给了我他们每一个人的名片。历经十年，我的名片不断更新，却又历久弥新。

这些年，全球华语广播网走过的足迹：

2005年，北京

2006年，海南三亚

2007年，青岛

2008年，北京

2009 年，北京

2010 年，青海西宁

2011 年，湖北武汉

2012 年，美国洛杉矶

2013 年，新疆乌鲁木齐

2014 年，内蒙古呼伦贝尔

2015 年，吉林延吉

未完待续……

后记：2015 年，全球华语广播网在延吉的会议和采风活动顺利结束，送走了海外广播同仁，在工作人员开总结会的时候，我哽咽着跟大家说这是我的全球华语第十年，不知和它的缘分还能有多长，但这十年，它的存在一直贯穿在我的工作中，每年出现一次，在这个大家庭里收获的成长和快乐，是一生的财富。

最后，把最真的感情和最深的感动化作一篇小文，送给我热爱的央广和全球华语广播：

曾记否，

2006 年伊始，全球几十家华语电台一起跨年的 72 小时大联播；

曾记否，

除夕之夜，中秋佳节，电波中世界各地华人的真情相拥；

曾记否，

年度聚首，全球华语广播同仁共话未来，情深意浓。

回首，

忆往事，无不满怀感恩，无不泪光潸然。

一路高歌，一路思索，

勇于探索，敢于抉择，

坚持创新，不断变革，

你为全球华人"弹"出最动听的声音，

你为世界广播事业的交流，辛勤劳作。

缕缕长短波，

浓浓电台情，

走过 65 岁的新中国，

已过 75 载的中国广播，

声犹在耳，箭已在弦，

未来岁月，继续放歌。

跨越海峡的情缘

我出生在与台湾一水之隔的美丽厦门，冥冥之中注定要从事与海峡两岸相关的事业。

20世纪70年代末，全国人大常委会发表了具有划时代意义的《告台湾同胞书》，两岸关系的发展由此揭开历史新篇章，中央台对台湾广播也迎来了新的发展机遇。

20世纪80年代初，我成为对台湾广播闽南话播音员。初入中央台，不仅遇上了对台湾广播发展的好时机，还有幸遇到了我的引路人——台播部副主任叶纪东。慈父般的教诲，让我受益匪浅。

作者简介：陈伟建，中央人民广播电台对台湾节目中心主持人。

这位一口"台湾普通话"的学者型领导，家乡在台湾高雄，曾亲历岛内"二二八事件"，1949年来大陆，从事广播事业数十年。台播部上上下下都亲切地称他为"老叶"，包括我们这些新入职的年轻人。

老叶熟悉台情，视野开阔，有丰富的对台湾广播经验。1984年，他结合自身对台湾社会的深入研究，针对当时对台广播方言节目的现状，提出了节目改革的方向。他认为对台广播的方言节目要因应台湾当局推动"本土化"策略，更注重做好岛内本省籍政要及普通民众的工作。一定要将高亢的播音腔降下来，用平实亲切的言语和听众交流，传递大陆真实的消息。

记得当时他以自己熟悉的日本 NHK 广播节目为例，为我们介绍了日本广播主持人的特点，强调节目内容应以听众喜闻乐见为主。并且自己当起翻译，让我们这些闽南话播音员认真听他从日本带回的 NHK 听众点歌节目的录音带。30 多年过去了，至今我还记着那是一档主持人与听众交流互动的专题节目，主持人在空中与听众聊得很愉快，引发听众热烈参与。也对老叶那认真讲解的神情记忆犹新。

受老叶的启发，20 世纪 80 年代中，我开始关注台情，主动了解岛内广播形态。当我把自己构思多时，以点歌为主的互动专题节目《周末有约》模式向老叶汇报后，没想到得到了他的首肯与鼓励。于是，《周末有约》节目顺利推出，成为中央台对台广播最早开通与岛内听众点歌互动的节目。受当时条件所限，节目时长只有 15 分钟，且是录播，要提前两周在广播做预告，再根据听众来信点的歌曲录制节目，周期长，费时费力。尽管如此，《周末有约》还是一炮走红，吸引台湾听众的积极参与，岛内北、中、南都有听众来信点歌。

20 世纪 80 年代初对台广播节目的改革见成效，在岛内影响力日增。感受最深的就是赴台驻点的记者，因为我们有遍布岛内各地的忠实听众及许多台湾电台的同行，他们都是驻点记者在岛内采访工作热情的"志工"。其他驻台大陆新闻媒体同仁对此十分羡慕。

2003 年 3 月，我在台湾驻点采访期间，一直计划采访超高人气的政坛明星、人称"小马哥"的时任台北市长、国民党的副主席马英九。台当局的新闻部门对我的采访申请很冷淡，台北市政府方面也不是很乐意。当时我心想：可能是当市长的公务繁忙，抽不出时间；抑或刚当上国民党副主席，怕此时接受大陆记者的采访会对其产生负面影响。

在无奈的等待中，"贵人"出现了！他就是时任台北新闻处长的吴育升，身为"马家军"的主要成员，吴先生曾在台湾"中国广播公司"当过记者，在朋友的引荐下，我们一见如故，聊了许多广播的话题，他兴高采烈地谈及多次大陆之行的感受，不时流露出对大陆的改革发展的羡慕。聊兴正酣，"趁热打铁"，我请他敲定采访马英九之事，吴先生痛快答应第二天回复，于是在离台之前我如愿地采访到马英九先生。当天采访得非常顺利，原定一小时的采访时间，还延长了近 20 分钟。

后来，吴先生在台北县淡水地区竞选民意代表，以全台第一高票当选，成为国民党在立法机关里的重要成员。我几次驻点，还与这位台湾曾经的广播人见面畅聊，交流彼此对两岸关系的看法。

在众多热情的台湾听众中，台北听众蔡先生是赴台记者印象深刻的一位，为了区别在南投的另一蔡姓听众，我们都亲切称他"台北蔡"。

台北听众蔡先生是本省籍人士，老家是在中部的彰化。从事仪器设备生意的他，经商数十年，经常开车忙于台湾各地。20 世纪 80 年代初，在一次无意中收听到对台湾广播闽南话节目后，这个节目便从此成为他的"精神食粮"。作为铁杆听众的他告诉我，为了清晰地收听闽南话节目，他时常从台北市区开车到空旷郊外，甚至有过因担心错过节目而超速被交警拦下开罚单的经历。对此他一笑了之，笑称：这是作为铁杆听众需交的"学费"！

1987 年台湾当局开放探亲旅游，他便迫不及待报旅游团赴北京，急着想到中央人民广播电台拜访仰慕已久的主持人，但因领队不准他告假而遗憾回台。于是，蔡先生决定，来年自己来北京。

第二年，蔡先生来北京住进饭店后，便请饭店服务人员接通闽南话节目组的电话。每当回忆这段难忘的经历，蔡先生都很激动："这是白鹭（我的播音名）的声音，我一下就听出来了。我表明了身份及来意，要求上电台拜访，立即受到白鹭的欢迎。功夫不负有心人，我见到了主持人白鹭、明月、志云、万成等人。虽然第一次碰面，亲切热情的问候中犹如多年不见的好朋友，天南地北无所不谈，欢笑声中就像常年漂泊异乡归来的兄弟姐妹，大家是那么的亲切自然，融合在一起。"

从 1988 年第一次见面至今，我和蔡先生认识了 28 年。在这 28 年里，无论是蔡先生来京参加对台湾广播的听众联谊活动，还是我去台湾驻点，我们见面小聚，就如家里人一样的亲切自然。不仅如此，现在的蔡先生，已经成为许多对台湾广播驻点记者的老朋友。

三十多年的广播生涯，收获了无数台湾听友情谊，也极大地丰富了我的人生。而今，在互联网下诞生的新媒体日趋活跃，但是，人们对广播的情怀并没有因此而消失。与纸质、视频相比，声音有更加厚重的质感与穿透力，一旦爱上便无法割舍。对台广播节目在互联网的加持下，穿越台湾海峡，给宝岛听众捎去了更多的温暖与关爱！

广播剧之外

多年前，为了评上正高，准备写一篇有关广播剧节奏方面的论文。那时候网上查询还不像现在这么方便，在西单书店逛了一个下午，如获至宝似的发现了一本书，叫《电影的诞生》，作者是美国人莱昂·慕西努克。于是，参照此书洋洋洒洒写了一篇八千字的论文：《广播剧节奏艺术论略》。当时还挺得意的，现在都不忍扫一

作者简介：权胜，中央人民广播电台技术制作中心制作部主任。

眼，因为呕吐的感觉特别不好。不过也正是这次经历，让我打心眼佩服一样东西：电影。

聊广播剧，不如聊聊电影。电影有相对完整的理论体系，相关书籍在书店里琳琅满目。可那个时候，广播剧却少得可怜。

也是多年前，远离广播圈谈广播剧，似乎是一件很不入流的事，自己会主动给自己就贴上"老古董"标签。好在现在不这么想了，不是因为有了啥转机，而是心态与看法成熟了。

之所以下定决心从录音师改行为编导，就是给自己一个机会，去重新认识一下自己和自己所从事的广播剧。

以前的认知是，广播剧有与生俱来的缺陷，它只有声音，没有画

面。后来发现有缺陷的东西往往能长久，因为可以让你放低姿态，专注于思考并挖掘它的本质。

广播剧很像电影，也有两个属性。一个是剧场属性，另一个是文学属性。

曾经有一个广播剧编剧对我说，广播剧离开了文学属性，就啥也不是了。当时我也仅仅是有所感触，因为那时我还是一个录音师。现在想想，这话对了一半，因为他把前提丢掉了。一部广播剧首先应该是它的剧场属性，然后才是文学属性。前者的目的是引人入胜，后者的目的是让人思考。两个都重要，次序是关键。

当一种艺术形式不能像电影一样，勇于接受影院里面的每一个普通人的品头论足，它的所谓繁荣都是表面的，经受不起时间的历练。所以，电影院是个好东西。口碑和票房在前，专家点评在后。仅这一点，广播剧就应该好好向电影学习。

广播剧又不像电影。两者体量不同，着力点也有所区别。

几年前评技术录制奖，有一位领导问我：权胜，刚才放的广播剧，那个手榴弹到底是我方扔的呢还是敌方扔的呢？我也一头雾水，只好回答："谁扔的不重要，重要的是手榴弹炸了！"旁边一片哄堂大笑。我们不能要求听众听剧的时候还要看剧本，何况人家还是领导。

这个小插曲提醒了我，广播剧真的不适合搞轰轰烈烈的大场面，它是局限的，只有认清有所不为，才能有所为。如果电影是一艘航母，那么广播剧就是一条小舢板。一个在海上，一个在岸边，都可以体味海的魅力，切入点不同而已。

广播剧更专注于人的内心，更专注于社会的一个小横截面。它用声音作为唯一载体来表达，这是它的局限，也唯其如此，才成为它最最独具魅力的地方。因为声音是有想象力的，它的想象力远远超出我们的想象。

我有两位好老师，一个是希区柯克，一个是李安。他们都不知道我，不过，我知道他们就足够了。他们都是讲故事的高手，一个教我如何出人意料的"好听"，一个教我怎样发人深省的"耐听"。

用声音讲故事，最终还是要聚焦于人的心理。这个心理有两个，一个是你的，一个是听众的，把两者能做到合拍，就是你的本事。广播剧的英文是 Sound Drama，这个翻译比 Broadcasting Drama 准确。广播节目也如此，我们做的都是声音作品，这么想来很多纠结与挣扎也就释然了。

还是那句话，有缺陷的往往长久。

前一段时间，中国之声做了一个系列新闻广播剧《生死关头》，我有幸参与其中。开始肯定是有顾虑的，毕竟有关长征的影视作品数不胜数，我们广播再做这个题材亮点在哪儿？好在共同谋划的是一批才华横溢的记者，第一次开策划会，一位同事的话提醒了大家。他说，长征从某种意义上是一次大转折。于是我们想，能不能选择长征途中的十个小故事，用十个"小转折"来诠释一个"大转折"。结论是："当然可以。"

创作是艰苦的，尤其对于那些第一次接触广播剧写作的年轻新闻记者。创作也是快乐的，这些虚心好学的年轻人，从开始的忐忑不安到最后的出色完成，只能说明一点："新闻与文艺找好了支点，是可以相互交融的。"

这个点是什么？文化。

做了一辈子文艺节目，有人问我：你做节目是不是有啥绝活？我心里很清楚，单从技术角度讲，自己五年前就可以算作"老古董"了。因为现在的技术发展实在是太快了，三五年的功夫，肚子里的那点东西就跟不上形势了。只有文化积淀不会淘汰，而且历久弥新。

《致我们正在消逝的文化印记》《中国声音中国年》《生死关头》这些作品很多都是在一台普通的办公电脑上完成的，软件是老版本的，硬件连个像样的声卡也没有。节目好不好，技术不是关键，意识才是核心。

这些年很多人都在争论新闻怎样、文艺怎样，其实毫无必要。做新闻和文艺，最关键还是人的专业修为和对文化的积淀与思考。后者更重要。新闻记者搞广播剧，做文艺的踏实请教新闻同行，两者各取所长并不排斥。只是我想提醒的是，这个相融千万不能拘泥于形式，而要集中在对文化思考的本身。

做《文化印记》最突出的感受是，那么多人、那么多团队集中做一件事情，做着做着就集中在另一件事情上了：对文化的思考，怎么能局限于新闻或者文艺上呢？

广播的最大魅力是它有先天的缺陷，也许不止一个，但正是这些缺陷搭成了一个接一个向上的台阶，踏过去了，自然也就有了新格局。关键是，你是不是能做到心无旁骛的专注。做广播节目，认真考虑什么是我们的短板，其实比挖掘我们的长处更直接有效。

不久前，有一个广播剧爱好者对我说：权老师，我感觉广播剧春天来了。我当时就对他讲，你的说法很鼓舞我，但不在点上，就像另外也有人告诉我广播剧就是一个迟暮的深秋。这些都是身外之物，每一种艺术的发展都要遵从其自身的属性，放长远一点看，广播剧终究是要回归它的本质。

所以，别跟我聊什么新媒体、融媒体啦，还是聊聊电影吧。聊电影，不是为了迎合那些手握点赞大权的观众，而是扎实地做一回自己。

一入主控深似海

2003 年大学毕业，我进入了中央人民广播电台，入台培训结束后，被当时的技术运行中心主任领走，分配到了主控部。见到我的主控部主任不太乐意，说为啥给主控分配来个女孩。初入职场充满工作热情的我被这么明显地嫌弃了，颇有些不平，主控是个啥地方，咋还搞男女歧视呢？

作者简介：朱晓蓓，中央人民广播电台播出传送中心办公室主任。

主控是个啥地方？主控的同志们对于当时我这个主控唯一的 40 岁以下的女同志很是热情，每个人都告诉我，主控机房是中央台的核心机房、是心脏、是要害，是所有节目的交换中心，负责所有节目的监听、监看、应急，是中央台播出节目的最后一道关口——高大上啊！

我的实际感受是什么呢？前三天，科长给我介绍主控机房的系统、设备、工作流程。对于一个北京广播学院计算机系第一名毕业的人来说，小菜一碟吗？No，No，No。我发誓，我在北京广播学院除了 C 语言、数据库、操作系统，我也学了广播电视技术概论、声音信号与系统、电视原理。可是这里的矩阵、音分、塞孔盘、光端机全是新名词，光是认设备、记名字、了解功能就费了好大劲，最可怕的是，休息了两天后，一回来，一看一屋子设备，各种各样跳线，个个眼熟，却是叫不出名字的尴尬。

机房常年 22 摄氏度，冬暖夏凉，人手一件蓝色大褂，穿上乍一看以为是肉联厂的职工，但是这件长相普通的大褂却是防静电服，上班必备，以免静电打坏设备。一次警卫班的小战士来借扫帚，看见穿大褂的我就叫"阿姨，能借我扫帚吗"？那年，我 21 岁。

当时的主控机房一班两人，必须保证 24 小时有人，吃饭、上厕所都只能轮流去。除了日常巡检，最重要的工作就是监听节目，随时准备应急。一旦发生事故，一人判断指挥，一人应急跳线，必须在 30 秒内处理完成。因为主控不能停，主控一停，中央台节目就彻底中断了。俗话说，熟能生巧。可是事故哪能天天有，都是在线设备也没处练习，只能自己时时暗暗模拟，务必保证出了事故准确应急。

事故的特殊性在于谁也不知道啥时候会出事故，可能是你放松警惕在想午饭吃啥的时候，可能是两人热火朝天说话的时候，也可能是夜深人静瞌睡袭来的时候。所以主控的同志永远保持一种神奇的状态，不论他在做什么，只要节目中断 4 秒以上，他会立即弹出，准备应急。我刚开始很惊奇这是怎么做到的，其实很简单，永远保持警惕，分出一只耳朵监听节目信号。

台里别的部门都喊前辈"老师"，主控传统都喊"师傅"，颇似工厂。确实，新来同志也都是安排一位师傅带着跟班，像小学徒，得经过重重考验，确保对各种应急流程滚瓜烂熟才能等到独立上岗的那天，我整整跟了 6 个月。分到其他部门的同志早就开始写稿、直播，即使同是技术部门的，也早拿着工具包可以去维修设备了。

一入主控深似海，从此开始三班倒的生活。大早上别的部门同事开始充满朝气的新一天，我顶着大肿眼泡子歪歪倒倒回家补觉。周末同学聚会嗨歌，不好意思，我得值班。过年大家都在到处找黄牛买票，我没有这个烦恼，主控得坚守岗位，机房过年。

同学：电台能见到好多明星吧？

我：应该有，没怎么碰见过，我上班只能待机房，去厕所都得去快回。

同学：那你认识哪些有名的主持人啊？

我：我们都是通过摄像头监看主持人，只要他们不出事故，一般不会和我们打交道，打过交道的就快下岗了。

同学：切！

亲戚：我最喜欢你们台的音乐之声了。

我：我们必须监听中国之声。

亲戚：那你平时听啥广播？

我：平时我都不听，万一主持人大喘气，或者收音机有问题，我会以为停播了，跳起来就想应急，太紧张，受不了。

亲戚：没法聊！

主控值班三年，维修两年，副主任七年，我在主控干了整整一轮。十二年来，经历了多次重大活动直播，数次机房改造。捋线路、画图纸、搬设备、安装焊线，爬高蹲低，钻过竖井，上过桥架，颜值骤降，身材走样，曾经因为工程改造在单位待了3天3夜，曾经掀开一块地板看着条线缆就能说出线路的来龙去脉。

十二年来，中央台从八套节目发展到十七套，技术系统从模拟升级到数字化、网络化，技术运行中心改名为播出传送中心，主控机房也从四层搬到了三层。广播技术人的名字连字幕也没有机会出现，是幕后的幕后，但却一直这样默默地坚守、守护。作为这其中的一员，我自豪，我骄傲！

为了 0.1%

作者简介：张长征，中央人民广播电台播出传送中心转播部主任。

有人说，我们的工作就是把设备连起来通上电，找电信运营商租上几条通讯线路回传信号，保证直播时别中断就可以。可事实并非想象中那么简单。

跟设备打交道，顺利的情况是通了电就正常工作。然而，惊险随时相伴，我们所做的，就是尽全力把直播成功率从99.9%提高到100%。

自己干活，你能掌控，设备干活，你能掌控么？我又不是霹雳贝贝，搓搓手电就来了，而设备、电力、通讯出状况真的是说来就来。当出现意外需要保障的时候，说明直播已经出了问题，就等同于我们的工作没做好。

为了保障直播时设备100%运行良好，我们可是要无所不用其极啊。一套转播设备，出发前，组装起来调试一次，到了转播地点再组装起来调试一次。这个调试可不是通个电看看能不能正常开机，设备有没有异常，而是按照直播时长，做至少两倍时间的稳定性测试，一次直播至少是三倍的时间投入。

也许你会说，直播的技术保障工作虽然很辛苦，但你们还能顺便把全国走了个遍，多好！好吧，如果这么想，也许你还没有成家。一年里大半时间随着工作游走祖国壮丽山河，跟一年里大半时间不在家是一个意思，你懂的。

我们外出可是得拖着这一套专业设备的，什么是专业设备？就是放在机房，开机运行个几年还能保证不死机的才叫专业设备。说到这里，你会不会想，都这么专业了，怎么可能状况频出呢？

请注意，前面特意说到，专业设备是放在机房里的，而我们却是拉着它全国跑的。经过一路颠簸，设备即使没外伤也不能保证它没有内出血啊。我们装设备的黑箱，跟美国空军空投物资用的是同款哦。军用规格，光它自己就有 10 公斤重，是不是瞬间觉得这个黑箱充满了男人味。

10 公斤的箱子，装上 20 公斤的设备，拖着它奔走于各个机场火车站，不用健身都能把肱二头肌练出来。每次行李托运都得让柜台姐姐把易碎贴纸像补丁一样往箱子上贴，黑色的箱子快被贴成了红色，其目的就是为了让地勤哥哥搬运时能轻一点，以防一趟行程下来，设备都散架了，最后还得逼着我们把设备安装再学一遍。

说的貌似玄乎，那咱们就结合实际情况聊聊。写此文时，我正在天津准备 2016 天津的达沃斯开幕式转播，我把这里碰到的情况分享给大家。

达沃斯不是第一次举行了，是年年有的常规项目，属于驾轻就熟的转播。然而我们还是决定提前 6 天到达会场，因为担心有意外。技术保障最大的挑战在于，到达直播地点前你永远猜不到会有什么意外情况等着你，而直播开始后，意外也是随时会出现，转播环境、通信线路、用电安全、国际声信号，都是需要逐一落实的。

实际情况验证了我们的担心是正确的，早上从北京出发，到天津吃了包子就往现场赶，可能你会觉得都提前 6 天了，这么着急干吗？要的，而且是非常有必要，这是为了避免开幕式前随时可能出现的封馆。

你可能会说我们不是一般人员，对，我们确实可以厚着脸皮摆出中央台的名号说自己不是一般人员，但进会场协调那可不是一般的麻烦，进去干一个小时的活儿，在现场等着加协调得三个小时。实践证明，进场要趁早。

很不幸，第二天早上进会场时，我们就遇上特殊情况封场了。在现场苦等了一个上午，中午才放行。原本早上进场干活的计划，变成了早上等待入场，下午干活。

有时为了进场，我们也会和安保"斗智斗勇"。有一次赶上领导视察，现场安保封场，同事看见视察的队伍来了，就直接跟了上去……

回到第一天进场的工作。进场后，很快就顺利地确保了直播区域。毕竟已经在天津转播过好几回达沃斯了，很多方面都有惯例可循。搭建好系统后，心情愉悦地通上电，"啪"，电闸断了。再试一次，"啪"，又断了……什么情况？短路？过载？电源线老化了？设备运输损坏了，里面的电路模块坏了？出现意外咱就得解决，换根电源线试试，换个设备加电运行再试试……

这种方法听起来平淡无奇，但在情况不明、故障原因不能准确定位的情况下，交换对比测试是最快捷有效的故障定位法。换根电源线没事，那就是电源线坏了；换个设备没问题，那就是设备坏了。操作简单，结果明显。现场技术保障就是要简单快速解决各种问题。

当然，很快就解决了问题，是现场的电工把供电线的地线和零线弄反了。像达沃斯这么高规格的常规大型活动，现场专业的电工，也难免出现失误，说明现场情况在亲自验证之前都不能说100%符合安播要求。

前期调试成功后就不出问题了吗？所有人都希望如此，但这只是我们的美好愿望。记得几年前在航天城转播神州发射，之前所有的调试检测都OK，但就在直播正式开始前的10分钟断电了……这下完蛋了吧？嘿嘿，没事儿，我们还有直流通路，这是一套用电池供电的应急备份设备。在启用应急通路的同时，我们和航天城电力工程师紧急切换到备路电路保证了直播的正常进行。

继续回到达沃斯，意外总是喜欢接踵而来。除了用电，通信线路也有问题。达沃斯用 ISDN 传输信号，ISDN 具体是什么大家不需要了解，简单说，就是一种用了很多年，用的很顺利的转播线路。两年前天津达沃斯就是用 ISDN 转播的，但今年的线路竟然不稳定。我们每天从早到晚地在会场反复测试，调试。提前来的时间，几乎都用来和联通、华为的技术人员一起排查 ISDN 线路问题。

写下这些文字的时候我们还在努力调试中，请相信我们，为了提升那 0.1% 的成功率，我们一定会在直播前解决所有的问题，确保直播顺利完成。

我是一个兵

作者简介：梁永春，中央人民广播电台军事宣传中心副主任。

1993 年 11 月底，我作为一名实习生，从母校北京广播学院第一次迈进中央人民广播电台军事部大门。那一天，冬日的阳光透过窗户洒在办公桌前。桌子上，一边是高高摞起的开盘录音带，一边是厚厚一叠听众来信。这场景，让我感到既新鲜又温暖——自己多年收听的《阅读与欣赏》《午间半小时》，还有军事栏目《杨参谋谈军事》——那些庄重、优美、睿智的声音原来就是这样通过电波飘进千家万户，与无数像我一样的广播听迷相连的。

在那之前，广播是我生活中的一部分，从那以后，我成为了广播事业的一部分。二十多年一晃而过，我基本上只做了一件事——当记者——当广播记者——当军事广播记者。在这个行当里，我始终只是普通的一个兵。

幸　运

说实话，要当好军事广播记者并不容易。要耐得住沉闷寂寞，也要经得起风浪考验，关键时还要站得出来、豁得出去，拿得出几手过硬的本事。

好在我是个很幸运的人。当我迈进这扇大门的时候，有缘和一群关心我、帮助我的前辈站在一起。

刘德俭老师对我说过："年轻人，啥也别说，你就是要干，要比别人多干！"

张雨生老师对我说："广播里学问大得很，你得多琢磨琢磨！"

头一次下部队，采访对象坐在面前，我却连几个像样的问题都提不出来。采访回来，熊铮彦主任亲自给我改稿，工整的小楷写满了一页又一页；王兴功主任亲自给我听评节目，我做一期，他听评一期，从来不厌其烦。

我就是老师们这样手把手教着成长起来的，是在他们的声声督促和鼓励中成长起来的。如今，他们都已离开了军事广播岗位，有的甚至已经永远离开了我们。但是，正是他们当年的扶持，让我完成了一个军事记者的成人礼。

我是个很幸运的人。作为国家电台的军事记者，能够在这个大时代的风云际会之间磨炼成长。

1996年台海危机，美军两个航母战斗群逼近台湾海峡，我军组织大规模军演，我受命转战福建、广东，跟踪报道；

1997年香港回归，7月1日清晨6点，我随驻港部队第一梯队冒着瓢泼大雨准时越过皇岗口岸，进驻赤柱军营；

1998年抗洪战役，36万部队死守千里长堤，我连续两个月担负新闻值班……

我就是在这些至今回想仍然惊心动魄的宏大战役中，完成了一个军事记者的职业起步。对于一个年轻记者来说，还有什么比得到机会承担这样的任务更幸运、更受益的呢？

记　忆

从我在电台播出第一篇新闻稿开始，远在新疆的母亲就每天早早起来打开收录机，边听边给我的节目录音。我播一篇，她录一篇，20多年来一篇都不落。这些堆得像小山一样的磁带里，记录着我采访和经历过的无数人和事。

有些是难忘的历史瞬间。

2003年6月20日，北京小汤山医院的最后一批SARS患者康复出院。院长张雁灵带着医护人员和他们哭在一起、笑在一起、抱在一起，我作为蹲点小汤山的记者，也禁不住热泪盈眶。

2008年"5·12"汶川地震，13万大军奔赴灾区紧急救援。我和同事跟随铁军师官兵徒步翻山越岭挺进震中映秀，脚底打满水泡仍然坚持连线报道不掉队。

2015年9月3日，抗战胜利日大阅兵隆重举行。我和同事担任现场直播任务，眼前是我军威武的钢铁阵容，身后是领导和战友坚实的臂膀，那一刻，满腔豪情与激情在心底迸发涌流。

有些是新闻背后的故事。

2001年我采访中美撞机事件。海军航空兵飞行员王伟烈士的妻子阮国琴被有关部门严密"保护"在海军总医院，禁止一切外人接触。我和我的同事化装成医护人员，靠着"内线"帮助，在夜色掩护下进入阮国琴所住病房，成功完成采访。

2002年我报道神舟4号飞船发射。酒泉卫星发射中心突遭寒流袭击，气温骤降至零下29摄氏度。长征2号F火箭的低温安全极限是零下20摄氏度，如果再冷下去，火箭发动机的橡胶部件就会失效，一点火就可能是毁灭性灾难。急中生智的战士们用200条军用棉被把火箭从头到脚裹起来，再用20多台暖风机给火箭昼夜吹热风，箭体温度终于开始回升。12月30日凌晨，长征火箭一飞冲天，神舟4号险过剃头般发射成功。我和另几位军事记者守在距塔架 1500 米外的观测区，既忘了危险，也完全没有意识到自己已经被轻度冻伤。

2009 年，我随海军郑和舰出访韩国日本。归国途中在黄海遭遇 11 级风暴，一台主机停转、船舱进水，官兵顽强地把军舰从翻沉边缘拉了回来。我和战友共同经历了又一次生死考验。

更多记忆是普通官兵的鲜活面孔，沉淀在我脑海中无法抹去。

我忘不了唐古拉兵站的志愿兵韩生峰。这个身高 1 米 60、体重不到 100 斤的老兵说不出什么轰轰烈烈的传奇故事。1996 年我认识他时，他已在这个海拔 4860 米的永冻层兵站烧了整整 10 年锅炉，10 年没有下山回家和亲人过春节。

我忘不了绵阳 520 医院的军医李春梅。"5·12"地震发生的时候，她正在做一台剖腹产手术。手术室里杂物横飞，她就用身体横在产妇身上为她护住刀口；地震间隙危楼摇摇欲坠、所有人都在争相逃生，她却像什么都没发生一样，抖掉身上的灰尘，一针一线为产妇进行术后缝合。"我还为她缝了个美容切口哩。"李春梅的小得意中透着一丝孩子气。

我忘不了那些军人和他们的孩子们。

青藏线上的老汽车兵王本寿跑了 15 年高原，他 3 岁儿子是从客厅柜子里的全家福上记住爸爸长相的。别人逗孩子："爸爸在哪里呀？"小家伙想想说："爸爸在柜子里！"

海军南沙巡防区原副政委刘尚慧，常年驻守南沙礁盘，想听 5 岁女儿的声音就只能打电话。别人问小姑娘："爸爸在哪里呀？"小姑娘笑嘻嘻地指指耳朵："爸爸在耳朵里！"

这些普通而鲜活的面孔贯穿着我的职业记忆，深刻和生动的程度毫不逊色于那些历史性的大场面。我知道，无论是韩生峰、李春梅，还是王本寿、刘尚慧，他们的名字注定无法载入军史，他们只是军旗下的普通一员。然而正是他们构成了我们这支军队的风骨和根基。作为记者，只有真正和这些普通官兵站在一起，才能从他们的平凡与朴实中感受到人性的光辉，在我们的作品里汇聚起震撼心灵的力量。

转　型

随着国家电台深化节目改革，我也从记者兼任军事观察员，增加的不仅是一份工作，更是一份责任。这是我个人的业务转型，更是广播军事宣传事业转型发展的一个新起点。我们既要做主流价值观的传播者，更要为国家、为社会做桅杆上的瞭望者，需要转变的不仅是工作方式，更重要的是思维方式，善于融会贯通，才能豁然开朗。

几年来，每当想到自己在代表国家电台传达观点，就不由得感到如临深渊、如履薄冰。虽然每次评论通常只有三五分钟，但总要像当新兵的时候那样认真准备，尽可能一针见血、不留缺憾。

2010年以来，军事评论栏目《晚高峰观军情》开始播出，国家电台军事观察员从以前的几个人扩展成为一个群体。我们的声音正在从无线电波向互联网、移动空间不断延伸。今天的军事广播样态已经和我刚走进这扇大门时完全不一样了。即便如此，面对日新月异的媒体生态，我仍然经常会产生跟不上趟的惶恐和危机感。媒体是社会的神经末梢，无论个人还是事业，转型都应该永无止境。

另一层转型是身份与心态的变化。随着年龄增长，"小字辈"身份离自己渐渐远去；我这个当年军事记者行列里的新兵，如今正在习惯于和比自己年轻十几岁甚至二十几岁的同事一起工作，心态上有没有变化呢？扪心自问，当然有过。

看到当年的同学先富起来的时候，我也失落过。但是再想想，当初自己迈进军事广播这扇大门的时候，难道是为了挣大钱吗？当然不是。因为热爱，才会坚守，才能卓越。

和抗震救灾官兵一起攀越绝壁的时候，我也害怕过。头顶是震颤的巨石，脚下是湍急的江水，在我失足差点掉下去的时候，是身边战士一把拉住了我。虽然死亡的危险随时会降临，但部队前进的脚步一刻不停。这种气势感染了我：只要坚守信念，就会无所畏惧。

工作周而复始的时候，我也懈怠过。然而事业上新的挑战和危机又会警醒我：要做好军事广播记者，是没有资本偷懒懈怠的。一天不努力自己知道，一周不努力听众知道。要赢得大家的认可和尊重，必须像战场上的士兵那样，不停地突破、前进。

15年前我作为年轻的军事记者，采访过中央台军事节目的创办人——曾担任解放军总政宣传部宣传处长的冯征先生。冯老珍藏着1951年中央台第一个军事广播专题"部队节目"开播时，几位采编人员的合影。照片中那群年轻人，风华正茂，神采飞扬，正如今天意气风发的我们。

再过几十年我们也会渐渐老去。回首往事，我们在这里做过什么？为这份事业留下了什么？还能为它再做些什么？在事业面前，我们还保有士兵本色吗？还有那份热血情怀吗？这一声声追问，促使着我在当下的每一天里更加努力。

责任，让我充满力量……

作者简介：吕锡成，中央人民广播电台军事宣传中心专职副书记。

作为一名在央广工作多年的军事记者，我参与抢险救灾、重要军演和重大活动采访的机会并不是很多。但每一次，无论遇到什么样的困难，经历怎样的挑战，甚至面临多大的危险，我都不敢有任何的懈怠和畏难。因为央广记者，意味着一份沉甸甸的责任，这种责任感，让我充满力量，一往无前……

2006年9月21日上午，中美海军首次海上联合搜救演习在美国圣迭戈西北海区举行。这次军演无疑是当年最为世人关注、最具新闻价值的一次中外军事外交活动。根据计划安排，中美双方共出动了四艘舰只、多架直升机和快艇。当天，演习的海域阳光明媚，海风轻拂，浪花朵朵，天公很是作美。为了报道好演习，我在偌大的"青岛"号驱逐舰上来回穿梭。

由于"青岛"舰的舱室分上下几层，用于人员出入的通道十分狭窄。为了赶录演习的关键音响，那天，我在军舰里面跑上跑下十几次，累得满头大汗。为了录下我方搜救分队在美军舰上进行"救援"的现场音响，我还特意找到我方的随队翻译作"外援"，在他出发前，简单地说了一下MD采访机的使用方法，让他帮我录下了中美双方联合救援的珍贵音响。采访结束，根本顾不上吃饭和休息，我就赶紧进行剪辑音响，撰写稿件的工作。晚上9点多，节目顺利制作完成，需要尽快传回国内。

风云难测。当晚，太平洋上突然狂风大作，风力接近10级，船横摇幅度达十几度。四周围漆黑如墨，涛声阵阵，人被风吹得根本站不住。身上的迷彩服一会儿就被吹透了，人被冻得瑟瑟发抖。舰船摇晃得很厉害，信号不稳定，无法传送节目，虽然我知道，把海事卫星架到了顶层甲板有些冒险，但为了把制作的节目尽快传输回国内，我只好一个舱室一个舱室地敲门，找来四五个身强力壮的战士，把海事卫星绑在一个椅子上，轮番扶着……凌晨2点左右，稿子和音响才终于传回后方。

至今，但凡抗洪，就会很自然地联想到1998年的那场全国性洪灾。多年时间过去了，那个夏天好像还在眼前。当时前方情况紧急的信息，纷至沓来，迅速地向后方集中。我主动请战，前往黑龙江抗洪一线。在被洪水围困的哈尔滨，在房倒屋塌的大庆，在河水暴涨的佳木斯，我迎着一次又一次肆虐的洪峰奔波采访。哪里有管涌，就往哪里跑，哪里有新闻，就往哪里冲。8月17日，大庆的抗洪形势十分危急，拦截嫩江特大洪水的第二道防线两处大堤已经失守，洪水从西线和南线直逼大庆，支撑我国石油工业"半壁江山"的大庆油田，一览无余地暴露在百年不遇的特大洪水面前。8月19日晚上，在军民抢筑第三道防线的大堤上，为了采访抗洪抢险的最新情况，我差一点没走出来。

在那段时间里，晚上住在附近的简陋民房里，每天吃的是方便面，睡的是地铺。夜里，体力透支的官兵们都休息了，而作为记者的我们，穿着背心、短裤在灯下赶稿子、做节目，睡眠不足四个小时。在风里雨里采访，辛苦点儿倒不怕，那些天最难忍受的是大庆油田戈壁滩上的那蜂拥而来、挥之不去的蚊子。当时，我们在大堤上采访，脸和脖子被咬得到处是红疙瘩。后来，为了抵挡蚊子叮咬，我和另一位记者只好把空沙袋拿来，剪两个洞，套在头上，只露着两个眼睛，继续采访。

1999年和2009年，我有幸两次参与了央广的阅兵直播解说词撰写，为了尽最大可能地发挥广播媒体特点，将阅兵现场可感知的一切，忠实地传达给听众，写进解说词里。比如，受阅官兵穿的是什么样的服装，是荒漠迷彩还是海洋迷彩？地面车辆方队的装备是什么样子，是长长的战略导弹竖卧在车辆顶部，还是白色的防暴装甲反射出威严的光芒？空中飞过来的是带有碟形雷达罩的预警机，还是带有加油管的加受油机……有时，为了加一两句形象化的描述，甚至为了一两个修饰词，要查阅许多的资料和照片，那时才知道什么叫"吟安一个字，捻断数茎须"。

2014 年 8 月 3 日下午 4 点 30 分，云南省昭通市鲁甸县发生 6.5 级地震，造成重大人员伤亡。我主动请战，紧急赶赴灾区。那几天，我辗转于各个受灾点奔波采访，在龙头山镇小学，在红石岩堰塞湖，在抗震救灾联合指挥部……饿了，就在路边的小摊吃一碗米线；没有车辆保障，站在路边随便拦下一辆车，说明目的就向采访地点出发了。有时为了进行现场连线报道，即使山路泥泞危险，也不管不顾往前冲，哪怕是山上不断有碎石往下落，也只能硬着头皮往里闯。

2015 年 6 月 1 日晚，"东方之星"号客轮翻沉。2 日晚，我和同事紧急赶往现场采访。为了保证搜救秩序，当地公安和刑警在通往沉船位置的道路上设置了一道道警戒线。许多媒体的同行因为进不了核心现场，在警戒线外急得团团转。好在，我当时穿着军装，"连哄带骗"地经过两道警戒线，终于在 3 日凌晨进入到里面。那几天的天气也真是糟糕，不是大雨下个不停，就是烈日当空暴晒。从 6 月 2 日晚进入到 5 日晚撤出救援现场，每天我仅仅和《中国之声》的现场连线就有十几次，向听众介绍现场救援的天气情况，救援如何开展，包括面临的困难和问题。同时，还拍摄了大量图片和视频。整整三天四夜，我只休息了五六个小时。

有人说，新闻就是一门永远遗憾的艺术。回头看，我所参与的诸多报道，不足之处自然不少，但我已经尽力了，无愧于央广记者的身份！

为梦想坚守

一个人，在一个单位，干同样的工作，从大学毕业，干到退休，这样的人，过去不多，现在更少。而我，就是这样一个人。从1983年大学毕业，进入国家电台，做军事广播记者编辑，至今已经度过33个春秋。回首过往，我没有丝毫遗憾。因为，广播是我的初心，我的挚爱，我的坚守。

作者简介：刘志，中央人民广播电台军事宣传中心高级编辑。

我的广播情缘，始于中学时代。

那还是20世纪70年代的事。一次支农劳动后，老师布置写篇作文。我写了自己在劳动中忽视几根丢掉的谷穗，受到农民批评。老师的评分是B。我有些不服气，将作文寄往中央人民广播电台。中央台当时有一档节目，经常播一些好的作文，我很喜欢听。这是我生平第一次投稿，投得这么远，这么高，心里也没抱多大希望。

一个多月后的一天中午，学校大喇叭里突然喊我名字。我怀着忐忑不安的心情敲开学校党支部书记办公室，不知道自己闯了什么祸，猜是哪个不安好心的人告我的状。没想到，书记笑脸从来没有那么灿烂。他递给我一个信封，从信皮上那几个特别抢眼的大红字上我已经猜出它与我投寄的作文有关。原来是电台编辑按照当时的惯例向学校党支部对我进行政审，编辑对我的作文给予热情肯定，并将改后作文寄来征求我意见。

又过了十多天，一个放学后的傍晚，全校近千名师生聚集在大操场上，静静地收听高音喇叭里的声音，我的作文经过国家电台播音员的播讲，变得极不寻常，我感到从未有过的心灵震撼。从那一刻起，广播在我的心里架起一道永不消逝的彩虹，我与央广结下了不解情缘。

1983年大学毕业，我如愿以偿，走进了梦想中的国家电台，开始了我广播军事新闻的生涯。

早先，我们在位于长安街的广播大厦上班，这幢俄式建筑被誉为新中国十大建筑之一。当时广播电视部机关、国际台和中央台都在楼里，办公条件十分拥挤。我所在的军事部只有两间屋子，十几条汉子挤在敞开式的办公室里，进出都要侧身。军事部有午休的传统，每到中午，办公室和走廊里，行军床和用椅子拼起来的临时床，摆得满满的。我是新来的，没资格睡行军床，只能找椅子躺一会儿。我的第一任上司是位解放前参加工作的老革命，他也是用椅子拼起来休息。出差的人多了，可用四把椅子来拼床，少了就三把或者两把椅子，他当时对我说了一句风趣幽默的话至今难忘。他说，这叫"大丈夫能屈能伸"。

"大丈夫能屈能伸。"这句话在我漫长的记者生涯中，一直起着勉励作用。当记者，尤其是军事记者，适应环境的能力很重要。因为年轻，除了在编辑部加班加点是家常便饭，上高原、下海岛、走边关，到艰苦地区采访，自然也是常事。印象最深的有三次。

第一次是到神仙湾哨卡采访，神仙湾是全军最高的军事据点，也是世界上最高的哨卡，那里严重缺氧，人称生命禁区。1986年"八一"前夕，我接受采访神仙湾哨卡的任务后，立即赶赴新疆，从南疆叶城出发，穿越几道冰雪大坂，所乘坐的北京212吉普车几次半路抛锚，将我置于绝境，后遇汽车兵搭救，才幸免于难。到了神仙湾，看到哨兵们用生命默默地捍卫祖国的情景，我感动得哭了。那一夜，我和哨兵睡在一起，抱着氧气袋，一夜未眠，既是因为缺氧，也是因为激动。我由此创下了记者在神仙湾过夜的纪录。报道播出后，引起时任中国广播报编辑包云的关注，特意用他富有激情和文采的笔为我写了一篇专访，至今为我珍藏。

第二次难忘的采访是跟随海警官兵出海抓走私，那是 1994 年盛夏，我乘坐一条简陋的缉私船，在海上潜伏了七天七夜，战胜了惊涛骇浪，克服了晕船等种种困难，终于抓获了两艘走私船。在这次海上缉私战斗中，我既是一名记录新闻的军事记者，更是一名参加全过程的战士，我与走私分子斗智斗勇，在七八级大风浪中，从海警船勇敢地跳到走私船上，制服了走私分子。返航时，我顺利地将一艘走私船及走私分子押送到目的地。在抵达码头时，我既感到了采访收获的喜悦，更感到作为一名战士打了胜仗的喜悦。这种经历，只有军事记者才会有。

要说的第三次难忘采访是我见证香港回归的一段鲜为人知的幕后故事。1997 年 7 月 1 日零点整，我在香港添马舰现场报道中英防务交接的仪式。那天香港大雨如注，下个不停。我提前四个多小时离开驻地，冒雨前往添马舰营区。因为安保原因，不许提前进入营区，我只能在大门外等候。就在即将放行的时刻，我发现自己一只脚上的皮凉鞋底子要掉了，劣质皮鞋经不起长期水泡。我急中生智，解下胸牌上的挂绳，将鞋子和脚紧紧地捆在一起，跑入雨中旗杆底下，用手机接通央广后方直播电话，将中英防务交接仪式这一重大事件准确无误地作了现场报道。许多朋友听了我的报道来电称赞，但他们不知道我当时的狼狈样。

新闻背后的故事很多很多，几天几夜也说不完。对于年轻的同行来说，这些近乎天方夜谭，我不再赘述。作为一名广播新闻界的老兵，我可以自豪而淡定地说，不管社会环境如何变化，不管媒体如何融合演变，我对广播的初心没变，对新闻事业的理想没变。生命因梦想而灿烂，因坚持而成金。以此与年轻的朋友们共勉。

临近结尾，仿佛站到一个灯光璀璨的领奖台上，情不由己，要说出内心的感激：十分感谢央广这个大平台，让我亲历并见证了 1983 年以来几乎所有的国家和军队重大历史事件；感谢多年来关心和支持我的历任领导和同事们，让我有机会登上国家新闻最高级别的领奖台；感谢热心的听众和我的家人，在我对广播新闻事业产生彷徨时给我信心，让我坚守广播这片热土，至今无悔！

"联报"旧志

二十多年前，入台后的第一个工作岗位，是在新闻中心新闻节目部当编辑。彼时还是开盘录音机、录音带的录播年代。新闻节目部一位主任、三位副主任，各带一组：一个组值白班，编发整点、半点新闻；另三个组轮夜班，编发当日《全国新闻联播》和次日《新闻和报纸摘要》，俗称编"联报"。

作者简介：李胜，中央人民广播电台办公室副主任。

老前辈杨青是 1993 年首届韬奋奖得主，时年 56 岁，大家都叫她老杨。她一辈子奉献给了《联播》《报摘》。据说不论是否值班，她每天凌晨 3∶55 必醒（当时规定 4∶00 开始编《报摘》），这一"生物钟"延续多年。

老杨注意提携后进。平常闲聊，她会叮嘱我们多学习多积累，方法之一就是勤记笔记。偶翻旧物，发现当年断续记录的工作日志，虽字简言素，且多失误教训，但成长痕迹凿凿，遂照录如下。一为纪念那段平常而难忘的菜鸟岁月，感怀感恩老领导老前辈老同事给予的关怀与帮助；二以母校厦大校训"自强不息止于至善"自勉，岁月不居而不忘初心继续前进。是为小序。

1995 年 2 月 13 日

今天第一次写版面（注：编写当日各报亮点新闻摘要）。先挑了几张报样，集中了两大方面：（1）农业；（2）作风建设。速度挺快，写了近六百字，被带班主任删掉一些。始，他以为太长，后表扬我。平时多积累，多看多记，方能长进。

主任认为，版面应写成一篇文章，站得高，俯瞰式，高屋建瓴，将散张聚为一体。据说保红（注：姜保红，2014 年第十三届长江韬奋奖得主）写法追求句式变化，值得借鉴。

1995 年 2 月 14 日

老编辑一般将稿中数字，如"2.5 万多人"改成"2 万 5 千多人"，书面变口语，方便播音员念读，较妥。

1995 年 2 月 16 日

《报摘》录音第 2 盘倒盘时，因结尾未洗净，造成播出时第 2 盘末尾后，又出去了半句话。应细致才是，特别是录音完必须洗净 30 秒。

带班主任在我写的提要"国务院召开反腐败工作会议"后，加了句"李鹏发表重要讲话"。昨天《联播》因无李讲话原文，故略去。今早李发言有近 8 分钟，故强调之。

1995 年 2 月 24 日

带班主任嘱我在编整点新闻时，需将"23 日"改为"23 号"，而不必改为"昨天"，因为时差问题。这是对的。但更确切的，应在此前加

"当地时间 23 号",窃以为更妥。

1995 年 2 月 26 日

别的组因监听(注:播音员录音时,编辑人员在导播间对照播音稿同步听校)不细,播音员将"政治局委员某某某"播成"常委"。监听无小事。

1995 年 3 月 7 日

老杨认为,新闻部职称评议上不去,原因主要在"硬件"上:论文不足。她请我们注意平时多写论文。我觉得太对了。

1995 年 3 月 11 日

昨晨录音,我监听时出一大错。播音员将某"政治局常委"误读为"政治局委员"。没听出有误,不应该。需慎之又慎。

1995 年 3 月 14 日

上个班写提要时,我写了条"中国外经贸部部长吴仪与美国贸易代表坎特举行会谈"。只述静态事实,而未将听众最感兴趣的结果点出。不如带班主任改成的"中美关于知识产权谈判取得积极成果"。注意提炼。

1995 年 4 月 24 日

昨晚《联播》,忘了写提要,值班播音员提醒,离 6:30 仅还有 9

分钟了。

今早录《报摘》，播音员竟将两条稿子遗放在办公室，未带入播音间。我监听，及时发现有误，故不得已，发四盘带子。

1995 年 4 月 30 日

《报摘》中有条关于"成人仪式"稿，原名"生命的里程碑"。大家觉不妥，遂集思广益，更之。终，采纳我提议的"生命新起点"。

1995 年 5 月 3 日

简讯中有两篇稿子不合国家政策，被台领导电话责之。注意阅读传达本。

1995 年 11 月 10 日

有同事写提要时，将"通讯：名牌战略推动企业改革"误写成"系列报道"，后改之。

带班主任曾嘱多留意，写点体会文章。甚是。

1995 年 11 月 12 日

改写或参考他人文章时，切记一条：必先消化，再用自己能够把握的语言复述。生搬硬凑，连自己都不满意。

1995 年 12 月 20 日

16 日早上，因读报，险些误了改《报摘》尾巴（注：《报摘》重播时加附广告时长不一样，需重计时长），幸亏录音员及时来电话提醒。

上月 26 日，上海电话由七位升八位。《报摘》简讯播发此消息。广电部老副部长马庆雄来电话，说应在消息中指明如何升位法，而无必要笼统概言之，特别是出某领导祝贺，似无必要。他提出应加强"听众意识"。其言有理。

1995 年 12 月 29 日

昨天《报摘》有惊无险，差点发晚。一是录音开始太迟，二是播音员状态欠佳，三是有条简讯发重，临时撤换。

1996 年 1 月 15 日

带班主任让我编"长江大堤江西彭泽马湖段塌陷崩岸灾民被妥善安置"稿，感觉尚好。

1996 年 1 月 30 日

今早有两个录音报道制作水平太次，不忍卒听。一 4 分 30 秒，一 3 分 20 秒。皆关于某部队的，都太长，但若连着播，听众必生厌。遂分开编排。

1996 年 2 月 16 日

上午带班主任呼（注：当时传呼机传呼），言昨日《国际聚焦》"波黑《代顿协议》实施困难重重"稿中，有偏袒穆族的倾向。今后一定引以为鉴。

1996 年 2 月 24 日

今日《国际聚焦》中我将"英国路透社"误成"法国"，被带班主任指正。此常识，不该。

1996 年 3 月 26 日

前天《联播》提要中，我写"新华社今天全文播发中华人民共和国刑事诉讼法"，带班主任审稿时将"今天"二字删去。为何？若标注时间，则似乎每条标题皆需注明时间，注不胜注，无必要。删去后确实精简。

1996 年 7 月 5 日

文章应多读，更应细读。记得小时老师每每强调分段，及概括段落大意、中心思想，而忽略它们之间的联系，至今还缺乏此项训练。宜补之。

1996 年 9 月 1 日

《报摘》提要改为男女对播已是第三日。

版面自今日始增扩地方报纸，"现在介绍全国报刊的部分内容"，过去则为"现在介绍今天首都报刊的部分内容"。今日共介绍 10 家报刊，其中有《解放日报》《湖北日报》《浙江日报》，计 1050 字。

1996 年 9 月 9 日

自 9 月 7 日《报摘》始，版面改为男女对播。我等极力主张分播为宜。播音员丁然、闻齐亦觉对播：（1）减轻压力，两人备稿较一人工作量少；（2）衔接紧凑；（3）因所摘版面内容不一，或褒或贬，一人播情绪较难调整。领导纳之。

《报摘》自今日始，增加"新闻日历"。

杂陈旧事话央广

作者简介：梁岳，中央人民广播电台总编室专职副书记。

1979 年高考，怀揣文艺梦的我填写了北京广播学院新闻系文艺编辑专业，梦想今后成为一个剧本作家。然而，接到录取通知书时才发现，我被分到了新闻系新闻编采专业。从此，广播新闻成了我的职业，目前看来，这一定是我终生的职业了。

1983 年 8 月，我懵懵懂懂地踏进了当时北京十大建筑之一的中央人民广播电台大楼。那时，这座俄式大楼几乎全部被央广使用，央视只能蜗居在大楼东侧的木板房里。高顶厚墙的办公室，冬暖夏凉，根本不用空调。院子南面，有两方各几百平方米的蓄水池，是整个央广机房的冷却系统，夏天会定时喷水，美景堪比现在的广场喷泉。每天早上去锅炉房打热水时，都会听到播音员单调、高亢、亦说亦唱的练声。

我的第一个工作岗位在新闻部，负责编发一档午间节目。五分钟的新闻，每篇不能超过 200 字。别看是 200 字的短新闻，我也没有资格直接编发，头一个月只能誊写老编辑编好的稿子。用专门的稿纸，垫上复印纸，一式两份，一份给播音员用于播报，一份给编辑用于监听。

几个月后，我被安排在早班，编发《新闻和报纸摘要》。还记得参加工作的第一个春节，除夕夜，我上大早班，要求凌晨两点到岗，先去《人民日报》社取报样。两点半，车队师傅骑着三轮摩托车，我穿上军大衣坐在挎斗里，盖上苫布就出发了。路上只有昏暗的街灯和犀利的寒风。报社附近的路灯坏了，摩托车一头扎到煤堆上，好在没有翻车。

那时的新闻部，有三样宝贝，铁尺、糨糊和算盘。铁尺是用车站码头打包的钢条制作的，用于把报纸上的文章按选取的段落裁成小方块。糨糊是用来把裁好的段落按顺序粘好。算盘用来计算字数。每天凌晨，上大早班的编辑要将前一晚央广《全国新闻联播》的重要报道、新华社重要稿件、各大报社的重点报道标题写成纸条摆在主任桌上，主任上班后将选中的稿件分给编辑，按规定的字数编好，最后由主任排顺序，交播音员备稿，六点进机房录音。那时的《新闻和报纸摘要》要录三到四盘开盘带，分别送到节目组，由节目组送到播出部播出。遇到重大事件，需要插播，就要单独录一盘。年轻人跑步运送开盘带是常事。

录完《新闻和报纸摘要》后是一天最快乐的时光，吃着统一买回来的油条、豆浆，蘸着蓝墨水在各种报纸的报样上练毛笔字。我的书法爱好，就是从那时形成的。每天的疲惫会随着天色的渐渐明亮而逐渐减退，当太阳高高升起，就是早班编辑入睡的时候。

记得第一次出差是去西安纺织厂采访女劳模。我先去人事处开介绍信，再去财务处领全国粮票和借款，因为自己没钱出差。住的旅馆也要自己找，一般都是四人间，天南海北的旅客萍水相逢，要是能遇上老乡，是很快乐的，没准就成为永久的朋友呢。那时候年轻，出差只能坐硬座，卧铺都没有资格，更甭说飞机了。有一次去杭州采访，凌晨三点才到，无处可去，又困又饿，就在车站广场的土坡上睡着了。不一会儿，突然觉得有东西在身上乱跑，耳朵被咬了一口，赶紧坐起来，这才发现四五只硕鼠瞬间逃窜。

出差在外，住澡堂、睡通铺是常事。即便如此，能出差仍然是让年轻人夜不能寐的幸事。不仅因为机会少、有补助、能买到土特产，更重要的是采访的稿件能在国家电台播出。当在新闻里出现"本台记者×××报道"的时候，那种自豪感、成就感，那些邻里、发小、亲戚投来的羡慕眼神，都能让我陶醉好几天。

时光荏苒、岁月倥偬，转眼在央广已经 33 年。作为国家电台一名记者，总是要在重大事件的最前沿的，申奥的直播机房、国庆的天安门城楼、汶川的废墟、回归的香港、奥运的赛场、世博会的中国馆、十八大的人民大会堂、大阅兵的方阵旁……我的话筒由一尺多长的"手榴弹"变成了烟盒大小的录音笔，我的头发由漆黑浓密变成灰白稀疏，我也从一个懵懂少年变成了成熟大叔。

现在回想起来，越是艰苦，印象越深刻；越是简陋、清贫，越容易感到幸福。我经常感慨，如果没做记者，一定没有现在的清醒、笃定；如果没被分配到央广，一定没有现在的安稳、踏实。职业选择虽被动，但却是幸运的。事业虽平淡，但却是充实的。

30 年，央广由十大建筑搬了出去，央视由木板房搬进了地标建筑"大裤衩"，家家户户离不开的收音机变成了手机，我的同事也由几百人变成了几千人。央广给了我丰富的经历、给了我亲朋好友，也给了我舒适的家和安稳的生活。

今后，不管我去到什么地方，也不管我干什么事情，我都会心系广播、情牵央广，因为我不知道别的领域，也不懂别的职业，只有执着地、傻傻地爱着我唯一的工作和终生的单位，中央人民广播电台。

遇　见

2016 年 4 月，亚洲广播大会在北京举行。我有幸参会，与三十多个国家的广播同行进行业务交流。

在展望广播未来时，我发言说："不管时代如何变化，只要广播人致力创新，与时俱进，与技俱进，像对待亲人一样对待听众，他们就会对广播不抛弃、不放弃，广播就将永远拥有希望。"

作者简介：侯东合，中央人民广播电台中国之声副总监。

把听众说成是亲人，不是哗众取宠煽情，也不是故作深沉矫情，而是自己多年从事广播工作的感悟。亚洲广播大会规定的发言时间只有 10 分钟，无法展开细谈。如果时间足够，我一定会同亚洲同行们分享下面两个遇见听众的故事。

第一次遇见发生在 1994 年的韩国釜山。

那一年，中国同韩国刚建交两年。我是中国国际广播电台刚参加工作没几年的"小鲜肉"记者。

那年 10 月底，我和朝鲜语广播部白日升兄长赴韩国报道一场重要双边外交活动。那是我第一次出国采访。

报道日程非常紧。我负责对全台各用稿部门发中文通稿，白兄负责

"斯密达斯密达"地用电话发回朝语口播报道。几天下来，哥俩儿已是人困马乏。11月2日晚，结束了在首都汉城的采访，我们到达韩国港口名城釜山。

在釜山凯悦饭店住下，向国内发完稿子，刚想早点休息，门铃突然响了。开门一看，我们不由一怔：来人竟是一老一少两位韩国人！我们在釜山没亲友啊，他们是谁？

白兄认出了其中的老者。他叫张基星，58岁，是国际台釜山收听俱乐部负责人，一家企业的经理。老张曾到过中国，白兄见过他，所以还能记起他的模样。那位年轻人是一位热心听众，叫金仁泰。小金二十岁出头，年龄跟我相仿，在一家航空公司任职。

张基星说，这几天，收听中国国际广播电台广播，知道我们来韩国采访，他们非常高兴，于是记住了我们到釜山的时间，查到了我们的住地，专门来看望我们。

当时，中韩建交时间不长，听广播是普通韩国人了解中国的重要渠道。老张和小金特别关注中国，所以经常收听中国国际广播电台朝语节目。两人谈起中国的事情来，如数家珍。张基星说，作为韩国公民，他特别欢迎中国代表团来韩国访问。他用从学汉语节目里学来的半生不熟的汉语说："是大大的欢迎！"

听着老张小金侃侃而谈，我们不禁为他们对中国的感情所感动，几天来的劳顿一扫而光。

老张还对我们发了一点牢骚："你们要是提前告诉我们要到釜山就好了，那样会有更多听众来见你们！"弄得我们挺不好意思，以至于最后他们邀请去海边吃夜宵的时候，我们再也不好意思推辞了。

于是，在釜山美丽的海边，两位韩国听众和两名中国记者，吃生鱿鱼，喝新鲜啤酒，像亲人一样促膝长谈，并为这种因广播结下的缘分深情地干了好几杯。后来韩剧流行，才知道，这样吃一顿不算便宜呢。是老张大叔自掏的腰包。

在国内的时候，刚参加工作不久的年轻人常常聚在一起探讨国际广播的意义，并争论不休，在韩国遇见两位听众，给我上了一堂课，使我对国际传播有了最直接的感受，并在以后的工作中，心中常有听众。

第二次遇见，发生在 19 年以后，2013 年的四川芦山。

此时，我已从第一次出国采访的"小鲜肉"，生长为比较苍老的"广播大叔"。

我的工作也发生了变化。2009 年，任国际台新闻中心副主任兼环球资讯广播总监的我，参加广电总局干部交流，到央广中国之声挂职，担任副总监。再后来，调入中国之声，跟中国之声"在一起"了。

2013 年 4 月 20 日，四川芦山发生 7 级地震，我和军事宣传中心李真主任一起飞赴灾区，负责央广前方报道组指挥。

此次芦山抗震救灾报道，央广除了做好常规抗震救灾报道，还第一时间开通国家应急广播芦山临时电台，这是中国广播史上第一次开通应急电台，在当地影响非常大。

22 日黄昏，我从应急广播电台直播帐篷那边协调完工作，走回几公里外的住处，发现院子里聚集了一群人。一问，他们是附近乐家沟的村民。他们说，自从地震发生后，经常看到我们进进出出。后来，知道我们就是收音机里一直在广播抗震救灾消息的记者，于是自发组织前来慰问。

老乡们带来了自家种的蔬菜、自家熏的腊肉，非要让我们留下尝尝。我再三婉拒，说："你们受灾了，不能要你们的东西。心意我们领了！"刚采访回来的同事，也在一旁婉拒，却挡不住老乡们的热情，一位老大娘硬把一大块腊肉塞在我手里，连声说："你们为了广播抗震救灾辛苦了，一定要收下！"盛情实在拒绝不了，只好将蔬菜和腊肉收下，并深鞠一躬，表达对他们的谢意。在场的同事们都特别感动。我们只不过是为灾区群众做了分内的报道，竟然受到了这样热情的慰问！那天晚上，大家饭吃得特别香。

那天，在芦山，我竟不由自主想到了在釜山遇到韩国听众的经历。从 1994 年到 2013 年，近二十年过去，广播已经发生了非常大的变化。互联网广播、微博、微信，广播的理念、手段、人们的收听习惯都发生了很大变化。但有一点依然不变，那就是：只要你给听众提供他们需要的高水平报道和节目，他们就会像亲人一样对你。感谢乐家沟老乡，又给我上了一课。

　　其实，不只在釜山和芦山，做广播时间久了，采访、开会、坐车、吃饭，经常会有各种不同形式的遇见。比如，北京出租司机老周，谈起中国之声节目优缺点和主持人特点，见解不比大学教授差；比如，玉树结古镇抗震救灾的二炮小战士，把收音机挂在帐篷上，一边站岗，一边从中国之声听自己部队的救援进展；比如，做《一带一路进行时》直播，许多参加节目城市的书记、市长说，他们早上听《新闻和报纸摘要》、上车听《央广新闻》。耳濡目染，进入直播间，他们会特别自如地把备播材料中的书面语言变成广播口语。甚至，有一次去拍摄被拆除的北京老胡同，在车子营胡同的废墟中，一座残存的老房子里竟传来了中国之声的声音，同事杨扬正在播报新闻……

　　传统广播是单向传播，采编人员跟听众很难有及时有效的沟通。但一旦有机会遇见，大家总是有无穷的话要说。一次次的遇见，使我深信，听众就是我们的亲人，我们必须像对亲人一样为他们服务。

　　"互联网＋广播"时代，广播与听众双向传播成为可能，电台与听众沟通变得方便，并可以为他们提供更贴心、更个性化的声音和信息服务，我们能在网上天天遇见，我们会变得亲上加亲。广播将成为亿万中国人凝心聚力的强大声音场。

　　最后透露一个秘密，司机老周的车号是京 BP5133，说不定有一天，你也会遇见他开的那辆伊兰特。

走进艾滋病人群

1987年夏天，38岁的美国游客布伦特在云南旅游时，出现了艾滋病发病的症状，被及时送到云南省第一人民医院。医护人员对美国病人呵护有加，那时，大家心里还没有多余的恐惧。美国方面找了架飞机到昆明接走这名患者，看到随同而来的美国使领馆人员如临大敌面带惊惧的表情，一股凉意和恐惧悄悄地爬上中国医护人

作者简介：杨春阳，中央人民广播电台经济之声副总监。

员的心头。病人接走，医院紧急对病人接触过的东西和环境进行彻底清理、消毒。几个当地记者开玩笑说：看使领馆人员的表情，会不会等飞机到了太平洋上空，他们就把病人扔下去啊。大家哈哈笑了一通……

我们都没有料到，即便是中国最偏僻的边疆村寨，艾滋病传播的速度，也与世界同步。1989年，对云南德宏州边境部分农村地区的注射吸毒者进行了艾滋病血清监测，发现了146例艾滋病病毒感染者；同年，德宏州出现国内第一例因艾滋病死亡的中国公民，此人曾经在金三角一带打工谋生，有吸毒的历史。病毒携带者每年呈几何级数增长，并向一般人群传播，性传播也随之出现。到2003年，全州累计报告艾滋病毒感染者和病人4643例，死亡1250例，感染者人数占全国同期累计报告

数的 10%；病例数占全国病人总数的 18%。

那时候，我是央广驻云南记者站记者，常常要面对熟悉和不熟悉的人们对我频频的追问——关于毒品、关于金三角、关于艾滋病等问题……有次在央视经济部办公室，敬一丹听说我从云南来，便跟我谈起禁毒的话题。她说，绝对不相信凭着人的意志力，居然会抗拒不了毒瘾。我告诉敬一丹，云南有位医生也不信，亲自试了一下，终于难以自拔。

2002 年 11 月，全国首届学校预防艾滋病健康教育学术研讨会在昆明举行，我从会议材料和论文数据中，提炼出一篇消息《我国艾滋病患者中，年轻人成为最大牺牲品》，稿件发到央广网上迅速被国内主要新闻网站和门户网站采用，本台和中央电视台新闻节目分别播发。这篇稿子在新浪网首页当天的点击率和访问量，达百万人次。

源于恐惧、偏见、无知和道德的困境，想与艾滋病患者和病毒携带者进行正常的沟通，障碍重重；要想采访他们，更难！因为职业伦理的坚守和防范社会因素的干扰，采访艾滋病防治机构和医务人员，也不容易。2004 年 4 月，征得省委宣传部和权威防治机构的同意，我前往云南省德宏州，采访当地艾滋病流行和防治情况。这是德宏州第一次向中央新闻媒体打开艾滋病防治的大门。

德宏州瑞丽市开展创建无歧视艾滋病毒感染者社区的活动，被艾滋病防治专家称为"瑞丽模式"。瑞丽的做法得到国内外专家的赞许和推广。我被邀请参加了瑞丽市姐勒乡贺肥村吸毒人员关爱小组的一次活动，小组的 9 名成员都是吸毒者，其中有艾滋病毒感染者。活动的地点是在一位叫"明"的傣族村民家里，"明"因为注射吸毒，被感染艾滋病毒。"明"因为人缘好，被选为关爱小组的组长。

这次小组活动是从"明"开始，每人与疾控中心签订一份保证书，保证自己从疾控中心领到的注射器只是自己使用，绝对不交叉使用。领用几只，用后原物交回几只，成员之间互相监督，每天的回收和发放由组长"明"负责，并要详细登记在册，他本人要接受全组成员监督。疾控中心医生还为要求验血的四名吸毒人员抽血化验、检查身体，并免费提供一些药品。在我走访的艾滋病毒感染者集中的村寨和感染者家庭，只要建立和参加了"关爱小组"，艾滋病毒感染者没有被当地社会孤立，或者边缘化。

采访中，我遇到了瑞丽市团结乡广拉村傣族村民瑞版依的婚礼。广拉村在国境线上，中缅两国边民自由来往。瑞版依是登记在册的吸毒者和艾滋病毒携带者，他的新娘是个缅甸女子。疾控中心专门派人参加婚礼，一是向瑞版依祝贺，二是要与他的家里人协商向他提供 3000 元小额信贷的有关事宜。这是当地开展艾滋病关怀救助的一项重要内容。我跟着疾控中心医生到村里，先找到一个小商店买了红包，包上二百块钱作为随喜，并在婚宴上向新郎、新娘敬了三杯酒。

经济条件比瑞丽逊色的盈江县，社会组织和社会群体的参与度远远比不上瑞丽。在盈江景颇族村寨莲花山乡下高里村，我走访了吸毒和艾滋病毒携带者王弄东，他有四个小孩，说媳妇死了。村干部悄悄告诉我，他的媳妇改嫁到内地去了。我问王弄东的媳妇验过血没有，县疾控中心工作人员说没验过。

在德宏州，我与州长、州县两级卫生局长和艾滋病防治办公室官员、艾滋病患者、艾滋病毒携带者、防治一线的医务工作者、宗教人士、非政府组织成员、娱乐场所谋生的同伴教育行动成员等，进行了认真的对话和访谈。

我从大学毕业到中央人民广播电台工作至今 32 年，其中，最长的经历是基层一线 23 年的驻站记者生涯。无论艾滋病防治的难题，还是面对云南频频发生的地震、森林火灾、边境沿线流行的瘟疫，以及贫困现象蔓延的山村和其他的重大突发性事件，作为记者，一旦获得线索，我就力求在第一时间抵达事件的现场，找到新闻的关键人物。因为中央人民广播电台记者的身份，人们对我打开大门、敞开心扉，带我接近真相并乐于向我提供事实，还向我流露喜悦或者倾诉不幸。每次不同寻常的采访经历和磨炼，让我一步步地在成长、成熟。回顾在中央人民广播电台的工作年华，我想说，作为时代和生活的见证者，我们是平凡的，但也是幸运的。

闲谈入台的那些第一次

作为一个 1992 年入台工作的人，20 多年应该感受很多吧，然而，日复一日，埋头在稿子和声音里，真要写成文字一时竟不知从何处下手。身处高大的办公楼中，看着不断改造的办公环境，使用着国内领先的数字化播出机房和快捷的网络编辑、发稿平台，想起当年刚

作者简介：宋莉，中央人民广播电台经济之声副总监。

入行时的央广，不觉感慨万千，所以索性就说说我记忆里的关于央广的各种第一次吧。

国家台的第一印象

优越的地理位置、气派的建筑、迷宫一样的办公室分布和简朴得近乎简陋的办公条件。90 年代初的央广跟当时的广电部在一栋楼里办公。位于长安街畔的广电大楼是当年的十大建筑之一，苏式风格，内部结构像个迷宫，台里的各个部门分布在这座有两个天井的围合式建筑的不同位置、不同楼层，如果要和其他部门的同事见个面也不是件容易的事，稍不留心就可能走错了方向。

我有几次走丢了，只好先找个门出大楼，然后搞明白位置，再重新

走。我当时所在的《阅读与欣赏》节目组在三楼一间窄窄的小屋子里，连我一共五个人，因为房间局促，漆面磨得已略有一些斑驳的木制桌子一律贴墙放，中间过道。房间没有空调风扇，好在墙很厚，夏天时虽有些闷热，但走廊上还是有些阴凉之意。房子采光不太好，每个人桌上都配了台灯，经常是白天也得开灯写稿。别看房间小，屋里黑，但这里出来的《阅读与欣赏》节目可是响当当的靓，是当时央广享誉全国的名牌栏目。

第一次加入的栏目《阅读与欣赏》

来央广之前就听过这个节目，总是被它的诗韵和书卷气所吸引，觉得篇篇赏析都是精品经典。分我到这个节目做编辑虽然有些意外，但也算是有缘。

真正开始工作，才知道这个节目的精致品质，那是百分之百用心打磨出来的。为什么这样说？

一是稿子写得唯美精致，多数赏析稿是约高校搞古典诗词研究的专家学者撰写，偶尔也有我们编辑自己写的，那也是要反复改许多遍。我的第一篇赏析稿子是刘刈老师帮我改的，包括标点符号，他都会一丝不苟地检查，有觉得不妥之处，就用引线加注修改，还要原原本本地讲他为什么要这样改。我会根据他的改动或建议，把稿子垫上蓝色复写纸再重新誊写一遍，目的是让播音员能够看稿子画稿子更为清晰方便。原稿给播音员看，拓蓝的那一份留给自己录制时监听用。

二是播音完美精致，播诵者都是我台功力最深的老播音员，我记得方明、陆洋、黎江、雅坤、虹云老师都给我录过稿子，这些老播音艺术家一个共同特点就是认真敬业，每个人都是提前备稿、画稿，录制前都酝酿情绪，基本是一气呵成。偶尔这些老师也有感到不满意的，会自己要求倒带重录，那种精益求精的态度，至今令人感动。

拼体力的第一次采访

后来《阅读与欣赏》节目不再录制新节目了，以重播为主，我被调到科技卫生节目组工作，开始接触和学习采访。

记得第一次采访是林涛老师带着跑中国预防医学科学院健康教育所（现已更名为卫生部中国健康教育中心），采访关于艾滋病预防控制的问题。健康教育所距我们台很远，依稀记得是在安华里附近，现在看是靠近北三环了，我印象当时已经是冬天了，风也大，去的时候还顶风，多亏林老师路熟，我们一点冤枉路没走，饶是如此，骑到地方时我还是上气不接下气了，深刻体会到风尘仆仆是什么意境。

那时采访主要靠公交或者骑自行车，背一部索尼的卡带式采访机，又沉又大，附带备用一号电池四节，两盒录音带，说实在的，出去采访还真是个体力活。一两年后央广向珠江台学习，搞改革，采访时能打那种黄色的面包车，俗称面的，感觉大幅缓解了体力疲劳。

那次采访之后，我们节目开始关注艾滋病防治，当时艾滋病在国内还是个新话题，因为是涉性的传染性疾病，政府方面的主基调是防控为主，但民间人士中有不同的观点，我们后来与卫生部疾控司合作开展了一个关于艾滋病预防的全方位宣传报道，采访了十多位国内防艾顶级专家学者、多位一线医生和病患。

这组节目播出后反响很大，因为当时这个话题在社会上还是相当敏感的，我们把控得准确，也得到卫生部高度评价。

第一次中秋联谊会

在窦店接受了入台培训后，其他新同事集体到河北锻炼，我因为在读研究生期间锻炼过一回，所以就免了再锻炼，回到台里上班，很快就到了中秋节，团委组织年轻人在全国总工会的礼堂搞联欢活动，记得主持人是现在的人力资源管理中心阚平主任，当年她是我们台的团委书记，唱歌跳舞表演节目，参加的人很多，绝大多数是年轻人，活力四射的样子，虽然是工作的人了，还是能够感受到青春的风采和热情。然后聚餐，有几个人乘着酒性，拉着同事站在餐厅外的旷地上诉说，晚风吹着大家的头发，中秋的夜已有些微凉，但大家还是三三两两久久不愿散去，这让我想起刚刚离开的毕业季的校园。

　　时光荏苒，当年怀着梦想聚集到央广的年轻人，现在已经成为全台各个部门关键岗位上的中坚力量，谈论理想、人生价值、描摹事业与未来的那份激动与热情，在无数与台为伴的朝朝暮暮中，化作对节目的精益求精、对责任日复一日的坚守。铁打的营盘流水的兵，当我看到充盈着憧憬与热情的"90后"们的身影，开始活跃在台前幕后，将国家大政方针、民生热点热议、海量新闻信息和雅俗共赏的文艺节目奉献给听众朋友的时候，当我经过大门口看到那些在"中央人民广播电台"大楼前兴奋留影的人们时，我忽然觉得央广就像一个神奇的造梦空间，七十多年来它不仅始终吸引着全国人民的视听感受，更承载了一代代广播人的追求与梦想。在时间的长河中，我们走过，将自己对广播的理解和对广播浓浓的爱留在这个空间，成为它的一部分。泰戈尔说，"天空没有留下翅膀的痕迹，但鸟儿已经飞过"，而我想说：鸟儿飞过，其实天空知道。

用别人的故事感动自己

我曾经参观过一个村里的陈列室，竟然还有讲解员！当然是村民。水平不能苛责，背诵痕迹不是一般地重，而且还没背熟，口音就更别提了。所以，参观者也不被吸引，散漫得很。

这时，意想不到的事发生了！讲解员哭了。

我们还以为她是为自己不

作者简介：靳雷，中央人民广播电台社教节目中心副主任。

尽如人意的讲解懊恼呢，仔细一问，还真不是。随着讲解的深入，她被曾经在这里战斗的先烈们的事迹感动得流下热泪！一个连词也背不熟的讲解员，完全沉浸在她所讲的故事里，自己先感染了自己。

说了这么多，是想说，这次，让我来当那个讲解员吧，讲几个感动我的央广故事。

我来央广的时候，大家还自然地把央广称作中央台，办公地点还在前面的那幢老楼里，编辑们兢兢业业地手写稿件，为了让播音员看清楚，一笔一画。错字多了，会重抄一张。阿拉伯数字要改成中文，方便播音员读，不用现场反应。有些句子，编辑们还不嫌麻烦地加上"了呢吗"之类的语气词，为了读起来更像口语。有主持人好心地说，这些都别改了，到时我们自己加吧。老编辑淡然地说，我们加了，你们就省点心，可以专心备稿。后来我去国外培训，那里上的第一课，就是广播工作是 teamwork。我的教育背景里第一次接触到这个词，但却一点不陌生，带我的老师早就告诉过我，你的稿子写得不好，再好的播音员也读不好；你的播音不好，编辑的心血就会付诸东流。所以，节目好，我们每个人都要好。

我的组长，四十多岁，获奖无数，但是，为了带上我们两个"小尾巴"，她还是积极组织策划节目，选题是她找的，专家是她请的，提纲是她写的，节目是她主持的，全过程除了沏茶倒水，我们只有学习的份儿，但是获奖证书上，却黑纸白字地印着我们三个人的名字。

我自己获得的第一个中国广播奖一等奖叫《死者对生者的奉献》，署名是四个年轻人。但我们都知道，其实那是我们主任的作品。我们做出了好的采访，却没有写出好的作品，她把整个作品都重写了，最后却没有加上自己的名字，成全了我们四个。

还有一位上司，我交上去的好几万字的报告，被她一个字一个字地改过，包括标点符号。后来，我们一起出一本书，她审过的书稿送到出版社，编辑说，这本书之所以令她印象深刻，是因为校对老师一个错都没发现。她带着我们做活动，反反复复叮嘱我们一件事：品质。因为所有的活动都代表中央台。你心目中，中央台是什么样的，你的所作所为要称得上它。

来台以后的第一次外出采访，去的是社科院西欧所，所里的老师特别重视中央台的采访，连上他自己，一共组织了四个人，滔滔不绝一上午。我抱着比砖头还大的采访机心满意足地回来了。那时候，做个带响儿的节目都要订机房，每个机房都配备一位录音员，由 TA 帮编辑合成出成品。我的那个她一定不记得了，当时她面无表情地说出"这个录音不行，得重录"的时候，我脑子里好像有一万个雷同时炸响，人一下子就蒙了。我指着调音台上百十来个旋钮怯生生地问，难道不能调一下，把声音提高吗？她依旧神色不变："调了，噪音就大了，不够中央台播出标准"。没办法，我只好回办公室，打了半个小时腹稿之后，拿起电话给社科院的老师解释我没录好，所幸他啥也没问，就让我过去了。于是，我又背上采访机，骑上自行车跑回社科院。不过，这次，就只有他老人家一位接受采访了。因为采访对象不再丰富，节目也做得兴味索然。但是从那以后，每次录音前我都会认真试音，检查表头；重要录音做备份，戴耳机监听，生怕声音品质不符合中央台播出标准。

几年之后，我的职业生涯里第二次听到"你这录音不行啊"，仍旧是在机房，仍旧是一位录音员跟我说的。我采录了一堆音响，自认为很典型、很丰富，能够成就我的作品野心。谁知，她听了几个就皱眉，说："你这声音不干净啊，你听听人家的声音"，于是，她给我放别人录的黄河源头冰川融化的声音，一滴一滴的，每一次滴落都打在我心上。这是一个女记者背着两部砖头大小的采访机（其中一部还是那时少见的数字采访机，她专门从器材科借出来的），带了几只话筒，在青藏高原上爬冰卧雪录出来的。除了播出的那一段，剩下的都是她沉重的喘息声……

于是我知道，有声音还不行，录出来的声音得漂亮！

入台后我听到的第一篇广播特写是讲少林寺的，当作品的结尾处，山门打开的时候，外边街道上车水马龙的声音扑面而来，和此前构造的寺庙里的清静形成巨大的反差，把我自己的灵魂都震慑到了！声音，以不可思议的能量携生动的画面呈现在我的脑海里！原来，这才是广播的力量。

那时候，特别羡慕他们可以做到用两只话筒记录山门开合的声音，听声音从一只音箱转入另一只音箱带来的动感。带着好奇，我们聚在一起的时候也会讨论怎样录出果园里青苹果长个儿的声音；也会琢磨是否可以在野生动物园泡一整天，用声音还原一个动物世界……

必须得说，那时候中央台对声音质量的要求真是严。记得好几位播音员都讲过，正直播呢，要加一篇稿子，编辑是跑上来的，呼哧呼哧直喘，被播音员一把摁到地上，只好蹲在地上蒙着头喘气，怕声音传到话筒里。这样的故事也被我们讲给每一位来台直播的嘉宾，听过之后无不肃然起敬。

老楼有电梯，但是直播不让坐，怕电梯出故障，人被憋在电梯里到时间出不来。多大的专家也都被领着，走过长长的通道，爬上四层楼梯。路上，就是讲解安播纪律的时间。结果就是，等走到直播间，每个人都觉得自己能在电台里说上话，很神圣。进了直播间，更是大气都不敢出。一次，一位专家想咳嗽，憋得满脸通红，绝望地看着我，马上就忍不住的样子。我用一秒钟的时间判断了一下后果后，果断地推起片花，然后把他从座位上拉起来，推出直播间，任他在走廊里尽兴地咳。

现在，我也经常带着嘉宾在台里参观，无数次在台史展上指着一张张熟悉的照片讲耳熟能详的故事，比如袁阔成的故事、少儿广播合唱团的故事、国庆转播的故事、汶川的广播故事，等等。有时候，我也会讲我看见的故事，因为细琐，更见专业力量，比如长达十几小时的直播，开盘带摞成小山，需要用平板车推来。随着主持人跨越时空的讲述，要依次把这些带子上到有限的三台机器上，适时推起，再换另外三盘，如此往复，直至直播完毕。这样的导播得算"肉电脑"了吧？脑子得清楚得令人发指，注意力还得高度集中。谁能干？每次听到这儿，来宾都会咋舌，我心里也会涌起一点小傲娇。

是的，这些故事的主人公都是我的同事，卓越且敬业，做出了全中国最好的广播，一代又一代。能和他们共事，是我的荣幸。也是他们，照亮了我的职场，给工作注入意义，对未来充满期待，骄傲于自己是央广人。

大院的故事

坐落在北京西边复兴门立
交桥西南角的有着俄罗斯建筑
风格的广播大楼，曾经在 20 世
纪 50 年代被列入"十大建筑"
之一。过去都称它为"广播大
院"。我的广播生活从 20 世纪
80 年代进入到"大院"开始，
从此就再也没有离开过。"大院"
北门毗邻长安街，也是"大院"
的正门，门侧历经了"广播电

作者简介：史红，中央人民广播电台对港澳节目中心
专职副书记。

视部""广播电影电视部""国家广播电影电视总局""国家新闻出版广
电总局"，也还曾有短短地出现过"国家广播电影电视集团"……大门
口的牌子换了一个又一个，但是"大院"还是那所"大院"，但也已非
彼时的大院了。那时围着这座俄罗斯风格的大楼建了很多类似违建一样
的板房，以解决日新月异发展迅速的广播电视事业办公用房的紧缺，现
在都消失了。

早年间大院东边墙根儿下的中央电视台的车队，对面的中央台的党
办、出版社和广播报社，大院西边墙根儿的国际台车队，中央台的房管
科和对面的财务科、行政科。现在的食堂入口处是最早的电视剧制作中
心，大家说的 80 版的《红楼梦》就是在那里制作编辑出来的。现在都
没有了……。过去的景物要么成了绿地，要么建起了突显当下建筑风格

特点的大楼。

有时在"大院"里散步，一步一景的在心里还原着原来的景物。现在食堂门前的绿地，原来是用来给设备降温的冷却水池，刚进"大院"时看到可以叫大哥哥和叔叔的人们在里面游泳，还曾经窃喜以为是可以有免费游泳的福利。监测大楼的位置以前有几间中央台文艺部的办公室，我曾在那里借了一间用来采访梅葆玖先生，记得那是制作第一期"全球华语节目荟萃"节目。当时为了开播，我还写了一张小纸条，请梅先生念了两遍祝贺节目开播的话，现在先生和节目都已作古。从那次采访后我和梅先生每年春节互致问候，互寄贺卡，这样的联系一直延续到大家提倡电子贺卡为止。写到这里，想起外子曾经还提醒我应该写篇怀念先生的文章，我心下想，节目和先生都不在了，只放在心里就好。

犹如巴甫洛夫的狗，现在每每走在去食堂的路上，就会想起20世纪80年代"大院"食堂的油酥"大火烧"，六分钱一个。那种拿在手上沉甸甸的、踏实的即将会带来的饱腹感，然后被层层油酥，香甜的味道溢满整个口腔所环抱，它安慰了诸多在当时物质条件不丰富的我们寡淡的舌头。在改革开放初期，好吃的东西远没有现在那么花样灿烂，那时不论单位大小都有食堂，而食堂的大小、饭食的味道与种类又相当于一种有别于其他单位的福利，这个单位的人就会以自豪的口吻加以炫耀，或是从食堂带些外面见不到的食物回家或赠予至爱亲朋。记得尤以食堂的馒头最受大家欢迎，常常被买回家被当作晚餐或早餐，直至如今仍是。

"大院"里主要的景观是"广播大楼"，它在长安街上就是个很显眼的地标，在"大院"里它更是主。说它是主，一是因为年头长，二是它的建造技术特殊。记得刚进"大院"工作时，我们叫师傅的（那时不兴叫老师）就说过，这座大楼最适合广播用，不管是办公室的设计，还是播出机房和录制机房，都是按广播特点来设计的。20世纪50年代，苏联老大哥和我们一样有着很强的战备意识，所以专门有个机房是为战时设计的，四处悬空设计，防震隔音。1995 年我去日本 NHK 参观时，看到他们的播出机房也是这样的，不知是谁学习了谁。

林徽因说，爱上一座城，也许是为城里的一道生动的风景，为一段青梅往事，为一座熟悉的老宅。或许，仅仅为的只是这座城。就像爱上一个人，有时候不需要任何理由，没有前因，无关风月，只是爱了。我从进到"大院"那天起，从没想过要离开，或许是为了小时候守着那台"熊猫"牌收音机等了太长的时间，到底也没弄明白为什么收音机里面的人儿一直不出来。或许爱"广播"就犹如那个"熊猫"收音机因为开着太长时间电子管已经发热一样，需要我用尽一生的职业生涯来让它慢慢凉下来。即便是北门换了诸多的牌子，也有机会离开，但是终于还是没走。没有前因，只是爱了。

唐伯虎为点秋香"一入侯门深似海"。我只为那个没有前因的爱"一入院门半生缘"。曾经在大楼里那个古老典雅的四面都是柚木板的电梯里，一面随着它吱吱嘎嘎上升，一面想着卡夫卡的小说《变形记》，臆想着我会变成什么样子坐到六楼。大楼的六楼有个至今我还心心念念的图书阅览室，高大的拱形窗户和拱形的屋顶，有点像哈利波特魔法学院的礼堂，坐在那个长长的阅览桌前，心静得可以慢慢放下一根针。古老的电梯只能坐到六楼，从六楼换坐现代的钢墙铁壁的电梯可以一直到十楼。那时曾经和小伙伴们一边傻笑一边从宽大的楼梯跑到十楼，一边气喘一边大笑。国庆三十五周年庆时，在十楼值班，年轻人熬到早晨三四点时也困得一溜歪斜，倒头就睡，倒下的同时闭着眼十几只手争夺一件四角油亮的军大衣，为的是能在已秋凉的夜里搭上一角。

这座"大院"承载着我所有的青春岁月，成就了我的职业生涯。在这些岁月和生涯中，有欢乐和悲伤、希望和沮丧、成功和失败……随着做过的太多太多节目，犹如沧海桑田，岁月像磁带脱芯一样从手中流走。

每个人心中都有对广播的梦

作者简介：胡翼，中央人民广播电台对港澳节目中心副主任。

从大学毕业来到央广，如今已经 17 个年头。从当年的莽撞精瘦，到现在腹部一块东坡肉，时间流逝，身材在变，心中那个广播五彩梦却从未改变。这里就不提从脖子上挂钥匙时就守着黑匣子听岳飞传、小喇叭、星星火炬、今晚八点、午间半小时……义无反顾地报考广播学院的往事了。我的广播年华就从工作以来的几个难忘瞬间说起。

一位坚守发射台的老人

2000 年底，我作为广电总局西新工程第一批巡视组的成员，赴内蒙古等地考察调研当地广播发展和覆盖情况。3 个多月的时间，行程两万四千多公里，调研了当时内蒙古 12 个盟 43 个旗，现在再闭上眼睛，还能听到车子走在砂石路上的沙沙声。那个时候，各个地区之间大部分还是砂石路，车子在沙沙声中颠簸，满嘴满头的土，连眉毛和眼睫毛上都能扫出砂土，大家开玩笑，我们是人体砂土机。

印象深刻的，是在兴安盟的一个旗，那时很多地方广播经费紧张，常常连发射机和天线的维护、日常发射电费都难以保证，有的广播发射台已经不再运转，然而当我们在沙尘和颠簸中到达当地一个发射台时，我依然被眼前的景象震惊了：没有院墙的院子、破旧的房子、锈迹斑斑的发射天线，只有一台机器在吃力运转，旁边散落着空架子和残破零散的零件，这个画面至今在我脑海里依然清晰。而更让我吃惊的是，当地收测的信号却十分清晰。原来，这里唯一的工作人员，一位年近花甲的老师傅，想让当地牧民清晰及时地听到中央的声音，凭着自己对广播的热爱，在经费短缺的情况下，通过降低功率等方式节省电费。因为没有维修费用，在两台发射机都出现问题的情况下，拆一台机器的零件，保证另一台机器正常运行。

当我们向老师傅说明此次调研的目的是了解情况，申请保障各地广播发展的时候，老师傅就开始反复说明这个发射台的具体情况、需要如何改建，眼神中的委屈让人心疼，而我们读到更多的，是对广播的爱，对广播未来的信心和坚持。我想那晚，老师傅的梦里应该有闪耀着希冀光芒的崭新的发射台。

一位开启新生活的听众

2002年，作为央广频率化改革的试点，华夏之声改版，市场化运行，面对港澳和珠江三角洲的听众播出，跟当地广播抢市场。那个时候，没有基本工资，每个月的收入都是等当月广告费到了才能发，如何在当地众多的广播频率中取得一席之地，让听众接受，我们承受着巨大的压力。经过反复调研、慢慢摸索，我们渐渐收获了一份份成就与感动。

那是一个盲人按摩师，很喜欢我们的《证券大本营》等节目。他说，刚开始，都是休息的时候和几个同事围着一个收音机听，感觉我们就像身边的朋友，让他感受到生活的希望，鼓舞他向着幸福奔跑。逐渐地，他开始尝试投资，几年的运作，有了自己的按摩店，还通过参加听友会，找到了伴侣。十几年后的今天，我们到深圳做活动，他依然会参加。这就是我们的广播梦，它可以如此实实在在地给一个人幸福。而在话筒这边的我，享受着同样的幸福。

一位值得尊重的嘉宾

近年来，港澳地区的社会形态愈加复杂，如何更好地加强两地的相互了解，让对港澳广播起到积极的桥梁作用，我们下了很大功夫。

2014年，我们邀请到香港特区政府行政长官梁振英做客央广接受专访。初见梁特首，就能感受到他的精力充沛，以及条理清晰、严谨务实的工作作风。专访前，他告诉我们已经根据采访提纲精心准备，一定尊重我们的提问；采访过程中也是知无不言，对敏感问题直言不讳。采访进行得非常顺利，欢声笑语中有问题的交锋，有对香港发展的畅想，亦有生活的点滴趣事，使听众全面、立体地了解香港特首。于我而言，留下深刻印象的是一些细节。比如，在采访开始前，梁振英特首会主动询问是否需要戴耳机，自己说话的声音大小合不合适；采访过程中，他没有拿参考资料，却非常准确地说出每一个数据；虽然很怕热，但为了减少录制现场的噪音，他依然坚持关掉冷风，在确认不用视频转播后，才脱掉西服。此时，他的衬衣已经湿透了。

广播，不光是岁月的怀念，更是与人相伴的情结。任时光荏苒，广播依然是你我心中最可靠、最熟悉的朋友，不经意的时候想起来，温暖的，真诚的朋友，是愿意沉迷其中，不愿醒来的梦。

广播好玩

广播好玩。

就玩了一辈子广播。

刚进央广那几年的零打碎敲不算，11 年的时政记者，13 年的新闻编辑，9 年的民族广播，就把我这辈子的广播生涯瓜分了。

在此期间，我曾经有一个转行做电视的机会，家里人也主张我改行，可那阵儿我正跟

作者简介：田山川，中央人民广播电台民族节目中心副主任。

着中央领导天南海北、世界各地到处转，干得风生水起，根本就没有换地方的准备，就放弃了。

该经历的都经历了，够本了！就是十几年夜班快上完的时候，被着实吓唬了一回。一个记者站老前辈在南礼士路地铁口碰到我，很关心地对我说，你还上夜班呢，身体会毁了啊，赶紧换换岗位！你没看到啊，值新闻夜班的老主任都死光了，专题部的主任都活得好好的。没多久，我就调离了新闻夜班岗位。虽然是台里工作正常调整，但不能说那位老前辈的话对我没有影响。几年后，我在总局东门碰见一位"死光了"的新闻部老主任，90 岁出头，神清气朗，正拖着小车去早市买菜。我一边打招呼一边想，这恐怕是个例吧？

采访过三届中央领导，故事确实不少，但我的老领导刘振英说，干

时政工作要有保密观念，不能说的就不要说，让它烂在肚子里。所以至今，有一些故事已经成功地烂了，但还有许多没有烂，仍然栩栩如生，恍如昨日。

玩是人的天性，能把喜好和工作结合到一起的人是幸福的。我虽然没有达到这个境界，但对广播还是喜欢的。我不善于进行与人配合的游戏，比如打牌、打麻将，喜欢独自思考，独立操作，比如围棋。广播也是如此，一个人就可以打天下，而电视是需要团队合作的。当然，广播有时候也讲究团队合作，但那感觉是不一样的。现在回想起来，合作愉快，节目好玩的还是当年（2005—2007 年）中国之声的直播中国，可惜 2007 年底之后，节目名称沿用，但此直播中国就非彼直播中国了。

曾经的直播中国是央广和各地方台合作的直播节目，形式新颖，生动活泼，别具一格，培养了一大批忠实听众，现在叫"铁杆粉丝"。听说节目变更后，有些地方台意犹未尽，又照此形式和他们的县市台轰轰烈烈地玩了一把。

直播中国节目的乐趣在于讲故事。记得在做"直播中国——走进合肥"的节目时，其中一个直播点是中国科技大学，学校向我们提供了一堆数字，说的是中国科技大学这些年培养了多少多少人才，他们办的少年班又出了多少多少人才等等，十分枯燥。开协调会时，我就向合肥台负责这部分直播内容的记者说，不要这么多数字，要让他们讲一些生动有趣的故事，尤其是少年班。

下午，我和记者站洪波去中国科技大学踩点，学校宣传部的负责人对我们说，你们上午来了一个记者，说北京来的田主任让我们讲故事，我们有什么故事可讲啊？我对他说，我就是北京来的田主任，我的意思是，你们不是有一个少年班么？这个班的孩子年龄这么小就上大学，应该有很多故事吧？他们的智力达到大学生的水平，可他们在生理上仍然是孩子啊，有的说不定还尿床呢！学校宣传部负责人说，你这么一说我就明白了，我给你们找少年班的生活辅导老师吧，她有故事可讲。结果，在直播中，这个老师的叙述非常出彩。

任何事情都不是绝对的。有时候，数字也有故事。合肥直播的另一部分内容是关于合宁高铁（合肥到南京高铁项目）。我本想让这个项目的总工程师在直播中讲一些有关项目建设的感人故事，可通过聊天，我的看法改变了，我希望他在直播时讲项目建设的数字，讲数字的对比。因为我发现在合宁高铁的建设中，一些数字非常有趣。当时，合宁高铁是我国四横四纵高铁建设的第一个项目，设计时速200公里到250公里，项目建成后，坐火车从合肥到南京，由原来的4小时缩短到40分钟。

这是什么概念呢？第一，在高铁建设前，我国列车5次提速，时速才达到180公里，而合宁高铁一下子就把时速提高到200公里以上，这个提速太快了。第二，高铁建成后，合肥到南京40分钟，合肥和长三角经济发达省市的联系更加紧密、更加便捷，合肥就可以划到长三角经济圈里去了，这对合肥乃至整个安徽的经济发展意义巨大。我和总工开玩笑说，我们这次直播一共80分钟，如果改在高铁建成后直播，时间正好可以从合肥到南京打一个来回。还有一个有意思的数字对比，我随中央领导到法国时，乘坐过巴黎到波尔多的高铁，时速300公里，而就在巴黎—波尔多这段铁路上，列车跑出过513.5公里时速的世界纪录，我们的高铁与世界还有差距，但起点已经非常高了。

直播中国的乐趣不仅我们能感受到，听众能感受到，就连参加直播的嘉宾也能感受到。许多嘉宾在参加直播前后判若两人，并且对直播的情节津津乐道。在昆明，我们就遇到这样一位市委书记，他本来答应作为嘉宾参加直播却突然在直播前两天反悔，不来了，原因是我们没给他采访提纲，他认为我们不重视他。这位书记在北京接受过央广采访，做过专题，但没有做过像直播中国这样的节目，不了解我们直播的程序。于是，下午记者站杨春阳带着我直扑市委大楼，再做工作。到了书记办公室，秘书把我们安排在外屋等待，说书记很忙，一会儿就给我们5分钟时间交谈。

我们明显感觉到了冷淡。

可最后，我们和书记交谈了近30分钟，他不仅答应参加直播，而且很高兴地让秘书给我们他的名片。是什么打动了书记呢？我觉得是我们诚恳的态度和直播节目的吸引力。我们向书记表达了三层意思：第一，这个节目非常轻松，希望书记能以拉家常的方式和听众亲切交流，而过早地给提纲或稿件，会束缚思路，影响情绪，不利于他自然发挥。第二，我们这个直播团队来到昆明两天了，我们早上去吃早点的时候，看到很多老人在公园里锻炼，学生背着书包去上学，清晨的阳光洒在他们身上，非常优美和谐，这完全是中央所提倡的和谐社会的样本啊！我们虽然是外地人，都有在节目里说说昆明的冲动。第三，书记作为昆明市的一把手，如果不参加我们的直播节目，就好比世贸组织没有中国一样，是不完整的。书记可以在节目里向全国的听众介绍昆明的历史和文化，介绍昆明的社会和经济发展，欢迎大家到昆明旅游，到昆明投资，也欢迎在外打工在外学习的昆明人回家看看，参与家乡的建设和发展。

结果可想而知，这位书记在节目直播时发挥得淋漓尽致，可圈可点。直播结束后，书记一出直播间就看到了站在门口的我，非常兴奋地说，田主任，我没说够。

直播中国是我广播生涯的一个亮点，虽然过去好多年了，但许多情景至今仍然记忆犹新，广播的乐趣在这个节目里得到充分的体现。

世界在发展，广播也在发展，新媒体的出现给广播注入了新的活力。我想，人类对大千世界的探索是不可能穷尽的，广播的发展也是无止境的。广播现在好玩，将来会更好玩，天长地久有时尽，此乐绵绵无绝期。

记忆碎片中的"战友"们

"人生到处知何似，应似飞鸿踏雪泥。"说的是潇洒来去，不着留痕。但总有些事和人，是记忆里最活跃的，时而跳出一个片段，就会感慨良久。

在《新闻纵横》十年"舆论监督报道"（书里称为调查报道）的生涯，至今还留有许多怪习惯。比如，到饭馆儿吃饭，总是找个边角或是靠墙，视线

作者简介：张军，中央人民广播电台资产管理中心副主任。

好的桌子。再比如，出差住再好的酒店，睡觉前也不自觉地拉个椅子把门挤上。不过现在倒不会把"金银细软"（以前是采访的磁带）藏在垃圾筒里了，也算一点儿改变。

《新闻纵横》那些年，人手紧，记者自嘲"只有十几个人，七八条枪"，其实人员常年也就 10 人左右。最少、最难的时候，是因为《焦点访谈》突然"招贤"了几个，只剩 8 个人维持这档日播节目。还有两个 70% 的坎儿，是自采率和监督类节目的比例。

所以，一个人出差是常事儿；

所以，被跟踪、被威胁是常事儿；

所以，采访回来第二天早上就出节目更是常事儿。

一年 365 天，多半时间都在外地采访，常用的一些自我保护的办

法，渐渐养成了习惯。10 年算下来，跑了 200 多个县，自言在各省（除港澳台）农村和城乡结合部的大好河山，都留下了足迹。

在《新闻纵横》，常奢望的是能两人一起搭伴儿出差采访。有个"战友"在身边，互相照应，遇事商量，心里感觉踏实又安全。但这种情况不多，除非是应对"重大""险恶"的选题。采访时相互所称的，也都是言简意赅的"外号儿"。

李小胖：江苏武进，深夜"无月无风"，我和李小胖假扮两个"收购药品的贩子"接完电话，一阵沉默。售卖假冒一次性医疗器械的老板，将交易时间一再推迟，最后定在凌晨 12 点的偏僻农村。这是常州和武进交界的一个村庄，我和李小胖作为外来的"商贩"游走在这里寻找线索，被监视了几天，终于和制假的老板接上了头。接下来，又是一起吃饭，一起喝酒。虽然这位老板不断试探，但我们随身带的 8 万现金（国家药监局提供的交易款）似乎让他看到了诚意。整个过程都暗录了音，很难判断现在交易推迟是不是对方起了疑心。为端掉这个窝点，国家药监局的执法员和异地调来的警察，在南京等着我们的消息。

这一段出现在《江苏打假暗访实录》。李小胖儿后来说，去监狱里探视过这位制假售假的老板，还留了 300 块钱。李小胖儿，就是李宇飞。

郭大侠：上海，一栋写字楼中，眼前这位以收钱保存"脐带血"发家的章总经理，据说背景很深，跟当地某位大官儿沾亲。他反复看了我和郭大侠的记者证，一口认定我是"假记者"，只接受真记者郭大侠的采访。于是，"我向郭大侠挥了挥手，不带走一盘磁带"。

这一段出现在《上海脐血库经营内幕调查》。我猜节目播出后，章总经理一定很后悔，本来觉得女记者比较好对付，没想到郭大侠依旧笔锋如刀，又准又狠。郭大侠，就是郭静。

陈 BK：淮河，从下游到上游，逆流踏访千里。河水给我和 BK 的鼻子留下了深刻的印象。不同的河段，不同的味道，那是不同的污染物，以不同比例调和的一池浊汤。采访一个多星期，我和BK一直都没什么胃口。多日与污水为伴，像处于半中毒状态。身上、鼻子里，沾的是让自己和同伴都想吐的味道，曾经在舞台上能耍单刀套路的BK，此时也被呛得眼酸头晕。

这一段出现在《淮河之痛》。后来在江边，我问BK觉得苦不苦，他说，别的都没啥，就是出来太久，有点想闺女了。我顿时眼圈一热。陈BK，就是陈秉科。

油漆：甘沟滩，青海甘肃交界，穷山僻壤，干旱无雨。坐着租来的破旧长城皮卡从早开到晚，油漆带着我找到了这个以卖血闻名的小村子。卖血供子上大学的"顺老汉"撸起袖子，露出他胳膊上遍布的针眼，言谈中，目光里分不清是骄傲，还是无奈。在村里，主食是乒乓球大小的土豆，常有"血头儿"来收血，于是家家有人卖血，家家有人因卖血感染上丙型肝炎。我们已经饿了一天，热心的老乡拿来几个煮熟的土豆，当我剥皮准备吃的时候，老乡伸过手来，把剥下的皮迅速拿起来吃了下去。

这一段出现在《寻找"小良"》，老乡吃下土豆皮的一幕，让我惭愧多年。油漆本名漆新平，是当年常给《新闻纵横》提供采访线索的"线人"，甘肃电台年轻的老广播人。

采访中的记忆，像无意书写的段段碑文，痕迹深的，是"难"与"乐"的交织。还有与众多战友同难共乐的片段，每个人不同的特质，远不止短短的文字所能记述、表达。如今在楼道间，也常寒暄致候，普通而平静的面孔后，都藏着一串儿惊心动魄的故事。在时间深处，彼此间沉淀的，是感慨，是感动，是感恩。从老广电部6楼，到新大楼4楼，从直播间，到采访现场，电波中承载的不只是个人的力量。

2008年的北川，在我的《新闻纵横》记忆里，算是最后的一笔。模糊的影像定格在废墟上，通讯、电力皆断，山体滑坡音声震耳，烟尘扑面。负责技术保障的董帅兄弟，背着海事卫星电话和电脑，始终站在我身边，与我共历险境，绝处逢生。

人们说爱一个国家，根基在于爱她的文化，这也是中国之声在播的《文化印记》系列的价值所在。那么喜爱一个单位，不仅因为有着这些战友与之经历共赴沙场，还有我们最为鲜活的一段生命在此流淌生辉。那是被人们俗称为青春的东西，其中有血性，也有激情。

话筒外的江湖

先后在央广几个部门工作，印象最深的还是《新闻纵横》。30岁到40岁，一个男人最黄金的时段，用时髦话说就是"在最好的时间遇上了你"。

像《午间半小时》《今晚八点半》《小喇叭》等名栏目一样，《新闻纵横》是时代的产物，全台各方给予了关心支持才成就了其显赫名声。我们这些人也因此成长、成熟。

作者简介：赵连军，中央人民广播电台民族节目中心主任。

1994年《新闻纵横》初创时，12个人，只有一间玻璃隔断出的8平方米办公室，那是什么感觉？两张桌子上摆着电话、电脑和打印机，再加上一个长沙发，活动空间只有三四平方米。但这里好像吸铁石，每天把大家吸引过来，大家一起策划选题，一起吃饭，一起唱歌。说起工作，没人含糊。

在节目开播前的一次全体会议上，负责人对我们10个记者说，到这里来就要准备吃苦。谁要是吃不了苦，就不要来这里工作。

回想那时，工作很单纯、执着，没有私心杂念。就是要把一个个线索，变成一篇篇有影响的报道，无论千辛万苦，无论威胁恐吓，也无论和自己有什么关系，哪怕是自己曾经工作过的单位，一样曝光。纯真使人纯粹，纯粹才值得回味。

在老楼办公区，六楼的录制机房，晚上19点《新闻联播》过后，基本上就没人了，直到凌晨4点多开始录《新闻和报纸摘要》，机房才有人使用。但自打《新闻纵横》开播，每天夜里，机房经常播放的《新闻纵横》开始曲，仿佛回荡在整个大楼里，全天再无宁静时分。

突发事件，自然需要当天采制，次日播出。批评性报道更要拼速度，与说情者比谁跑得快。记者从外地采访回来，经常是直奔办公室整理录音、连夜写稿、制作。往往次日节目刚刚播出，说情的人或电话就到了。因此，熬夜是再正常不过的工作节奏，谁的节目在前半夜能做完，跟中大奖差不多。

1995年4月，一位记者去湖北安陆采访假种子事件，回京的机票紧张。他找到民航武汉管理局宣传部长，掏出证件，要自报家门，这位部长一看是中央人民广播电台的，马上说：我不用看证件了，你肯定是《新闻纵横》的。这年头背着个录音机到处乱跑的只有你们《新闻纵横》的记者。

2000年4月6日中午开始，北京遭遇强沙尘暴袭击，七八位记者下午晚间分头采访，连夜制作节目。7日早上7点整，《北京出现沙尘暴》节目准时播出。那天早上7点多，我上班打开办公室的门，七八十平方米的办公室悄无声息，极为反常。再走进去，看到记者们在各自办公桌上睡倒一片。那个场景至今历历在目。

还有多少记者冒着生命危险、冒着被个别官员诬陷的危险，采访出一篇篇振聋发聩的作品。许多采访经历至今想来，仍然惊心动魄。

类似的场景太多太多，没有炫耀的必要，完全是一种下意识的记忆。我想，今天的记者肯定不缺少这样的桥段，后来者早已踏过我们的肩膀，向更远处眺望。今天的《新闻纵横》影响依旧，名记辈出，令人欣喜。

做批评报道的都知道，一个选题有无数的不确定性，被证伪，被恐吓利诱，人被打采访机被抢，采访不到当事人，主管部门玩躲猫猫，被生生灭掉。一篇千辛万苦采制的节目，因为某些原因不能播出，对记者的心理打击最大。这些话筒里没有录制的江湖，往往更精彩，也塑造了记者的一种情怀。

后来当了部门副主任了，名片上始终没有职位，只印着《新闻纵横》记者。我把这当成一种荣耀，一种责任。曾经当过警察，没有成为刑警令我耿耿于怀，最终离开；当记者了，我告诫自己，一定要做舆论监督记者。现在看，值了！

新当选中国企业家俱乐部主席的马云说，企业家应该有一种大情怀。其实，做记者，特别是做舆论监督记者，也需要一种情怀，对一切的不公正不公平说不。情怀会蕴藏一种力量，让胡作非为者产生一种敬畏。敬畏什么？如同吴晓波在那篇著名的《看门狗》一文中所说：敬畏天上的星辰，敬畏秤上的法律，敬畏狗血的媒体。

现在的广播，面临的挑战更大，深度报道的要求更高，需要更多的优秀记者站出来。纵观历史，时势造英雄，变革时期是弄潮儿的摇篮，不涉江湖，哪能见彩虹。

广播就是你我的舞（jiang）台（hu）。

我的录音机情缘

作者简介：康维佳，中央人民广播电台驻山西记者站站长。

录音机是广播记者的命根子。

做广播记者33年，先后使用过五六台采访录音机，成年累月伴随在身边，时间久了，便相处下哥儿们一样的感情。平常像对自己的孩子一样呵护它们。它们的模样长相至今都时不时活灵活现地蹦到眼前，它们娇生惯养的脾性至今也烂熟于心。哪个按键有点不合适，哪个部位接触不好，甚至它们皮套衣服上哪里有些磨损都了如指掌，尤其是我使用过的第一台索尼TC—D5M。

1985年的春天，第一次拿到真正属于我保管使用的录音机。

那时，台里保证不了人手一台，开始采访时只好暂借其他老师的用。借来的录音机也真够笨重，少说也有十多斤，开盘带。在山西采访，那时还没有通电的地方很多，即使通了电，停电也是家常便饭。每次出去得背上24节一号电池，而且录不了多长时间，电池发烫，录出的声音就变调了。尽管这样，每次录完音，我身边都会围着一堆人，好奇得像看西洋景。反复播放录下的音，一遍不行，再放一遍，还有乡亲干脆提出要唱上一段，录下音让他们听。随着开盘带转动，欢笑也就包围了我。我很自豪，我能通过录音机把声音奇妙地记录下来，那时，见过录音机的人少之又少，看着这玩意儿，简直就是天外来客。

恰好在台里参加学习班，记者部通知我，去板房的器材科领取录音机。我兴奋地三步并作两步，一路小跑来到板房。高志胜师傅那时是科长，他给我签了字，到老王师傅那里领取。在我眼里，老王师傅身后的铁皮柜，简直就是宝物箱，广播记者使用的各种设备，在那里都有，各式各样的录音机把柜子摆放得满当当的，看得人眼馋。那时的我内心就这样认为，老王师傅是全台最"牛"的人，甚至比台长都"牛"，因为在市场上都很少能见到的盒式录音带，在她那里至少放了几十盒。老王师傅戴起老花镜，对着领料单，一样一样从宝物箱里取出，一边取，一边念叨，录音机、话筒、话筒防风罩、电源线、耳机，一台机子配发两盘盒式带。我抑制不住喜悦，端详着新机子。是索尼 TC—D5M 机型，小巧、精致、分量轻，比我在站里借用老师们的录音机不知要好多少倍。高志胜师傅给我详细讲解了录音机的用法，第一次听说录音机还有左、右声道之分，还有 DB 降噪功能，在老王师傅对门办公的李军师傅过来无不自豪地说，现在记者站的装备已经武装到牙齿了。

有了广播记者的典型装备——录音机，才像个广播记者。第二天，我就把机子的防风罩装好，戴上耳机，手持话筒，很神气地在广电部大门前摆出个姿势，拍了照片，寄给远在家乡的妈妈，让她也分享儿子成为广播记者的快乐。这台录音机确实先进，录出的音质没的说，尤其是戴上耳机听音乐，更是享受。那年流行张明敏的"我的中国心"，我就戴上耳机反复陶醉地听啊听，感觉太好了，以至把两节 1 号电池都听没了电。听会了就唱，录下再听，我自以为能达到以假乱真的地步。从此后，"我的中国心"就成了我的保留歌曲，直到现在，还经常会有朋友哄我唱这首歌。我也会在唱之前调侃两句，已经奉献给大家八百多遍了，真是千唱不厌、千听不倦。我当时的恋人、现在的老婆田燕丽，那时正读大学。一个在校学生那会儿不可能见到这样先进的专业录音机，每回见面，她都会戴上耳机听，一边还跑了调地跟着哼哼，成了我们约会的主要内容。我内心那个自豪呀、我内心那个偷乐呀，心想，你嫁给有这么好一台录音机的人，能错了吗？

从此后，这台机子就陪伴着我，风里来，雨里去。山西省榆次市修公路时，文物被毁的报道现场，有它的身影；运城交警大队乱收费的暗访中有它的功劳。省台的同行羡慕我，出去采访碰见了，总要掂量着机子，爱不释手。1986 年，山西安太堡露天煤矿投产，我跟在一位省委领导的身旁采访录音，长长的话筒伸在他面前，很是虎气。间隙，他把话筒从我手上拿过去，仔细地研究起来，一边看，一边还问我一些录音机方面的事。那时，他恐怕也只是从电视上见到过外国记者使用这种录音机。有了这个小插曲，录音机为媒，我们算是认识了，以后见面，他都会微笑着朝我点点头。

这台日本产的录音机，也曾经着实让我伤害了一次感情。山西古交煤矿是利用日本能源贷款建设的大型矿区，在施工现场，来了许多日本专家。一次我去采访给国际台供稿，在一个露天的工地上。我请了一位翻译帮助完成采访。那位日本专家侃侃而谈，说得很激动，意思是夸他们的产品质量如何过关，如何精细，言谈中表现出高人一等的自豪感。临近结束，他指着我手握的录音机，狂笑着拍拍胸脯，伸出大拇指。我一开始没太弄明白他说什么，接着又指着前面的一辆丰田车，还是狂笑着拍拍胸脯，伸出大拇指。我搞明白他说什么了：看看你们用的，都来自日本制造。我从学生身份脱胎不久，一腔的爱国热血，我顿时有种受到侮辱的滋味。我想，什么时候能使用上咱们国家自己生产的广播记者专用录音机。

我这台录音机用得时间久了，便有了灵性。你对它好，它就尽心尽力给我服务，要是不好好爱护它，它使起性子来，可是了不得。有一年，山西太谷县胡村镇派出所干警常冬青，在现场抓捕犯罪嫌疑人时牺牲。我奉命去采访，常冬青的老父亲、妻子、女儿给我动感情地谈了许多常冬青生前的故事，音响丰富感人。结果回来一听，什么都没录下。

我傻眼了，一检查才发现，由于前次使用完毕后，没有及时把话筒里的电池取出，电池流了汤。

有一段时间，编辑部要求提供录音报道，把稿件传给编辑，编辑定稿后再传给记者，由记者自己剪裁录音，制作成品，要求是一个字不能多，一个字不能少。但记者站没有剪辑、合成的设备，只有劳驾采访机，两台串联，充当编辑机。难免剪得不干净，声音时大时小。为此，常受到个别编辑的诟病。

有一次，编辑把改定的稿件已经传回，要求做成录音成品，时间很紧张。站内一位记者急得满头大汗，两只手哆嗦着，一会儿操作这台机子，一会儿操作那台机子，录音机没有标记功能，稍微快进、快退，就会过头了，得重新找，一个字、一个字地抠，确实很困难。时间流逝，最终没有赶上播出。这位记者把气撒到录音机身上，摔到地上。我心疼极了，录音机躺在地上，很委屈的样子。我捡起来，用手细细抹去沾在身上的灰尘。现在有了音频工作站，采访机再不用承担不该由它承担的任务了。

这台机子一直跟随了我17年。2003年"非典"的时候，是它最后一次工作。那时候医院不让进入，只能把电话打进医院，我在电话这头录音，采访医务人员和患者。电线都连好了，它的转动突然忽快忽慢，变得极不稳定，交流音很重。它像一位风烛残年的老人，艰难地挪动身体，强撑着想为我再完成一次任务，再为我服务一次。但它确实老了，已经到了该退役的年龄。

我心爱的录音机，陪伴我、帮助我、扶助我，从见习记者、记者到主任记者、高级记者，它见证了我的业务发展之路，见证了我这么多年采访中感情的跌宕，见证了我无数次的兴奋、激动和悲痛，见证过多少回重大时刻现场音响，也见证了我多少个不眠之夜。它可以称得上是"功勋录音机"，现在静静地躺在柜子里休息了，可是看着我收藏的几十盘录音资料，莫不是它辛勤劳动的结晶。

做一缕阳光

作者简介：刘华栋，中央人民广播电台驻山东记者站站长。

我特别羡慕写命题作文也能一挥而就的人，真的，我不行。

吃了 3 天盒饭，才想出这个开头。

那就从头说起吧。

1999 年的 10 月底，或 11 月初，记不清了，只记得我乘车经过天安门时，广场上正播放着歌曲《五星红旗》。阳光把长安街照耀得透亮，我也感觉被光环笼罩着，第一次走进了中央人民广播电台。

那一年，我 31 岁。在地方报纸、电视、广播先后工作了 9 年后，作为央广记者队伍中的"大龄新兵"，成为记者站的一员。

那时候，传统媒体还根深叶茂，尤其是中央级媒体，记者确实像有光环。外出采访，从市、局到区、县，从官员到企业家，莫不客气热情。在一座环境舒适、经济发达的城市里，采访多是出席活动开开会，写稿也不用字斟句酌费脑筋，很容易滋生惬意和满足，直到 2004 年采访"金牌工人"许振超。

那次是"集中采访"，采访团将近百人，央广来的是温秋阳，一个看上去有些柔弱的女记者。在"多对一"的采访中，为了保证录音效果，我们必须抓住一切可以单独采访的机会，于是，就有了那次爬到

50 米高空采访的经历。50 多米高的桥吊操控台，就是许振超的工作岗位，低头望去，是小人国一般的码头和波光粼粼的大海，操控台不停晃动，令人头晕目眩。温秋阳却没表现出丝毫紧张，与许振超笑着交流，在熟悉的环境里，许振超完全放松下来，轻轻唱起了"西边的太阳就要落山了……"

　　一周下来，采访的录音有几十个小时，在最后播出的稿件《好工人许振超》中，这段音响被小温采用，成为许振超热爱工作，又享受生活的一个生动细节，稿件最终获得了"中国广播影视大奖"。这次经历，让我明白了两点：采访不能投机取巧，一篇优秀的稿件，一定要有细致深入的采访和反复推敲的创作；只要用心，即便"规定动作"，依然可以做得与众不同。

　　"最笨的办法也许是最有效的办法"。2015 年底，山东平邑发生"12·25"矿难，救援时间长达 36 天，而我们的采访更是持续了 40 天，直到成功采到获救矿工。冰天雪地中，小伙伴们有的在现场"死守"，不错过任何关键音响；有的深入村庄走访，一遍遍摸查核实被困人员的身份信息。每天的采访录音至少几个小时，每晚要汇总情况，挑选音响，整理文字，分类保存。获 2016 年"亚广联"大奖的稿件《生死救援 36 天》不足 10 分钟，背后的音响资料却有上百个小时，稿子先后改了十几遍，所以，"樱桃好吃树难栽，不下苦功花不开"不仅仅只是一句歌词。

　　"会写稿子"，是一句经常夸赞记者的话。"会写"稿子，就一定是好记者吗？

　　2013 年，青岛市发生"11·22"特大爆炸事故，造成 62 人遇难，许多群众无家可归。就在事故的第 3 天，人们还沉浸在悲痛之中时，青岛媒体以《住安置点如家温暖》《官兵做饭百姓喊香》等标题进行大幅报道，却引起了读者反感和舆论大哗，成为新闻负面经典案例。

　　2014 年 3 月 21 日，山东平度发生恶性纵火案，造成一死三伤。第二天是周六，一早我们得知消息，马上驱车出发。在被当地官方称作"失火"的案发现场，我们见到了焚烧成框架的帐篷，见到了欲言又止的村民，见到了警惕盘问我们的可疑人，也见到了给我们下跪号啕大哭的失地农民……

那次采访非常不顺利，身边始终有可疑的人盯梢，村民见了我们就赶紧关门，一直到了下午，才有人悄悄招呼我们进家，门口还要有人"放哨"。那几天，每天要换不同的酒店，甚至 4 人分开住不同的地方。在某媒体公开说我们"造谣"，我的实名微博被人不断"围攻"的情况下，我们顶住各种压力，连续采写多篇报道，让新闻一步步逼近现实。事发第 5 天，公安局宣布将犯罪嫌疑人抓捕归案。2016 年 9 月 30 日，主犯被执行死刑。

"铁肩担道义，妙手著文章"是人们对优秀记者的赞赏，也是对每一个媒体人的期望。做记者，应该有点理想主义，有点英雄主义。这些年来，"突发事件"似乎越来越多，在可能的情况下，我和小伙伴们都会第一时间赶到现场。其间也受到某些压力，甚至出现过警察登门要带往派出所的极端事例，但都顶过来了。我们不是战地记者，很少面临生死攸关的时刻，但面对某些抉择，还是要保持正直和坚定。远的不讲，中国之声"新闻纵横"的"特报"记者，就是我们身边的榜样。

如果正直是记者的骨架，善良则是记者的血肉。新闻当有温度，对底层的尊重，对弱者的谦恭，对穷困的悲悯，会让我们的情感更贴近社会，贴近人心。

采访平邑矿难时，我们到周边村庄了解情况，发现了一户特困家庭：儿子、女儿不幸去世，只有老两口带着上中学的孙女生活，寒冬腊月，连御寒的棉衣都没有。全站经过商议，决定和他们结成帮扶对子，尽最大努力帮助他们。大家纷纷捐款，给老人家送去了米、面、油、棉衣和部分现金，让他们过了一个温暖的春节。2016 年，又两次专程捐款捐物去看望他们，并承诺等孙女考上大学，由我们共同承担学费。

"七一"前夕，我们见到老人，老人捧着我们送的收音机说：听见广播里的声音，就会想起你们……

"听见广播里的声音，就会想起你们"，有什么夸奖比老人这句朴素的话更有分量？人，总是要有点精神的。有一身不卑不亢的正气和一颗柔软善良的心，生活的天空会照进更多的阳光。

感觉好像还年轻呢，工作却已 26 年，都超过了新同事的年龄。当年带我的老师大都已退休，我也被年轻同事喊"叔"了，而央广，就是这样一代代地传承下来。

二十二载广播岁月，广播已完全融入我的生活。央广，给了我人生的舞台；记者，让我的生活丰富多彩。央广——阳光，我爱央广，就像爱阳光。

做一缕阳光，温暖，明亮。

见证一个新生儿的诞生

作者简介：崔彤，中央人民广播电台驻湖北记者站站长。

供职央广，三十又二，其中客居海南就占了一半时间，经历的大小事件不算少，从宏观经济调控对海南经济的巨大影响到"非典"意外给海南带来以房地产为代表的经济回升；从突发的中美撞机事件到慢热的博鳌亚洲论坛。桩桩件件，历历在目。今天就说说后来名扬天下的博鳌亚洲论坛吧。

博鳌原本只是海南岛极普通的一个边陲渔村，我刚到海南的时候，偶尔会被朋友拉着去那里吃海鲜。坐汽车走一个多小时，然后换乘当地称为"三脚猫"的一种拼装三轮摩托车，再"突突"一个多小时才能到。

那时的博鳌，给我的印象就是走到哪儿都黑乎乎的。因为海南缺电，一到晚上，一片漆黑，有亮的地方都是震耳欲聋的柴油发电机噪声。好在海鲜十分的美味，相比大陆沿海日益严重的污染，未开发的海南岛可说是一片净土，海水干净得一眼见底，海鲜自然好得没法比。人们在海口吃海鲜还嫌不过瘾，还要专门跑这么远的路来博鳌吃。遗憾的是我天生对海鲜过敏，面对美味，唯有口水。店家有从内地来的，间或拿得出一盘青椒炒肉，也可以让我就着海口大曲与朋友畅饮。

跟今天如雷贯耳的名气比起来，当年的博鳌，除了名字让人感觉有些另类以外，一切都是听着那么的陌生，看着那么的"老土"。

然而，谁又知道，恰恰是这显得有些另类的地名、这样三江入海的原汁原味，最终让博鳌从幕后走向了前台，走到了世界的面前。

从2001年的成立大会到2008年的年会，所有的采访报道我都参加了。跟后来台领导带队的大兵团作战不同，前两次的论坛采访，台总部来一两位时政记者（2001年是李涛和陈秉科，2002年是魏赤娅），海南站只有我单刀赴会。不光是我们，人多势众的新华社也不过寥寥数人。

论坛成立之初条件简陋，根本接纳不了蜂拥而至的客人和记者。据说，因为博鳌唯一的五星级金海岸酒店总统套间不够用，只好委屈应邀专程来华参加成立大会的尼泊尔国王比兰德拉住到了海口。当时海南环岛高速公路的东线已经开通，专门为论坛修建的区间公路也已经通车，但毕竟海口、博鳌两地相隔近百公里，为保证万无一失，还特意将成立大会开始的时间推迟到近午时分。值得一提的是，这位风度翩翩的国王也实在是太不走运了，从中国回去以后刚刚3个月，就死于一场意外的宫廷血案，年仅55岁。

2001年的论坛成立大会和第二年4月召开的首届年会，会场都设在那座颇具特色的白色建筑里。这个面积为3500平方米的膜结构大厅是为博鳌亚洲论坛成立大会专门建造的，它位于风景如画的万泉河入海口之滨，其弧形白顶与蓝天碧水浑然一体。但是受场地面积所限，只建了一个卫生间，而大厅里参加成立大会的国家元首、政府首脑、嘉宾和工作人员不下五六百人，于是就出现了一个有趣的场面：无论是部长，还是工作人员，想解决内急问题，都得去会场唯一的卫生间门口乖乖地排队，多的时候足有二三十人。那场景，今天回想起来仍忍俊不禁。

到了2002年的首届年会，条件仍然未有明显改善，甚至因为参会人数的剧增而愈加"艰苦"。当时已开建论坛的永久性会址，也就是后来的索菲特大酒店（现在又改为博鳌亚洲论坛大酒店），但在新会址投入使用之前，仍不得不继续使用孤悬万泉河边的那座膜结构大厅。

与成立大会时的分工一样，台总部的时政记者负责盯领导人的国务活动，我负责年会的程序性报道，而且全部是连线直播。下面是编辑部给我的连线安排：

1.4 月 12 日 9 时整至 11 时 45 分，论坛年会举行开幕式，朱总理以及菲律宾前总统拉莫斯、澳大利亚前总理霍克、蒙古前总统奥其尔巴特、巴基斯坦前总统莱加里、尼泊尔前总理比斯塔、韩国前总理李寿成、哈萨克斯坦前总理捷列先科、印度副议长纳吉马赫卜杜拉等先后致辞，然后举行全体大会，由各国政要作主题演讲，其中朱总理首先进行主旨发言并回答与会人员提问。因此，10：00 整点新闻第一次直播，主要介绍论坛开幕式盛况、博鳌亚洲论坛的由来以及朱总理的主旨发言（因朱总理的主旨发言安排在 9 时 45 分开始，详细情况在 11 时的直播介绍）。

2.11 时整点新闻：主要介绍朱总理以及泰国总理他信、韩国总理李汉东等领导人的主旨发言和演讲。

3.14 时整点新闻：较深入介绍朱总理主旨发言和答问的情况，主题午餐的部分内容。如可能，介绍下午中国领导人的活动。

4.16 时整点新闻：请论坛官员介绍论坛的有关情况以及当天会议的概况，请当地官员介绍博鳌的历史、风土人情，介绍次日论坛的主要活动内容。

但是我疏忽了一个重要的问题，论坛新闻中心虽然离会场不远，却和会场一样，也是孤零零的。里面的通讯设施可以说非常先进，但是其他民生所需极其匮乏。

我是做完 11 时的连线以后才发现情况不妙的。环顾四周，除了各种闪烁着光亮的机器，就是墙上和地上蜿蜒曲折的电源、通讯线路，唯独没有吃的喝的。一问工作人员，附近只有 1 公里外的金海岸酒店才能买到食品，或者去博鳌镇上买。

说起来，这些地方都不远，但是我却没法离开。新闻中心一个萝卜一个坑，好容易占了一个地儿，一旦离开就不属于我了。如果把东西留在这里，又怕丢失。这时候想起了魏赤娅，可电话死活也打不通，想必她这会儿一定忙着呢。心想完了，今天一准得饿着肚子干活了，真后悔早上没有多吃一点，哪怕走的时候往兜里揣个鸡蛋也好啊！

忙着忙着，又莫名生出几分豪情来。我一边写稿，一边念叨："延安，延安，我是851！无名高地还在我们手里，4号阵地就剩我一个人了！"就这样，从早上5点半吃完早餐，一直到下午5点多做完最后一个连线回到酒店，等吃上晚饭，耳畔已响起收音机里传来《歌唱祖国》的嘹亮乐曲了。

从因为"非典"推迟的2003年年会起，论坛的接待条件越来越好，服务水平也越来越高。央广的报道团队更是今非昔比，采访阵容堪称豪华，技术和后勤保障近乎完美。可我始终忘不了论坛成立之初的那些经历，虽然苦一些累一些，但也很幸运，因为我见证了博鳌亚洲论坛——一个新生儿的诞生。

奥地利作家托马斯·伯恩哈德说，每个人都有他的路，每条路都是正确的。世界上有70亿人，那么就有70亿条正确的路。人的不幸在于他们不想走本属于自己的那条路，总想走别的路。那么，我现在走的是不是属于自己的那条路呢？

有两句话也许可以回答这个问题。

第一句是"不忘初心，方得始终"。这是20多年前去看望弥留之际的左介贻老师（抗日老战士，中国作协会员）时，老师写在我手心里的一句话，我一直把它记在心里。成长的路上，总会有各种意想不到的事情发生，有顺境，也会有逆境。当一件事情发展得超过你的预料和想象，就有可能会导致思想的拥挤，而被挤掉的，很可能是最核心的元素——我们的初心。就像今天遍布各地的小吃，外来的游客一定会被各种香的、臭的、咸的、酸的和辣的味道弄得晕头转向——究竟哪家才是最正宗的呢？其实很多人不知道，有些所谓的特色小吃，只不过是打着冠冕堂皇的地方名号而已，其口味、配料等，早已不再是最初的味道。而不管你怎样装饰门面包装产品，人们的记忆总是会记住最纯正的味道。对于我来说，30多年前的选择，就是最纯正的味道。做一个用声音去触动人们灵魂的人，就是我选择做一个广播记者的初衷，就是我的初心。不管我后来走到哪里，不管面对什么样的诱惑，我都没有忘记这个纯正的味道。我想，这也许就是我一直能够坚持到今天的原因。

第二句话是"一分耕耘，一分收获"。这是我大学毕业时自己写给自己的，后来我又把它用作编辑校报时的一个栏目名称。这句话看似普通，实际上蕴含着深刻的哲学道理。现在常常听人这样说：理想很丰满，现实太骨感，自己的付出与收获往往不成正比。其实，也许是你付出得不够多，或者是付出的方式不对，或许你根本就不懂得如何去付出呢？付出本身就应该是一种快乐，当你总是斤斤计较付出和收获时，也许得到的只会是痛苦。《庄子·逍遥游》说："水之积也不厚，则其负大舟也无力……风之积也不厚，则其负大翼也无力"。这段话形象、生动地说明了厚积薄发这个道理。没有平日辛勤的劳动，没有充分的准备与积累，也就不可能奢望取得成功。没有准备的人生，纵然是命运已经向你招手，机会已来到你的面前，它也可能会与你擦肩而过。在我看来，有时候你耕耘十分，都不一定有一分的收获，还有什么理由不去努力耕耘呢？因此我更愿意把这句话解读成，要想收获必须耕耘，要想得到一分的收获，必须付出至少一分的耕耘，甚至九分、十分的耕耘！

人生如梦，转眼就是百年。梦与现实的区别就是想入非非，生与死的差异是死而无憾，所以有人说，生存的悲剧色彩或许就是醒着不能想入非非，而活着却注定只能抱憾终生。乐观地看，尽管生命的有限与无限的宇宙是那么的不相称，但我们可以尽量客观公正地看待生命的过程并且正确地理解它。在这一自然规律面前，我们所要做的就是怎样使自己的生命过程更加顺畅、更加有意义，让自己的身心在生命的各个阶段都处于良好的工作状态。

在采访中感悟人生

作者简介：彭小毛，中央人民广播电台驻广东记者站站长。

团委向我约稿，我有些慌，写啥呢？抓耳挠腮之际，想起一件往事。多年前，母校约我给学弟学妹作一场讲座，我也很慌，于是请教老师。老师说，有成就谈成就，没成就谈人生。一语点醒梦中人。老师教我四年，最有用的大概就是这句话了。这不，现在又用上了。

我是学地质出身的，先在大学学了四年地质，又在地质队干了四年地质，进入新闻圈纯属"阴错阳差"。不过，细细想来，地质和新闻，其实有着异曲同工之处，都属于"勘探"的范畴，只不过前者勘探地球，后者"勘探"社会。

一晃，差不多30年过去了，我守着新闻行业从一而终应该没有悬念了。曾经有朋友问我，后悔过吗？我说，没有。他又问，为啥？我说，因为这个职业能够满足我的好奇心，我因此能够见到我想见的几乎所有人、能够了解到我想了解的几乎所有事、能够感受到常人不能感受的人生。记者的每天都是新的，也许，这是这个职业对我的最大诱惑吧。

年轻时，我属于腼腆男，恐惧和陌生人打交道，而我的第一次采访加深了这种恐惧。当时，我受命采访一位官员，我满以为他会对我这个无冕之王笑脸相迎握手言欢，没承想，他态度不卑也不亢，神情不阴也不阳，我的采访"处女行"竟弄得个灰头土脸落荒而逃。这让年轻的我很受伤，甚至落下"病根"——在好长一段时间里，每次站在被访者的门前，我都要纠结挣扎好久，不知道门开处露出的是一张什么表情的脸。

让我走出心理阴影的，也是采访。一次，我去铁路公安采访，两个便衣警察陪我去售票大厅。熙熙攘攘的人群里，不时有人和两位便衣点头招呼，甚至递烟攀谈。随后，便衣警察一一告诉我，这个说话的是票贩子，那个递烟的是扒手……我笑问，他们怎么和你们这么熟啊？难道真的是警匪一家？一位便衣解释说，这些人长期在车站转悠，多属小偷小摸，违法行为不严重，被抓现行后，视情节轻重，有的被拘留几天后获释，有的被批评教育一下走人，由于屡放屡抓，抓的次数多了，自然就成了熟人甚至朋友，不过，熟人归熟人，该抓还得抓。

我突然有茅塞顿开之感。交道多了，自然熟了，这就是人际交往的规律。我为什么不能和采访对象成为朋友？因为跑得不勤交道不多啊！我是为了工作，堂堂正正的理由，总比小偷要有底气吧？我恐惧什么呢？

这件事让我悟出一个道理，很多事，其实没有那么难，是我们以为很难；很多人，其实没那么难以接近，是因为我们觉得他很难接近；很多问题，其实没有那么可怕，是我们以为它可怕。我们，经常被自己在潜意识里设置的心理高墙给圈住了。

后来的日子，我努力做到以微笑对待冷漠，以执着对待拒绝。有一次，我在经历了多次被拒后终于获准采访一位很有个性的人物，我原以为他会给我一个下马威，没承想，他非常热情地对我说："年轻人，我喜欢你这股认真劲，是一条吃菜的虫"。"是一条吃菜的虫"，这是我们当地长辈对晚辈居高临下又不乏幽默的褒奖俚语，这让我很开心，也很受鼓舞，后来，我和他成了忘年交。这事我明白一个道理，以高大上的理由执着地麻烦别人，是让人认识和了解你的最好的方式之一。后来，我把这种方式细化和总结成可操作的 16 字诀："积极主动，满腔热情，不讲价钱，始终如一。"我想，不管是在工作中，还是在生活中，一个年轻人如果能够做到这 16 个字，一定会有很多朋友。试想，如果你的身边有这样一个人，你会喜欢他吗？你会帮助他吗？当然会。很多人喜欢他，很多人帮助他，他一辈子当然不会差。

采访经历多了，我又发现一个问题。有些被访者，学识渊博有深度，我很想和他们交朋友以便经常请教，可是经常的情况是，在采访结束后，他立即把我忘记了。如何让他第一次采访就记住我，这是年轻的我面临的又一个课题。后来，我又在采访中找到了答案。有一次，我采访著名地质学家陈国达，当时他应该接近 90 岁高龄。因为我是地质学科班出身，对陈老的低洼学理论很熟悉，对他亲自命名的"丹霞地貌"更是如数家珍，老少两人交谈甚欢。我也给陈老讲了一些和地质勘察相关领域的新信息，这些都是我平时在采访中积累的信息。陈老听得认真，问得仔细。采访结束，陈老热情地邀请我下次再来。后来，我好几次联系他，他都能叫出我的名字，都热情地接受我的采访。

这次采访经历让我感受到，记者，不能仅仅是一个简单的信息采集者，而应该成为一个信息交换者。被访者掌握的信息很"专"，而记者掌握的信息很"杂"，完全可以互为补充。如果把采访变成一场对话，把一个单向的信息采集过程变成一个双向的信息交换过程，采访结束时，对方会感觉收获很大，他一定会记住你叫什么名字，他甚至会觉得意犹未尽，期待你的下一次采访。在那以后，我每采访一个重量级人物，一定会认真查阅他的个人资料，了解他的最新观点，收集和他的工作领域相关的新信息，精心准备采访提纲，争取做到在采访中"五分钟抓住对方"。

几乎所有记者尤其是年轻记者都有一个共同感受，那就是不喜欢开会。年轻时我也一样。有一次，我的一个企业界的朋友认真对我说：

"如果你有不愿意开的会，我替你去好不好？"我不假思索地答应了。这哥们替我开了好几次会，每次会后都请我吃饭。我很不解，你为什么喜欢开会呢？他说，台上的演讲者一定不是普通人，每个演讲者都是经过精心准备的，一次会议下来，你就会对这个领域的现状和未来有个大致的了解，有哪个学习方式比开会更好呢？他的一席话让我无地自容，我由此想到，其实我们的每一次采访，都是一次学习啊，单位开工资出费用发奖金，让我们每天去接触新事物学习新东西，世界上还有比这更好的职业吗？

这些年，我有多次机会离开媒体行业，我都"赖"着没走，因为不舍。我知道，到了这个年纪，我是不指望成为一个优秀记者了，但是，这不妨碍我在采访中感悟人生，也不妨碍我在工作中享受人生。

我的职业"护身符"

作者简介：凌晨，中央人民广播电台驻青海记者站站长。

团委约稿，让我说说"闯荡江湖"的那点事儿。

这四个字与俺合身儿：非科班出身，却闯入神秘之地；因为热爱，"闯荡江湖"近三十载，一路走来，小有收获，痛并快乐着。

守：初心

不怕诸位笑谈，我做"白日梦"那会儿，还在上中学，说不清，道不明，就想当个播音员、当个记者，还想当个电影配音演员（跟着我的老师和老师的徒弟们，还真过过配音的瘾）。

照当下的时髦话，这是属于"高大上"的那一类"白日梦"，再有就是给我同学吹过牛，不找上海人做老婆。

老天爷不烦我这个傻小子，在播音员、主持人、记者一一化为现实的同时，偏偏恩赐给了我一位上海媳妇，身为人民教师的老婆借此敲打我："莫说过头话，莫做过头事"。

做人、做事、做媒体亦如此。

我的"青涩时光"，是在一个"小地方"流过的，我和我的玩伴们在"疯玩"中长大成人，与时下的孩童相比，快乐似乎多了一些。

高考结束后的一天，同学家的收音机里在说招考播音员和记者的事，这个消息令我狂喜，同学的姐姐发现我在抄录报名须知时惊诧不已："你当播音员？做'白日梦'吧！"

在"小地方"做"高大上"的"白日梦"，着实令人费解。但是，心无定力的我未能经受住诱惑，尽管那会儿我把"广播"念成"广锅"，常被父亲纠正，可我就想当个播音员，不仅如此，内心还挺活泛，拜读了语文老师在省报上发表的占了半个版面的长篇通讯，又想当个记者，梦想着把自己的大名也印在报纸上；看了几部精彩的译制片，又梦想着当个配音演员。

"心有多大，舞台就有多大"，我信这句话。第一次的考试以失败告终后，我依旧不弃不馁，几年后，经过老师的训练和引领进入广播电台。

那个年代，播音员在国家工作岗位名录里是特殊岗位，采、编、播界线清晰，互不越界，我喜欢播也喜欢采，前者是主业，后者是副业，当副业招惹了新闻部的头，斥我"不安分"，抢了他部下的活儿时，心虚的我，只好把副业转向日报和晚报。随着见报率和获奖率的增多，台长觉得肥水流入外人田是一种浪费，于是特批给我一个时段，自主每周一刻钟的"民主与法制"节目，我也由此成为省内第一个集采编播于一体的节目主持人，媒体与公检法搭建的平台，给了我和警察、检察官、法官打成一片的机会，跟着他们蹲坑守夜抓坏蛋，参与预审琢磨问答技巧，分析嫌疑人的作案动机，旁听庭审案件分辨是非真假。

那会儿，凌晨已小有名气。一个标志性的事例是，一名粤籍实习大学生，借我之名为其亲戚调成了工作，当国企公司的领导在台长的见证下，证实我是真"凌晨"时，疾呼上当受骗矣！

在播音员、记者和主持人的岗位上"混"了六七年后，当初的神秘感渐渐消失。一个不经意的早晨，中央人民广播电台《新闻纵横》节目播出的稿子带给我震撼——天哪，怎么会有如此冲击力的节目？之后我才知道，当时中国新闻界横空出世的最具影响力的两档节目，一个是央视的《焦点访谈》，一个便是央广《新闻纵横》。第一次拨通热线电话，获得热情地鼓励，第一次报题就获得了通过，收听我的"处女作"时，那感觉真是爽透了！

这就是我想要的职业感觉。

《新闻纵横》被誉为央广的"黄埔军校"，从诸位前辈的身上，我不仅学到了舆论监督和调查是记者应肩负的"责任感""平衡术""甄别新闻价值的技巧"和"快速反应能力"，而且领悟到了对职业热爱、敬畏的意义。

时光荏苒，如今我已被划入"资深记者"的阵营。"资之深，则取之左右逢其原"，但，资深者，易得一毛病，即，难守"初心"，由此我坚持在一线快乐采访，借以呵护我热爱新闻的"初心"不疲不钝。

修：简单

最近的一次采访，我乘飞机，坐火车和汽车，经历了2200—2800—4500米的海拔线，于秋末的一个深夜进入到著名的沱沱河镇。在密密麻麻的星星织就的苍穹下，我恍如闯进了外太空。迷迷糊糊度过了四五个小时。再睁眼时，窗户上的繁星已消失，瓦蓝瓦蓝的天幕上，漂浮着朵朵祥云，站在被诗人誉为"天路"的青藏公路上，我以天幕和白云为背景，把横跨沱沱河的铁路大桥定格在了取景框，"粉友们"对标记了"一池清水半池浮云"的美图围观点赞。

置身高寒、缺氧的高原，总会被稀有的风景所吸引，被当地人的坚守所感动。

著名的沱沱河水文站，是我国长江水文第一站，一个承担着中国省字号重任，由5个人组成的"微单位"，我想听听精彩故事，结果过惯了孤独生活的兄弟们不善言谈，理顺一个个感人的故事着实费了些劲。

在民间长江源水生态环境保护站，巧遇著名的环保志愿者杨欣，看不见、摸不着的高海拔，过早地稀释了他那浓密的披肩长发和长长的胡须，但是透过他的双眼反馈给我的是，他的精气神依旧那么饱满。杨欣把青春留在了青藏高原，把可可西里第一个保护站——索南达杰保护站，沱沱河镇的"长江1号邮局"，及在建的系列邮局和在青藏公路沿线筹建的"驿站"也留在了青藏高原。

中国石油青海销售公司的工会主席刘建平在微信里发现了我在沱沱河镇，不忘老本行，他请我去看看他们的沱沱河加油站，4对年轻的夫妇组成的加油站，每日工作12个小时，上千辆载重汽车的用油经过他们的手，那股对待工作的认真劲令人钦佩。

聚集在海拔4500米的沱沱河镇上的"站长"或许是全国乡镇级或者县级单位中最多的，水文、气象、加油、火车、环保、各类保护站、驿站和兵站等等。"大眼瞪小眼"的生活模式，弱化了"沱沱河人"的语言功能，在这里，默契、温暖和友爱弥足珍贵。

早在2002年，我就造访过沱沱河镇，三名警察坚守派出所的感人故事，得到了中央领导的批示，公安部派员前往实地确认，授予派出所一等功，并奖励了越野车和奖金。

初做记者，多以新鲜感为动力，进入"资深"阶段时，则以新闻事件为镜，反观人生的意义，坚守在沱沱河的兄弟姐妹们参悟到的境界就俩字——简单！

在物欲为先，人心浮躁的当下，被"利"所裹挟的人，同样渴望简单，但是，懂得"简单"由"修炼"获得的人却不多。因为获利不当，失去了自由的人大有人在。于是，我想到了戒台寺里的对联：财来才去无常道，才来财去有夙缘。

"五十知天命"，把采访对象当成一面镜子，是我热爱新闻这个行当的其中一个理由。

敬：角色

申猴年仲夏，我配合《华夏之声》的同事，在玉树完成了《城市新跨越》的直播任务。故地重游勾起了一次采访经历。

2011 年 10 月下旬，玉树已转入到了浓寒浸肌的冬日，这是玉树灾后重建的关键年，一日下午，我和驾驶员前往扎西科帐房驻扎地，路边的一个大院里升腾起一团似烟非烟，似雾非雾，有点瘆人的白色气体。

悲剧正在上演！

事由简单，索要工程款无果的承包商，把汽油泼洒到经理办公室，想威胁对方支付欠款，结果酒精、缺氧、易怒让当事人失控，打火机上摩擦出的小火星，爆燃了空气，伤及到室内和室外的十余人。

20 分钟后，第一篇稿件发往总部。我拨通了州政法委书记的电话，书记在出差，尚不知此事，答应了解清楚就回复我。

16 时 20 分，一名自称警察的人约我，说他的局长要见我，局长有点牛，验过记者证，便动手扣出采访机的电池，想给我一个下马威："你的消息是从哪里来的？"我保持淡定："保密"。语气在升级："不说我拘留你！"我答道："建议你在拘留我之前，先请示你的上级！"

警官用康巴语同上级沟通后，语气由强硬转为无奈和柔和："你想问什么就问吧！"并递上了一杯热水。原来，因高海拔原因，灾后重建中的招工难出乎央企的预想，其后果是工程被层层转包，承包商拿不到工程款，民工拿不到辛苦钱，有些拿到工程款的人又跑路了，驻地政府无力管控央企，这种情况在建设工地很普遍，当日发生的事件早在此前就发生过。

17 时 50 分，央企公司的部长约见我，强行塞给我一个"红包"，央求我手下留情。一招不灵，又邀我去食堂共进晚餐，我软硬兼施，摆脱了可怜的部长，闪离现场。

第二篇稿件发回总部后，上床睡觉，22 时 40 分左右，州领导来电，说要拜访我，我答应前往州府拜见。在大门口等候的人引导我进入州长办公室，满满一屋子人，原来上报的稿件已经有了结果，州长向我表示谢意后，政府、警方和央企的负责人，依次通报了事故原因和调查结果，并部署了欠薪大排查工作。

白天要拘我的警官也在其中，介绍得知，他是公安局的副局长，我俩会心一笑。理解至上！我们对角色的敬畏是相同的。这位警官因在汶川地震救援中的杰出表现而受到表彰，在玉树灾后重建期间，他依旧恪尽职守。事实上，每一个人对职业的敬畏与坚守，才是维系社会结构稳定的基础。

翌日晨起，赶往机场，飞离玉树。两天后，另外两篇调查稿件上报编辑部，中央派出一个调查组进驻玉树。

谢：贵人

时光无情，足迹、日子、青春与新闻一道融进流淌的时光里。熟悉了中央台的发稿流程后，我尝试着跳出"常规报道"转入"调查报道"，结果小有收获，例如，涉及青藏铁路建设的环保问题被披露后，时任总理朱镕基和三位副总理、多位部长及青藏两省区的主要领导做出批示，工作组两次前往实地调查。当事者铁道部与中央台博弈的结果是：修订采石方案，追加环保资金；时任总书记胡锦涛对我采写的关于藏区牧民僧侣生活贫困的稿件做出批示，国家有关部门派员前往青、川、甘、滇四省区进行全方位调研，国务院出台了《关于支持青海等省藏区经济社会发展的若干意见》。

十多年来，我采写的涉及多个方面的问题，经中央领导批示得以解决。

回眸走过的新闻之路，感触有二：

感恩生命中的"贵人"：父亲和母亲、爱人和女儿、兄弟姐妹是我的贵人，引领我进入职业圈的良师益友、同事和领导是我的贵人，那些原本不认识，却在某个特殊节点上伸手助了我一臂之力的人是我的贵人。没有一位位贵人的相助，我走不出属于自己的路。在此，特别谢过我的职业启蒙老师杨克志、武安先生，他们分别引领我进入了记者和播音员的行列；感谢时任西宁市长刘光中；感谢当时"收留"我的西宁广播电视局夏洪礼、王景珊局长、陈宜副局长和董连香台长；感谢时任省委办公厅的高煜秘书，经他之手呈报省委书记尹克升的信件得到批示后，我被特招录用为国家干部。感谢中央台，感谢《新闻纵横》编辑部，感谢记者站，感谢诸位同仁的引领和栽培。

享受职业"温暖"：当我采写刊播的调查报道引来采访对象"抗议"的时候，无论是国家新闻出版广电总局的领导、还是台领导及稿件签发人，对我没有质疑，没有谴责，给予我的是信任。职业温暖同样可遇不可求，非常幸运，我的业务就是在这样的环境中一路走来的。

有付出，有收获。2011年，我获得了"全国优秀新闻工作者"荣誉称号。2016年，经中央台专家组评定，台分党组批准，推荐我为"享受国务院特殊津贴专家"的唯一候选人。尽管最终在上一级的盘子里出局了，虽然心存遗憾，但是我为此"放下"的却十分轻松，因为有些事情，过程比结果更有意义。

"护身符"

做新闻记者，我坚守如下底线：

倾听涉事各方的陈述，排除臆想臆断。

不与涉事任何一方做交易。

不借手中之笔刻意抹黑对方。

尽量做到对事不对人。

与有分量的人物保持工作距离。

面对权势，不卑不亢。

尊重强者，也尊重弱者。

这是我职业生涯中难忘的又一次采访，一名因盗取人民银行国库巨额资金的普通职员，在等候最高人民法院的死刑核准令期间，接受了我的专访，他问了我一个严肃的问题："凌记者，我想请教您，即使是一个犯了罪的人，是不是也应该受到媒体基本的尊重?"我回答："是的"。在死神即将降临的时刻，他纠结于心的不仅仅是自己生命的倒计时，他对地方媒体在报纸上对他的刻意抹黑似乎难以释怀。

这名小职员终被处以极刑，他提出的问题却融入了我的职业。

新闻业，是一个繁杂而有序的系统工程，其公信力来自真实和客观。当阅读率、收视率、收听率和点击率，一旦与金钱挂钩时，媒体的公信力和职业道德的含金量便在下降。

有同行和非同行的兄弟姐妹问过我同一个问题：你不担心遭报复吗? 担心! 怎么会不担心? 只是在20多年的职业生涯中，我就遇到了那么一回。记得有一次，我在省府遇到俩人，握手问候熟人后，陌生人接过了话茬："凌记者，你不记得我了?"恍惚间，对方提醒我关于"烈士陵园卖公墓"的一个调查报道。我想起来了，那篇在《新闻纵横》播出的调查报道，曾引起不小的震动。他说那个报道让他们的公司损失惨重，也让他丢了饭碗，为此他们曾策划"做"了我，但是反复听了报道，似乎又找不出什么毛病，权衡再三，最终放弃了这个计划。

谢谢这位兄弟手下留情!

"刀"与"笔"，虽一"硬"一"软"，但均具杀伤力! 职业经验的积淀，教会我如何敬畏手中的笔。伴随着"苟日新、日日新、又日新"的新闻业，坚守真实、客观、公正，一定是新闻记者最有效的"护身符"。

像战士一样冲锋！

作者简介：郭长江，中央人民广播电台驻宁夏记者站站长。

美国摄影记者罗伯特·卡帕曾有句名言，"如果你拍得不够好，那是因为你离得不够近"。如今，我们这些生活在相对和平环境里的记者，同样需要"像战士一样冲锋"的精神和血性！

在我近三十年的新闻职业生涯中，不经意之间，还会面临着生与死的选择和考验。

2010年8月7日23时左右，甘肃舟曲发生洪涝灾害，损失惨重。县城北面的罗家峪、三眼峪泥石流突然下泻，由北向南冲向县城，冲毁沿河房屋，阻断白龙江。三分之二的县城浸泡在堰塞湖里。

作为第一批连夜抵达现场的兄弟记者站记者，按照台里的要求，我们在各个救援现场穿梭采访。10日下午，一些解放军战士在紧急清理、疏散白龙江附近的群众。我忽然意识到，很有可能要进行堰塞湖清淤爆破行动。

职业要求，让我选择留在了现场。由于担心以安全为由被"请出"，我趁着小战士不注意，蹲藏在一个刚挖出了几具尸体的小山包后面，扑鼻的恶臭中，等待了半个多小时，终于看到了现场绿色起爆指挥旗落下。那一刹那，在纷飞的碎石中，我起身半跪着，屏住呼吸、眼睛紧紧贴着相机的取景窗，随着几声沉闷的起爆声，按动快门，成为现场第一个以图文形式报道此次堰塞湖清淤爆破的记者。

2007 年春天，我担任央广《穿越三北风沙源》西线报道组组长，历时近一个月，上万公里的颠簸及指挥、组织工作，加上右膝关节撕裂的韧带还处在恢复期。这是一场艰苦的"战斗"：或因亲见途中太多的翻车、撞车等恶性交通事故，神经一直绷得很紧，以至于结束采访后的好多个夜晚，都会猛地坐起身来，嘴里念念有词地指挥同事们疏散。家里人甚至怀疑我得了某种"怪"病。也正是这次采访，我的右腿膝关节，永远地盖上了"退行性病变"的"印章"，并不得不告别我酷爱的足球运动。

2009 年 6 月，在为台大型系列报道《黄河日记》前期踩点，寻找宁夏石嘴山黄河上最后的老艄公时，突然脚心被扎进了一根铁钉，疼得整条腿不停地哆嗦，咬着牙让同事拔掉后，继续一瘸一拐工作，直到子夜时分才赶到医院打了破伤风针。

2010 年 9 月的一天，快下班时，忽然接到贺兰县一家企业液氨泄漏的线索。在没有任何空气安全隔离设备的情况下，我只身开车闯入味道浓烈、几乎睁不开眼睛的现场，只是简单用随车携带的矿泉水浇湿一条毛巾，捂住口鼻。由于呼吸道被严重灼伤，胸闷、吞咽困难的状况持续了好多天。

2014 年巴西世界杯期间，为了确保央广网为我开辟的系列评论专栏《老郭侃球》不断档，我白天正常工作，晚上看完球赛后第一时间写评论、发稿。熬到最后，实在坚持不下来时，只好一边吃着速效救心丸，一边看直播写评论，一个多月连续刊发评论 34 篇，为央广网在世界杯期间掌握相当的网络话语权，尽到了一个央广记者应有的责任。

西北地区的自然条件，相对来说比较艰苦。因而，采访中，总会有一些不期而遇的"遭遇战"：拍照时，脚下踩着的条石整体滑落，而脚底下则是深不可测的深渊；专心录音时被突如其来的大风吹得失去重心；在沙尘暴中工作，既要紧紧护住相机、录音机等设备，还要防止被流沙掩埋；翻车、汽车抛锚在"前不着村、后不挨店"的旷野里，挨饿长达30多个小时的漫长等待等等。

时常有人问我，怕吗？当然怕！这一次次的经历，让我在"像战士一样冲锋"的过程中，习惯于坦然面对一个个无法预知的危险和考验。作为央广人的使命感，将我紧紧地"钉"在了现场。面对着不可预测的凶险，恐惧并不丢人，真正丢人的，是在凶险面前落荒而逃，让恐惧压倒了责任感。

我和同事曾经采访过一篇录音特写《李老太太的乔迁之喜》。为了能录上象征着久远历史的那种原始、干枯的门轴摩擦声，我爬上爬下、甚至趴在地上录了几十扇门的音响，仅仅是为了几秒钟的音效。同样，为了一些特殊的音效，我们常常冒着危险，尽量近点、近点、再近一点地靠近音源。2016年"春运"期间，在陕西定边火车站由于过于专注地蹲在铁路边，采录火车轮子与铁轨摩擦发出的声音，站台发车员竟然误认为我们是"安全隐患"，迟迟不敢摇动语旗、送出发车信号……

像战士一样冲锋。不是一句简单的口号，还需要做好方方面面的准备和应对。在平日里，要爱护好自己的装备，锻炼好自己的身体和意志，否则，意外的"非战斗减员"将直接成为左右记者捕捉战机、迅速占领新闻报道阵地的"无形杀手"。记者及早树立好未雨绸缪的意识，做好知识储备工作，才能达到"战无不胜"的目的。相反，如果不客观、科学地分析记者的现场、采访及发稿环境与状态，即便是再优秀的记者也会陷入一个无的放矢、难以作为的尴尬境地。

像战士一样冲锋，也需要智慧和牺牲。近年来，宁夏记者站常有消息、评论、通讯等作品获得中国新闻奖。记者站仅有的三名记者均以优异的表现和成绩，获得了"高级记者"职称。宁夏记者站至今还保持着一项纪录：从2006年初央广网宁夏分网开通至今，宁夏分网从没有一天停止过更新稿件，并且拿回了宁夏回族自治区新闻网络历史上的第一个、也是当时唯一的一个"宁夏新闻奖"网络一等奖；2016年3月，宁夏记者站又自加压力，开通了自媒体公众号"央广宁夏"。尽管全站只有两三名记者，但包括节假日在内，站里每天都刊发稿件。其中，刊登的一篇文章点击量最高近2万次。"央广宁夏"还跻身于宁夏回族自治区自媒体公众号周排榜前20名，产生了较好的社会影响力。

像战士一样冲锋！作为央广人，为了央广的事业和未来发展，我们依然时刻准备着，冲破艰难险阻，不断践行着央广人的职责与使命。

缓慢地生长

作者简介：魏漫伦，中央人民广播电台中国之声专职副书记。

回想起来，那时真慢。

坐在办公室朝北的窗前拆听众来信，觉得一天总也过不完。

我到央广的第一个节目组是《青年之友》，是专门给青年人答疑解惑熬鸡汤的。进入央广之前，我只听电影录音剪辑，对其他的广播节目毫不关注，就连评书都吸引不了我。我只爱看字，我的"远大理想"曾经是小说家来着。

刚工作不久，我听了前辈高渭安老师的一个节目，讲的是大陆和台湾的两个年轻乐手在海外相遇的故事。那两位乐手一个弹钢琴，一个拉小提琴，他们通过音乐相识、相交、相知。节目的音响只是简单的人物采访，文字也不华丽，配的音乐则是他们各自演奏的乐曲。就是这么简单的"音响"，却把两个人的故事演绎得生动鲜活。一个普通话，一个台湾腔的不同表达，把初相遇的陌生展示得淋漓尽致。几声简单明快的钢琴，就让相识的喜悦跃然而出，钢琴与小提琴的合奏让人深切体会到两人相知的深情，别离的惆怅——那时的大陆和台湾几乎是完全隔绝的——我知道了文字以外声音的魅力。

如果说是高老师的这篇作品给我启蒙的话，少儿部的李正华老师是我真正意义上的音响师傅——当年《小喇叭》节目里的各种音响音效多半出自李老师之手——因为对高老师的节目心向往之，我才起意跟李老师学各种音乐和音响的剪接编辑。那时音响或音乐的编辑全靠调音台上的几个推子混入混出，有时候推子和开机键来不及反应的细节对接，则要用手指挑着磁带，靠人脑的反应完成。有一阵，我有点沉迷于音响的剪辑。每天下班没事，就跑到机房去，把各种不相干的音乐接成一段新的乐曲，把各种不相干的话接成一段语义连贯、气口顺畅的话，让鸟叫着从左边的音箱飞到右边——我曾特别享受这个过程，享受在零点零几秒的时间内挑起或者放下磁带时手指的动作。以至于我很少请录音师制作节目，因为我要独享"做节目"的过程。有一次，我用半宿的时间把《伏尔加船夫曲》《蓝色多瑙河圆舞曲》《月亮河》、钢琴协奏曲《黄河》等几个不同乐曲的片段连缀成完整的近6分钟的一段音乐拿去给李老师听。李老师大赞，说浑然天成。

这段组合的乐曲和高老师的作品都被我翻成盒带保存起来。我也为我的技巧自满自足了很久。但是在2004年换办公室清东西的时候，我把高老师的作品留下，把我组合的那段音乐扔了。因为我听着高老师那篇细腻而单纯的作品仍然感动，也知道在数字化的录音设备上，录音师们分分钟就能合成出一个比我那段音乐丰富一百倍的东西。不知道扔了它是不是说明我已经由术而入道。

如果硬要回顾一下"广播生涯"的话，我会把我的几十年分成"得趣"和"得益"两段。就我自己而言，"得趣"，得的是"术"，"得益"，则算窥了点"道"的门径。在得趣的阶段，我关注一切技术流的东西，录音、剪辑、配乐……做的题目也多半是我自己的兴趣所在——爱看书，就跟主任申请，开了读书节目《周末书院》；关注近代战争的历史，就申报选题，做了系列节目《甲午百年》。《周末书院》开播的第一期节目，我邀请舒乙和冯骥才先生做开篇。录完节目，冯骥才先生不可思议地说，这个节目就你一个人？你一个人想做读书节目，报了，就可以做一个栏目，而不是一次节目？广播真便捷！据说当时，电视台的《读书时间》一直处在论证阶段。

广播是便捷，但更主要的是，无论是同事还是领导，都肯于给我这样的空间——我到现在都没向他们表达过谢意呢。

这样凭兴趣做出来的系列节目还有关于红旗渠的《太行山的两代人》，关于知青的《青春作证》，纪念长征胜利六十周年的《仰望丰碑》，记录南沙守礁战士生活的《遥远的礁盘》等等。做这些节目的时候，我可以一边做着日常播出的节目，一边查资料，看书，采访。采访回来还可以再翻资料。当时我的主任说，慢慢做，做了这组节目，要成为这个领域的半个专家。我敬佩现在年轻的同事，他们能够把急就章做得那么美好，我做不到。可是同时也顶希望能让他们有时间多采访、多思考、多积累。

客观地说，因为意所向之，行所趋之，我做的"得趣"节目信马由缰，不论题材还是样态在当时不乏新意，也都有些反响，但是这些反响都不是我的"主观故意"。说到底，在我，这些东西的"趣"与我剪辑音乐的"趣"是一个级别的——一个积累了技能，一个积累了见识，最要紧的，我自己觉得乐呵。乐过，就结束了，我甚至连节目的录音都不留——我以为这叫"兴尽而止"。

我学着"成风化人"，以听众为前提做节目应该已经到了20世纪90年代后期，那时我在刚刚成立的社教中心策划部工作。

90年代末，社会、经济快速的发展令很多人感觉无所适从。人们的躁动通过信件传达给我们——那时节目和听众的互动仍然是通过信件完成的。太多信件说的都是一件事——不知道怎么办。可以说是在听众来信的指导下，我们设计了一个心理健康辅导节目《星星夜谈》，据说这是国内第一档专业的心理谈话节目，节目主持人青音不但成为国内第一个心理谈话节目主持人，后来也成了著名的心理咨询师。这个节目对我来说是一个转折，我从自己"得趣"中走出来，转而努力让人"得益"。

让人"得益"的意识主导着我后来的广播生涯——策划节目要对人有用,对人有益。《神州夜航》节目也是在这种意识的指导下策划出来的。2004 年末排新节目表的时候,有一段 0:00—2:00 的节目时间成了鸡肋,几个部门推来推去定不下来做什么节目。我要了时间,和另一个姓魏的兄弟大卫商量着,做了一档夜话节目。当时我给节目写了句口号,可惜只记得后半句:让新闻成为你认识生活的标本——这是个社教气质毕露的口号。在这个节目里,主持人给听众讲新闻故事,讲自己对新闻事件的感受,探究那些新闻事件到底为什么发生。节目做得很通俗,但是"别人的新闻故事"真的让很多人重新认识了生活和自己,主持人大卫、向菲等也成了很多人的"人生导师",甚至曾经先后有 7 个犯罪嫌疑人因为听了节目而向公安机关自首,其中已经出狱的几位至今仍然以那个节目所倡导的样子生活。节目虽然已经消失八九年了,但是直到去年,还有位快七十岁的老人家,来北京看儿子的时候特意到电台来,要看看大卫、向菲。

《神州夜航》在 2008 年结束,慢广播也随之结束。对于我这个只做过广播,没做过新闻的专题节目编辑来说,并不知道在快新闻中还能不能让听众得到资讯以外的"用"和"益"。不过"有益"的意识还一直抱守着。2008 年"南方冰雪灾害紧急救援"和"汶川紧急救援"24 小时滚动报道,我都在"片花组"。片花组除了设计了鼓舞士气的宣传片花以外,还体会着灾区听众的需要,设计了"灾难自救方法""灾难期心理自救方法"等几十秒的片花;体会着灾区的人们对失联亲人的挂念,设计了"寻亲纸条"和"平安纸条"。地震灾区的临时安置点每天用大喇叭播放这些,是不是会给灾区的人带去点安慰呢。

我只会通俗地想事情,觉得一个物事可以存在的原因说到底不外乎三:有趣,有用,有益。广播节目也好,新媒体的各种应用也罢,都如是。有趣可以留人驻足,有用可以把人留得长久,有益则是针对社会发展的长久效益。

　　看到这个稿子的一位小友问：我可以把你说的有益理解为节目应该有清晰的价值观输出吗？我说可以。"有益"可以理解成有益于理。荀子说，凡事行，有益于理者立之，无益于理者废之。一个节目要站稳脚怎么能不做有益于理的事呢，一会儿跟着狐狸跑，一会儿随着猎狗追可能会很热闹，却未必长久。

　　现在的节奏的确是太快了，以至于没有花哨抢眼的噱头根本留不住人们匆匆的脚步。但是长久留住人的，必定还是那些褪去繁华剩下的东西。那些东西需要时间的累积才完得成。我曾经身处的时代节奏慢，积累慢，成熟也慢。而令我眼馋的现在，一个刚刚入职几年的人，就能经历从前十几年甚至几十年才有机会经历的事情，真好！有这样的积累，在未来的广播中，该有多广阔的空间啊！

青春不散

词：庄胜春
曲：李　洋

1=♯C 4/4

```
 1 2 | 3  3 2 3 3 5·5 3 2 | 1 1 1 6 1 2 2 2 1 2 | 3  3 2 3 3 6·6 3 2 |
有人   说 天不再  蓝    用心 寻找终能找回蓝   有人 说 生活太  难    谁还

 1 1 1 6 1 2 2 2 3 5 | 5 5 5 5 3 5 6 6 6 3 2 | 1 1 1 6 1 2 2 2 3 5 |
能不经历点苦难    人说 流云遮不 住青山   我说 青山阻不断江湾   人说

 5 5 5 3 5 6 6 6 3 2 | 1 6·0 0 6 5 3 2 | 2 1·1 - - | 5 5 3 5 5 - |
青春敌不过将来   我说 将来     终归要到 来      青 春太 短

 5  5 5 3 6 5 0 5 5 5 | 6 1 2 2 1·3 3 2 1 1 | 6 - - - | ♯5 ♯5 1 2 2 1·1 |
青 春太短    曾经的 运动少 年西装打领带      青 春太赶

 5  5 1 1 2 3·0 3 3 3 | 2 1 1 1 6·5 1 1 7 2 | 1 - - 1 2 |
青 春太赶    曾经的 勾肩搭 背记忆中相伴    妈妈

 3  3 2 3 3 5·5 3 2 | 1 1 1 6 1 2 2 2 1 2 | 3  3 2 3 3 6·6 3 2 |
说 快找个 伴    亏欠 父母最多是陪伴   老师 说 早日成  才    追名

 1 1 1 6 1 2 2 2 3 5 | 5 5 5 5 3 5 6 6 6 3 2 | 1 1 1 6 1 2 2 2 3 5 |
逐利那不是成才   人说 蝴蝶飞不过沧海   我说 沧海鱼儿多畅快   人说

 5 5 5 3 5 6 6 6 3 2 | 1 6·0 0 6 5 3 2 | 2 1·1 - - | 5  5 3 5 5 - |
青春敌不过将来   我说 将来     离不开现 在      青 春不晚

 5  5 5 3 6 5 0 5 5 5 | 6 1 2 2 1·3 3 2 1 1 | 6 - - - | ♯5 ♯5 1 2 2 1·1 |
青 春不晚    曾经的 满腔壮 志呼喊仍豪迈      青 春不散
```

5 5 1̇ 1̇ 2̇ 3̇·0 3̇ 3̇ 3̇ | 2̇ 1̇ 1̇ 1̇ 6·5 1̇ 1̇ 7 2̇ | 1̇ - - - | 0 7 7 3̇ 7 7 7 3̇ |

青春不散　　曾经的 同学少 年 一起闯未来　　　电波里诉说 我

1̇ 7 7 6 6 6 - | 0 7 7 3̇ 7 7 7 3̇ | 1̇ 7 7 6 6 6 - | 4 4 5 6 5 - |

们的情 怀　　告别了轻 狂　换 来了成 长　我多么 想

7 7 2̇ 1̇ 1̇ 1̇ 4 | 4 5 6 6 6 5 | 6 1̇ 2̇ 2̇ - 0 1̇ | #2̇ - - - | 0 0 0 0 |

大声唱 青春不晚 青春不散　哦吼

转1=D

‖: 5 5 3 5 5 - | 5 5 3 6 5 0 5 5 5 | 6 1̇ 2̇ 2̇ 1̇·3 3 2̇ 1̇ 1̇ | 6 - - - |

青春不晚　　青春不晚　　曾经的 豪情壮 志 呼喊仍豪迈

#5 #5 1̇ 2̇ 2̇ 1̇·1̇ | 5 5 1̇ 1̇ 2̇ 3̇·0 3̇ 3̇ 3̇ | 2̇ 1̇ 1̇ 1̇ 6·5 1̇ 1̇ 7 2̇ | 1̇ - - - :‖

青春不散　　青春不散　　曾经的 同学少 年 一起闯未来

6 - - - | 1̇ - - 7 2̇ 1̇·1̇ - - ‖

青　春　不 散

青春不散—羽泉　　　青春不散—金志文

策划编辑：徐庆群

责任编辑：徐庆群　高　寅　李倩文

特约编辑：任　杰　张　丽　张皓俞

图书在版编目（CIP）数据

我的广播年华/《我的广播年华》编委会 编 . — 北京：人民出版社，2017.6

ISBN 978 - 7 - 01 - 017402 - 0

I. ①我… 　II. ①我… 　III. ①广播工作 – 中国 – 文集 　IV. ① G229.2–53

中国版本图书馆 CIP 数据核字（2017）第 063008 号

我的广播年华

WO DE GUANGBO NIANHUA

《我的广播年华》编委会 　编

人民出版社 出版发行

（100706　北京市东城区隆福寺街 99 号）

北京汇林印务有限公司印刷　新华书店经销

2017 年 6 月第 1 版　2017 年 6 月北京第 1 次印刷

开本：710 毫米 × 1000 毫米 1/16　印张：29

字数：366 千字

ISBN 978 - 7 - 01 - 017402 - 0　定价：35.00 元

邮购地址 100706　北京市东城区隆福寺街 99 号

人民东方图书销售中心　电话：（010）65250042　65289539